公共冲突管理评论

（2016）

主　编　常　健
副主编　许　尧

南开大学出版社
天　津

图书在版编目(CIP)数据

公共冲突管理评论. 2016 / 常健主编. —天津：南开大学出版社，2018.1
ISBN 978-7-310-05521-0

Ⅰ. ①公… Ⅱ. ①常… Ⅲ. ①突发事件—公共管理—研究—中国 Ⅳ. ①D63

中国版本图书馆 CIP 数据核字(2017)第 306812 号

南开大学出版社出版发行
出版人：刘运峰
地址：天津市南开区卫津路 94 号　　邮政编码：300071
营销部电话：(022)23508339　23500755
营销部传真：(022)23508542　　邮购部电话：(022)23502200
*
天津午阳印刷有限公司印刷
全国各地新华书店经销
*
2018 年 1 月第 1 版　　2018 年 1 月第 1 次印刷
250×170 毫米　16 开本　24.25 印张　2 插页　392 千字
定价：60.00 元

如遇图书印装质量问题，请与本社营销部联系调换，电话：(022)23507125

南开大学周恩来政府管理学院
公共冲突管理研究中心

前　言

2016 年是中国公共领域冲突治理不断取得成效的一年。尽管环境冲突、社区冲突、医患冲突、劳资冲突等形式的公共冲突仍然不时出现，但中央和各地政府不断尝试公共冲突处置、化解和转化的新思路新举措，取得了许多有益的经验，也吸取了一些重要的教训。与此同时，对公共领域冲突治理的研究也在不断深入进行。正如一位澳大利亚冲突管理专家来南开讲座时所指出的，当前最复杂的公共冲突现象出现在中国，最前沿的公共冲突研究也在中国。中国公共冲突管理研究者们针对当前中国公共领域的各种冲突进行了广泛的实地调研、案例剖析、理论建构和对策分析，问题导向明确，研究日益深入，提出了一些有重要启发意义的概念和理论假设，建构了一些有解释力的结构模型。

本书收录了 2016 年 7 月 15～17 日在南开大学周恩来政府管理学院召开的“第五届全国公共领域冲突治理学术研讨会”的部分参会论文，也收入了一些学者在这一领域撰写的重要研究成果。这些研究成果表现出一些重要的特点。

首先，对公共冲突发展过程与应对的研究更加具体。公共冲突的发展过程涉及多元因素的交汇和相互作用，是最富有动态性和挑战性的研究主题。在这方面，文宏通过对兰州市宋村集体土地纠纷的案例研究，分析了政治机会结构与民众抗争行为的策略选择；常健和张雨薇通过对大量案例的总结和归纳，展现了组织化类型对公共冲突及其管理方式的影响；常健和杨帆对族际冲突中族群与非族群因素及相互作用进行了深入分析；王玉良细化分析了猜忌在公共冲突中内涵、诱因和化解策略；李亚和陈玲构建了冲突治理视角下的政策过程模型；张春颜和阎耀军对比分析了吉林“11•13”、天津“8•12”两起爆炸事故，深刻分析了重大灾害引发“后发危机”的生成机理与防控策略。这些研究细化和丰富了冲突过程的有关理论，也为现实工作的改进提出了很多富有启发性的建议。

其次，对公共冲突的不同类型及有效治理的研究更加深入。不同领域的公共冲突及发展演化规律既有当代社会宏观结构横切面的共同烙印，也有各自不同的历史纵深。在这方面，陈明用历史比较的视野分析了土地冲突中权力与权利的互动，王宏斌探讨了转型期环保领域新型“官民互动”关系的塑造，任丙强具体分析了邻避冲突如何作为公众议程；原珂对城市社区冲突扩散、升级、化解的相关机制进行了探讨；李鹏、林晗和李姣姣对参与型诊疗过程的解释框架与风险识别进行了研究；宋衍涛对政治冲突基础形态进行了剖析。这一组文章着眼于具体冲突，论述深入，针对性强，有助于促进相应领域冲突管理机制的精致化和科学化。

再次，网络社会中公共冲突的表现及有效治理引起热切关注。网络社会的诸多特性对公共冲突表达、扩散、升级、化解具有显著的影响。针对网络社会所带来的挑战和变化，郝其宏分析了网络群体性事件的风险管理；赵玉林和原珂通过基层治理中微信政治参与的激进化，讨论了微信民主和制度吸纳问题；张梅对阶层分化与媒体赋权背景下如何达成社会共识进行了分析；孙荣和薛泽林通过分析长三角地区公共冲突事件的案例，从公众参与的视野研究了公共冲突事件的发生和化解机理。这一组研究既是对当代新生公共冲突问题的及时回应，也探讨了未来可能发展的方向，体现了学者对社会变化的敏锐洞察。

最后，对公共冲突化解的机构、机制与方法的研究进一步推进。常健和杜宁宁对比分析了中外公共冲突化解机构的异同；刘明聚焦于公共冲突中多维度的协商机制，对此进行了深入研究；常健和毛讷讷针对地方电视台调解类节目的公共冲突化解作用进行了分析；许尧对维权与维稳的内在逻辑及相互促进机制进行了理论思考；黄爱教讨论了基于权利共识的公共冲突化解。这一组文章，既有高屋建瓴的中外比较，也有细致入微的深入分析；既有针对一点进行的重点剖析，也有基于一线进行的系统梳理。通过深度聚焦、广泛比较、剖析难点、反思生活等途径，将公共冲突化解的研究引向了更深的层面。

此外，在对“公共冲突管理研究”的“研究”方面，张振华回顾和反思了社会冲突研究中的概念、分类与量化，提出用制度化指数替代群体性事件数量作为度量社会稳定形式的主要指标。

中国正处于社会转型阶段公共领域冲突高发的特殊时期，对中国公共冲突及其治理的研究是一个"学术富矿"。衷心希望通过《公共冲突管理评论》（2016）的出版，能够展现和积淀中国学者对这些问题的学术努力，引发更多研究者对这一领域的关注，通过合作深耕来提升中国公共冲突管理能力和研究水平，为世界公共冲突治理研究做出中国学者的贡献。

常健　许尧

2017 年 3 月 1 日于南开大学

目　录

公共冲突的发展过程与应对

公共冲突的不同类型及有效治理

网络社会与公共冲突治理

公共冲突化解的机构、机制与方法

公共冲突管理研究的回顾与展望

公共冲突的发展过程与应对

政治机会结构与民众抗争行为的策略选择

——基于兰州市宋村集体土地纠纷的案例研究

文宏

摘　要：政治机会结构理论是一种强调外部情境“政治属性”的理论观点。本文依照“文化—制度”及“稳定—多变”维度，以宋村集体土地纠纷事件为案例，区分文化性与制度性政治机会，将稳定的与多变的政治机会分离，详细阐述了多元主体的博弈过程，重新梳理和整合相关变量，从而淡化不同国家间政治制度差异对抗争行为的决定性影响，结合我国现有制度“政治性”“稳定性”和“竞争性”特点，实现了政治机会结构理论的本土化改造，突出了权威性话语的转变、弱化的乡村治理结构、精英的突出表现三个显性机会要素的影响权重；同时，借助事件链的形式对隐性机会空间中抗争双方围绕着“土地财政下的政府角色”这一隐性机会机构变量所进行的博弈过程进行了梳理，试图论证政治机会结构与民众抗争行为策略选择之间的关联。

关键词：抗争行为；政治机会结构；博弈；农村

作者简介：文宏，土家族，华南理工大学公共管理学院教授　中国社科院政治学所博士后，研究方向为地方政府治理。

基金项目：国家社会科学基金项目（12CZZ037）；中央高校基本科研业务费专项资金资助（2015ZDXMPY06）。

文章来源：本文刊载于《南京农业大学学报》2016年第5期。

一、问题的提出

民众的各类抗争行为（Contentious Movements）折射着众多社会问题，是分析国家政治结构变迁的重要窗口。当前社会冲突日渐激烈，抗争行为日趋增多，西方学者对抗争行为的生成机理、目标指向以及社会影响进行了深入的研究，经历了从起初聚焦抗争主体“生存伦理”、内在动机向聚焦抗争主体与外部资源环境互动的转变，实现了从强调抗争行为“对抗性”“自发性”向意识到其“政治性”的变迁；重点强调在某一政治情境中，参与抗争的对立两方围绕着一些结构性因素互动，并最终影响着抗争的进程与结果的政治过程理论。在分析民众抗争行为时，不再简单地将其视为某种孤立的“底线抗争”，而是以更为宏观的视角，将之置于社会变迁背景中去分析，着重考察抗争过程中的个体与群体、国家与社会之间的政治互动过程。

当前我国正处于社会转型时期，各类民众抗争行为频繁发生，抗争主体日趋多元。民众抗争行为面临着社会资源的争夺日渐激烈、利益主体之间矛盾日趋尖锐的外部情景。正是“特定政治情境所形成的相对常规、稳定的制度性结构，影响了人们（对集体行动）成功或者失败的预期，为人们提供激励以从事集体行动”[①]。这些相对常规、稳定的外部制度结构，为抗争参与者提供了行动空间和可凭借的行动策略，构成了推动集体行动产生的“政治机会结构”（Political Opportunity Structure）。近年来，我国土地拆迁领域各种民众抗争行为频发，本文所选取的兰州市宋村集体土地纠纷案例，正是城市化进程中的典型实例。正如学者塔罗（Tarrow）所言，“抗争行为的出现及其最终效果，既不取决于人们的愤恨，甚至也不取决于所能利用的资源多少，而是取决于政治机会结构的特点和人们把握政治机会的能力”[②]。城市化进程中，经济体制、社会结构、价值观念的深刻巨变，营造了与以往截然不同的政治机会结构，影响甚至决定着民众抗争行为的产生及其演化逻辑。民众抗争行为与政治性情境的互动得以充分展示，原有政治机会不断被重塑，新

---

① Sidney Tarrow. *Power in Movement: Social Movements, Collective Action and Politics*. New York: Cambridge University Press, 1994, p.251.

② Sidney Tarrow. *Power in Movement: Social Movements, Collective Action and Politics*. New York: Cambridge University Press, 1994, p.251.

生的政治机会诱发不同的抗争行为，不同主体之间的相互利益博弈十分突出。因此，在民众抗争行为研究领域，引入政治机会结构理论，着重考察不同主体间的博弈与互动，不仅可以阐释抗争行为与政治情境之间的互动，而且可以探讨民众抗争行为的深层特性，更为准确地理解日益泛化的民众抗争行为。

二、文献回顾与概念界定

（一）政治机会结构：一个关注外部政治因素的解释框架

任何社会运动都无法脱离其所处的时代背景及政治情景。内外部情境因素的共同作用，推动并左右着抗争行为的产生及演化。作为政治过程理论的重要组成部分，政治机会结构理论聚焦于促进社会运动产生的外部结构性因素，即通过一组政治机会变量的集合来阐释抗议者与抗议对象（往往是各国政府）之间的互动对运动形式与运动结果所带来的影响。美国学者艾辛杰（Eisinger）通过研究 20 世纪 60 年代以来美国城市地区的民众抗争活动，将政治机会结构（Political Opportunity Structure）"作为一个整体概念引入社会运动研究领域，其发现一个系统的政治机会结构，能够为参与者提供进入某个既定政治系统的机会，行动者可以通过政治机会这扇政治系统中开放的大门，影响政府的政策制定和决策形成，无论是单个因素作用还是各因素共同起作用，它们以各种方式阻碍或促进追求政治目标的公民活动"[①]。后续更多学者对"政治机会"研究进行了拓展，如查尔斯·蒂利（C.Tilly）提出了政体模型和资源动员模型，认为国家机器作为一个完整的政体，具有一定的排他性，政体外的成员的利益表达行为必然需要借助政体内成员的资源和力量，与政体内成员形成同盟；而集体行动的有效开展依赖于共同的利益、行动参与者的组织动员能力、个体加入社会运动的阻碍或推动因素、政治机会或威胁，以及社会运动群体所具有的力量[②]；学者麦克亚当（D.McAdam） 基于对当代美国黑人运动的长期考察研究，指出社会发展会带来国家整体权力结构的变化，预示着政治机会空间的扩展和民众自发运动组织能力的提升，为社会运动的发生提供了必备的组织条件，并将社会运动理解为政治机会、

① Eisinger P.K. "The Conditions of Protest Behavior in American Cities," *The American political Science Review*, 1973 (1).

② 赵鼎新：《社会与政治运动讲义》，北京：社会科学文献出版社，2006 年，第 21、191～192 页。

社会运动组织力量及认知解放三大因素共同作用的结果[①]。随着社会运动在全球多个国家的兴起，政治机会结构理论的研究不断深入，如何确定政治机构结构变量呈现出百家争鸣的状态。然而，学者们一致看重政治机会结构中的“政治属性”，政体的开放程度、国家镇压的能力与倾向、精英联盟的稳定程度、在精英中有无同盟是当前最为主流的四个变量。

国内学者非常注重底层民众抗争行为及策略方面的研究。众多学者倾向于将民众抗争视为一种非制度化利益表达和权利维护的形式，注重抗争行为的田野观察与理论回应。虽然并未直接借助“政治机会结构”这一理论框架进行分析，但不少学者开始关注抗争主体博弈的行为策略，将“闹大”视为一种无奈被迫选择转为主动诉求策略的抗争形式[②]，围绕抗争策略选择与行为目标实现程度进行了充分探讨，将利益冲突格局、社会意识形态观念转变、社会制度结构重塑等一系列外部制度性因素，作为催生民众抗争行为的重要驱动力。相关的研究视角，无论是依法抗争、抗争主体的“问题化”策略[③]及底层政府对于维稳事项的“体制性过敏”特征[④]，还是“以法抗争，明确利益代言人，通过建立相对稳定社会动员网络，以维护政治性权利”[⑤]，抑或是“法权抗争”，以上访维权、诉讼维权及立法维权的不同形式[⑥]及以弱者身份为武器的“身体维权”抗争[⑦]，都是借助各种维权方式，期待所形成的巨大社会舆论压力引起高层或上级政府的关注，促使政府进行制度化或非制度化的解决。社会结构、社会组织、传播形式、网络媒介及民众情感等，都成为不同利益群体相互利益争取或稳定维护的重要工具，在很大程度上契合了政治机会结构理论的论断；与此同时，也有国内学者将国家视为一个常量，将之作为民众抗争的外部政治因素，从宏观层面上指出国家或政府在经济发展和社会转型中的主导力量，忽视国家权力结构、政府职能及政府能力等因

① 赵鼎新：《社会与政治运动讲义》，北京：社会科学文献出版社，2006年，第193页。

② 田先红：《从维权到谋利——农民上访行为逻辑变迁的一个解释框架》，《开放时代》，2010年第6期。

③ 应星：《大河移民上访的故事——从“讨个说法”到“摆平理顺”》，北京：生活·读书·新知三联书店，2001年，第317～320页。

④ 韩志明：《行动的选择与制度的逻辑——对“闹大”现象的理论分析》，《中国行政管理》，2010年第5期。

⑤ 于建嵘：《当前农民维权活动的一个解释框架》，《社会学研究》，2004年第2期。

⑥ 陈鹏：《当代中国城市业主的法权抗争——关于业主维权活动的一个分析框架》，《社会学研究》，2010年第1期。

⑦ 折晓叶：《合作与非对抗性抵制——弱者的韧武器》，《社会学研究》，2010年第1期。

素在民众抗争中的重要作用；虽然提及政治机会与民众维权效率之间的关联，引入环境保护、生态破坏类群体性事件领域的具体案例，突出人口数量、环境污染水平、公众受教育程度、经济发展水平等要素，强调公共政策制定过程中的公民参与，部分阐释了农民维权行为无序化及暴力化的症结，但并未突破将这些手段视为底层民众与官方对抗的一种博弈策略。

（二）政治机会结构变量的界定

政治机会结构理论源自西方发达国家，具有典型的西方政治体制特性。对于这样一种强调外部情境"政治属性"的理论观点，必须将其原有政治机会变量进行本土化改造，才能符合我国特定的政治情景，提升其阐释中国民众抗争行为的适用性。笔者借助甘姆森（Gamson）和梅耶（Meyer）所提出的"文化—制度"及"稳定—多变"维度切入，区分文化性与制度性政治机会，将稳定的与多变的政治机会分离[①]，重新梳理和整合相关变量，从而淡化不同国家间政治制度差异对抗争行为的决定性影响，为政治机会机构理论的本土化改造提供了现实可能。

首先，政治机会机构理论中的一国"政体的开放程度"与"国家镇压的能力与倾向"变量，在一定时期内通常是稳定的，且两者之间一般存在着一种负相关的关系，即政体的开放程度越高，执政者对于集体行动的包容程度可能越高，相应的镇压能力与倾向就越小，反之亦然。[②]当前中国政府治理的具体情境，从宏观层面而言，中国体制具有部分"威权主义"政体特征。[③]行政部门在社会生活中占据强势地位，可以或多或少地牵制民众的抗争行为。"国家镇压的能力与倾向"介于放任与严惩之间；从操作层面而言，政体开放程度主要涉及民众是否享有正式的政治参与渠道，以及表达合理合法诉求的制度渠道。在具体的政治过程中，主要包括民意影响公共政策制定的程度、政务公开的范围、社会利益群体的多元化表达程度以及社会多元价值的包容等，内容非常庞杂。如果简单地设定指标，并不能充分地体现这一变量的"政

① Gamson W.,Meyer D..*Framing Political Opportunity in Comparative Perspectives on Social Movements: Political Opportunities, Mobilizing Structures, and Cultural Framings*. Cambridge: Cambridge University Press, 1996, pp.275-290.

② 按照艾辛杰的观点，当政体极端开放时由于没必要通过集体行动来实现利益诉求，因此执政者对其予以镇压的能力与倾向也相应地不复存在；而当政体极端封闭时，任何集体行动都不可能改变执政者的决定，因此不会出现集体行动，相应地也不存在镇压的能力与倾向问题。

③ 冯秀文：《世界政治史研究中的威权主义及其历史定位——以拉丁美洲为例》，《世界历史》，2005年第2期。

治属性”。随着我国改革发展的不断推进，国家治理能力及治理体系持续完善，政体的开放性及包容性趋势日渐增强，国家对民众集体行动的制约不断弱化。因此，本文采用“权威性话语”反映国家政治体制改革及治理体系的趋势，用来替代两个政治机会变量，从而强化其“政治性”及“稳定性”内涵。

其次，政治机会结构理论中的“精英联盟的稳定程度”变量，具有显著的西方政体特性。在西方国家的精英联盟内部，往往存在不同利益主体，存在党派纷争、利益分歧乃至权力交易，其联盟内部结构较为松散，难以形成一致对外的利益诉求。而我国民众抗争行为，绝大多数的抗争对象是地方政府，是执政体系中的重要组成部分，并不存在显性的政治诉求及党派利益纷争。因此，我国民众抗争行为中的“精英联盟的稳定程度”变量具有较强的稳定性，不能简单套用西方政体精英联盟自身“分裂”观点。当然，政治理念与宏观导向的一致性并不意味着联盟内部竞争性的消退。相反，随着我国经济分权和财税制度改革的推进，官僚体系内部出现了事实层面的断裂化及碎片化，其主要表现，一是税费改革后基层政府治理能力衰退引起的政权“悬浮”及其导致的国家或中央政策与基层乡村社会的断裂[①]，基层治理能力和行政权威的虚弱暴露无遗；二是地方政府被困于“锦标赛体制”之中，而不得不竭力在发展与稳定之间寻求平衡的竞争张力，经济改革和发展成为各级党委和政府的头等大事，使得地方政府围绕经济绩效展开了激烈竞争，从而迫使他们不惜一切手段去获得经济发展[②]，导致地方政府与地方利益集团容易结成联盟。这种全新的政治情境，使得民众抗争的参与者习惯秉持中央政府的“政策精神”与基层政府“谈判”，形成了一种基于精英联盟内部“竞争性”的政治机会结构。基于以上分析，笔者将“精英联盟的稳定性”这一变量表述为“精英联盟内部的竞争性”，使其更贴近于当前我国民众的抗争实际，为了适用于分析具体的土地纠纷案例，笔者将其确定为“弱化且混乱的乡村治理结构”与“土地财政政策及政府角色”。

最后，政治机会结构理论中的“同盟者”变量，在我国呈现出两种不同的支持状态。一方面是学界精英的理论研究以及具体的“直接援助”。当前

① 周飞舟：《从汲取型政权到“悬浮型”政权——税费改革对国家与农民关系之影响》，《社会学研究》，2006年第3期。

② 周黎安：《晋升博弈中政府官员的激励与合作——兼论我国地方保护主义和重复建设问题长期存在的原因》，《经济研究》，2004年第6期。

民众抗争行为是学界关注的热点领域，学界精英以其理论研究成果，潜移默化地改变政策决策者的认知，最终影响政策的方向，从而成为民众抗争行为的“幕后支持者”，还有“一些知识精英，主要是法律人士，也为了各自目的——经济的、政治的或社会影响而介入抗争行为之中”[①]，直接在提供抗争策略设定、诉求表达等关键环节为抗争主体提供专业翔实的指导，甚至动用其社会资源协助抗争主体。另一方面是大众媒体的舆论引导及信息传播。传统媒体对有关民众抗争行为的深度报道，社交网络及资讯型客户端等新媒体的快速传播，均为民众抗争行为开辟了全新的平台。结合宋村土地纠纷的实际，笔者将“同盟者”这一政治机会变量细分为“精英的突出表现”和“媒体的关键作用”。

基于以上分析，笔者对政治机会结构理论进行了本土化的修正，构建起一组强调外部制度结构“政治性”“稳定性”和“竞争性”的政治机会结构变量，修正了原有的变量内容，使其能够更好地适应我国当前的制度情境，从而解释本文所选取的兰州市宋村的土地纠纷案例。经过修正的政治机会结构变量可以用图 1 进行表示：

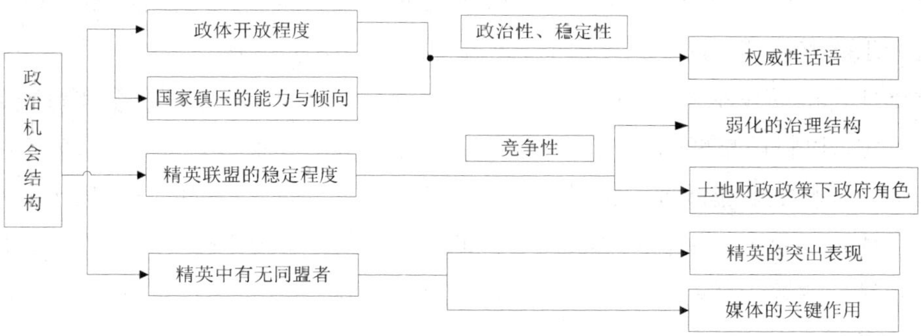

图 1　经过修正的政治机会结构

依照梅耶（Meyer）与明考夫（Minkoff）所提出的将“一般性政治机会”与“与特定事务相关的政治机会”相区分的观点，笔者认为，抗争参与者识别“什么样的机会”以及“对谁有利的机会”的能力，是其选择抗争行为的重要依据。考虑到参与者对政治机会主观感知能力，可将现实中的政治机会进一步划分为显性的机会空间与隐性的机会空间，更为准确地界定具体情境

① 黄伟：《浅论征地过程中的农民有组织维权抗争》，《广东土地科学》，2006 年第 3 期。

下的抗争主体行为选择性质。在催生抗争行为的外部结构型环境中，显性的机会空间多是具象化的，以国家政策、舆论报道等实际有形的形式存在，如“权威性话语的转变”“弱化的乡村治理结构”以及由此衍生出的“精英的突出表现”；隐性的机会空间多由现行的具体政策背景衍生而来，如“土地财政下的政府角色”等。

三、兰州市宋村集体土地纠纷的个案呈现①

随着城市化进程的飞速推进，涉及土地纠纷的社会冲突日渐增多，日益稀缺的土地资源，成为地方政府、城市“原住民”以及房产开发企业等利益主体竞相追逐的对象。土地相关权限的归属，涉及民众财富、企业经济收益、地方财政收入与官员政绩等诸多方面，极易引发社会矛盾与冲突，不同利益主体的抗争与博弈不可避免。

（一）抗争缘起：从“自救典范”到“临时建筑”

兰州市城关区宋村是以“行政村”为单位的城市社区，户籍人口为1800余人。从2002年伊始，其所拥有的集体土地陆续被地方政府征收。位于城关区天水北路高速公路出口左侧的大西北板材市场，是归属该村的最后一块集体土地。市场兴建于2004年，占地约50亩，当时经由村干部及全体村民集体议定，以村民集资的方式，花费近3000余万元修建而成，后发展成为西北最大的板材批发集散地。板材市场正常经营期间，拥有正规的营业执照，商户多达400余家，主要从事大宗板材批发生意结合市内零售，每年市场货物吞吐量高达数十亿，租金收入300余万元，成为宋村集体及村民经济收入的主要来源，由于其在吸纳就业、利税创收、活跃周边经济等方面的贡献，得到了各级政府的多次表彰，一度被树为失地农民创业自救的先进典范。

2012年，兰州市政府对板材市场的用地规划进行了调整，拟建设兰州市广电中心，决定关闭搬迁板材市场，并为此召开了专题工作会议，做出了于2012年7月31日前完成关闭搬迁的工作决议，后因夏季为板材交易旺季而将时限推迟至9月末；9月中旬，板材市场的商户陆续开始抛售存货，宋村村民开始意识到村办市场真的“保不住了”；12月3日，本地媒体《兰州晚

① 此处信息来源主要为收集整理实地访谈调研材料，其中文中的宋村及人名，遵循学术研究伦理做匿名处理。

报》刊登了兰州市城关区政府发布的《关于拆除集体土地上临时建筑的通告》（下文简称《通告》），《通告》明确要求宋村村委会在7日内自行拆除“临时建筑”——大西北板材批发市场。尽管此前对于板材市场的关闭拆迁已经有了一定的心理准备，但此份“最后通牒”式的公告还是在宋村村民中引发了不小的波动。一时间，整个宋村人心惶惶，焦虑与不平，甚至是愤怒情绪迅速扩散。

（二）抗争初现：村民大会的“全票否决”

在颁布《通告》之前，城关区政府依照市政府搬迁板材市场的决定，提出货币补偿与产权置换两种补偿方案选择。一是按照每亩550万元的价格，补偿现金板材市场占地49.18亩，合计补偿2.7亿多元，市场内的地上建筑被认定为违章建筑，不予补偿；二是板材市场异地置换到市区外的桃树坪待启动的家具城，并为16周岁以上的村民购买养老保险。10月7日，宋村村委会召开关于板材市场置换拆迁问题的第一次全体村民大会，通报了土地征收的情况和政府给出的两套补偿方案，由于拟置换的家具城远离市区，位置偏僻，且面积偏小，故会议现场的全体村民代表以举手表决的方式，一致否决异地置换的方案。

进入11月之后，城关区政府单方面取消了先前拟定的“二选一”补偿方式，只保留了“产权置换”方案。11月21日，宋村村委会召开板材市场置换搬迁问题的第二次全体村民大会，参加会议的1137位村民均以签名、按手印的方式，明确表示反对意见，区政府提出的“产权置换”补偿方案遭到村民全票否决。此前，村民对待板材市场置换拆迁所引发的租金损失、市场所有权的变更等问题的认知，都较为抽象和模糊，村民的焦虑愤怒情绪基本停留在观望阶段。然而，两次村民大会的召开，相应的处置方案得到广泛讨论并迅速达成共识，相应的焦虑及担心的情绪得到放大，瞬间形成了“保卫”村民共同财富的同盟，并以村民大会“全体一致否决”的方式表达坚定意愿，积极实施对抗市场拆迁安置的抗争行动。

（三）抗争高潮：农民集资状告省市区三级政府

尽管宋村村民一致反对“产权置换”的补偿方案，然而，这并未改变事态的进一步发展。2012年12月19日，兰州市城关区政府组织20多个部门、500余人的联合执法队，对已经正常经营八年之久的“大西北板材市场”进行拆除。在拆迁现场，出现了村民聚集，由妇女老人作为抗争主力对抗政府拆迁，但难以改变市场被强制拆除的命运。当天上午拆迁工作刚刚结束，随即就有宋村村民前往甘肃省委、省政府门前进行群体上访，在现场村民保持克制，并未出现过激行为。当日下午，城关区政府与宋村村民代表举行了对话会，但对话的效果并不理想。

几日之后，宋村村民决定走法律程序，由村民每人出资600元，共集资近70万元，在全体村民的授权和委托下，四名村民代表前往北京聘请专业律师为自身维权。2013年1月至4月间，宋村维权代表依据《政府信息公开条例》的规定，先后向区、市、省政府及相关职能机构提出申请，申请公开大西北板材市场拆迁置换过程中的行政审批文件等政务信息。在此过程中，由于质疑相关机构在用地批复及行政审批过程中并未履行政府信息公开义务，以及在市场拆迁过程中相应的行政行为涉及违法，宋村1102名村民相继提起14起行政诉讼，将甘肃省人民政府、兰州市人民政府、兰州市城关区人民政府、兰州市发展与改革委员会、兰州市城关区住房和城乡建设局等省市区三级政府部门一起告上法庭，分别提出要求撤销征地批复行为、履行政府信息公开义务、确认拆迁通告违法、确认拆迁行为违法等诉讼请求，经历了近十个月的审理之后，2013年10月11日，兰州市中级人民法院依法做出审判：撤销甘肃省政府的不予受理行政复议决定3件；确认不履行政府信息公开义务违法2件；裁定驳回原告起诉4件；判决驳回原告诉讼请求5件。14起诉讼，宋村村民胜诉5件，败诉9件，这场几乎涵盖了当前我国所有主要抗争形式的个案至此暂时画上了一个句号。

四、政治机会要素与抗争主体策略的博弈及互动

宋村的集体土地纠纷引发的民众抗争行为，折射出城镇化过程中土地资源的稀缺问题。土地衍生出来的巨额财富，使得地方政府、原住居民、涉事企业等利益主体持续性地进行资源争夺与权利维护。在这一过程中，复杂而又多变的政治机会要素与多元抗争主体的博弈及互动，影响着民众抗争行为的策略选择，最终左右着整个民众抗争行为的发展轨迹。

（一）显性政治机会要素的作用过程

1. 权威性话语的转变：催生“依法”与“依势”的巧妙转换

在宋村抗争案例中，抗争参与者的情绪相对理性。虽然出现过群体堵路、

聚众集会上访等偏激形式，但整个抗争过程总体较为平和。此种理性维权的策略，来自村民对国家宏观政治走向的把握。首先，法治已经成为全社会通行的权威性话语。在实际行为层面，具象化的法律法规，往往会演化为抗争者的工具或手段，抗争民众多倾向于从自身权益的最大化视角寻求“法律依据”。在宋村案例中，村民抗争伊始就是依据农村集体土地所有权的相关政策规定提出质疑，通过召开村民大会依法表决，后续通过申请政府信息公开，实施行政复议以及针对省市区三级政府提起行政诉讼等，在抗争行为的各个环节都体现着对“法”的坚信与恪守。村民坚持认为大西北板材市场非政府所认定的“非法临时建筑”，“依法”抗争的理由有三：一是板材市场用地确系宋村集体所有土地，此前宋村 18 周岁以上的所有村民，每人每月皆可领取 200 元，其中女性 55 周岁以上、男性 60 周岁以上的村民每人每月还可领取 300 元的生活补助，这些资金均由板材市场租金支付；二是板材市场持有合法营业执照；三是持续经营的八年时间内，多次受到政府各种表彰及嘉奖。

集体土地带来的可观租金收益与每位村民息息相关，促使村民为之进行持续性抗争。在政府拟定补偿方案公布之后，原本相对模糊的经济利益受损立刻变得清晰起来，成为村民团结一致，采取进一步抗争行动的重要诱因，也催生了宋村第二次村民大会，参加会议的 1137 位村民“依法”全票否决政府的产权置换补偿方案。然而，这些抗争努力并未改变板材市场被强拆的命运，市区两级政府相继颁布了通告，并最终组织联合执法队拆除。至此，宋村村民的经济利益损失业已形成。政府无视宋村全体村民大会的诉求，当时正值十八大闭幕不久，十八大报告明确提出，要“确保国家机关按照法定权限和程序行使权力”，坚定了宋村村民敢于民告官的信心，促使宋村村民依法提起针对省市区三级政府的行政诉讼。笔者实地访谈期间，宋村多位村民对相关法律政策的知晓程度超乎笔者预期，村民对“法”的理解及其对“依法维权”的看重，是此案例中极具符号意义的政治机会，成为案例中的一种显著标志。“依法治国、依法行政”，俨然成为村民抗争行为的“政治庇护语言”，激励其积极地甚至是工具化地使用法律武器，以“国家的法”“中央的精神”来抵抗“地方的规定”，或者依照自我的理解，单方面认定地方政府的具体行政作为并不符合中央及“法”的精神。

值得关注的是，村民“依法”抗争，并不意味着他们放弃其他的抗争方式。在层层下压的维稳工作体系中，地方政府对维稳问题存在“体制性过敏”

情形，基本形成了“不出大事，就是稳定”的共识，惯于以压制形式处置社会冲突，倾向于动用无处不在的行政力量掩盖社会冲突及矛盾，试图最大限度地降低不利影响。社会冲突的规模大小往往直接决定政府部门的注意力强弱及投入资源的多少。国家政权体系内部强调“稳定”，并与地方官员的晋升直接关联，再加上地方政府长期处置社会冲突中形成的“遇弱则强、遇强则弱”的弹性工作姿态，都在客观上为民众通过抗争行为与政府讨价还价制造了相当大的政治博弈空间，使之成为国家宏观层面的另一个政治机会。

一方面基层政府坚守着“稳定”的红线，而另一方面抗争者意识到，群体的规模越大，其抗争的势能也就越大①，从而对基层政府的“稳定”大局威胁越大，进一步强化了通过抗争获取成功的概率。在案例中，宋村村民依法维权需要经历很长时间，履行相当烦琐的程序，且未来预期受多方面不确定因素影响。因此，尽管宋村村民一再表达出对“法”的尊重与信赖，然而，当市场真正面临拆迁时，宋村还是组成了由妇女、老人占主力的人墙，以身体抗争方式抵制拆迁，发生了激烈冲突。后续还出现了 1102 名村民堵路，致使城区主干道瘫痪长达两个小时的事例，宋村村民倾向于将事件“闹大”、形成群体之“势”，直接针对基层政府在维稳问题上的软肋，逼迫政府做出更大的让步。宋村所在的城关区政府及雁北街道的相关负责人，在短时间内接到多个上级领导要求“进一步重视‘维稳’工作、妥善处置此事”的指示②。为了应对板材市场民众抗争不断“闹大”的情形，城关区及雁北街道做出了相应的让步，给予了宋村村委会一笔安抚款项，采取时而强硬、时而妥协的工作方式，寻求拆迁工作目标实现与确保“维稳”任务之间的平衡。最终，在这一颇具弹性的政治机会结构中，宋村村民的抗争策略，也在“依法”与“依势”之间实现灵活转换。

2. 弱化的治理结构：放大“自治”的能动作用

“依法治国、依法行政”“稳定压倒一切”等，是关乎国家层面政治风向的显性政治机会，是影响民众抗争行为总体策略的宏观因素。而实施层面的稳定的政治机会，通常则是影响民众抗争具体策略的微观因素。宋村自 20

① 黄振辉：《表演式抗争：景观、挑战与发生机理——基于珠江三角洲典型案例研究》，《开放时代》，2011 年第 2 期。

② 笔者在对城关区常务副区长 W 以及雁北街道党工委书记 Z 等领导的访谈中，他们都反复提及大西北板材市场拆迁任务完成压力非常大，特别是强拆及堵路期间，多次接到多位上级领导的指示，要求妥善处置此事。

世纪 90 年代就开始施行村民选举制度，在具体权力运行过程中，宋村同全国其他大多数行政村类似，出现村党支部和村委会两个事实层面的权力结构，村党支部的权力来自上级乡镇政府自上而下的授予和任命，村委会的权力来自村民的选举授权，宋村的村党支部与村委会也构成了典型的“农村二元治理结构”。

当基层治理格局较为巩固，或是村支部书记具有一定的资源及权威时，村庄事务通常由村支部沿袭自上而下的权力授权路径进行处置，发挥着不可替代的职能。而如果村支部书记相对弱势，或是难以得到乡镇党委的强力支持，此时村委会作为合法的村民自治组织，承载着全体村民自下而上的权利委托，往往在众多事务中具有较强的话语权，这就导致在最基层的村庄中政权同样存在着某种程度上的“悬浮”：权威主义的政体下，正式的权力自上而下流动，然而在最高和最基层之间的“空当地带”上，这种权威却是极其割裂的[①]。在宋村，能否保持未经审批报备手续的村办板材市场效益最大化，是影响村支部和村委会权威与信任的重要因素。自 20 世纪初期开始，由于村支部维护村办市场的权益不力，且有数次村民一致指认的“出卖”宋村群众利益行为，因此，宋村处置具体事务的话语权多在村委会。

在案例中，村民并不认同村支部的权威，而且对由全体村民选举产生的村委会也存在多种疑惑，宋村村民先前并未获得关于村办市场拆迁的任何消息，得知板材市场被征用的消息来源，是板材市场的商户而非村委会。而村委会干部早在一个月之前，就明确告知商户需要即时搬迁，以备启动拆迁。当 50 余名村民代表找到村委会主任 D，才得到“市场即将被征收，建兰州地标建筑”的确切答复。在村民的强烈要求与积极争取下，宋村先后召开了两次关于板材市场拆迁置换问题的村民大会，都否决了城关区政府提出的补偿方案，其中第二次大会更是以签字画押的“正式”形式给予全票否决；在村民集资聘请律师，正式提起针对省市区三级政府的行政诉讼之后，宋村村民于2013年9月召开第三次全体村民大会，投票罢免了时任村委会的五名成员。“村民大会”作为一种临时性的议事形式，在此案例中，时常作为维护村民利益的载体，放大了“村民自治”效用，在拆迁抗争中发挥了不可小觑的作用。“村民大会”以全票否决政府安置方案的结果，直接表达了宋村全体村民的经

① 李芝兰：《跨越零和：思考当代中国的中央地方关系》，《华中师范大学学报（人文社会科学版）》，2004 年第 6 期。

济诉求，又向村委会乃至上级政府传递了其强硬姿态，仅就单次抗争行为而言，取得了非常好的抗争效果。

在宋村，基层党支部建设缺失，村委会的选举夹杂着宗族势力、家族背景及经济诉求等多种因素，宋村基层组织治理能力薄弱，权威性及约束力相当有限。自2000年以来，宋村村支部及村委会作为村庄公共事务的实际管理者，在关乎全村经济利益的征地事务上，多次失信于村民，并未切实维护村民利益。村民W回忆："但凡征地，村委会所说的用地范畴均与最终结果相互矛盾。十多年前村委会干部曾告知征地是为了建设小学，而最终却是高档住宅社区。"此次板材市场拆迁，村委会并未将拆迁信息及时告知村民，且在具体强拆事务上存在遮掩，引发村民对村委会的普遍质疑。政府补偿方案一经公布，村民普遍出现抵制情绪，担忧未来生机被剥夺。因此，出现"全票否决"的结果基本上属于意料之中。

特别是在村办市场拆迁过去将近一年以后，村民依然决定召开第三次"村民大会"，对维权不力的村委会进行投票罢免，似乎可以看作前一阶段抗争失败、利益受损成为定局之后，村民的"自救"行为——惩处没有发挥应有"责任"的村委会及其成员，同时也是向上级政府表达利益诉求，进行持续性的权利维护。农村的二元治理结构，以及相对薄弱的治理能力，事实上构成了另一个显性政治机会要素，潜移默化地影响着村民一系列抗争行为的策略选择。

3. 精英的突出表现：理性选择下新"代理人"的出现

在急速的城镇化进程中，宋村逐渐脱离了赖以生存的农业生产活动，原有的经济联系与利益格局出现了巨大的变动，人际沟通的效用及频次大幅削弱，熟人社会互帮互助、相互照应的格局逐步消解，乡村社会的公共生活出现了断裂。村庄事务不再是"大家的事"，而是"管理者的事"。由于市场经济的冲击，村民的理念及日常行为发生了变化，更多地以理性经济人的思维去权衡利益，传统的德高望重的"能人"不再是其选取代理人的唯一人选。日益脆弱的权威认知与公共事务处置难度不断增加之间成为主要矛盾，村庄的管理者如果不能令人村民满意，村民便会毫不犹豫地将之抛弃，选择拥护"更好"的代理人。不到十年时间内，宋村先后更换四任村委会主任，足见其村民偏好认知变化，同时也为乡村年轻"精英"的涌现，提供了现实的舞台。

在宋村村民维权的过程中，村民C发挥了至关重要的作用。C作为常年往返于北京、兰州两地的古董商人，凭借多年的努力，已经在北京站稳脚跟，在宋村村民心目中，C 具有人脉广阔、见多识广的崇高地位。因此，在村办市场拆迁过程中，只要他提出建议或是诉求，村民们都选择了坚定的跟随及支持。除此之外，村民眼中的 C 是“大公无私”的。众多村民都认为 C 已经非常富有，当大家的集体利益受到了损害时，他勇于“担当”，自告奋勇地替大家维权；当抗争行动遭遇挫折时，也是由 C 出面找来北京的律师，俨然成为“有本事、有公心”的村民利益忠实代理人。

宋村地处兰州城市中心区域。自新世纪以来，宋村土地陆续被收归国有，逐步演化为无土地资源的村级实体。村办“大西北板材市场”成为众多宋村村民的主要生活来源：部分村民在板材市场内经营店铺取得收入，部分村民从事保洁、保安等工作获取工资；同时宋村每户均可享受村集体年底租金分红。在市场正常经营时，单个村民考虑更多的是如何谋求自身利益最大化。由于集体分配的租金收入是按照一定比例提取后统一分配的，因此，宋村村民普遍对村办市场的经营及运行情况漠不关心，出现了村庄内部利益碎片化现象；而当村办市场面临拆迁时，宋村村民的利益格局出现了变化，村民中的市场经营户与仅仅作为分红受益者的村民之间出现利益分歧，为了消解村民内部不同利益群体之间的矛盾，在抗争主体内部必须有精英或代理人挺身而出，通过游说、串联等方式在内部达成一致意见。而据村民 Q 回忆，在初次村民大会公布了两种补偿方案后，C 建议大家前往拟用于置换的东岗家具城实地考察；同时在方案公布后，也有其他人在村民内部进行游说，希望大家都能在投票时选取第二种补偿方案。

与 C 这样土生土长的精英不同，专业法律人士 W 则是另一种类型的精英，其在抗争高潮阶段以本案的行政诉讼代理律师身份出现。在维权过程中，W 展现出较强的专业水准及实务经验，不仅在 2013 年 9 月 23 日至 2014 年 8 月 16 日期间，在其个人博客上陆续发表文章，全程展现维权案件的受理过程，发表个人的看法，吸引更多的新闻媒体及网民的关注，为宋村民众针对三级政府提起行政诉讼，给予了全面而专业的协助。虽然 C 与代理律师 W 之间存在着个人交往关系，但 W 在维权过程中所表现出的较高的法律专业价值，以及村民亟须借助外部社会资源的诉求，才是 W 能够深度介入此案的真实理由。正是城中社区形成了这样一个特殊的场域，传统的排外意识及对外部人士的警惕，逐步被理性经济人的利益考量所取代，这为内外部精英的深度介入村庄事务提供了新型的显性政治机会要素。

（二）隐性政治机会空间的多元主体互动博弈

1. 隐性政治机会空间的生成

对于地方政府而言，当前能够从土地征用、收储、挂牌、拍卖等诸多环节，获取土地资产、土地类税费、土地融资等收益以及其他行政事业性收费，作为地方政府基金收入，纳入地方财政体系，由地方政府自行支配，而且还能大幅提升当地GDP额度，提升地方的经济排名及社会影响；对于地方官员而言，巨额的土地相关收益可以增加财政支配的自主权，使之拥有更多的经济资源与政治资本，在官僚体制内部激烈的“政治竞标赛”模式中，凸显任期内的政绩资源，获取更多的竞争筹码，实现相应的政治晋升优势。故地方政府及官员都有极高的“卖地”热情及动力。

在产权不明晰的集体土地拆迁征用过程中，由于其获利空间更为广阔，往往会受到多个利益主体的竞相追逐，不同主体通常会采取多种方法，借助不同途径，整合各类资源，以期实现土地的顺利征用及开发。因此，集体土地征用过程中，由于其产权及利益的模糊性，更容易诱发民众的拆迁抗争行为乃至暴力事件，触及地方政府的“维稳”任务，使得地方政府面临一定的政治风险。面对巨额的集体土地收益，多个主体具有不同的利益考量：地方政府及官员更多地期待经济的发展、财源的拓展、政绩的凸显、GDP增长、城市面貌的整治与改善以及涉及拆迁征地矛盾的有效处置等；参与土地开发的相关企业寄希望获取稀缺的土地资源，最大限度地实现土地的开发价值，顺应城市发展的规划红利，获取自身利润的最大化；涉及集体土地征拆的民众，更多关注如何能够从日益稀缺的土地资源中分一杯羹，积极争取更多的土地拆迁赔偿或是更大更优惠的回迁住房，获取城市发展的红利。

由此，集体土地征用拆迁过程中出现了多个不同利益主体，为了实现各自权益的最大化，形成了较为复杂的博弈格局：地方政府掌握着城市土地征用、收储、拍卖的行政权力，拥有更多的行政资源，拥有多种方式钳制参与开发的相关企业，也同样可以规制涉及征地拆迁民众的利益诉求，妥善地处置拆迁类社会矛盾，规避民众抗争的政治风险；参与开发的相关企业，为了获取土地开发权益，通常会承担部分的土地拆迁及平整任务，负担民众的一些拆迁补助费用，协助政府做好前期的土地收储及拍卖工作，争取土地开发利用的顺利进行；而涉及征地拆迁事务的底层民众，往往采取各种正式或非正式的手段，借助各种有效的维权渠道，维护及增进自身的土地收益，甚至不惜以集体抗争的方式，秉持“踩线而又不越线”原则，形成挑战政府“维稳”底线的气势，与政府与开发商讨价还价。民众的抗争通常会提高政府的土地征用成本，加大房地产土地获取的代价，变相地推高城市房价，继而激发民众对土地收益的更多期待，刺激新一轮的民众抗争动力，形成周而复始的恶性循环。多元利益主体在“土地财政”这一隐性的政治机会空间中相互牵制，出现相互妥协、讨价还价、软硬兼施等多种组合姿态，弱势一方竭力抗争、强势一方艰难取胜，最终形成一个勉强稳定的局面。诸多拆迁征地过程中的不同立场及策略选择，为地方政府及官员、土地开发企业、涉及拆迁征地民众提供了利益博弈的平台，同时也促进了隐性政治机会空间的生成。

2. 事件链：多元主体反馈互动的博弈节点

宋村的维权案例，是当前多个主体围绕土地展开利益博弈的典型个案。在案例的发展进程中，既不存在占据绝对主导地位的系统或者结构，也无一个系统对另一个系统全然的妥协与适应。系统之间呈现出多元制衡、互为钳制的格局。不同主体之间制约性与使动性的统一，意味着“国家与社会运动之间是一种动态与互惠的关系，政治机会所引发的社会运动本身会进一步扩大政治机会，从而为下一步的行动创造机会”[①]，从而形成一种社会行动的反馈放大机制。

在宋村维权案例中，出现了“政府公布拟定补偿方案、召开拆迁专题会议、二次村民大会、否决政府补偿方案、政府公布强拆公告、联合执法队入场强拆、村民代表群体上访堵路、村民提起行政诉讼、第三次村民大会罢免村委会”等关键节点，将这些关键节点依照时间先后串联起来，就形成了一个完整的事件链，可以知晓维权事件发生的大致脉络；同时，依据“抗争主体——抗争对象”“抗争主体——制度环境”这样“二元对立式”的系统划分，可以更为清晰地呈现抗争参与者的行动细节，挖掘出抗争过程中的不同主体的立场及策略，全面展现出整个维权事件演绎发展的详细图景，从中可以观察不同主体的博弈立场及策略改变。

在宋村维权案例发生之前，村办“大西北板材市场”处于城市中心繁华区域，虽未有相关审批及规划报批手续，但一直处于正常经营状态，宋村村

① 冯秀文：《世界政治史研究中的威权主义及其历史定位——以拉丁美洲为例》，《世界历史》，2005年第2期。

民能够从中获取不同的利益。而兰州是一个典型的河谷型城市，常住人口高达300多万，“带状盆地”“两山夹一河”的地貌特征，使得全市土地85%以上属于不能利用开发的山地，城市格局较为紧凑，城区可供开发利用的土地资源稀缺。随着周边高档住宅小区及商业地产的兴起，宋村这块占地面积不小的集体土地急速升值，成为地方政府拓展财源的重要拟定对象；在案例初始时期，城关区政府认定村办市场属于“非法”建筑，政府发出征地公告，拟征用集体土地收归国有，用于市政府重点工程项目建设，提出货币补偿与产权置换两套方案，并召开了村办市场拆迁工作专题会议，会后部分村民代表实地考察拟用于置换的东岗家具市场后，大多倾向于选择货币补偿的方式，有的村民还产生“政府想通过产权置换方式，甩掉东岗家具市场这一烂尾工程”的质疑。到了第二次村民大会，政府提出的两种方案发生改变，仅剩产权置换的方式，对于政府“力主置换”，村民更加坚定了之前认知，激起抗争情绪。

在案例进展时期，宋村第二次村民大会全票否决了置换方案，而地方政府对此并未理会，而是组织联合执法队，对村办市场进行强拆，期间出现了宋村村民集体阻挠以及到甘肃省委省政府门前群访的情况，最为突出的是，宋村村民采取堵路的方式维权，致使城市主干道瘫痪80分钟，发生激烈抗争举动。地方政府一方面逮捕带头堵路的两位村民，表达强硬立场；另一方面，积极回应村民诉求，召开政策释疑会，做出部分让步，加大针对宋村村民的补偿力度。在案例的后续阶段，村民并不满意政府回复，以集资方式聘请北京专业律师，提起针对省市区三级政府的行政诉讼，法院分两批次公开审理系列案件，一审结果村民“十四案五胜”，村民不服结果并提起上诉；而地方政府则是按原计划公开拍卖板材市场的原占地，积极开展宋村维权事件的舆论公关，《人民日报》、新华网等中央媒体刊发系列文章[①]，将宋村维权案例作为地方政府与村民共同遵循依法治国的典范，并大多选择在十八大召开期间及闭幕伊始集中刊发，从正面引导舆论走向，后期政府为了安抚村民，追加了资金，为宋村村民购买保险。纵观整个案例，我们可以清晰地发现，在

① 如《人民日报记者论甘肃发展之二十五：宋村案的法律价值》《甘肃千余村民状告省市区三级政府：官员颇感委屈》《2名村民为阻止城管拆除违章建筑堵路》《宋村的土地官司》等系列文章，由《人民日报》、《瞭望》、《民生周刊》、新华网、人民网等权威媒体刊发，大多将宋村案例作为地方政府及村民依法行事的正面典范进行报道。

每个事件链节点，都会发生地方政府与民众之间的博弈互动，都会依据不同的情境采取不同的策略，无不体现着多个主体对不同政治机会的借助及引导。

3. 博弈焦点：政府两套征地补偿方案的权衡对比

为了拆迁征用宋村集体土地，兰州市政府按照征地收储的规定，拟定了相应的征地补偿方案。方案一为货币补偿，政府将拟征收的每亩土地按照商业土地定价为每亩 550 万元，宋村土地共计 49.18 亩，附着建筑被认定为违法建筑不予补偿。按照此方案，村集体将会获得总计 2.7 亿元的征地补偿款；方案二为产权置换补偿，集体土地置换为兰州市郊东岗家具城 1 号楼（政府估值此产权为 2.7054 亿元），作为宋村合法集体资产，为全体村民共同持有；如搬迁导致原有租金收益下滑，政府承诺兜底补足差额部分，直至村集体租金收入恢复。两种补偿方案看似只是货币及实物产权补偿之别，但细究权衡，两者存在非常大的利益差别。

当前地方政府拥有土地属性转换的专有权，垄断地方土地一级市场。按照现行相关法律规定，“国家所有的土地所有权，也就是全民所有和土地使用者为农民集体所有制是两种并列的所有权形式”，集体土地只有经过政府征用将性质转变为“国有土地”之后，才能进行交易[①]。因此，集体土地并不能直接上市交易，必须通过国土部门征用收储，转变为国有土地性质，进而履行“招拍挂”程序，才能进行有偿转让等交易行为。征地补偿是依据土地类型、土地年产值、土地区位等级以及当地经济发展水准等因素，由当地政府相关部门设定。在实践中，集体土地的征用价格还与土地后续使用功能存在一定的关联。在宋村案例中，村办板材市场的性质认定非常关键。因为按照《中华人民共和国土地管理法》第四十七条：“征用土地的，按照被征用土地的原用途给予补偿。”如果板材市场确定为商业性质物业，那么意味着征地补偿价格将会成倍增加。如果认定为非法建筑，而以耕地性质进行征收，那么补偿数额将会非常低。兰州市政府对先前宋村板材市场附近的商业物业，交易价格最低为每亩 550 万元，而如果按照耕地属性进行征收，相应的最高标准为每亩 21.05 万元，两者数额相差之大，成为地方政府与宋村村民博弈的焦点。

实践中如果征地是为了公共利益的需要，那么通常土地补偿标准会适当

① 骆祖春：《中国土地财政问题研究》，南京大学博士学位论文，2012 年。

降低。宋村案例中，政府先前公告征收集体土地的用途为兰州市广电中心及城投大厦建设用地，具有明显的公益性质。负责拆迁动员的多位官员，多次提到希望村民能够理解支持政府的公益建设，支持兰州市事业发展。由于宋村以往多次土地征用，均出现政府出尔反尔的情形，村民对地方政府存在着极度的不信任。除此之外，政府拟用于产权置换的东岗家具城，隶属于兰州市城投公司，其与兰州市土地储备中心合署办公，是“两块牌子、一套人马”的关系，其主要职能就是在兰州市国土资源局的监督下负责城市土地储备、资产经营、项目建设和融资开发等工作。而东岗家具城由于地理位置偏僻、周边交通、商业设施较为落后，自 2009 年建成后一直没有达到预计的商业效应，建成之后一直处于招商和半歇业状态。如果置换方案得以顺利实施，意味着兰州市土地储备中心用自身经营不佳的东岗家具城，不仅获得城市中心地带的宋村近 50 亩土地，获得未来的巨额土地收益，而且借此机会，扔掉了难以发挥市场效益的东岗家具市场这一资产包袱。为此，围绕宋村集体土地征收，多方主体展开利益博弈。

五、结论与展望

村办市场强拆之后，因此而起的民众抗争及行政诉讼仍在持续，而地方政府并未停止此块集体土地的后续流程，将尚处于行政诉讼审理状态的集体土地，进行打包拍卖。涵盖宋村集体土地在内的标号为 G1324 号的 77.041 亩土地，被某著名房企以 14.53 亿元的高价拍得，用于建设城市商业广场，原先征地拟用于建设兰州市广电中心及城投大厦的理由再一次被推翻；而二审维持原判的结果，让宋村村民围绕集体土地的抗争行为暂告结束。带领村民积极维权的村内精英 C 在 2015 年下半年的村民选举大会上当选新的村委会主任，原有土地上的城市商业广场项目正在抓紧建设，宋村新的村办“东岗大西北板材市场”完成开业准备，在兰州的东郊开始逐步延续……

宋村集体土地维权案例，集中反映了当前我国城市化进程中对土地的过度依赖，以及多元利益主体围绕政治机会所进行的利益博弈。不同政治机会的生成，引发不同利益主体的策略性应对，影响并左右着整个民众抗争行为的发展轨迹。地方政府、村民及城市房产开发企业围绕宋村集体土地，多次利用不同的政治机会，灵活选择了相应的博弈策略：地方政府在征地拆迁的政策制定、规划控制、标准设定以及资源投入方面拥有绝对优势，可以主导集体土地的征地拆迁过程，村民也可以采取“依法”“依势”或“以暴”等不同策略进行抗争，维护或争取自身的经济利益，城市房产开发企业可以从征地拆迁中获取相应的政策利益，实现巨额的收益。城市建设政策、土地资源衍生的巨大经济利益以及原住居民与地方政府的博弈等诸多要素，同时被压缩在利益边界清晰的共同场域中，抗争行为与政治性情境的互动特性得到了更为清晰的展现；原住居民、城市房产开发企业、地方政府作为抗争过程中的对抗主体，在原有的机会结构下生成并引导抗争行为，同时这些原有的机会不断被改善或重塑，新生的机会结构诱发着新的抗争行为，追求自身利益的不同主体在抗争过程中不断相互博弈，或扩大，或生成为新的政治机会，最终形成一个相对的平衡。

以更为宏观的视角，宋村集体土地案例，宋村集体土地所蕴含的巨额收益，诱使各个利益主体围绕政治机会结构进行互动博弈，涉及社会利益的重新分配，渗透着地方政府的财政收入、政府绩效评指标权重以及官员个人仕途晋升等影响要素。彼此捆绑形成的“土地财政”，背后暗含着错综复杂的利益分配过程，各级地方政府在市场规律这只无形的手的推动下，自发地培植或者攫取各种由市场发展带来的资源及其配置权力[①]，事实上已经构成了一种源自抗争对立面的独特政治机会场域。以往我国民众抗争行为多借助于“国家”层面的政策精神、上级的政治文本等，来对抗基层政府及其官员的利益侵害，避免被扣上“有政治企图”的帽子。民众似乎在刻意表明抗争行为属于制度内维权，无意质疑政治合法性及冲击现有政权体系。近年来，多起民众抗争事件，开始不再单纯以“底层政治”的被动姿态，寻求自身经济地位的改善，而是有了价值层面的更多权利诉求，具备更为多元的目标指向，诉求内容及边界进一步拓展。越来越多的民众，不再刻意回避自身的“政治性”，而是以更加坦诚的姿态积极参与抗争，探讨公共政策的改进，促进公共问题的解决。

对于地方政府、民众或其他利益群体而言，这也许并不仅仅意味着经济权益上的增减。重新审视当前日益增多的民众抗争事件，已不再局限于早期民众个体或群体经济利益受到实质侵害之后的被动维权，而是似乎明确地指

① Sidney Tarrow. *Power in Movement: Social Movements, Collective Action and Politics*, New York: Cambridge University Press, 1994, p.253.

向于争取某种“权利”。当越来越多的抗争行为出现了“民主”“法治”等公共价值诉求时，必然会影响民众抗争行为，改变现有政治机会变量，塑造及生成新的政治机会变量，长此以往，必然会潜移默化地影响政府的施政方式，触动公共政策议程设定流程，甚至会对国家权力结构产生重要的影响。理解此种民众抗争行为逻辑方面的转变，认真考量政治机会的生成与民众抗争策略的选择关联，对于分析民众的抗争行为趋向，回应民众公共价值方面的权益诉求，厘清地方政府职能定位，确立社会治理重点领域，进一步优化国家治理体系及治理能力现代化等，具有非常重要的现实意义。

组织化类型对公共冲突及其管理方式的影响研究

常健　张雨薇

摘　要：公共冲突中的组织化程度可以根据结构自由度和规则约束力两个维度划分为四种类型：标准组织化、隐性组织化、自由组织化和无组织化。影响组织化类型的因素主要包括制度环境的特性、冲突相对方的性质、冲突的特性、冲突者的特性以及权威者的介入。在笔者收集的2005～2014年间中国发生的106起公共冲突案例中，组织规则约束力弱的案例占65.09%；组织结构自由度高的案例占60.38%，说明中国公共冲突的组织化程度处于较低水平。这影响到公共冲突的暴力程度：在规则约束力强的案例中，暴力对抗案例只占24.32%，而在约束力弱的案例中这一比例却高达71.01%。同样，在结构自由度低的案例中，暴力对抗案例只占35.71%，而在自由度高的案例中这一比例高达67.19%。面对公共组织化的不同类型，政府的应对方式也存在着相应的差异。

关键词：组织化类型；公共冲突；结构自由度；规则约束力

作者简介：常健，南开大学周恩来政府管理学院教授、博士生导师，南开大学人权研究中心主任。张雨薇，南开大学周恩来政府管理学院硕士研究生。

基金项目：国家社科规划重点项目“公共领域冲突管理体制研究”（13AGL005）。

文章来源：本文刊载于《中国行政管理》2017年第4期。

一、公共冲突中组织化的四种类型

（一）组织化的两个维度

公共冲突的组织化是指在公共冲突的集体行动中行动者之间的组织状况和协同行动情况。组织化的程度可以从两个维度加以考察：即结构的自由度和规则的约束力。

组织结构自由度主要包括三个方面：（1）结构的稳定性，即组织是否容易解散或频繁变化，它与组织的架构是金字塔式还是无中心网状结构无关。（2）组织成员的流动性，它与组织规则的约束性有一定关系，但成员的流动并不意味着结构的稳定性会减弱。（3）关系网络的强弱。根据美国社会学家格兰诺威特（Mark Granovetter）的社会网络理论，当冲突相关主体方的个体间存在较强的同质性或稳定的社会关系时，可以认为是强连接（strong ties），相反则为弱连接（weak ties）。[①]

组织规则的约束力主要涉及两个方面：（1）对组织成员行为的约束能力，它包括对组织成员的动员能力和导向能力。（2）对组织成员行为的约束广度，涉及对组织成员权利与义务的规范和组织行为边界的确定，具体表现为对某些行为的禁止或强制执行。

（二）组织化的四种类型

以上两个维度相互组合，可以形成组织化的四种基本类型（如图1所示）。

规则约束力 \ 结构自由度	低	高
弱	自由组织化	无组织化
强	标准组织化	隐性组织化

图1　公共冲突中组织化的四种类型

① M. S. Granovetter. “The strength of Weak Ties,” *American Journal of Sociology*, 1973, 78(6), pp.1360-1380.

1．标准组织化

标准组织化分为两种情况，一是参与冲突过程的正式组织，如劳动保护者组织、军队组织、宗教团体等；二是具备高度约束力的组织规则和低度自由的组织结构的团体，它们能够按照既定的行动准则做出集体行动，同时有着稳定的组织结构，虽然可能在法律上没有完备相关手续，但实际上发挥着传统意义上组织的作用。

2．隐性组织化

这是一种在实践中广为存在的状态，个体有着极大的自由度，组织结构呈现无中心网状，在联系方式上更多地采用网络媒体手段。这既得益于现代技术工具的发展为动员方式提供了新的选择，也是在现有的社会背景环境下，出于对安全性与合法性的考虑。这种组织化类型越来越多地出现在城市地域的公共冲突事件中，领域上以环保和社区治理最为凸显。一些研究者将相关状态描述为“去组织化”[①]、“准组织化”、“弱组织化”[②]等，它们与“隐性组织化”的概念存在着许多共同点，如无领导有纪律，行动上的自我定位[③]，有组织的分工和激励。

3．自由组织化

在这种类型下，冲突主体处于一种具有潜在的组织结构或者相对稳定的强链接状态中。主体中的大部分成员面临着同样的利益冲突并拥有共性较高的社会背景，在面临冲突时，对利益目标的寻求更为一致，人们有着较为一致的社会控制动机，容易在冲突中采取集体行动，导致群体性事件爆发；但因缺少有约束力的规则对行为进行指导，所以更容易导致冲突升级或冲突强度增大。

4．无组织化

在这种状态下，冲突中的个体自由度较高，又不受规则的约束，如冲突中无直接利益冲突的旁观者，其参与冲突心理动因包括看热闹、打抱不平、借机发泄、寻求权利、相互影响、刺激快乐等；他们卷入无直接利益冲突后

① 刘琳：《“无组织化”：转型期群体性事件的主要风险因素》，《当代世界社会主义问题》，2012 年第 2 期，第 38～48 页。

② 王国勤：《集体行动中的“准组织化”及策略应对》，《南京社会科学》，2014 年第 12 期，第 65～71 页。

③ 陈晓运：《去组织化：业主集体行动的策略——以 G 市反对垃圾焚烧厂建设事件为例》，《公共管理学报》，2012 年第 2 期，第 67～75 页。

的行动主要包括围观起哄、聚集封堵、推挤打砸、传播信息、躲避退却、反思评述等。①

（三）考察案例中组织化的具体状况

笔者整理和归纳了在 2005～2014 年间公开报道并在社会上引起广泛关注的 106 件公共冲突事件，其中，无组织化的案例占比最高，为 43.40%，隐性组织化的案例占比最低，为 16.98%。（见表 1）。

表 1　组织化各种类型在案例中的数量和比例

组织化类型	案例数	占比（%）
标准组织化	19	17.92
隐性组织化	18	16.98
自由组织化	23	21.70
无组织化	46	43.40
总计	106	100.00

从两个维度来分析，在 106 个案例中，组织规则约束力弱的案例占比达到 65.09%；组织结构自由度高的案例占比达到 60.38%（见表 2）。这表明在这些案例中，组织化的程度处于较低水平。

表 2　两个维度的案例数量和比例

<table>
<tr><th colspan="2"></th><th>案例数</th><th>占比（%）</th></tr>
<tr><td rowspan="2">规则约束力</td><td>强</td><td>37</td><td>34.91</td></tr>
<tr><td>弱</td><td>69</td><td>65.09</td></tr>
<tr><td colspan="2">合计</td><td>106</td><td>100.00</td></tr>
<tr><td rowspan="2">结构自由度</td><td>高</td><td>64</td><td>60.38</td></tr>
<tr><td>低</td><td>42</td><td>39.62</td></tr>
<tr><td colspan="2">合计</td><td>106</td><td>100.00</td></tr>
</table>

① 潘莉：《旁观者卷入无直接利益冲突的行动逻辑——对马鞍山 6·11 事件参与者的访谈分析》，《山东理工大学学报（社会科学版）》，2012 年第 4 期，第 47～51 页。

二、影响公共冲突中组织化类型的主要因素

根据对所收集案例的分析，我们发现，影响公共冲突中组织化类型的因素主要包括五个方面，即制度环境的特性、冲突相对方的性质、冲突的特性、冲突者的特性以及权威者的介入。

（一）制度环境的特性

国家体制和制度对社会组织的规制程度，对冲突组织化程度有着整体性的影响。在对社会组织严格规制的环境下，冲突中组织结构的自由度会显著提升。在本文所研究的案例中，许多冲突事件在初期阶段便呈现出有意识地规避合法性上的困难，避免采用明确组织化抗争的特点。冲突参与者会倾向于保持较为自由和灵活的姿态，以提高自身的政治安全性。在本文收集的106个案例中，组织结构自由度高的无组织化和隐性组织化类型的案例达到64个，占比60.4%，显示了这一总体倾向。

另外，中央与地方政府立场分化程度会对组织规则的约束力产生一定影响。在不同层级政府的立场分化程度较高的背景下，基层群众往往寄希望于越级向更高层政府反映诉求，通过“把事情闹大”来唤起上级政府部门的注意。这使得冲突中的抗争方往往缺乏有约束力的组织规则来约束自己的行为。在本文收集的106个案例中，规则约束力差的案例高达69个，占比达65.1%。

（二）相对主体的性质

冲突中相对方主体的性质，对冲突的组织化程度有明显的影响。当冲突的相对方是政府机构或与政府有密切关联的机构时，组织的自由化程度就会明显提升；相反，如果冲突的相对方是普通的企业，与政府没有密切的关联，甚至是政府重点规制的对象时，组织化的程度便显著提升。

在环保领域和业主维权领域的抗争中，由于冲突的相对方涉及政府或政府的决策，因此，抗争方更多地采取隐性组织化的形式。例如，在反对对二甲苯化工项目（以下简称PX项目）建设而发生的6起公共冲突事件中，有5起均采取了隐性组织化的形式。在涉及邻避效应的3起业主抗争事件中，抗争方也均处于隐性组织化形式中。

相反，在劳资领域的冲突中，由于资方企业是政府重点规制的对象，因此抗争方更多地采取了组织化程度更高的形式。在本文所收集的劳资冲突案

例中，政府、社会非营利组织及一些律师事务所能够在农民工讨薪、劳资谈判等事件初期便积极介入，使抗争方的组织化程度迅速提高，从而促使爆发的冲突迅速平息。

（三）冲突的特性

冲突的原因和触发方式对组织化类型的选择有着显著的影响。学者朱力在研究中将群体性事件分为“经济型直接冲突”和“社会型间接冲突”。①前者有着明确的权利和利益指向，冲突主体往往能够选择更为理性、约束性强的行为方式，进行有组织有策略的利益表达，有着较强的规则约束力，行为具有明确的目的，并对冲突成本有着明确的意识；在冲突过程中，往往会进行组织化动员或草根动员，对集体行动方式做一定约束和指导，成员间会保持一种较为稳定的联系。在企业罢工或公交、出租车罢运等冲突中，冲突主体仅围绕工资、福利、特定管理行为或某一政策而行动，且能够较为一致地进行，在目的基本达成甚至仅获得社会关注后即停止。在深圳冠星精密表链厂罢工事件中，企业员工由于对计薪方式不满而静坐抗议后，律师事务所迅速介入其中，促成了企业员工与企业主之间的谈判，律所通过整合员工意见、动员选取代表、协助谈判等方式促成了最终方案的达成。在 2010 年兰州 5 条公交线路停运事件中，公交司机在上班高峰期停运两小时，其余时间正常工作，既提高了抗议的效果，又使抗议行为克制在一定的限度内。

相比之下，“社会型间接冲突”由于常常涉及无直接利益相关的群体，多会演变成“社会泄愤事件”或“骚乱事件”，可防可控性较低，通常没有明确的规则来约束成员的行为，形成“无组织化”或“自由组织化”的状态。这一类事件的引发原因是多种多样的，如不满医院处置或收费情况，要求政府调查真相，本地居民与外来居民之间的纠纷，要求依法处理城管打人，对酗酒者不满等。但参与者缺乏组织规则的约束，有着较高的自由度，主要是表达民众的诉求，或发泄不满情绪，人们为了“讨一个公道”而围观聚集甚至游行抗议，通常具有“来得快、去得快”的特点，如安徽池州“6·26”事件、天津市南开大学砸车事件、安徽马鞍山“6·11”事件、贵州黔西事件、广东沙溪“6·25”事件等。

① 朱力：《中国社会风险解析——群体性事件的社会冲突性质》，《学海》，2009 年第 1 期，第 69～78 页。

（四）冲突者的特性

冲突者本身的认知和经验对组织规则的约束性和组织结构的自由性均有着一定影响。曾在体制内工作过的人或者年长者，以及受教育水平较高的人群，会倾向于选择结构自由度高、同时有着较强约束力的组织方式。这两类人群对政治成本有着深刻的认识或者相关经验，更倾向隐性组织化类型，以灵活和讲策略的方式有效率地表达自己的利益需求，选择平和有约束的行为方式来规避政治敏感点，降低冲突成本。城市领域发生的公共冲突事件，以及环保领域、业主维权领域发生的公共冲突事件，常表现出隐性组织化的特征。这些地区和领域中的主体人群通常是教育程度较高或有着体制内工作经历的人群，有着较好的政治敏锐性并熟悉网络工具的运用。在18起隐性组织化类型冲突事件中，发生在省会城市和地级市的事件高达16例，而剩余的2例则发生在县级市中。在2011年的南京市梧桐树事件中，居民在网络上进行呼吁动员，之后通过为梧桐树捆绑绿丝带的形式表达保留梧桐树的利益诉求，方式理性平和并富有技巧，迅速得到了政府的重视并解决了问题。

相反，对于整体受教育水平较低，技术手段不发达或法律认知水平较低的群体，如一些农村居民、农民工等，在冲突过程中会表现出行为约束性低的特征。同时，在这一类人群中，社会关系网络以强链接为主，血缘关系、地缘关系是主要的社会关系，这使冲突主体的组织结构自由度较差。学者李晨璐、赵旭东曾将农民在群体性事件中的抗争手段称为“原始抗争”，内涵上是“缺少缜密计划及组织形式，按照农民自身意愿、自发地形成的抵抗方式”①。

（五）权威主体的介入

冲突过程中权威主体的介入会对组织化类型的选择产生影响。在一些案例中，冲突主体在初期阶段的行动具有明显的组织化趋势，即有少数的领导者和统一的分工部署，利益诉求表达清晰明确，组织目标突出。但是在对抗过程中，由于权威主体（如政府或司法机关）介入，冲突主体出于对自身安全性与行为合法性的考虑，会采取行动提高自身的结构自由度，如允许成员自主退出，取消领导者等，并相应地提高联系与互动规则的约束性，进入隐性组织化的状态。

① 李晨璐、赵旭东：《群体性事件中的原始抵抗》，《社会》，2012年第5期，第181～183页。

三、组织化的不同类型对行动选择和管理方式的影响

冲突行为的强度可以划分为两类：（1）低强度非暴力表达，主要包括：本地上访、进京上访、散步、游行示威、静坐、罢工怠工、罢课、罢驶、守卫、打横幅、喊口号；（2）高强度暴力表达，主要包括：聚众闹事、堵塞交通要道、抗税拒缴、围攻政府等办公大楼、扰乱会场秩序、对物或人身的攻击或伤害、抬尸闹事、打砸抢烧、人身攻击、毁损公私财物、自杀胁迫、绝食抗议、械斗等。

在本文收集的 106 个案例中，有 58 个案例中发生了暴力冲突，占比 54.72%。但它们在组织化的不同类型中所占比例存在着明显的差别，其中占比最高的是无组织化，最低的是隐性组织化（见表 3）。

表 3　不同组织化类型中的暴力冲突案例

组织化类型	案例数	暴力冲突案例数	占比（%）
标准组织化	19	5	26.32
隐性组织化	18	4	22.22
自由组织化	23	10	43.48
无组织化	46	39	84.78
总计	**106**	**58**	

从两个维度来分析，规则约束力的强弱和结构自由度的高低对暴力行动的选择有着重要的影响。在 106 个案例中，规则约束力强的案例共有 37 个，其中发生暴力对抗的事件共有 9 个，只占 24.32%；而在 69 个规则约束力弱的案例中，涉及暴力对抗的案例达到 49 个，占比高达 71.01%。同样，在结构自由度高的 64 个案例中，出现暴力性对抗的案例 43 个，占比高达 67.19%；而在结构自由度低的 42 个案例中，出现暴力性对抗的案例 15 个，只占 35.71%。

（一）标准组织化类型的行动选择和政府应对方式

在标准组织化类型下，存在着正式的组织形式，规则约束力强，结构自由度低。典型的情况如劳资谈判过程中的劳方和资方的组织化状态。

在标准组织化状态下，冲突各方通常会采取理性、有策略的方法。对于

目标明确、利益指向清晰的组织团体来说，公共冲突往往是工具性的。组织章程和规则的存在为集体行动提供了较强的约束性的指导性，而稳定的社会关系结构和成员也使责任清晰，不易产生强制性行动。在这种约束下，冲突主体多会选择谈判、申请第三方干预、呼吁媒体关注等集体行动方式，具有理性化、工具化、可控性强的行为特点。如在 2011 年深圳冠星精密表链厂罢工事件中，事件伊始，律所便立即介入并组织了劳资双方进行谈判，冲突顺利化解；2005 年广东太石村罢免事件中村民两次联名签署《罢免动议》，最终依据法律程序罢免了村委会干部。在这样的情况下，冲突本身暴力性低，不易升级，时间短，易于管理。从本文收集的案例情况来看，在 19 个标准组织化类型的冲突案例中，涉及暴力行动的案例仅有 5 起，占 26.32%，大大低于无组织化类型和自由组织化类型。

从政府应对这种组织化类型冲突的方式来看，政府部门的管理行为是较为多元化的，通常会根据具体的事件采取有针对性的行为，包括加强专项工作、出台临时补贴政策、介入调查、处置相关公务人员、组织座谈会、督促企业进行整改等。但也存在一些没有由政府直接出面管理的案例，如兰州 5 条公交线路停运事件、苏州联建科技事件及佛山本田汽车零部件公司罢工事件等。

一方面，多元化的管理方式得益于明确的利益诉求，有技巧的组织化表达手段，同时由于有标准的组织化情况或社会组织的介入，较低的结构自由度使政府对冲突的管理不必直接面对原子化的个人，降低了管理成本。但另一方面，当有合法的公共组织参与其中时，也可能导致公共冲突的持久化，增加政府部门迅速化解冲突的难度。2011 年发生的玉林狗肉节抗议事件中，由于有动物保护组织等非政府组织的参与，虽然政府部门进行了沟通，并加强了食品安全专项工作，但该次事件并没有完全消弭，此后每年狗肉节举办期间，动物保护组织都会发起呼吁或网络联名抗议等行动，使其成为一个高度组织化的社会行动。

（二）隐性组织化类型的行动选择和政府应对方式

在隐性组织化类型下，虽然缺乏正式组织的明确形式，成员具有较高的自由度，但却有较强的规则约束力。典型的情况以环保领域、社区维权领域为主，如厦门市民“散步”、北京市民“开车遛弯”及穿 T 恤锻炼、青岛市民的“行为艺术”、南京市民为树结“绿丝带”等，参与者表达态度的方式都是具备基本底线的非暴力不合作的行为。

从冲突行为选择来看，在这种类型的冲突中，利益诉求指向明确，行为方式理性化，多以“散步”行为、守卫、网络呼吁媒体关注、和平罢运、静坐等非暴力手段为主，以无领导有纪律、通过互联网维持关系、“匿名化”为基本原则，激进行为较少，在多数情境下，参与者能够积极参与到与政府之间的对话中，并有一定的相互接受度。在某些特定情况下，可能受到一些个体行为的影响而产生小规模的暴力性行为，如广东省广州海伦堡花园居民集体抗议行动中，由于政府的处置方法较为激进，造成了群众的愤慨情绪并进行了反抗。但总体而言，此种类型下，冲突主体的情绪较为稳定，不易受到煽动，冲突进程不易于受到暴力的强制推进，且一旦明确对利益诉求做出妥协或满足后，冲突事件能够迅速平和地结束。在本文所收集的 18 个隐性组织化的冲突案例中，涉及暴力行动的只有 4 例，占 22.22%，是四种组织化类型中暴力行动案例占比最低的。同时隐性组织化的行动策略在实践上具有暴力性低、目标明确、不影响社会秩序、弱政治性等特点，通常能够在唤起政府等强权主体注意的同时保护自身的合法性。

从政府应对这种类型冲突的方式上看，政府部门的管理行为主要集中在政府宣布项目停止（10 例）、谈判（3 例）、第三方部门介入调查（4 例）、依据需求进行整改（4 例）几项内容上。广东江门鹤山反核事件、辽宁大连福佳反对 PX 项目游行事件、福建省厦门市反对 PX 项目游行事件、上海磁悬浮列车居民抗议事件中，政府部门直接顺应居民意见，发表声明取消或迁建项目。仅有三个案例（山东平度“3・21”征地纵火案、重庆出租车罢运事件及安徽砀山征地冲突）由于爆发时已伴随着对抗性行动，如纵火、斗殴、打砸物品、胁迫民众等行为，政府部门采取了应急措施，对事态发展予以了控制。从时间上看，隐性组织化类型的公共冲突事件多发生在 2010 年以后（18 件案例中 2010 年以后的占 11 例），这可能是由于网络技术的发展为其提供了工具，以及社会抗争经验积累的结果。对于政府的管理来说，典型的“散步”“集体购物”及网络声讨等行为已不再是新鲜的情况，并有了一定的应对经验。尤其是近几年在国内多个城市出现的环境污染类抗议事件，政府基本的管理方式已经形成，即加强环境监测，成立专门调查组对项目进行调查，同时对项目建设进行延期或迁址。

（三）自由组织化类型的行动选择和政府应对方式

在自由组织化状态下，规则约束力弱，但结构自由度低，典型的如工厂内的工人或乡村村民的组织化状态。

从冲突行为的选择来看，一方面，这类群体由于身份背景的同质性、广泛存在的非正式关系网络，利益诉求趋于一致，使其在面对与其他群体的利益冲突时能够具有较为一致的目标，并产生共情作用。另一方面，由于对集体行动并没有一个强有力的约束体系，其行为选择相对自由，行为方式底线低，冲突情绪不稳定，极易采取过激行为，导致暴力越轨事件，推动冲突强制升级。在2008年浙江海村环境抗争事件中，村民采取了拦路、打砸及集体下跪等自发方式。在2009年吉林通化通钢“7·24”事件中，企业员工从游行逐渐激化到发生肢体冲突造成流血事件。在2010年张家港市人民医院千人聚集事件中，被患者家属医院内祭奠活动吸引而来的群众逐渐爆发出过激行为。在本文所研究的23个自由组织化的案例中，有10个案例涉及暴力对抗，占比43.48%。

值得注意的是，在征地冲突（如广东省中山市三角征地冲突案、云南孟连事件、山西运城征地冲突案等）和罢工罢运事件（如三亚出租车罢运事件、吉林通化通钢事件、深圳宝安及龙岗出租车罢运事件等）中，冲突早期均采取了罢工、静坐等较为平和理性的行为方式，但当受到压制或暴力对待时，便迅速爆发肢体斗殴、打砸抢等暴力对抗性行动，使冲突升级。

从政府对这一组织化类型的应对方式来看，主要包括第三方部门介入调查（11例）、公安介入压制并惩处相关人员（5例）、内部调解或第三方调解（3例）、资方发表声明（1例）、谈判（2例）、出台相关整治措施（4例）、安抚疏导群众（3例）等。政府部门常常是将强力压制、调查真相与沟通谈判结合起来使用。

从处理过程来看，如果事态处于可控状态，政府往往不直接插手干预，而是发挥督促和监督的作用。如近几年发生的富士康千人罢工事件、IBM（国际商业机器公司）深圳工厂千人罢工事件，政府并没有直接进行管理，而是由企业自行调解解决，政府仅起到监督督促的作用。但如果冲突事态不断扩大和恶化，政府则多是从控制事态进一步扩大入手，然后开展调查，并通过调整政策来平息和化解冲突。较为典型的例子是2008年发生的云南孟连胶农事件中，事件爆发时即伴随着剧烈的肢体冲突，政府首先对事态进行了控制以防事态扩大，随后成立专案组进行事件真相调查，并在调查过程中发现了大量的贪腐案件。在调查的基础上，相关执法部门对贪腐案件进行了处理，商务部门则对收购政策进行了适度调整。在共同协作下，最终促进了事件的解决，冲突平息。

值得注意的是，在这一组织化类型的案例中，由于利益诉求趋于一致，存在整合的余地，政府通常能够找到磋商的对象。因此，在对暴力对抗性互动进行控制后，经常能够通过满足利益诉求来寻求冲突的平息和化解。

（四）无组织化类型的行动选择和政府应对方式

在无组织化类型下，规则约束力极低，而结构自由度又很高，在利益表达上不存在整合，处于高度的匿名化状态。典型的情况如社会控制末端的民众参与的应激性群体事件。

在这种组织化状态下，冲突的发生具有很大的偶然性，谣言的传播起到重要的引发、催化和助燃的作用，形成非理性的猜想和推断，激发愤怒情绪的共鸣，导致民众围观或聚集，若得不到可以接受或认可的官方答复，就很有可能借助混乱实施非理性行为。由于缺乏可以与政府进行直接磋商的组织者或代表，在集体无意识的裹挟下，失控局面无人控制，参与者的行为也不须遵守任何既定的规则，在个体之间循环的情绪感染与振荡下，气氛一紧张就极易走向勒庞所谓的群体无理性。全国闻名的瓮安事件中，事件起因非常简单，开始只是亲属打着横幅在街上游行，试图引起注意为亲人“讨一个公道”，然后很多群众就“尾随队伍前进”，到达公安局办公楼前，经过“少数人的煽动”，人群开始对政府机关发起进攻，冲突迅速升级。

无组织化状态与自由组织化状态的行为方式有着一定的共性，表现在：规则约束力低，较易受到群体性思维的影响，正义动机对冲突触发的推动等。众多参与群体事件的个体民众与事件本身并无直接利害关系，没有统一的组织动员和其地位的相对超脱是民众敢于率直表达诉求的理由，也使其围观聚集行为获得一定的正当性。但是，也正是由于在这种状态下，冲突主体中个体间的利益相关度更低，鱼龙混杂，在冲突事件中可能存在着不同的动机，如好事者的好奇与追求刺激、不法分子煽动不明真相的群众等。在许多案例中，临时加入的群众初期仅采用了“尾随队伍”、围观等方式，但多数后期会受到某些事件，如执法手段不当、不法分子煽动等偶发性事件的触发进入过激状态从而引发肢体冲突。因此，与自由组织化行动策略相比，无组织化状态的冲突事件在偶发性、不可控性上更胜一筹，但也因此常常有“来时快、去时快”[①]的情况发生。在2013年社会广为关注的湖南临武瓜农死亡事件中，由事件触发初期死者家属要求赔偿迅速发展到后期大规模人群聚集并爆发暴力对抗事件，其中的原因非常复杂，而不仅局限在冲突爆发的焦点问题上。同样地，在2009年发生的旭阳玩具厂群体斗殴事件中，冲突的焦点问题是由于网络谣言引起的人群间的相互怀疑，而事件触发点则是几个人的打架斗殴，但在事件的发展过程中，由于谣言的进一步散播以及斗殴事件的刺激，在一些不法分子的煽动下，冲突迅速升级成为大规模流血事件。同样的情况也发生在2009年的南京儿童医院患儿死亡案、2011年广东增城“6·11”事件等案例中。

在本文所收集的46个无组织化类型的冲突案例中，发生暴力对抗行为的案例有39个，占84.78%，在总共106个各类组织化冲突案例中占爆发暴力性对抗案例的67.24%，显示在这种组织化状态下发生的公共冲突事件有明显的暴力性和对抗性。部分学者将“无组织化”状态称为社会转型时期群体性事件的主要风险因素。[②]

对这种组织化类型的冲突事件，政府部门的管理行为主要包括公安介入压制并惩处相关人员（30例）、第三方部门介入调查（14例）、第三方调解（6例）、疏导教育（6例）、组织座谈会（3例）、政府信息公开（1例）几项内容。从过程上看，基本从控制事态进一步扩大着手，然后辅以调查事件起因与真相等动作，对民众情绪进行安抚与疏导。

在“无组织化”类型下，规则约束力较低同时主体自由度很高，大多由互不相关联的民众组成，这使冲突行为具有不可预测性，在爆发初期就伴随着群众聚集、打砸抢、肢体斗殴等活动，案例中聚集群众上千人并试图冲击政府的情况屡见不鲜（如瓮安事件、吉首融资案、四川什邡反对铜钼事件、江苏启东事件等），具有很强的负面效应。这样的情况下群众方没有正常利益协商与表达机制，无法靠自身力量解决问题，同时又有着多种多样的利益诉求甚至积怨，所有问题都要依赖政府解决。政府既作为冲突的一方，是唯一的直接诉求对象，也是事件爆发后的第一时间处理者。没有一致调和的利益

① 于建嵘：《中国的社会泄愤事件与管治困境》，《新世纪周刊》，2008年第20期，第54页。

② 单光鼐：《尽快开启越来越逼近的制度出口——2009年群体事件全解析》，《南方周末》，2010年2月4日。

表达方式同时又受到爆裂的冲突情绪卷入，使政府的管理没有时间也没有任何中间组织来缓冲，以通过理性方式满足民众的分散化诉求。

这一类型下的冲突事件常常由于大规模的对抗性行为使冲突迅速升级，并掩盖冲突起因的焦点，使群众和政府的注意力转向冲突的升级，进入应急状态。这使冲突的事态通常能够得到较快的控制进而平息，但也常常因此使本来的深层问题没有得到解决，使产生冲突的真正原因被隐藏，并成为下次冲突事件的伏笔。

四、不同组织化类型下冲突管理的改善方向

对不同组织化类型下的冲突，政府需要有针对性地采取相应的不同管理方式，使冲突管理的措施能够达到预期效果。

（一）标准组织化类型冲突的管理策略

对标准组织化类型，应当倡导沟通谈判，鼓励社会组织的有序参与。此种类型的公共冲突在行动策略上的理性化程度最高。一方面，标准化组织有着稳定的组织结构和组织目标，如果目标没有有效达成，组织会长期延续下去，并使冲突扩大和升级。另一方面，由于标准化组织具有统一的利益指向和规则约束，其行为选择具有较好的可预期性，为理性的冲突化解方式提供了良好的基础。因此，应从冲突管理的长期效果着眼，尽量采取谈判、调解等理性化方式，寻求双方都能接受的解决方案，化解冲突。

政府应当为谈判、调解、仲裁等公共冲突化解方式创造适宜的条件和氛围，建立公平的冲突化解程序，保障各方在冲突化解过程中的平等权利，维护干预第三方的中立性，促进冲突各方的有效沟通并建立相互信任，控制情绪，并为冲突化解的最终方案及其有效执行提供必要的法律保障。

（二）隐性组织化类型冲突的管理策略

对隐性组织化类型，应当改善互动机制，防止集体行动困境。隐性组织化的选择在一定程度显示出冲突方对政府部门的信任程度不足，也体现了民间自组织化的技巧。因此，政府应当与冲突各方加强相互沟通，建立互信机制，在冲突管理的过程中保持政策的一贯性，防止政府政策的多变导致冲突各方行动策略选择上的机会主义倾向。

隐性组织化由于规则约束力强，又缺乏明确的组织形式，容易陷入集体

运动的困境。群体成员在潜在规则的约束下参与各种集体行动，却无法和无力对行动方式和策略进行必要的选择和调整，使得冲突各方难以妥协和协商，为公共冲突的化解增加了难度。因此，应当考虑增加组织结构的显现程度，扩大群体成员和组织者的选择和调整空间，以削弱缺乏责任担当的盲目集体行动的产生土壤，为冲突的化解创造必要的条件。

（三）自由组织化类型冲突的管理策略

对自由组织化类型，应当寻求利益共同点，预防突发性对抗。一方面，由于群体的自由度低，呈现出强烈的同质性，整体的背景情况类似，利益指向趋于一致，这就为以达成利益共识为基础的冲突化解提供了条件。另一方面，由于自由组织化状态下规则约束力差，并且没有实际上的组织分工、决策机制和约束规则，所有的参与者在具体行动中都表现出较弱的自我理性控制，如若治理手段选择失当，有极大可能性造成场面失控进而转化成暴力事件。

因此，在应对此种组织化类型的公共冲突中，要注重疏导与治理手段的选择。在冲突化解和管理的过程中，可以尝试以平等的姿态寻找适合的磋商对象，尝试选择谈判、调解或者仲裁等第三方干预等冲突化解方式进行沟通化解，寻求利益的共通点和共赢的解决方案。

同时，对冲突过程应严密监控，防止爆发暴力对抗行动；还应该健全民意表达和政府倾听的各种渠道，加强高层领导与底层民众的对话，使民众提出的问题切实得到政府关注，民众的主张切实为政府所理解，避免形成“只有闹大才能引起政府注意”的负面效应。

（四）无组织化类型冲突的管理策略

对无组织化类型，应当及时控制事态，关注深层问题。在无组织化类型下，结构自由度高，规则约束力弱。一方面，冲突事件常常是由偶发事件引起，冲突参与者试图借助特定事件来表达自己的多样化诉求或社会愿望。因此政府部门在介入治理此类公共冲突事件时应注意疏导群众情绪，对不同利益需求群体予以适合的处理安抚方式。另一方面，由于没有具体磋商对象，并呈现出极低的规则约束，冲突主体无行动理性和规则底线，极易因情绪失控引起过激暴力行为。因此政府应及时应对冲突，严密监控事态发展，对可能发生的暴力行动建立应对预案，采取必要的防控措施。

由于这种组织化类型下的冲突烈性较高，常常使事件本身的焦点问题被暴力对抗性行动湮没，最后没有得到解决。虽然单一事件的发生具有较高的偶然性，但通常是由某种深层次的矛盾引发的，这种矛盾具有一定的累积过程，如果不对深层矛盾进行解决，还会引发其他的冲突事件，而且发生频率会呈现递增趋势。因此，应该在控制冲突进程的同时，寻找事件中的利益对立，解决焦点问题，化解深层矛盾，改变产生冲突的制度环境和社会条件。

族际冲突中族群与非族群因素及其相互作用

常健　杨帆

摘　要： 影响族际冲突的因素可以分为族群因素和非族群因素。族群因素又可分为原生因素和次生因素；非族群因素可分为偶发因素和一般因素。族群因素与非族群因素通过群体身份、历史问题和群体利益相互联结，使族际冲突的当事方产生认知、情绪和价值判断的变化，一方面导致非族际冲突转化为族际冲突，另一方面导致族际冲突升级或转化为更大规模的政治冲突。在应对族际冲突的过程中，应判别族群因素和非族群因素，及时处置由偶发性非族群因素引发的非族际冲突，防范和阻断两类因素的勾连，改善一般性非族群因素以遏制族际冲突的蔓延趋势。

关键词： 族际冲突；非族群因素；族群因素；族群身份

族际冲突是以种族、民族或族群身份为背景的群体之间发生的对抗性行为。导致族际冲突爆发和升级的因素不仅包括族群因素，而且也包括非族群因素。研究这两类因素在族际冲突中各自的作用及其相互作用，对于更深入地理解和分析族际冲突的产生和升级具有重要的理论意义和现实意义。

本文以 21 世纪以来国内外发生的一些典型的族际冲突事件为研究对象，辨析其中影响冲突产生和升级的族群因素和非族群因素，并进一步分析二者

作者简介： 常健，南开大学周恩来政府管理学院教授、博士生导师，南开大学人权研究中心主任。杨帆，南开大学周恩来政府管理学院硕士研究生。

基金项目： 国家社科规划重点项目“公共领域冲突管理体制研究”（13AGL005）。

文章来源： 本文刊载于《西南民族大学学报》2017 年第 6 期。

之间相互勾连和作用的机制，试图从中发现某些规律。

一、族群因素和非族群因素及其在族际冲突中的功能

影响族际冲突的因素，可以分为族群因素和非族群因素，它们在族际冲突的爆发和升级中发挥着各自的作用。

（一）族群因素及其在族际冲突中的作用

族群因素是与族群共同体的历史与生活相联系、体现族群共同体性质、特点和价值取向并影响族群生存和发展的各项因素。族群因素又可以进一步分为原生因素和次生因素，前者关乎族群的群体特征和发展历史，后者涉及族群发展中遇到的各种状况和影响族群发展的外部条件。

1．原生因素

原生族群因素是族群构成的基本要素，涉及族群共同体的特质，也是族群间相互区别的显著标志。它既包含外在物质化的构成要素，也包含内在精神价值性要素，主要包括：（1）宗教信仰：族群成员广泛认同、信奉的圣神对象、教理及教义；（2）风俗习惯：族群相沿积久的礼节、风尚与生活方式；（3）语言文字：族群与其他族不同的书写与沟通符号；（4）族群认同：族群成员对自己身份归属的认知与对族群共同体的情感依附；（5）族群服饰及体貌特征等。

在族群冲突中，原生族群因素往往是导致冲突的基础性因素。首先，原生因素涉及族群的文化价值信仰，甚至涉及其核心价值。当冲突事项涉及原生族群因素时，族群成员会感到族群的核心价值受到冒犯，并由此引发大规模的族际冲突。

其次，原生族群因素影响冲突中对抗关系的划分与确定，冲突各方以原生族群因素为依据来区分“我族”与“他族”，并以此来确定各方的阵营和相互关系。如 2013 年在缅甸密拉铁发生的族际冲突中，冲突各方就是根据不同的宗教信仰来划分各自势力。[①]

再次，原生族群因素影响冲突各方对冲突事项的判断与评价。族群长期生活形成了共同的风俗习惯与宗教信仰，它使得族群成员的思维方式和评价

① 杨雪：《缅甸密铁拉骚乱共造成 43 人死亡 超 1 万人无家可归》，中国日报网：http://www.chinadaily.com.cn/hqgj/jryw/2013-07-20/content_9633159.html。

标准具有很高的一致性。相比之下，不同族群的不同宗教信仰和风俗习惯使得各族群在思维方式和判断标准上存在明显差异，对同一事项可能形成不甚相同甚至互不相融的观点，从而为族际冲突的爆发提供了条件。

最后，明显的族群身份特征成为冲突中攻击目标选取的重要依据。一些族群在服饰及体貌方面具有鲜明的特点，如回族佩戴的“礼拜帽”，非洲裔较为深色的皮肤以及代表不同宗教的装饰物，都有可能成为辨识冲突对象的重要依据。

在一些族际冲突案例中，原生族群因素可能成为族际冲突的直接诱因。如 2015 年 1 月法国《查理周刊》因刊登讽刺伊斯兰教先知的漫画，引发各地穆斯林的大规模抗议和报复。[①]在另一些案例中，原生族群因素并未直接引发族际冲突，但却是普通冲突升级为族际冲突的必要条件。如 2013 年 10 月在莫斯科发生的骚乱中，在凶杀案产生后，当地市民通过监控录像中对嫌疑犯体貌特征的辨别，认为凶手是中亚人，继而引发反对外来移民的骚乱，游行队伍高喊“莫斯科不欢迎外国人”“把俄罗斯还给俄罗斯（族）人”等排外口号。[②]

2．次生因素

次生族群因素是指在族群参与社会生活过程中，对族群的生存和发展发挥特定影响的要素，它主要包括：（1）政府的族群政策；（2）历史遗留的族群问题；（3）族群间的日常关系，它涉及族群的地位、待遇、成员权益、族群意识和情感，表现为族群间的亲疏远近。

在族际冲突中，次生族群因素往往是冲突产生与升级的强大动因。第一，政府的族群政策直接影响族群间在权利、利益、地位和权力上的分配，并进而影响到族群的国家认同。当一个族群认为自身没有获得政府的公正对待甚至遭受歧视、剥削和排斥时，就会大幅度降低其对国家的认同程度，使联系族群间关系的国家纽带变得脆弱甚至出现断裂，这会为冲突的产生与升级提供巨大能量。在我们考察的族际冲突案例中，一些国家曾经实行的受到质疑的族群政策，构成了族际冲突频发的重要制度背景，如缅甸的种族不平等政

---

①《各地穆斯林抗议法国〈查理周刊〉刊登讽刺先知漫画》，2015 年 1 月 17 日，环球网：http://world.huanqiu.com/photo/2015-01/2759867.html。

②《莫斯科发生骚乱事件 约 1000 人参加 380 人被捕》，2013 年 10 月 15 日，新华网：http://news.xinhuanet.com/world/2013-10/15/c_117717210.htm。

策，美国的种族歧视政策，南非的种族隔离政策，印度的强迫同化政策，等等。

第二，过往一些未得到妥善处理的族群遗留问题，如果对族群的发展造成深刻的影响，就会不断强化为族群的集体记忆，从而为日后新的冲突埋下伏笔并备下弹药。一旦被新的冲突因素重新勾起，这些沉积的历史记忆就会被再度点燃，导致冲突能量的瞬间放大。如20世纪40年代在缅甸发生的罗兴伽人对若开族人的种族屠杀活动，使得不同信徒之间结下仇恨。2013年在缅甸密铁拉等地的反穆斯林暴力骚乱中，佛教僧侣发挥着重要的带头作用，这在某种程度上是历史怨恨的继续。

第三，族群与其他族群的日常关系如果是疏远甚至相互排斥的，就会形成对其他族群的负面刻板印象和态度评价，这使得在处理涉及族际事务时产生严重的归因偏差、对立评价和双重评价标准，并导致严重的负面情绪，促使族际冲突的爆发和升级。如在印度的印度教徒与穆斯林之间长期存在的敌意，就在2013年印度马哈拉施特拉邦北部冲突中发挥着重要作用。①

（二）非族群因素及其在族际冲突中的作用

相对于族群因素来说，影响族际冲突的非族群因素是那些并非与族群共同体的历史与生活相联系的因素，它们并不体现族群共同体的性质、特点和价值取向，通常是社会所有成员都会面临的事项或问题，而非专门针对某一族群。

依据非族群因素的产生时间和存在特征，可将其分为偶发性因素和一般性因素。

1. 偶发性因素

偶发性的非族群因素在产生时间和空间上具有不确定性，它们通常是冲突的直接诱因和导火索。通过对所研究案例的整理分析，我们发现引发族际冲突的偶发性非族群因素主要有四大类：经济纠纷、社会纠纷、违法事件和公务行为。

（1）经济纠纷

随着族群地区贸易流通和城市化进程，不同族群成员在经济生活中的交往和接触逐渐增多，围绕经济利益的摩擦在所难免。而涉及不同族群成员间

① 《马邦北部城市冲突，4人死亡百余人受伤》，2013年1月7日，央视网：http://tv.cntv.cn/video/C10336/64cb8527911e4cb193f98d1425a6fee3。

的消费纠纷有时会成为引发大规模族际冲突的导火索。如 2013 年缅甸密铁拉的冲突事件，它源于金饰变卖过程中双方价格未谈拢，佛教徒夫妇指责穆斯林店家损坏金饰而产生争执。[①]2013 年 1 月在印度西部马哈拉施特拉邦北部，两族群成员因未付酒店账单问题而引发口角及打斗，最终冲突范围扩散至整个镇，200 多人因此受伤。[②]

（2）社会纠纷

社会纠纷是因社会事项引发的纠纷，如因交通事故、医患关系、邻里关系等引发的纠纷，它们通常涉及社会成员的权利和义务。2001 年在马来西亚的甘榜美丹族，一名印度裔保安人员不满巫裔人（马来人）的婚礼占道行为，两族裔之间的局部挑衅最终演化成大规模的流血冲突，成为马来西亚建国以来影响深远的恶性冲突事件。[③]在 2004 年河南省“中牟事件”中，普通的道路争执演化为族群对峙态势。[④]2011 年，中国内蒙古自治区锡林郭勒盟运煤车辆肇事致牧民死亡，两名司机逃逸，此事件引发上千蒙古族人士的抗议示威。[⑤]

（3）违法事件

引发族际冲突的违法事件，通常是由族群成员直接参与或成为受害者的违法及犯罪事件，该类事件既包含较轻微的违法行为，也包含影响恶劣的暴力犯罪。如 2015 年 7 月在马来西亚的刘蝶广场发生的一起普通偷盗案件，却引发一大规模的族际冲突。[⑥]2012 年的缅甸若开邦骚乱以及 2013 年的俄罗斯莫斯科骚乱分别由两起涉嫌故意杀人的暴力犯罪事件引发。2009 年广东“韶关事件”的起因是新疆籍维吾尔族员工起哄调戏女实习生。[⑦]

---

① 庄北宁：《缅甸金店纠纷酿致命骚乱 已致至少 10 人死亡》，《京华时报》，2013 年 3 月 23 日，中国新闻网：http://www.chinanews.com/gj/2013/03-23/4669542.shtml。

② 国际在线：《印度西部族群冲突致 4 死 200 余伤 警方实施宵禁》，2013 年 1 月 7 日，中国新闻网：http://www.chinanews.com/gj/2013/01-07/4467046.shtml。

③《14 年前冲突酿 6 死 甘榜美丹族群关系仍脆弱》，2015 年 4 月 22 日，诗华资讯网：http://news.seehua.com/?p=46757。

④《中国河南省中牟县发生汉回大规模冲突》，《纽约时报》，2004 年 10 月 31 日。

⑤《内蒙（古）暴乱事件全程》，《凤凰周刊》，2011 年第 6 期。

⑥ 程君秋：《马来西亚广场发生骚乱事件 警方已逮捕 18 人》，2015 年 7 月 13 日，凤凰资讯：http://news.ifeng.com/a/20150713/44158189_0.shtml。

⑦《广东韶关旭日玩具厂群体斗殴事件回顾》，2009 年 6 月 27 日，中国江苏网：http://photo.jschina.com.cn/gb/jschina/photo/node21593/userobject1ai2217605_1.html。

（4）公务行为

公务人员在执法或司法过程中涉及族群成员时，如果引起族群成员不满甚至对抗，也可能导致严重的族际冲突。如 2014～2015 年，美国密苏里州弗格森市白人警察在执法过程中枪杀黑人青年并被免于起诉，引发了持续数月的骚乱。[①]

2. 一般性因素

引发族际冲突的一般性非族群因素主要涉及族群所生活的社会的一般状况，如贫富差距水平、失业率、社会保障覆盖率、教育普及率、医疗和公共卫生服务状况、环境污染程度等，这些社会公共问题影响到每一个社会成员的生存和发展。当社会成员对这些一般性因素的预期与现实满足水平之间呈现出过大的差距时，所产生的不满情绪就会为各种社会冲突提供适宜的土壤和条件，它也会成为族际冲突的助燃剂。

在本文所研究的案例中，枪支泛滥、失业现象严重、犯罪活动猖獗、政府腐败问题严重、贫富差距过大、地区间经济发展不平衡、公共服务不足和分配不公、外来非法移民以及严重的环境污染等社会问题，都成为大规模族际冲突中的助推力和重要的能量来源。

二、两类因素在族际冲突中的互动

从我们所研究的族际冲突案例来看，族群因素与非族群因素相互作用所形成的“共振”，会促成族际冲突的爆发和升级，并使得冲突的控制与化解更加困难。这种相互作用呈现出两类典型的形式和过程，一类是由非族群因素引发的非族际冲突，与族群因素勾连后转化为族际冲突；另一类是由族群因素引发族际冲突，在非族群因素的助力下，冲突迅速扩大和升级，甚至转化为大规模政治冲突。

（一）族群因素导致非族际冲突向族际冲突转化

各种非族群因素可以引发非族际冲突，但当非族群因素与族群因素勾连在一起时，非族际冲突就会向族际冲突转化，导致族际冲突的爆发和冲突的升级。这一过程可以划分为三个阶段（如图 1 所示）：

① 《枪杀黑人警察辞职难平示威怒火 在网上遭人肉搜索》，人民网：http://world.people.com.cn/n/2014/1201/c157278-26122076.html。

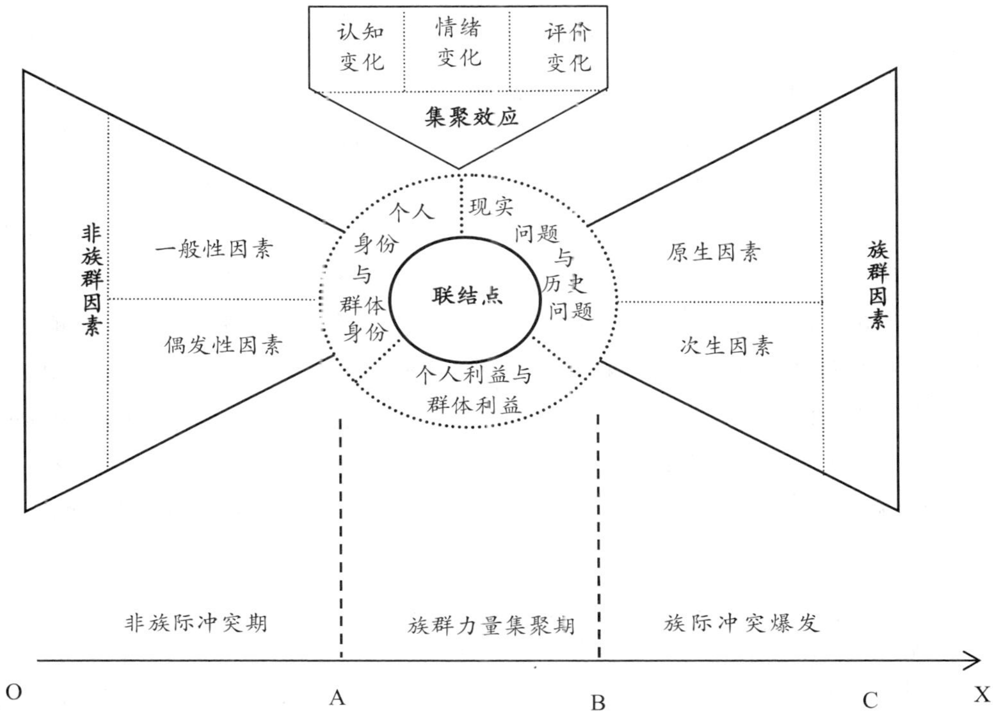

图 1　族群因素加入导致非族际冲突转化为族际冲突

第一阶段：非族群因素引发冲突意愿

在这一阶段，冲突的产生主要是与非族群因素相关。一方面，一般性非族群因素会引发潜在的不满情绪，如持续的高失业率、过大的贫富差距、地区经济发展的严重失衡、不断恶化的环境污染、猖獗的犯罪活动、普遍的官员腐败以及大规模的外来非法移民，都会使民众的不满情绪累积，并寻求发泄的机会，犹如等待烈火的干柴。

另一方面，偶发性非族群因素则成为冲突事件的“导火线”。无论是因经济利益引发的纠纷，还是由社会权益引起的争端，抑或由违法事件或执行公务产生的争议，都会引发小范围非族群性冲突。但值得注意的是，此时冲突当事人和参与者虽具有包含族群身份在内的多重身份，但个人的族群身份对冲突产生的影响在这一阶段远不及其他身份的影响。

第二阶段：族群因素加入导致族群冲突能量集聚

在这一阶段，出现非族群因素与族群因素的勾连，冲突各方开始按族群聚集支持力量，使冲突向族群冲突的方向演化。从冲突当事者和参与者的主观角度来分析，非族群因素与族群因素的勾连产生了三个方面的效应：族群选择性认知、负面倾向评价和狂热的敌对情绪。

第一，个体利益与族群利益捆绑改变了对冲突事项的认知。当族群成员将原本由个人利益引发的冲突与族群利益相联系，认为对方的行为和主张不仅是对个人利益的侵犯，而且是对族群利益的侵犯时，冲突各方对冲突事项的认知就会发生性质转变，将个人间利益冲突解读为族群间利益冲突。

第二，个人身份与族群身份关联激发起强烈的民族情绪。冲突当事方和参与方同时具有个人身份和族群身份。当他们将注意力更多地从冲突中的个人身份转向族群身份时，就会改变对主体间关系的认知，原本普通的个体间矛盾被视为对自己所在族群的威胁，同时将自身与对方的族群特征强化，以“我族”与“他族”的视角来看待冲突各方间的关系，从而激发起强烈的民族情绪。

第三，现实矛盾与历史问题联结改变对问题的评价。现实矛盾主要指非族群因素中的偶发性矛盾事件，而历史遗留问题是次生族群因素的重要组成部分。在族际冲突的产生与升级过程中，族群成员易于将现实矛盾与历史问题联结，遗留问题成为现实矛盾的助燃剂，而现实矛盾成为族群群众情绪发泄的渠道。遗留问题的相关者可能并非当前矛盾的利益相关者，但在其积怨情绪和刻板印象的作用下，其对于矛盾事件的评价将随之带有负面倾向。特别是这些族群成员会选择性地接受信息，对于他族成员行为全盘否定，并放大其对本族成员的伤害，而忽略本族成员的不当行为。

非族群因素与族群因素的勾连过程，同时也是群聚效应产生的过程，并由此导致族群集体行动的展开。

第三阶段：族群因素主导下的集体行动

这一阶段是族群冲突的爆发期。非族群因素与族群因素的勾连，形成了两种因素的共振效应。而在此过程中，族群因素趋向于替代非族群因素成为冲突的主导因素，从而导致冲突性质由非族际冲突转化为族际冲突，冲突的强度也因此大幅度上升。

首先，族群情绪感染弱化个体和群体理性。力量集结阶段为集体行动阶段提供了规模性的支持力量和对抗性的情景渲染。大众心理学研究表明：当人们聚集在一起的时候，智力会普遍降低，判断力逐渐降低，受理性的支配程度也相应降低，而人们受主观情绪的影响程度不断上升。此时，群体成员的个性自觉消失，人们的全部思想和感情很容易集中到一个方向，集体心理逐渐形成。群体不善于事件推理，但却急于要采取行动。[①]以族缘为背景，依托血缘、族缘、业缘等动员集聚的族群群众，因其同质化程度及认同感高，加之共同宗教信仰的影响，相对一般性群体事件中的参与者，更容易产生一致的集体心理。特别是族群成员在感知所面临情景中的威胁与紧张时，易于滋生出强烈的保护欲与神圣的斗争感，在互相的启发与感染下，最终演化为抗争行为；事实上，这些威胁与紧张可能并非真正存在，而是动员者的刻意渲染与外部势力的蓄意煽动所产生的效果。狂热状态的族群中也不乏借机泄愤者和行为效仿者，他们在法不责众的“匿名效应”下，加速了群体行为朝暴力方向恶化。

其次，族群身份辨别圈定冲突对象。集体行动的一个重要部分就是行动对象的选择与确定。对于族际冲突中的一方来说，不同阶段的目标对象不尽相同。在非族际冲突阶段，所针对的冲突对象是事件直接参与者，通常只涉及个人及小范围人群；在族际冲突的力量动员与集结期，所针对的冲突对象范围开始逐渐扩大，通常将个体对象与其所属族群联结绑定，呈现出从个体到群体的变化过程；在族际冲突的爆发期，集体行动的对象通常又呈现从对方族群到相关人员、建筑物等具体人与物的聚焦过程。聚焦的目的是使集体行动更具精确性与选择性，而聚焦的手段就是进行身份的辨别，主要依据族群因素所赋予的诸如形体、语音等风貌特征，以及后期人为的区别性标识，如身份证、服装标识与暗号等。通过身份辨别可以圈定冲突对象，给予对方群体相对精确的打击，而对本族成员和其他人员进行选择性保留。当然，在案例整理中不难发现，随着冲突烈度的增大，紧随聚焦行动之后的可能是无目的、大范围的失控性暴力行为。

最后，族群目标演化促使手段升级。目标对象转变的背后是冲突目标的不断演化。在对族际冲突案例梳理过程中，可以发现一种现象，即随着冲突的不断升级，作为冲突肇始矛盾中直接利益受损方以及初始行为的目标诉求反而逐渐被“边缘化”了，极少数人的目的性被大众的无意识性所掩盖。出于对众多非直接利益相关者有效动员的考量，动员者常常夸大冲突的利害关

① [法] 古斯塔夫・勒庞：《乌合之众：大众心理学研究》，桂林：广西师范大学出版社，2007 年，第 37 页。

系；经成功策动的群众的狂热情绪和积极参与，又往往会超出发起人的预期和控制，目标范围随之扩大，甚至演变成为无明确目的的暴力宣泄行为。而宗教信仰等因素是构成族群文化价值的重要部分，族际冲突的目标一旦从现实利益诉求向族群价值类因素转移，其演变和升级过程相对一般性社会冲突而言，将会更加迅速，手段也更加偏激，冲突烈度更大。

（二）非族群因素助燃导致族际冲突转化为政治冲突

在族际冲突过程中，如果族群因素与大量非族群因素勾连，特别是与一般性非族群因素勾连，会形成两个方向的变化，一是使族际冲突进一步升级，二是使族际冲突转化为政治冲突。

首先，非族群因素对族际冲突具有显著的助燃效应。一方面，一些偶发性的非族群因素会被解读为专门针对族群的，从而使族群冲突进一步升级。在我们所研究的案例中，有不少这样的情况。如2001年在马来西亚甘榜美丹的族际冲突过程中，一个印裔小孩将邻居货车玻璃击碎，印裔的货车主与巫裔司机一同前往小孩家索要赔偿，却被周围邻居误认为是巫裔居民威胁印裔同胞，从而激起大规模械斗。[①]另一方面，一些一般性的非族群因素，如持续的高失业率、过大的贫富差距、地区经济发展的严重失衡、不断恶化的环境污染、猖獗的犯罪活动、普遍的官员腐败以及大规模的外来非法移民等等，会被冲突各方解读为是专门针对自己族群的，因而加剧了族群成员的愤怒情绪，导致族际冲突失控和升级。例如，2011年在内蒙古锡林郭勒盟居民与采矿企业因生产所带来的噪音、粉尘和水污染等问题而发生的族际冲突中，人们将其与广泛存在的环境污染结合起来，提出“保护草原”的诉求，使冲突范围迅速扩大。[②]

其次，非族群因素也可能产生转换效应。当上述那些一般性非族群因素被解读为具有制度性质或体制性质的问题时，就会转变族群成员对冲突事项和原因的评价方式，将冲突的攻击矛头指向政治关系和政治体制，并获得更广泛的公众支持，由此导致族际冲突转化为更大规模的政治冲突（如图2所示）。

---

① 《14年前冲突酿6死 甘榜美丹族群关系仍脆弱》，2015年4月22日，诗华资讯网：http://news.seehua.com/?p=46757。

② 《内蒙（古）暴乱事件全程》，《凤凰周刊》，2011年第6期。

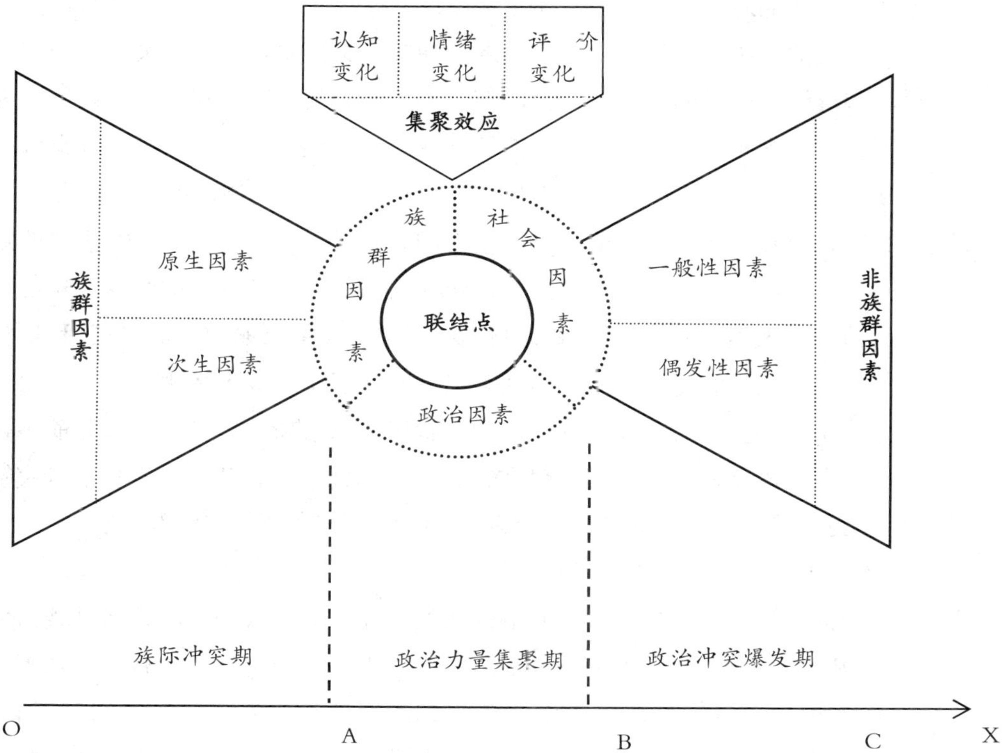

图 2 非族群因素加入导致族际冲突转化为政治冲突

我们在美国 20 世纪 60 年代的族际冲突中可以发现，最初非洲裔美国人与欧洲裔美国人之间的冲突，逐渐与反抗美国社会整体的不平等联系起来，许多白人也加入到黑人争取平等权利的抗争运动中，使得种族间的冲突最终演变为广泛的社会政治冲突。

三、防止群体冲突中两类因素勾连的具体措施

由上述分析可以确认，族群因素和非族群因素的勾连是导致族际冲突爆发和升级的重要因素。因此，如何防止两类因素在冲突过程中的勾连，是控制和化解族际冲突的重要一环。要实现这一目标，需要在三个方面采取有力措施。

（一）及时处置由偶发性非族群因素引发的非族际冲突

当出现由偶发性非族群因素引发的非族际冲突时，特别是当冲突的当事

人具有明显的族群身份时，应当迅速做出回应，及时化解冲突，或将冲突控制在有限的范围。在我们所研究的族际冲突的案例中，许多冲突都是由偶发性非族群因素引发的非族际冲突，但由于执法人员袖手旁观，或偏向某一方当事人，使得相关族群与族群间的矛盾、政府的族群政策以及其他族群因素勾连在一起，导致族群力量聚集和族际冲突的爆发。例如，2013 年在印度马哈拉施特拉邦的图莱小镇的一家餐馆内，两名穆斯林青年拒付约 30 卢比的账单，而与印度教徒的餐馆老板发生口角并出现打斗。被打伤的两名青年前往附近的警亭报案，而警察们对其受伤置之不理，并让他们自行解决。穆斯林青年随即召集大约五十名同伙返回餐馆，发现餐馆老板也聚集了一些人手。双方开始互掷石块展开攻击。警员们见状逃离，穆斯林青年对警察此前不公正行为表示愤怒，随之将警亭付之一炬。[①] 因此，需要建立常态化的冲突管理和化解机制，使得各种非族际冲突都能够得到及时有效的化解和处置。

（二）防范与阻断两类因素的勾连

如前所述，非族群因素与族群因素的勾连，会导致冲突的迅速升级。例如，2012 年在缅甸若开邦发生的骚乱，起因于三名穆斯林男性强奸并杀害一名诺开邦胶尼莫村妇女，但当地一民间组织四处发放传单，声称这是穆斯林策划的阴谋，意图消灭若开族群，从而引发大规模的族群间冲突。[②]因此，应当采取及时和有效的措施，提早预防并及时阻断非族群因素与族群因素的勾连。对于将非族群因素与族群因素捆绑的煽动性言论，要进行有说服力的舆论引导，客观报道事实，阐明事件的性质，消除因虚假信息而引起的族群人员的恐慌与紧张。

（三）改善一般性非族群因素，遏制族际冲突的蔓延趋势

对于引发公众不满的一般性非族群因素，应当在慎重考虑后，采取并公开宣布改革措施，防止族际冲突的蔓延甚至转化为广泛的政治冲突。从冲突管理的角度来说，其实冲突能量可以被引导去发挥正面的功能，其中一个重要的功能就是推动新机制和新制度的产生。因此，应当利用冲突的时机，让更多的公众参与到改革的讨论中，对改革的讨论本身就是冲突化解和转化的过程。

---

① 《马邦北部城市冲突，4 人死亡百余人受伤》，2013 年 1 月 7 日，央视网：http://tv.cntv.cn/video/C10336/64cb8527911e4cb193f98d1425a6fee3。

② 张云飞：《缅甸若开邦发生骚乱至少 50 人死亡》，2012 年 10 月 25 日，新华网：http://news.xinhuanet.com/2012-10/26/c_123871732.htm。

猜忌型公共冲突：内涵、诱因及其化解
——基于一个典型样本的现实剖析

王玉良

摘　要：猜忌型公共冲突不利于良序社会的构建，必须加深对猜忌型公共冲突的认识。本文在案例剖析基础上认为公共信息不对称，消极刻板印象或“污名化”，新闻媒体推波助澜、政府与民众对话缺失及民众参与不足是导致猜忌型公共冲突频发的主要诱发因素。为此，应在公共信息主动公开、正面印象重新形塑、媒体报道追求平衡及政府民众双向互动等方面形成化解合力有效化解猜忌型公共冲突，提升公共冲突治理能力和治理水平。

关键词：猜忌型公共冲突；公共信息；良序社会

引　言

猜忌与信任是人类交往互动的两大特征，就像天平的两端，但猜忌似乎总占据着明显的位置。中国社会科学院社会学研究所发布的社会心态蓝皮书《中国社会心态研究报告（2012～2013）》指出，我国社会的总体信任指标一

作者简介：王玉良，南开大学周恩来政府管理学院博士研究生，广西财经学院党委校长办公室讲师，主要研究方向为公共治理与冲突管理。

基金项目：国家社科规划重点项目“公共领域冲突管理体制研究”（13AGL005）。

文章来源：本文刊载于《社会主义研究》2016 年第 5 期。

直处于下降态势，总体信任程度低于及格线。[①]以“和谐”的视角观之，“猜忌”显然是一种负能量，其被称为人类的一种通病。与相对内敛表达情感的嫉妒不同，猜忌具有扩张的气质，更倾向于超越个体范围而采取行动，“它怀揣着重新调整社会权力结构的居心，不以冲动的面目示人，而是携带着某种可怕的能量”，是建立良好人际关系和社会秩序的“破坏者、施暴者、僭越者和暗算者”[②]。被猜忌心理弥漫和撕扯的社会，一定不会是一个良序社会。伴随着中国社会急剧转型而充斥着偶然性、不确定性的情境下，因猜忌引发或扩散升级的公共冲突频繁发生，甚至有愈演愈烈之势。如据《2003～2012全国医院场所暴力伤医情况调查研究》指出，在2003～2012年近10年发生的40件恶性暴力伤医冲突中，仅仅因患者猜忌报复医生的冲突就占9起。[③]对猜忌型公共冲突的研究及治理有助于良序社会的建构，并在一定程度上促进“社会和谐”与“社会发展”主题的对接。

一、猜忌型公共冲突的内涵解读

猜忌，《辞海》的解释为“猜疑妒忌”或“对人或事不放心”[④]，即对人或事的一种完全由主观推测、设计和假想而产生的不信任。冲突，作为社会学和公共管理领域一个重要的研究主题，近年来受到国内外学者越来越多的关注和认同。拉希姆（M. Afzalur Rahim）认为，社会冲突是社会实体内部或社会实体之间出现的不相容、不协调或不一致的互动过程。[⑤]乔纳森·H. 特纳（Jonathan H. Turner）则认为，社会冲突“是两方之间公开与直接的互动，在冲突中每一方的行动都是意在禁止对方达到目标”[⑥]。常健认为：“冲突是相关各方由于意识到利益、目标、信念或期望的对立而导致的对抗性互动”。[⑦]而公共冲突则指直接或间接事关公共利益或公共空间的冲突，或是在冲突治

---

① 王俊秀：《关注社会情绪 促进社会认同 凝聚社会共识——2012～2013年中国社会心态研究》，《民主与科学》，2013年第2期。

② 周泽雄：《猜忌》，《杂文选刊》，2005年第3期。

③ 贾晓莉等：《2003～2012年全国医院场所暴力伤医情况调查研究》，《中国医院》，2014年第3期。

④《辞海》，上海：上海辞书出版社，2009年，第210页。

⑤ M. A. Rahim. “The Political Economy of English Education in Muslim Bengal: 1871-1912,” *Comparative Education Review*, 1992, 36(3), pp. 309-321.

⑥［美］乔纳森·H. 特纳：《社会学理论的结构》，杭州：浙江人民出版社，1987年，第212页。

⑦ 常健等：《公共冲突管理》，北京：中国人民大学出版社，2012年，第3页。

理过程中，有公权力介入干预的冲突。依据上述冲突与公共冲突的相关界定，本文认为，猜忌型公共冲突指的是当事者一方或双方因道听途说、消极刻板印象等因素影响而对人或事猜测、怀疑、推断并形成错误结论，或因受到猜忌、曲解，心生怨恨，进而采取对抗性行动而形成的公共冲突。根据猜忌型公共冲突的现实表征，可以将其归结为两类：一类是直接由猜忌引发的公共冲突；另一类指猜忌并非公共冲突发生的直接诱因，但在原始冲突发展过程中产生猜忌，并促使原始冲突发生转移扩散升级而形成更大规模的公共冲突。对于猜忌型公共冲突，我们还可以从其所具有的特征做进一步的理解。

一是猜忌型公共冲突的隐秘性。由猜忌引发的公共冲突初期，部分冲突可能会听到冲突方之间的"指桑骂槐，含沙射影"，但大多很难感觉到冲突的苗头，只是冲突一方在封闭的自我里一味地胡思乱想、无端猜忌，自圆其"猜"，因而在冲突的孕育阶段，对于冲突是否积蓄、升级、爆发是很难预计的，只有到冲突真正爆发时才感知冲突的存在。即从产生冲突苗头到冲突真正爆发之前属于潜伏期，具有较强的隐蔽性。

二是猜忌型公共冲突的突发性。因猜忌型公共冲突的潜伏期有一个酝酿的过程，即从冲突的触发因素经过能量的孕育积蓄到激化发生，冲突方的心理也在经历一个演化过程，原本就存在猜忌怀疑，再对对方的某一行为甚至是某一句言语形成思维定式，瞬间可能使猜忌产生放大和衍生效应，冲突时机成熟即会突然爆发出来，且这种突发性往往会表现出较强的对抗性和攻击性，甚至是毁物伤人。如 2013 年 4 月 25 日发生的"南京富二代杀妻案"就是因丈夫猜忌不断加深，蒙蔽心性，愤而持刀狂砍和捅刺妻子而致妻子当场死亡。[①]

三是猜忌型公共冲突的非结构性。不像冲突主体处于结构性单元或组织中的冲突，既定的组织规则或成文的规章制度对冲突具有潜在的规制和约束作用，而猜忌型公共冲突具有隐蔽性，冲突主体本身就具有不确定性，冲突相关方之间对冲突的存在、冲突另一方的行为等更不存在任何预期，此类公共冲突就属于典型的非结构型冲突。所谓非结构型，即冲突各方没有任何共同遵守、认可的规则的约束，彼此的行为和预期是高度不确定的，缺乏明确的行为框架，正常状态下的行为规则在此类冲突场景中已失去了约束力，当

① 宁剑、夏朝：《猜忌是把杀人的刀——"南京富二代杀妻案"法庭内外实录》，《检察风云》，2013 年第 23 期。

事方具有较强的情绪化和非理性行为[①]，化解起来也就更具复杂性。

四是猜忌型公共冲突具有突出的转移扩散效应。在冲突的发展过程中，有的冲突是会转移和扩散的，包括冲突场景之间的传播互换、猜忌对象的转移、冲突能量在替代事件上的汇聚爆发或是冲突层次的跳跃和冲突方态势的改变。不少社会冲突起初可能是两个人因猜忌而产生误解，因误解又加深猜忌，即所谓的猜忌本身滋生猜忌，具有纵向的递增层累性与横向的放大和衍生效应，当累积和放大到一定程度时，爆发出对抗性行动，逐步由两个人扩大到两个群体，加上“旁观者效应”，可能由两个群体发展成为大规模的群体性事件。这种特征在婚姻家庭纠纷、医患冲突、环境冲突、劳资冲突等公共冲突中比较典型。

二、猜忌型公共冲突的典型样本呈现

理论都是灰色的，而实践之树常青。具体的案例要比理论的阐述和解读更具说服力。基于此，本文选取一个案例进行剖析，试图从中窥探猜忌型公共冲突的发生、影响因素、升级过程。当然，类似的案例在现实中有不少，这里的选取一是为了便于分析，更重要的是其很有典型性，即浙江瑞安“8·18”事件[②]。2006 年 8 月 18 日，浙江瑞安发生一起女教师坠楼事件，因前期没有采取及时恰当的处理措施，伴随着受害者家属的猜忌、消极刻板印象威胁等因素，最终导致大规模群体性事件的发生，对当地社会秩序造成了一定的负面影响。

1. 疑猜忌产生：信息不对称下警方对戴某自杀身亡的草率认定遭受质疑

2006 年 8 月 18 日凌晨，瑞安市一名女教师戴某从其家中坠楼身亡，其丈夫家人以死者承受不了教学压力而自杀报案。警察当天上午达到事发现场，草草认定戴某自杀身亡，并没有第一时间妥善保护现场。戴某与丈夫关系不和，生前日记中更有多次遭受家庭暴力的细节记录。而戴某生前被学生公认为是一位优秀、敬业的中学教师。闻讯赶来的娘家亲属，戴某生前的同事、

① 常健等：《公共冲突管理》，北京：中国人民大学出版社，2012 年，第 34 页。

② 案例根据李英强：《贵州瓮安 VS 浙江瑞安——戴海静事件新观察》，乌有之乡，www.wyzxsx.com，2008-7-12；《日记背后的戴海静》，《温州都市报》，2006 年 9 月 8 日；孙文祥：《温州女教师坠楼始末》，《瞭望周刊》，2006 年第 36 期等材料整理而成。

学生等，都对自杀身亡的结论无法理解。一时间戴某的死因引起社会上的广泛热议，并通过各种网络媒体如论坛、博客等方式广泛传播，网友的各种猜测、各类言论纷纷流传，猜忌由此产生。在此事件中，对于戴某家属而言，其明显处于信息弱势一方，戴某婆家及警方处于信息优势一方，在这种信息不均衡状态下，警方处置又过于草率，势必引起戴某家属的质疑和猜忌。

2. 猜忌加剧：婆家特殊的身份地位及当地媒体初期“集体失声”

戴某婆家是当地身价上亿的富豪，家族势力强大，家族企业更是纳税大户，这种强势身份地位早已被根深蒂固的传统观念贴上“贫富对立”“为富不仁”的价值标签，还被怀疑可能影响司法公正，从而使某些民众怀疑戴某的丈夫是杀人凶手，政府在包庇戴某的丈夫。戴某的家属、部分学生试图寻求当地媒体的关注，但是在事件初始，当地媒体置若罔闻、不置一词，“集体失声”，被民众认为有关方面在刻意封锁消息。这招致民间更多的揣测，猜忌进一步加剧。猜忌的放大也导致了事态的扩大，2006 年 8 月 19 日，瑞安塘下镇，近千规模的中学生聚集在遇害者生前任教学校至遇害者娘家的沿途，集会悼念、游行喊冤，时间长达数小时。互联网上关于此事件的信息、报道更是一片沸腾。

3. 猜忌衍生放大：政府部门压制性平息的不公行为

学生的游行集会及周围一些人的打抱不平、指指点点，让瑞安的领导颜面扫地，于是决定“杀一儆百”：2006 年 8 月 25 日，由瑞安市规划建设、国土资源、市政园林等 7 个部门出动 400 多人“联合行动”，“依法拆除”位于塘下镇鲍一村的一幢违建民房。并非巧合的是，塘下镇鲍一村正是戴某娘家所在地，房主也是众多愤愤不平的乡亲一员。此前对此类不起眼的违章基本上视若无睹的政府，此次如此大动干戈，却是明显另有图谋。同时，原籍在戴某娘家村的干部，以及戴某亲友中的机关和乡镇干部，也得到警告，要求他们“做家属工作”，其实质是以权力制约和政治前途强迫他们以亲情、乡情诱导、胁迫戴家息事宁人。中国历来浓厚的宗族、乡土观念，使得连坐的办法很有效果，戴某家属作为普通的平民，本就不具有多少社会能量，事后本就处于情绪悲愤之中，又面临多方的压力，还需要顾及亲友乡邻，顿时没有了主张。冲突看似表面平静，但暗潮汹涌，民间的猜忌日益滋长，猜忌本身滋生猜忌。

4. 猜忌型冲突转移扩散：对政府执法人员的消极刻板印象引发不满

在学生游行之后，官方同意重新勘查现场和解剖尸体，警方迅速成立专案组，对事件展开调查，法医对戴某进行尸检，刑侦专家对案发现象进行侦查研究，于9月6日发布通告，通告称戴某坠楼一案是自杀，不予立案。但由于当前政府机构尤其是基层政府公信力不断下降，且社会公众对部分政府机构执法人员有着玩忽职守、贪污腐败等不良的刻板印象，戴某家属对调查结果和自杀鉴定结论仍存质疑，很难接受戴某不是他杀这一事实。

此时社会上充斥着各种传闻，在这种波诡云谲的气氛中，9月6日上午的“菜市乌龙事件”引燃了民间积压多时的不满情绪，群体性事件一触即发。9月6日上午，自称是瑞安市质监局的工作人员在菜市场检验店摊的计量器具，并要求店主、摊贩签名按手印。因质检人员既没有穿制服，也没有携带证件，被疑心为戴某婆家在伪造民意，委托别人按指印证明戴某丈夫的清白而企图逃脱罪责惩罚，群情汹涌之下怎么也解释不清，于是发生了戴某弟弟、亲属及在场群众一路追打质检人员的群体性事件。质检人员逃进附近警务室躲藏，被追赶群众层层包围几个小时，人数一度达到近千人，直到数百名防暴警察出动，暴力驱散人群，救出被困质检人员。至此，一个因猜忌而发生在两个家庭间的事件转移扩散至规模上千的群体性事件。究其原因，一方面，是民众对政府执法部门人员存在刻板印象；而另一方面，质检工作人员与戴某家属的沟通不畅，无力解释清楚也是冲突转移扩散的重要原因。

5. 冲突进一步升级扩大：政府对事件的轻率粗暴处置及媒体的“火上浇油”

9月6日政府在处置解救质检人员过程中的粗暴行为，直接引燃了压抑民间多日的不满情绪；9月7日，塘下镇上万群众聚集，前往戴某婆家的公司，一拥而入，发生了一些打砸行为，如破坏公司车辆、办公设备和办公室门窗等。在这个过程中，群众的指向明确，对警方和政府虽有不满，但主要的猜忌对象、痛恨目标还是戴某的婆家。戴某婆家的公司在群情激愤之下被砸，群众的情绪有所发泄，事态有所平复，甚至已经开始降温。但2006年9月8日《瑞安日报》署名“特约记者”的一篇文章《女教师坠楼事件调查结果：抑郁症引发跳楼自杀》却“火上浇油”，文章中的一些表述被认为牵强附会、捕风捉影，且被多家媒体转载，又进一步激化了民间情绪。当天下午，越来越多的人群向《瑞安日报》及瑞安市政府聚集，高峰时达到数万之多，围攻《瑞安日报》及瑞安市政府，最终酿成大规模的群体性事件。冲突的升级扩大，媒体的推波助澜作用较为明显。

三、猜忌型公共冲突的诱发因素分析

根据对上述个案的剖析及分析猜忌型公共冲突的内涵，下面具体探讨一下猜忌型公共冲突的诱发因素。

1. 信息不对称超过合理限度导致信息弱势方处于信息恐慌与信息焦虑状态而滋生猜忌

信息不对称（asymmetrical information）或“不对称信息”概念提出于20世纪70年代的经济学领域[①]，旨在研究不确定性、不对称信息条件下如何寻求一种契约和制度来规范当事人双方的经济行为。其含义指行为参与者对特定信息的了解是有差异的：掌握信息比较充分的人员，往往处于比较有利的地位；而信息贫乏的人员，则处于比较不利的地位。[②]本文主要针对的是社会领域和公共管理领域的公共信息。所谓“公共信息不对称”是指政府公共部门、组织单位、社会群体或一般民众在公共信息拥有量、获取量等方面存在不对等、不均衡状态，也就是不同的信息主体间因信息控制、信息鸿沟、信息歧视、认知能力、理解能力、知识储备差异等原因而导致的信息数量和质量方面的贫富差距现象。由于权力体系的相对封闭性、社会分工日益精细化以及专业知识的差距，政府、组织单位等在信息的占有和分配上处于绝对支配地位，根据理性选择理论，信息优势者就可能利用信息优势谋取私利，民众很难获得全面优质的公共信息。[③]公共信息不对称超过合理限度，必然会让民众遭受不确定信息、小道消息、社会谣言的“轰炸”而置身于严重的信息恐慌与信息焦虑状态，当这种状态无法及时有效地得到缓解时，便会丧失对官方权威信息或正式渠道信息的信任与信心，极易对信息优势一方产生不信任和猜忌，进而产生不满愤恨引发社会冲突。2011年8月发生的浙江海宁晶科和2014年5月发生在杭州的余杭垃圾厂两起群体性冲突中，就是由于

① George Akerlof. “The Market for ‘Lemons’: Quality Uncertainty and the Market Mechanism,” *Quarterly Journal of Economics*, 1970, 84 (3), pp.488-500.

② 曹潇云：《行政征收中信息不对称问题及其对策探析》，《云南行政学院学报》，2004年第5期。

③ 上官酒瑞：《变革社会中的政治信任》，上海：学林出版社，2013年，第197页。

民众对项目具体情况一无所知，甚至根本不清楚该项目是否产生污染。面对民众的猜忌、担忧，政府和企业并未及时告知、澄清项目情况，甚至毫不在意民众误解，使得民众猜忌与日俱增，民怨积聚最终引发公共冲突。

2. 消极刻板印象或被“污名化”导致一些社会群体丧失原有社会信誉而易遭民众猜忌

刻板印象（Stereotype）这一概念是沃尔特·利普曼（Walter Lippmann）于1992年在其著作《公共舆论》中首次提出，指对某个社会群体形成的一种概括而固定的观念和看法。这种看法不一定有事实依据，也不考虑群体内部成员之间实际存在的个体差异，可能仅仅是人们脑海中的一些关于某群体的固定看法，但却对人们的认知和行为产生了重要影响。[①]根据学界的研究，刻板印象有积极刻板印象和消极刻板印象之分。但通常来讲，刻板印象大多数是消极而且先入为主的。消极刻板印象让民众容易以偏概全，不能准确、客观、公正、全面地认识某一群体以及该群体的一些行为。污名化（stigmatization）现象亦是如此，从词源上讲，“污名”（stigma）一词来源于古希腊，是当时社会上层人士用刺或烙的方式在奴隶或罪犯身上留下的标记，用以表征他们低下的社会等级、社会身份。其本质上就是一种消极刻板印象。林克（B.G. Link）和费伦（J.C. Phelan）就将污名定义为一种标签、刻板印象、隔离、地位丧失和歧视等元素共存的权利状态。[②]欧文·戈夫曼（Erving Goffman）在其《污名：受损身份管理札记》一书中较为系统地研究了污名化与社会排斥的关系，指出污名化就是社会赋予某些个体或群体以贬低性、侮辱性的标签，进而导致社会不公正待遇等后果的过程。[③]可以说，一旦某类群体的消极刻板印象定型或被“污名化”，这类群体就会丧失其原有的社会声誉和社会资本，引发民众的心理反感与行为排斥，进而对这类群体的行为产生怀疑和猜忌，如果任其滋生蔓延、持续恶化，突破了猜忌承受度，势必造成社会恐慌，引发公共冲突。2009年5月“杭州飙车案”这一公共舆论事件发展过程中，网民对执法机关是否秉公办案一直猜忌不断；而近年来城管执法冲突不断发生，城管更被冠以“土匪”“强盗”等污名，陷入“做不做，

① J.L. Hilton, W.V. Hippel, “Stereotypes,” *Annual Review of Psychology*, 1995 (47), pp.237- 271.

② B.G. Link, J.C. Phelan. “Conceptualizing Stigma,” *Annual Review of Sociology*, 2001 (27), p.363.

③［加］欧文·戈夫曼：《污名：受损身份管理札记》，宋立宏译，北京：商务印书馆，2009年，第77～89页。

都是错”的“塔西陀陷阱”[①]，其直接缘由就是民众和舆论对政府执法部门的消极刻板印象。

3. 新闻媒体作为“利益主体”背离客观、公正的立场，采取片面、失真及选择性报道或跟风“公民新闻”[②]，对民众的猜忌起到推波助澜作用

在社会的运行过程中，媒体既是一种社会公器，“监视环境”反映社会文化和社会心态，作为“社会皮肤”感知社会“意见气候”的变化[③]，也代表着某种利益主体，作为一种自身利益“维护者”而表现出某种“偏向性”意见，以谋求现实的认同。受“社会不信任情绪”的侵蚀，一些媒体背离新闻专业主义，偏离客观、中立的立场进行想象报道，甚至不加甄别跟风公民新闻，有意迎合读者，而公民新闻杂乱、失实的缺陷已是不争的事实，致使媒体的公信力不断下降。“2014 媒体公信力调查”显示，中国媒体公信力正处于一种下降趋势，30%的人坦言越来越不相信媒体了[④]。媒体的“不被信任”与选择性报道、跟风报道，在一定程度上加剧了民众的猜忌与社会恐慌，从而对事件的扩散和升级起到“助燃剂”的作用。如 2008 年瓮安事件中，受害者溺亡不久，“死者系被奸杀”等谣言就开始四处蔓延流传，还夹杂着侵害者与县领导有亲戚关系的传言；6 月 28 日事件发生后，大量的现场图片和各种版本的“事件原因”通过民间渠道在网络上发布，而当地的主流媒体却处于“沉默”或“失语”的缺位状态。[⑤]而在 2014 年 4 月温州苍南城管遭围殴事件中，媒体又过分热衷于报道城管打人，极力渲染“暴力”细节，妖魔化城管，却很少详细解释为什么打、谁先打的。[⑥]媒体的这种片面报道在一定程度上对民众形成城管“暴力执法”的消极刻板印象和“城管打死人”的猜忌起到了推波助澜的作用。

---

① 所谓“塔西陀陷阱”，即 Tacitus Trap，得名于古罗马时代的历史学家塔西佗。主要指当政府部门或某一组织失去公信力时，无论说真话还是假话，做好事还是坏事，都会被认为是说假话、做坏事而引起人们厌恶。参见杨妍：《自媒体时代政府如何应对微博传播中的“塔西陀陷阱”》，《中国行政管理》，2012 年第 5 期。

② “公民新闻”是指公民（非专业新闻传播者）通过大众媒介和个人通信工具向社会发布自己在特殊时空中得到和掌握的新近发生的特殊的、重要的信息。参见邵培仁、章东轶：《市民新闻学的兴起、特点及其应对》，《新闻界》，2004 年第 4 期。

③ Noelle-Neumann, Elisabeth. *The Spiral of Silence: Public Opinion—Our Social Skin*, Chicago: University Of Chicago Press, 1993, pp. 61-62.

④ 尤蕾：《2014 媒体公信力调查：三成人越来越不信任媒体》，《小康》，2014 年第 10 期。

⑤ 吴廷俊、夏长勇：《论公共危机传播中的主流媒介角色——以贵州 6・28 瓮安事件为例》，《现代传播》，2009 年第 2 期。

⑥ 杨黎：《城管形象污名化成因分析与重建路径探讨》，《新闻研究导刊》，2015 第 16 期。

4. 缺乏与民众对话和消极应对民众参与从而让民众产生疑惑和猜忌

转型期的中国社会仍是一种“刚性”社会，政府在与民众的互动交往过程中，往往善于依赖传统管控打压为主的行政和强力手段，“运动式”治理较多，对民众的合理呼吁及诉求、对新闻媒介习惯采取“拖”“堵”“删”“封”等常规做法，漠视广大民众的不同意见和利益诉求，缺乏与民众的交流对话，使得本来可以妥善化解的公共冲突，因民众误解加深，猜忌不断而趋于复杂化，加剧社会冲突的升级爆发；而在对待公民参与方面，更是消极应对，一方面是政府不愿意主动与公民分享、让渡决策权力，另一方面政府主观地怀疑公民参与的代表性，认为只是小部分民众在为他们小团体表达特殊利益，甚至是为他们极端的个人私利参与和行使利益表达权利，而非为普遍的公共利益，存在着“少数人绑架多数人”，甚至“刁民”的现象，而且害怕公民参与会延缓政策议程，阻碍政府决策进程，这些在无形中就会增添民众对事件的猜忌甚至误解。这是猜忌型公共冲突诱发的根本因素。如在湖北“石首事件”中，当地政府信息发布迟滞，在长达 80 个小时的时间里只发布了 3 条新闻，人民网舆情监测室发布的“2009 年上半年地方应对网络舆情能力排行榜”中，石首事件位列最后，亮红色警报，其信息透明度这项指标为“-1.64”[①]。更为严重的是，石首政府还采取了断电、断网、删帖及劝回记者等屏蔽和控制信息的行为，不仅不积极开辟与民众沟通对话的渠道，还特意堵塞民意，彻底切断民众的参与行为，让民众更加疑惑和猜忌，最终酿成暴力程度、警民对抗程度最高的重大群体性事件。

四、猜忌型公共冲突的化解：基本策略的选择

根据猜忌型公共冲突的特征及其诱发因素，结合对当前民众社会心态的现实关照，猜忌型公共冲突的化解有其基本的路径与策略。

1. 公共信息“主动公开”：转变观念，健全制度机制，保障媒体舆论监督权和公众知情权

观念抵牾和制度缺损是制约“主动”的突出因素。观念是行动的先导，其是制约政府信息公开的一大瓶颈。在事件发生后，因为信息源所处的位置

① 刘志华等：《人民网〈地方应对网络舆情能力排行榜〉出台及其启示》，《今传媒》，2009 第 10 期。

及传播途径不同，政府、民众、媒体获取信息的时间、程度等也是不同的。这种“公共信息不对称”主要存在于政府与媒体之间以及政府与民众之间，而政府作为冲突治理的主导力量，是公共信息的核心信息源。但传统观念认为，冲突事件的发生是政府自身的失职，对媒体和公众公开信息，就是“自爆家丑”，还可能引起群众的猜忌、不满和恐慌，出于自身利益考虑和“政绩观”作祟，往往会对信息进行“掩盖”和“屏蔽”。殊不知，信息源沉默就是对“路边社”的权力让渡①，沉默反而会让谣言和小道消息蔓延，加剧公众的猜忌和引发更大的社会恐慌。因此，政府及其官员要转变观念“主动公开”，要与“路边社”“赛跑”，以“速”制胜，掌握信息公开的主动权。正如英国学者里杰斯特提出的公共冲突治理的3T原则，即主动提供信息（tell your own tale）；提供全面信息（tell it all）；尽快提供信息（tell it fast）。②健全制度机制方面，一是设置专门机构，健全发布体系，拓宽发布渠道，通过政府新闻发言人、政府门户网站等形式，多方位、立体化发布公共信息，提高冲突事件信息公开的常态发布与应急联动能力，主动、全面、及时提供信息，满足媒体和公众的“信息饥渴”，尽量降低信息不对称程度；二是要健全信息公开、监督及制裁制度，尤其是基层政府，要依据相关法规、条例针对不同的事项制定切合实际的信息公开制度或办法，既要使信息公开有法可依、有章可循，督促政府及时、准确、全面地公开信息，又要能够实现有效的问责追究，以防止政府官员玩忽职守、不及时履行信息公开职责等行为发生，增加信息主体隐匿信息的困难程度，从而切实保障媒体的舆论监督权和公众的知情权。

2. 正面印象“重新形塑”：抑制和消解“消极刻板印象”和“污名化”

“污名”在本质上就是一种“消极刻板印象”，故本文主要从“消极刻板印象”的干预和消解策略这一视角切入探讨。根据学者们的研究，可以将在社会冲突事件中某些群体的刻板印象的影响因素或生成机制概括为三个层面，即社会层面、群体层面和个体层面。第一，社会层面，刻板印象作为一种社会认知图式，其形成必然有其制度性因素的影响，如社会结构不平等，不同群体利益上的不一致、不协调等。这在处于社会重要转型期的中国尤为

① 何龙：《信息源沉默是对“路边社”的权力让渡》，《羊城晚报》，2015年2月6日，http://www.ycwb.com/ePaper/ycwb/html/2015-02/06/content_646491.htm?div=-1

② ［英］迈克尔·里杰斯特：《危机公关》，陈向阳译，上海：复旦大学出版社，1995年，第110～125页。

明显，如执法机关与被执法者、市民与“农民工群体”等，“刻板印象”的形成既有可能是“精英阶层”的区隔策略，也有可能是“弱势群体”的无奈卷入[①]，加上新闻媒体的不平衡报道和渲染，都会使社会中的某些群体或个人产生焦虑感受，引发刻板印象威胁。因此，一是应该提供有利的社会环境。营造积极健康的社会风气和平等向上的社会文化，群体或个体长期处于反刻板印象信息的环境中，可以降低刻板印象的自动激活。[②]二是提供多重社会身份。每个人都有多种不同的社会身份，每种社会身份都会同时具有被社会文化积极刻板化和消极刻板化的身份特征；个体也经常会被多重身份中的一种加以归类[③]；当积极刻板身份被激活时，另一种消极的刻板身份就会受到抑制。因此，对积极刻板身份特征的认同会减弱消极刻板印象威胁的效应。三是媒体要合理设置报道议程，注重报道的平衡性。在新闻报道中，媒体应该减少个人对某一群体的情感和价值判断，以事实为依据，准确、客观、平衡地报道，而不应该有所偏袒或“贴标签”。第二，群体层面，就是要提供角色榜样，加强群体间的互动交流。接触成功的真实人物[④]是另一种应对刻板印象威胁的有效措施，即要加强与角色榜样的直接或间接的群体或个体接触，模仿和学习他们的行为。通过接触可以让人更多地关注自身所具有的积极特质，维护自身的社会地位，也能减少对外群体的偏见，产生认同互换，从而削弱刻板印象威胁对个人的消极影响。第三，个体层面就是要进行自我肯定训练，鼓励自我肯定，即鼓励个体关注自己的特长。这样可以减少焦虑，改变对失败的态度，阻断刻板印象威胁的恶性循环，强化个体的自我价值，从而在整体上对社会公众重新形塑正面印象，赢得社会公众的理解和认同。

3. 媒体报道“追求平衡”：坚守新闻专业主义理念，及时、客观、公正地报道事件信息，杜绝“媒体歧视”和“媒体偏见”

无论是作为社会的“第四权力”还是作为社会的“守望者”，参与公共冲

① 徐伟伟：《刻板印象的生成机制研究——以都市媒体中的河南集体形象为例》，中国人民大学硕士学位论文，2005 年，第 49～52 页。

② 周为坚：《刻板印象威胁的影响因素及应对方式探究》，《贵阳学院学报（社会科学版）》，2012 年第 4 期。

③ 张宝山、袁菲、徐靓鸽：《刻板印象威胁效应的消除：干预策略及其展望》，《心理科学》，2014 年第 1 期。

④ D.M. Marx & J.S. Roman. “Female role models: Protecting women’s math test performance,” *Personality and Social Psychology Bulletin*, 2002, 28 (9), pp.1183-1193.

突治理是媒体监督政府、引导舆论、稳定社会的职责所在[①]，这也是媒体增强公信力的应有之义。所谓“追求平衡”，即媒体应追求“平衡报道”。因我国业界和学界目前对“平衡报道”还没有一个统一明确的定义，综合学者们的阐述及观点，本文认为，“平衡报道”是指在新闻报道中坚守新闻专业主义理念，全面、客观、真实陈列新闻事实，既要突出报道核心观点和意见，又要保证完整呈现多元化的意见和观点。即一方面要还原事实真相，保证观点自由充分表达，促进冲突化解；另一方面要务求报道真实、全面、公开、客观。当然，这里的“平衡”只能是新闻报道实践中的“相对平衡”，而不可能做到“绝对平衡”，即一种“理性的平衡”。具体而言，要把握好三个层面的平衡：一是微观层面上把握好新闻报道基本要素的平衡，包括信息量、信息源、事件事实、观点意见、价值取向的平衡；二是中观层面上把握好媒介组织自身的平衡，包括坚守新闻专业主义理念，强化媒介自治自律和加强媒体工作者职业素养建设；三是宏观层面上把握好政府、社会及公众的动态平衡，包括积极建构宽松的媒介生态环境，建设完善相关新闻法律法规和培养公民的媒介素养[②]，杜绝“媒体歧视”和“媒体偏见”，不断增强媒体公信力，让媒体真正成为化解冲突的“助推器”，而不是加剧猜忌的“催化剂”。

4. 政府公众“双向互动”：加强政府与公众之间的对话，激发和扩大公众参与，消除猜忌，增进共识与信任

强调政府与公众之间的“双向互动”，是因为政府作为公权力的代表，既是社会冲突治理的主导力量和“兜底者”，又常常成为冲突的直接当事方，很多社会冲突最终都依赖政府出面干预和化解。故加强政府与公众之间的“双向互动”，关键在于解决当前大多数社会冲突化解中政府与公众之间基本处于“各说各话、各问各答”的状态。这一方面，需要加强政府与公众之间的对话，打破各自为营的局面，本质上也是在激发和鼓励公众的参与。正如米哈伊尔·巴赫金（M.M. Bakhtin）认为的，对话本身就包含三个关键词，即参与、互动、对话关系。参与是对话得以进行的必要条件，互动是人与人交流过程中不可缺少的条件；对话关系明确的是对话主体间的关系。对话把“他人”纳入其中，呈现的是“我”与“他人”的双向互动，体现了“同意或反对关系，肯定和补充关系，问和答关系”。他指出，对话具有多维主体性，对话是

① 陈世瑞：《公共危机管理中的沟通研究》，上海：上海人民出版社，2011 年，第 157 页。

② 刘敏：《媒介生态视阈下的新闻平衡报道研究》，复旦大学博士学位论文，2012 年，第 127～136 页。

思想的交流，对话是差异的互动融合。[①]可以看出，对话主体之间的平等的、自由的平权主体关系，有利于促进冲突各方相互尊重，相互了解，拨开信息的阴霾，消除彼此的猜忌，洞察彼此的深层动机，碰撞出创造性火花，为共同“议题”探索出更多的合意方案。另一方面，要建立以对话为主体的互动合作渠道，引导公众积极参与到冲突的化解实践中来，从虚拟媒介、网络参与走向现实对话。因为政府不能解决所有的问题，冲突的最终化解还是需要公众的积极参与和合作。通过建立公众参与的对话渠道和平台，建立健全公众参与的对话制度机制，如听证会、恳谈会、咨询会等，增进社会认同和社会共识，不仅可以彻底消除猜忌和其他主观障碍，更好地化解冲突，而且可以帮助公众理性对待社会冲突，促进政府与公众之间的信任合作[②]，实现个人利益与公共利益的相对均衡，进而构建稳定有序的社会长效机制。

① [前苏联] 巴赫金：《巴赫金全集（第 2 卷）》，李辉凡等译，石家庄：河北教育出版社，1998 年，第 411 页；《巴赫金全集（第 5 卷）》，白春仁等译，石家庄：河北教育出版社，1998 年，第 242 页。

② 王玉良：《缺失与建构：公共冲突治理视域下的政府信任探析》，《中国行政管理》，2015 年第 1 期。

冲突治理视角下的政策过程模型

李亚　刘玲

摘　要：本文试图将冲突治理这一新视角引入到政策过程研究中，从而更好地理解政策制定。在回顾了现有政策过程理论和冲突治理理论的基础上，构建了一个初步的冲突治理视角下的政策过程模型框架。此框架包括政策过程不同阶段的冲突特征、冲突的演化及冲突的行动者等要素，以及冲突过程与政策过程的互动。然后，以专车政策为例，对该模型进行了阐释与说明。

关键词：冲突治理；政策过程；专车政策

一、引言

政策过程研究是政策科学的核心主题之一，历经数十年的研究，已经取得了丰硕的成果，涌现了不少相关的理论与模型。①然而，我们可以看到，从冲突视角来解释和理解公共政策的研究是缺失的。

西方学者关于政策过程理论的研究成果可分为阶段分析论框架、系统论

作者简介：李亚，北京理工大学管理与经济学院教授，政策实验室、公共冲突解决研究中心主任；刘玲，北京理工大学管理与经济学院硕士研究生。

基金项目：国家自然科学基金项目"协商式政策分析的核心技术、组织运作及其实践验证"（71473016）、"社区公共冲突解决的工作方法与关键技术研究"（71603258）。

文章来源：本文刊载于《上海行政学院学报》2017 年第 2 期。

① [美] 保罗·A. 萨巴蒂尔（Paul A.Sabatier）编，《政策过程理论》，彭宗超等译，北京：生活·读书·新知三联书店，2004 年。E. Petridou. "Theories of the policy process: contemporary scholarship and future directions," *Policy Studies Journal*, vol.42, no.s1(2014), pp.S12-S32.

分析框架、制度主义分析框架、行为主义分析框架。[①]近年来，学界一方面持续关注政策过程经典理论的拓展和案例研究，另一方面，也提出了一些新理论，如集体学习框架（The Collective Learning Framework）、博弈生态学框架（Ecology of Games Framework）等。[②]

关于中国的政策过程也有不少研究。西方学者对中国政策过程的研究，可先后分为精英研究、派系研究及官僚组织研究，这些研究一定程度上解释了早期的中国政策过程。[③]21 世纪以来，国内学者更加关注政策过程理论的本土化，提出了一些新见解。例如，王绍光结合中国议程设置现实将中国政策议程设置分为六种模式[④]；陈玲通过对中国 1980～2000 年间集成电路产业政策的研究，提出“制度—社会”双层政策过程理论[⑤]；王绍光、樊鹏基于对中国新医改政策的考察提出了“开门”与“磨合”的共识型决策模式等[⑥]。

在政策科学和政策过程理论发展的同时，关于冲突、冲突解决、冲突治理的研究在另一轨道上展开。学者们对冲突产生的原因、冲突的类型、冲突可能引起的社会后果、应对冲突的可供选择的方式等进行了深入研究。[⑦]20 世纪 70 年代后期以来，公共冲突解决、冲突转化等研究兴起[⑧]，冲突治理的理论和实践加速发展。

社会冲突是考察公共政策及其变迁的一个有意义的维度。现有的相关研究包括两个方面。一些受行为主义影响的研究者以政策系统中的个体或团体为研究对象，以“利益”和“压力”为主线进行研究，关注政策过程中个体或团体的权力结构与利益冲突。比如，根据多元主义理论的解释，公共决策

---

① 陈玲：《制度、精英与共识：寻求中国政策过程的解释框架》，北京：清华大学出版社，2011 年，第 11～21 页。

② 对新理论的详细了解可参考 M.C. Nowlin. “Theories of the policy process: State of the research and emerging trends,” *Policy Studies Journal*, vol.39,no.s1(2011),pp.41-60. E.Schlager, C.M.Weible. “New theories of the policy process,” *Policy Studies Journal*, vol.41,no.3(2013),pp.389-396.以及 E.Petridou, “Theories of the policy process: contemporary scholarship and future directions,” *Policy Studies Journal*, vol.42,no.s1(2014), pp.S12-S32.

③ 薛澜、陈玲：《中国公共政策过程的研究：西方学者的视角及其启示》，《中国行政管理》，2005 年第 7 期。

④ 王绍光：《中国公共政策议程设置的模式》，《中国社会科学》，2006 年第 5 期。

⑤ 陈玲：《制度、精英与共识：寻求中国政策过程的解释框架》，北京：清华大学出版社，2011 年。

⑥ 王绍光、樊鹏：《中国式共识型决策“开门”与“磨合”》，北京：中国人民大学出版社，2013 年。

⑦ 例如：［美］狄恩·普鲁特、金盛熙：《社会冲突——升级、僵局及解决》（第 3 版），王凡妹译，北京：人民邮电出版社，2013 年。罗大文：《社会冲突研究综述》，《前沿》，2011 年第 16 期。

⑧ 李亚：《创造性地解决公共冲突》，北京：人民出版社，2015 年，第 191～198 页。

是利益集团相互竞争的结果；而按照团体模型的解释，公共政策是众多团体间相互斗争的产物。这些理论关注利益集团因利益的冲突而相互间竞争，进而影响政策结果。近年来影响很大的倡导联盟框架其实遵循的也是这一路径。①

另一个方面是关于政策议程的研究，一些学者将冲突视作政策议程设定的影响因素。例如，科布和艾尔德认为影响社会问题进入公共政策议程的因素包括内外部因素，其中内部因素就包括冲突；多源流分析模型分析问题源流时提到一些重大事件或危机事件经常能够导致政策制定者对某个问题的关注②；触发机制理论认为如果有一些与问题有关的严重事件发生，就有利于问题更快地进入政策议程③，等等。

上述研究不同程度上考察了冲突和政策的关联，但并非深入、系统地从冲突或冲突治理视角探索政策过程。即便是理论精致的倡导联盟框架，关注的也主要是信念、“联盟”以及它们与政策变迁之间的关系，而非冲突和冲突治理如何塑造了政策过程。至于议程设置影响因素的研究，突出了冲突对于社会问题进入政府议程的重要作用，但没有涉及冲突与政策过程其他环节的相互作用。

本文认为，公共冲突的发展演变会引起政治体系的反应，从而推动政策的启动、论辩、形成和执行。目前看，以冲突治理的视角来理解政策过程的相关研究还不充分，本文试图在这一方向上做出努力：将围绕某个政策所发生的冲突视为研究政策过程的切入点，并力图分析与揭示冲突演进与政策过程发展间的关联与作用机制。

接下来，本文将构建一个冲突治理视角下的政策过程模型框架，然后以专车政策为例对框架进行初步阐释，最后讨论下一步的工作方向。

二、基于冲突治理视角的政策过程模型框架

在讨论基于冲突治理视角的政策过程模型框架之前，首先分别界定本文

①[美]保罗·A. 萨巴蒂尔，汉克·C. 简金斯-史密斯：《支持联盟框架：一项评价》，见[美]保罗·A. 萨巴蒂尔编：《政策过程理论》，彭宗超等译，北京：生活·读书·新知三联书店，2004 年，第 150～221 页。

②[美]尼古拉斯·扎哈里尔迪斯：《模糊性、时间与多源流分析》，见[美]保罗·A. 萨巴蒂尔编：《政策过程理论》，彭宗超等译，北京：生活·读书·新知三联书店，2004 年，第 92～122 页。

③ 刘伟：《政策议程研究的代表理论及其评析》，《湖北社会科学》，2011 年第 10 期。

所说的政策过程和冲突。政策过程有广义和狭义之分。广义的政策过程可指将政策问题提上议程、形成方案、做出决定、执行政策、评估、修正或终结等一系列政策循环周期的总和。本文的政策过程采用狭义的界定，主要指从政策议程至政策制定和执行这一核心过程。

当事各方之间感知到利益或价值分歧，并有采取对抗措施的意愿或行动，这样的局面就是冲突。[①]关于冲突的阶段划分，有多种提法。在前人研究的基础上，本文将冲突的发展演进简化为四阶段，包括：紧张关系、冲突显现、冲突升级、冲突僵持/冲突解决。冲突得到全部或部分解决后，新的矛盾可能产生，进入一个新的冲突循环。

冲突在社会空间中产生、发展。一般而言，社会冲突的当事方是有着不同利益或价值诉求的群体，他们在追求各自目标的过程中产生冲突。冲突发展到一定程度后带来不适、紧张，冲击既有的社会秩序，从而很可能会引发主动或被动的干预。公共冲突的干预者，可以是社会组织，但多数时候是承担社会治理职能的政府部门。

政策则酝酿于政策空间中。在一个现代社会，政策空间很难是完全封闭的，政策制定者通过和利益群体代表/代言人的互动来酝酿政策。这种互动当然程度不一，有时参与较具实质性，来自群体的诉求能被整合到出台的政策中，有时参与更多地具有形式意义，政策制定者对各方意见只是“听听而已”。在很多情况下，政策制定系统直接或间接地感受到冲突的压力，从而将相关的政策提上议程。政策出台后，将对冲突的处置有规范性的指导价值。冲突当事方和干预者不再一事一议，而是不得不遵循新的政策精神来处理冲突。

冲突和政策的关联，可透过社会空间与政策空间的互动来反映（见图1）。至于社会空间中的冲突对政策空间中的政策制定产生多大的影响，有三个关键变量：冲突耐受阀、政治系统的参与程度以及行动者的策略和行为。

社会冲突无处不在，未必都会引发政府的干预；即便政府干预，也未必引发政策系统的反应。冲突耐受阀决定了政策系统对社会冲突的敏感程度。冲突耐受阀越低，一个政策系统对冲突的容忍程度越低，其对冲突做出的反应就越迅速，冲突越可能在其发展的早期阶段触发政策议程。

① 李婷婷、李亚：《中国公共冲突解决研究述评》，《中国行政管理》，2015年第2期。

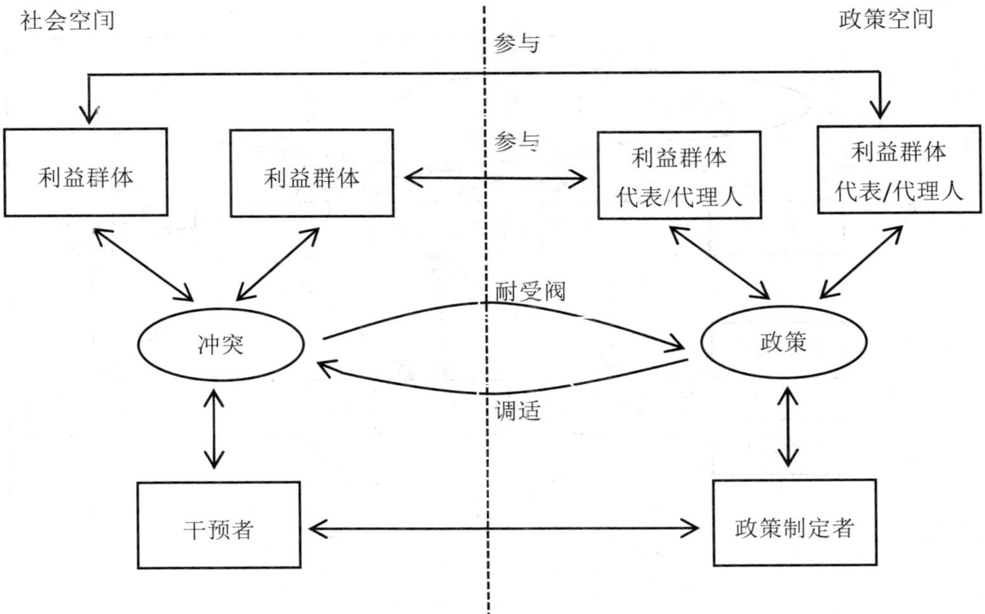

图 1　社会空间与政策空间

利益群体参与政策制定的程度、行动者（即公共冲突涉及的直接当事方/相关利益群体）的策略和行为是另外两个重要的影响因素，它们与冲突耐受阀三者之间有复杂的联动效应。根据三个变量的组合，我们可以初步做出如下假设。

若存在正式有效的参与渠道，且政策系统对冲突的耐受阀较高，基于理性，行动者将选择正式渠道参与政策，而较少地致力于以冲突表达诉求，选择主动将冲突升级从而引发政策制定者关注的可能性会降低。

若缺乏正式有效的参与渠道，且政策系统对冲突的耐受阀较低，行动者倾向于以冲突作为利益表达的策略，冲突将较快地升级，因为行动者试图使冲突烈度超越政策制定者的忍受阀值，给政策制定者施加压力，进而“迫使”政策制定者做出对己方有利的政策安排。

若缺乏正式有效的参与渠道，且政策系统对冲突容忍程度较高，行动者的策略与行为将表现出复杂性，很可能出现分化：有些行动者试图使冲突升级，促使政策系统做出反应，而另一些行动者则可能对具有普遍指导意义的政策出台不抱希望，专注于在冲突个案中获得有利于自己的解决。

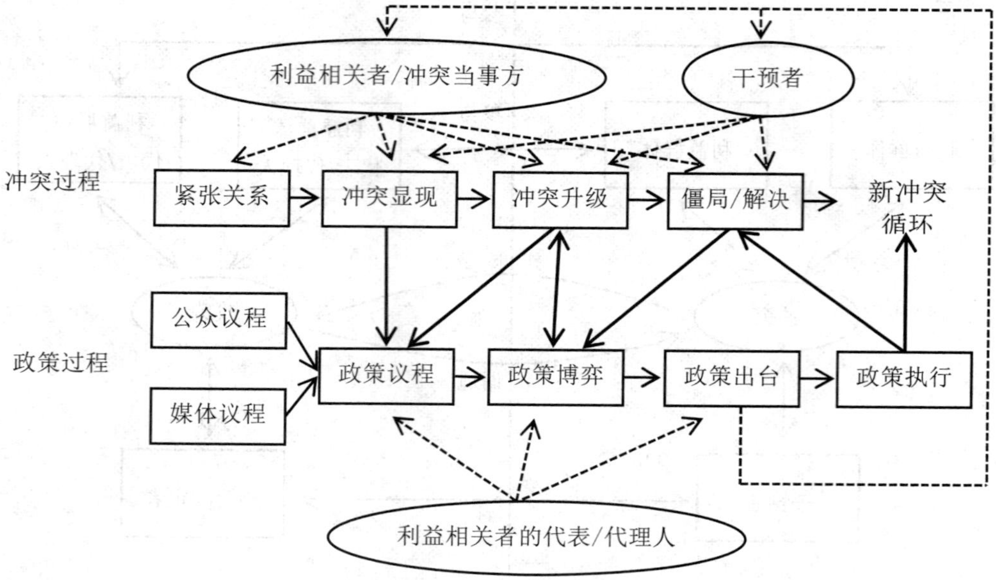

图 2　冲突过程与政策过程的互动

政策过程与冲突过程的互动如图 2 所示。政策议程受媒体议程、公众议程的影响，同时冲突的发展也起着决定性的作用。在前述的三个关键变量的作用下，冲突可能在不同发展阶段影响到政策议程：若冲突耐受阀低或者行动者（冲突当事方）有参与渠道，在冲突发展的早期阶段——冲突刚开始显现，相关问题就触发了政策议程；若条件不具备，可能在冲突显著升级后，才能唤起政策制定者的关注。

政策议程启动后，各方常常要进行复杂的、多轮的、持续较长时间的政策博弈。政策系统中的博弈一般与社会空间中的冲突升级与冲突僵局交互作用。行动者通过“场外”的冲突升级与僵持来试图影响政策空间中的政策博弈，而各方的政策博弈导致政策不能及时出台，有可能导致社会空间中的冲突升级或僵局。

政策的出台意味着新的、权威性的冲突处置规范的产生，对冲突当事方和干预者的行为也将产生重要影响，冲突的处置将以新的政策为依据。如果政策有效，冲突可望得到较好的解决，反之，则可能无济于事，或引发新的冲突、进入新的冲突循环。

三、冲突治理视角下的专车政策制定

下面我们以网络约租汽车（以下简称“专车”）政策制定为例，考察冲突过程和政策过程的互动，初步评估冲突治理视角下政策过程模型的解释力。

（一）专车发展及专车政策相关背景

在“互联网+”和共享经济的浪潮下，我国涌现了大量依托于互联网平台的新经济形态。专车正是“互联网+出行”的新生事物。“专车”的官方定义为“网络预约出租汽车”，是指以互联网技术为依托构建服务平台，接入符合条件的车辆和驾驶员，通过整合供需信息，提供非巡游的预约出租汽车服务。①

2012 年国内开始出现打车软件，提供传统出租车打车预约服务。2014 年 2 月优步（Uber）进军中国，通过招募社会车辆加入平台，带来了与以往不同的“轻资产”专车模式。2014 年 8 月滴滴打车宣布在北京和上海推出专车业务。之后短短几个月，各种互联网专车业务风生水起，一时间，滴滴专车、一号专车、优步专车、易到用车在国内大中城市流行起来。各专车业务虽发展迅速，但其一推出就陷入了争议漩涡，屡屡遭出租车司机抵制，甚至在多地被叫停，被当地政府定性为“黑车”。为规范专车的运行，交通运输部于 2015 年 10 月 10 日公布了《关于深化改革进一步推进出租汽车行业健康发展的指导意见（征求意见稿》和《网络预约出租车经营服务管理暂行办法（征求意见稿）》，并通过各种渠道征求公众意见。2016 年 3 月，住房城乡建设部和公安部联合废止了《城市出租汽车管理办法》，这一举动被各界普遍解读为为专车新政扫除障碍。2016 年各地有关的出租车与专车的冲突还在持续，但媒体报道及公众关注持续减弱。2016 年 7 月 28 日，交通运输部联合公安部等七个部门公布《关于深化改革推进出租汽车行业健康发展的指导意见》以及《网络预约出租汽车经营服务管理暂行办法》，新政策将于 2016 年 11 月 1 日起实施。

（二）专车发展中的冲突与政策反应

我们对专车政策案例的研究主要通过收集新闻报道、分析相关文件资料

① 中国交通运输部：《网络预约出租汽车经营服务管理暂行办法》，http://zizhan.mot.gov.cn/zfxxgk/bnssj/zcfgs/201607/ t20160728_2068633.html，2016-07-28/2016-09-01.

以及深入访谈的方法进行。访谈的相关人员包括：曾在相关政府部门工作过的某专车运营商的政策研究员，为出租车司机发声的某微信公众号负责人与运营人员，非常熟悉专车政策制定过程的某知名媒体的交通政策记者，以及数位出租车司机、专车司机。

通过综合新闻报道及已有的访谈资料，笔者对围绕专车发生的冲突、中央与地方政府的反应及关键的政策节点进行了梳理（见表1）。

通过表1，我们可以看出围绕专车所发生冲突的演进过程。2014年下半年，因私家车加入专车平台，出租车司机开始感到“危机”，出现利益觉醒。通过与专车司机收入及成本进行对比，出租车司机产生了极大的不公平和相对剥夺感，出租车司机与专车司机及专车平台的紧张关系浮现。2015年初，持续的不公平感及愤怒，使部分出租车司机酝酿了沈阳罢运事件，随后，多个省会城市出租车司机相继效仿，潜在的利益冲突公开化，并迅速扩散，冲突在社会空间显现。2015年2月至11月，专车和出租车的冲突博弈愈演愈烈，随着冲突强度的提升和旁观者的大量卷入，冲突一步步走向升级。就冲突强度而言，仅2015年5月份，全国就有16个城市先后出现不同规模的出租车停运事件，有的是出租车司机围堵打砸专车办事平台，有的是出租车司机与专车司机聚集对峙并发生打斗。冲突方的行动、斗争策略也逐步升级：出租车司机从罢运到选择钓鱼、围堵、围攻，专车司机从不作为到抱团反抗、“以牙还牙”。在旁观者卷入方面，一方面，冲突现场旁观的群众开始大量被卷入冲突中；另一方面，网民开始在网络上热烈讨论各冲突事件与各方行为。2015年底，围绕专车的冲突虽时有发生，但媒体的关注及网上的讨论热度开始减弱。2015年12月，冲突步入僵持阶段，冲突双方心理变化极化及不稳定性明显。正如被访谈者所言：“很多大型冲突，性质明显变味，从去年天津事件起，出租车司机出现不服气的情况……出租车与专车司机之间弥漫着仇恨的情绪，最近这种心态愈演愈烈。”“QQ群里，现在只要有人号召，马上大批人响应，不稳定情绪很明显。”2016年7月28日，交通运输部联合公安部等七个部门公布了专车新政，新政将于11月1日实施，可以预见围绕专车的冲突将得到（部分）解决或将进入新的冲突循环。

表 1　围绕专车的冲突发展及代表性事件

<table>
<tr><td>冲突阶段</td><td>时间段</td><td>代表事件</td><td>简要分析</td></tr>
<tr><td>紧张关系</td><td>2014 年 8 月至 12 月</td><td>出租车司机 QQ 群开始有人抱怨网约车，沈阳出租车罢运开始事前酝酿</td><td>专车一出现，出租车司机就感到了“危机”，同时通过与专车司机收入及付出成本的对比，产生强烈不公平感，相对剥夺感出现并有所强化。</td></tr>
<tr><td rowspan="2">冲突显现</td><td rowspan="2">2015 年 1 月</td><td>1 月 4 日，沈阳数千辆出租车罢运，抗议份子钱与专车非法运营，造成道路拥堵</td><td rowspan="2">不公平感及愤怒感，导致沈阳出租车司机酝酿了罢运事件，至此，两大利益群体矛盾公开化，事态扩大。但此阶段，冲突涉及主体单一，基本无暴力行为发生。</td></tr>
<tr><td>1 月 13 日，出租车罢运事件全面爆发，包括长春、济南、成都、南昌在内的多个省会城市都加入其中，堪称有史以来最大规模的出租车罢运</td></tr>
<tr><td rowspan="5">冲突升级</td><td rowspan="5">2015 年 5 月至 8 月</td><td>5 月 21 日，天津出租车司机“钓鱼”专车，双方超千人聚集对峙，数人被打伤，引发网友关注</td><td rowspan="5">2015 年 5 月，专车和出租车的博弈愈演愈烈，仅一个月，全国就有 16 个城市先后爆发不同规模的出租车停运事件，有的地方出租车司机甚至围堵打砸专车平台的办事处，有的地方出现出租车与专车司机聚集对峙打斗事件。这一阶段双方的冲突强度明显增强，冲突各方的行动及斗争策略也在逐步升级：出租车司机从前期的罢运行为，开始转向“钓鱼”围堵、围攻专车；专车司机则从被逼顺从转至抱团反抗并打砸出租车。此外，旁观者开始大量卷入：冲突现场旁观的群众开始被卷入冲突之中；在网络上，网民热烈讨论各冲突事件与各方的行为等。</td></tr>
<tr><td>6 月 10 日，广州有关部门疑似“钓鱼”专车，引发上百名专车司机声援抗议，围观民众情绪激动，交通严重堵塞，后事件以专车司机被放行结束</td></tr>
<tr><td>6 月 12 日，杭州出租车司机“钓鱼”举报专车，数百辆专车支援，大量司机与路人围观，造成道路瘫痪，场面一度失控</td></tr>
<tr><td>6 月 15 日，武汉汉阳运管部门疑似“钓鱼”执法，大量专车司机堵路声援，警方出动特警维持秩序，该事件在自媒体上被迅速传播</td></tr>
<tr><td>8 月 10 日，武汉大量出租车在早高峰时段罢运空驶，造成道路拥堵</td></tr>
<tr><td rowspan="2">冲突僵持</td><td rowspan="2">2015 年 12 月至 2016 年 7 月</td><td>2015 年 12 月至 2016 年 1 月，太原、青岛、深圳、南昌、长沙、郑州等城市相继爆发出租车罢运、围堵专车、打砸专车等事件</td><td rowspan="2">从 2015 年 8 月起，围绕专车的冲突持续，表现在各地罢运、“钓鱼”、围堵、打砸事件时有发生，但媒体的关注度与旁观者的卷入度开始减弱。其间冲突的强度一直维持在一定水平，如 2016 年 5 月 21 日，重庆发生的出租车司机与专车司机的打斗事件，多人受伤，多车被砸。冲突双方心理发生变化且不稳定性明显。“大多大型冲突，性质明显变味，从去年天津事件起，出租车司机出现不服气的情况……出租车与专车司机弥漫着仇恨，最近这种心态很明显”“QQ 群里，现在只要有人号召，马上大批人响应，不稳定情绪很明显”“……现在民众有点唾弃出租车司机，这让的哥的姐很心寒……让他们产生更大的怨恨与不满”。</td></tr>
<tr><td>2016 年 5 月至 6 月，重庆、大连、青岛等城市不断发生两大司机群体对峙打斗、出租车“钓鱼”举报专车并罢运等事件</td></tr>
</table>

此外，通过对表1的梳理，我们也可以看到冲突发展演变确与政策过程有紧密的关联，一些关键的事件呈交叉演进的态势。从访谈中获得的信息表明，2015年初，主要的政策制定者——交通运输部已经明显地感受到冲突的冲击，此时要求出台规范、明确执法标准的呼声开始在体制内出现。在此案例中，政策制定者对冲突是比较敏感的，冲突刚开始显现，政策实际上就被提上议事日程——新政开始调研。政策制定过程中，实际上保持了较强的开放性，相关各方都有正式的渠道参与意见表达。在行动者方面，由于具有地域分割性的行业特点，各地的出租车一方基本上是分散行动，很难说有统一的、事先谋算的策略，但实际上多地都采取了将冲突持续升级的行为方式，希望通过群体性事件对本地政府（冲突干预者）和上级政府（中央部委的政策制定者）施加压力；而在专车平台一方，更多地希望控制冲突，并积极向政策制定者陈情，希望政策向有利于己方的方向发展。

从2015年4月的专车新政形成初稿，到2015年10月征求意见，再到2016年7月底的正式出台，政策制定经过了漫长的博弈，其中立法的思路和方向发生了较大的变化。这其中有冲突各方、相关部委乃至国务院领导各种意见、力量的相互作用，此处我们不再展开。政策博弈期间，冲突实际上也是处于僵持状态，各地围绕专车的冲突仍此起彼伏，但总体上并未进一步升级，各方在苦苦等待政策的出台，这也给政策制定施加了压力。

截至本文定稿之时，新的政策还未开始执行，其效果还有待评估。中央出台的专车新政只是给出了指导性的框架方案，为地方政府保留了一些自由裁量权，地方政府的政策实施细节还在拟议中。从媒体报道看，地方上关于专车总量控制和价格管制的政策思路又有引发新的一轮争议之势。

综合以上分析，我们认为至少在专车政策制定过程中，从冲突治理的视角考察政策过程是初步可行的。

四、结束语

如何理解冲突、冲突的演变与政策制定的相互影响，本文就此构建了一个初步的框架，期望能够增进和丰富学界对政策过程的理解。我们的研究当然存在很多不足。一方面，该分析框架还比较粗略，相关核心概念、变量间的界定与关系阐释还不很明晰，一些假设需要更多的检验；另一方面，就专车案例来说，受制于访谈的有限以及专车政策仍在推进过程中，更多的政策过程细节还有待挖掘，还需要大量丰富的资料来支撑相关分析。

此外需要看到，专车问题本身具有一定的特殊性：利益相关方、冲突当事方是动态的而非固定不变的，冲突方甚至可以相互转化，今天的出租车司机，明天可能摇身一变成为专车司机，一些地方政府在管制专车的同时，也试图推进官办或半官办的专车平台。这些都进一步导致了案例分析的复杂性。

展望未来，冲突治理视角下的政策过程模型还有较大的发展空间。今后可能的工作包括：进一步完善框架结构与假设，明晰并验证相关假设，并注重与已有理论模型的联系；另外，需要大量丰富严谨的实证研究，进一步收集更多的案例，以便将理论模型与实际的政策过程有机地联系起来，从而对框架进行修正与完善。

重大灾害引发“后发危机”的生成机理与防控策略研究

——基于典型案例的对比分析

张春颜　阎耀军

摘　要：重大灾害事件能否得到妥善治理，直接决定着其是否会导致连锁效应，诱发社会领域内的“后发危机”，如果治理者仅仅关注爆炸事件本身，而不考虑“后发危机”在整个突发事件演化中的作用，很可能导致衍生事件的危害超过原有事件，本文通过梳理“后发危机”生成的逻辑框架和路径走向，在选取吉林“11·13”爆炸事件和天津“8·12”爆炸事件作为典型案例，进行对比分析的前提下，提出政府需要从合理开展预期管理，培养公众理性认知能力、跳出“塔西佗陷阱”，增强防控供给能力以及注意心理疏导和负面情绪消解，防止出现价值逆转等方面进行改善。

关键词：天津“8·12”；后发危机；重大灾害；冲突

作者简介：张春颜，博士，天津工业大学，讲师；阎耀军，天津工业大学公共危机管理研究所所长，教授。

基金项目：国家社会科学基金重点资助项目（13ASH003）；国家社会科学青年基金项目（16CSH038）；天津市哲学社会科学研究规划项目（TJGL15-027）。

文章来源：本文刊载于《上海行政学院学报》2016 年第 6 期。

一、研究背景与问题的提出

1. 研究背景

重大化学灾害事件①可能导致直接的经济损失、人员伤亡、环境污染、交通通信中断，还可能引发民众恐慌、失序甚至混乱等“后发危机”，诱发一系列社会连锁性事件。所谓“后发危机”，是指重大灾害事件发生后，由于治理者防控不当所可能诱发的社会领域内的危机。与次生灾害不同，“后发危机”涉及范围主要是社会领域，参与者多为社会民众，容易形成大规模的群体性事件，且矛头经常指向政府。

近十年来，因化学事故灾害可能导致“后发危机”的事件日益增多，如2005年吉林石化“11·13”爆炸事件所导致的供水紧张、物资哄抢风潮、松花江水污染等危机；2006年江苏盐城“7·28”爆炸事件所导致的空气污染问题；2013年中石化“11·22”爆炸事件所导致的供水问题、胶州湾局部污染等危机；2015年天津“8·12”大爆炸事件是否会导致社会领域内的危机，等等。对于这些事件，大体可将其划分为两种类型：一种是破坏型“后发危机”，即社会领域内的危机已经触发，公众对化学灾害事件的爆发及其治理相当不满，由于制度内的协商、投诉等效果有限，转而导致了集体对抗的群体性冲突、社会恐慌等问题的出现；另一种是风险型“后发危机”，即社会领域的危机尚未发生，仅仅处于可能诱发的边界。

2. 问题的提出

现实表明，在诸多潜在风险中，“后发危机”爆发的风险系数日增，迫切需要各级治理者和相关研究领域的学者深入思考，究竟重大灾害发生后，在什么条件下会引发社会领域内的“后发危机”？如1987～2014年间发生的“SRAS”“吉林石化爆炸”“暴雪灾害”“四川什邡冲突”等事件为何不同程度地引发了物价暴涨、社会恐慌、供给问题、群体性冲突等诸多社会危机？而2015年发生的天津“8·12”大爆炸等事件是否会因循以往重大灾害的扩散路径，产生连锁效应，引发社会领域的“后发危机”？这些都是各级治理者以及相关研究领域的学者迫切需要探知的问题。特别是治理者能否切实践行

① 指具有易燃、易爆、腐蚀、毒害和放射性等危险特性的化学危险品，在存储、运输过程中所导致的事故。

“以史为鉴”，通过对以往灾害事件生成、扩散机制的认识及总结，降低那些尚在演化过程中的灾害事件引发社会危机的可能性，将直接影响整个社会的和谐与稳定。如果治理者仅仅关注事件源本身，忽视了引发社会危机的各种条件性因素，那么，很可能导致衍生事件的危害超过原有事件。

二、相关研究综述

国内近年来对重大灾害防控的研究主要集中在三个方面：一是对各种具体灾害的研究，如佘廉的《水运灾害预警管理》、肖唐镖主编的《群体性事件研究》等；二是对次生灾害的研究，广泛关注重大灾害所诱发的自然领域内的危机较多，聚焦于社会领域的危机研究较少，如魏一鸣的《洪水灾害研究的复杂性理论》从灾害影响的角度介绍了次生灾害对整个社会的影响，叶泰来的《化工企业地震次生灾害及对策》、黄轶昕的《洪涝灾害后长江下游洲滩钉螺消长和扩散趋势纵向观察》对灾后疫情等次生灾害进行了研究；三是在研究方法上，魏一鸣的《基于 Swarm 的洪水灾害演化模拟研究》提出运用复杂性理论研究洪水灾害，裘江南等的《基于贝叶斯网络的突发事件预测模型》提出运用贝叶斯网络建模方法进行突发事件的预测和应对，荣莉莉的《基于离散 Hopfield 网络的突发事件连锁反应路径推演模型》则运用霍普菲尔德（Hopfield）网络推演方法构建突发事件连锁反应路径，等等。

国外近年来对重大灾害问题的研究，大多集中于灾害的生成机理、演化模型构建及其对治理者决策的支持，具体来看：（a）在灾害的生成机理方面，海科（Heiko）等基于概率论方法对灾害发生、发展过程中的不确定性现象进行了研究；大卫（David）利用系统动力学方法对加拿大新斯科舍（Novascotia）地区的矿难进行研究，系统分析了引起矿难的原因；（b）在灾害演化方面，米莱蒂（Mileti）等人早在 1975 年就提出了反应、恢复、准备、减灾四阶段灾害生命周期，帕克（Park）依此对切尔诺贝利核电站事故发展过程进行了研究；还有特纳（Turner）提出的灾害前阶段模型、易卜拉欣·拉齐的（Ibrahim-Razi`s）模型、托夫特（Toft）和雷诺（Reynolds）的系统失误和文化重新调整模型等等；（c）在灾害的决策管理方面，诺埃尔·保（Noel Pauwel）等人运用效用分析和敏感性分析方法对核泄漏事件发生后的撤退决策进行了分析；泽野弘之田村（Hiroyuki Tamura）等人运用决策树分析方法对灾害风险进行了分析。

从总体上看，国内外已有研究更多侧重对重大灾害的防控，对由其诱发的一系列危机的研究也广泛涉及政治、经济、社会等诸多领域，还没有专门对其所导致的社会领域内的危机做深入性的研究，没有对导致“后发危机”的条件进行分析，而这正是本研究的切入点和着力点。

三、“后发危机”生成的逻辑框架与路径模拟

1. 逻辑框架

“后发危机”作为重大化学灾害事件的可能性后果之一，其生成的基本逻辑是什么？通过整理、分析上述典型事件，我们发现这些事件都涉及一个直接作用力和两个助推作用力。“后发危机”就是在灾害事件直接作用力的冲击下，加之受众的救援需求与政府防控供给不匹配，诱发公众不满情绪积聚引发更多不良反应。

因此，受众的救援需求与政府的防控供给匹配是研究“后发危机”的重要视角，二者匹配错位所诱发的公众不满情绪积聚，进而导致公众对政府评价的价值逆转（从正到负），才是“后发危机”的生成基点。

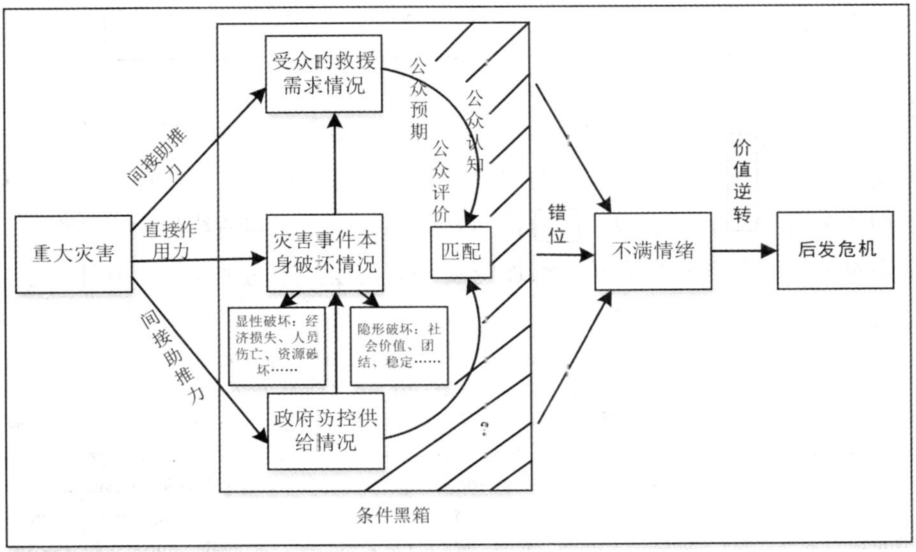

图 1 “后发危机”生成机制的逻辑框架

基于这一分析，“后发危机”的生成逻辑更深层次上涉及的是受众需求与政府供给的匹配，以及受众对其供给情况的预期、认知和评价：

一是当灾害事件发生后，受众对政府灾害防控供给情况的预期。人们这种对未来发展的预期与未来发展的实际状况之间所出现的差距会直接影响其对政府的认知和评价，当实际情况超出预期时，将会形成正向预期反差，而当实际情况低于预期时，则会形成负向预期反差。①

二是受众的预期直接影响其对政府防控供给情况的认知。即政府应该干什么，不应该干什么，应该先干什么以及在多短的时间内达到何种结果，等等。预期在人们的认知过程中扮演着重要角色，它影响着人们对信息的选择、编码、存贮、重建等整个认知过程，进而决定着受众对政府防控供给情况的评价。

三是基于预期与认知的影响，受众对政府防控供给情况的评价形成，而且这种情感评价还会对人们的情绪和行为产生影响②，即当人们感到其他人的行为超出自己的期望时，就很可能出现正面的情绪和互惠行为；相反，则容易出现负面情绪和报复行为（如表 1）。

表 1 期望违背模型

	超出预期	未达预期
情绪	正面情绪	负面情绪
行为	互惠行为	报复行为

评价和情绪之间是一种相辅相成的关系，如果负面评价形成，不满情绪滋生，公众一旦寻找不到合适的发泄口，就容易导致冲突能量积聚，使其从初期的语言发泄上升至肢体上的行为发泄。同样，不满情绪的滋生也会导致公众对政府正向评价的逆转，增加诱发“后发危机”的可能性。具体来看，

① 常健：《预期反差的社会效应与管理》，《学海》，2013 年第 2 期，第 110 页。

② 参见 J.K.Burgoon. “Nonverbal Violations of Expectations,” in J.M.Wiemann and R.P.Harrision, eds., *Nonverbal Inter-action*, Beverly Hills, CA: Sage, 1983, pp.77-111; J. K.Burgoon and J.L.Hale. “Nonverbal Expectancy Violations:Model Elaboration and Application to Immediacy Behaviors,” *Communication Monographs*, 1988(55), pp.58-79; J.K.Burgoon, “Interpersonal Expectations Expectancy Violations, and Emotional Communication,” *Journal of Language and Social Psychology*, 1993 (12), pp.30-48; J.K.Burgoon, L.A.Stern and L.Dillman. *Interpersonal Adaptation: Dyadic Interaction Patterns*, New York: Cambridge University Press, 1995, M.J.Levitt. “Attachment and Close Relationships: A Life Span Perspective,” in J.L.Gerwitz and W.F.Kurtines, eds. *Intersections with Attachment*, pp.183-206.

公众不满情绪的滋生主要有三方面的作用机制：

一是对特定事件处理效果的自身不满情绪积聚超过一定域限。某事件发生后，政府防控供给情况与实际的处理效果满足不了公众的需求，使其不满情绪滋生并不断累积，达到一定的限度后，使其对政府供给的价值评价逆转（从正向转到负向），可能诱发后续危机。

二是原本就存在的不满情绪恰好在特定事件上发泄出来。公众之前对政府其他事件处理上的不满，使其遗留下来的不满情绪累积到某一特定事件时爆发，这时的价值评价受之前负向情绪的影响，也容易出现逆转。

三是外来特殊事件煽风点火的刺激作用。在特定事件处理过程中，由于谣言或是特殊事件的出现，公众舆论偏向一方，增加了价值逆转出现的可能性。

由此可见，政府防控供给情况和公众救援需求不匹配只是产生“后发”危机的一个条件，决定其是否会真的爆发的关键性要素在于公众不满情绪的积聚情况，以及由此所带来的“价值逆转”，也就是说，公众对政府防控供给不足所持的是什么态度，是理解、原谅还是愤怒、不满？这才是直接诱发后续危机的生成基点。

2. 路径模拟

据中国化学品安全协会公布的消息：“仅 2011～2013 年，我国就发生了 569 起危险化学品事故，累计造成 638 人死亡，其中的 58%死于危险品爆炸。”①

以化学灾害事件中的危险品爆炸为例（如图 2），在危险品爆炸后，事件自身的破坏情况成为直接的作用力，会产生诸如房屋损毁、人员伤亡、基础设施破坏、空气污染等一系列问题。在这一紧急情况下，受众的救援需求可能包括人员紧急救治、交通通信、道路等基础设施的恢复、空气的净化以及后期受损房屋的修葺回购等等。基于事件的背景以及救援的需求，政府的防控供给可能包括空气的防扩散及净化、人员疏散与救治、基础通信、交通的恢复、房屋的修葺和回购方案等等。

如果政府的防控供给不能与受众的救援需求有效对接，就可能引发一系列“后发危机”，如人员救治能力不足，在情绪紧张的影响下可能导致医患冲

① 刘佩锋：《天津“8·12”火灾爆炸事故的警示》，《江苏警官学院学报》，2015 年第 5 期。

突；防污染和扩散能力不足或者让公众的知晓和信任度低，可能引发社会恐慌问题；基础设施和交通恢复缓慢，危机氛围浓郁可能导致群体性冲突事件；房屋修葺和回购方案等善后措施不被大众所接受可能引发后续危机，等等，这些不确定因素都可能成为社会稳定的安全隐患。

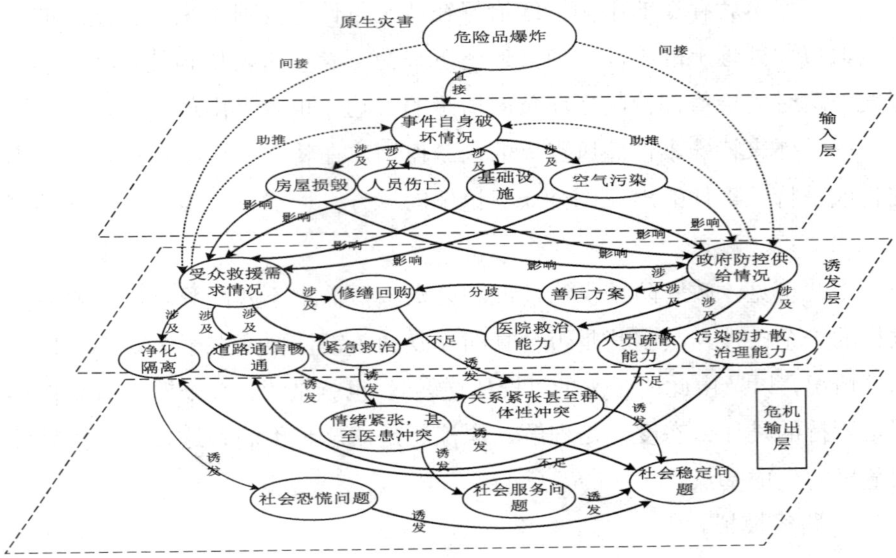

图 2　重大灾害引发“后发危机”演化关系假设图

四、基于典型案例的对比分析

政府的防控供给与受众的救援需求对接情况是如何对“后发危机”的产生发挥作用的？对此我们通过天津瑞海“8·12”爆炸事件和吉林石化“11·13”爆炸事件两个典型案例的比较做出进一步分析。

之所以选择这两个案例进行对比：一是二者都是危险品爆炸的典型事件，当时都影响巨大；二是时间相隔十年，方便对比十年前后政府的防控策略有何区别；三是吉林石化事件诱发了系列危机，是典型破坏型“后发危机”事件，而天津瑞海事件处于诱发危机的边缘，属于风险型“后发危机”，前车之鉴正好可以引以自省。

1. 2005 年吉林石化“11·13”爆炸事件

（1）案例简述

这是一起由于“双苯厂”爆炸所引发地震谣言、供水危机、松花江水污染等系列“后发危机”的灾害事件。

2005 年 11 月 13 日下午 1 时 45 分，位于吉林市龙潭区遵义东路的中石油吉林石化公司双苯厂发生爆炸，之后 2 个小时内又接连发生 5 次爆炸，据当时媒体报道共造成 5 人死亡、1 人失踪、70 多人受伤。爆炸发生后，附近居民楼的玻璃都被震碎，空气中弥漫着刺鼻的气味，政府紧急展开火灾救援，该公司多次召开新闻发布会，但是该事件仍然诱发了地震谣言、供水危机、松花江水污染、物资哄抢风潮、客运紧张等危机事件，具体发展情况见表 2。

表 2　吉林石化爆炸事件演化情况[①]

时间	情况
11 月 13 日	双苯厂发生爆炸，随后接连发生 5 次爆炸，工厂停产，房屋损坏，空气中弥漫刺鼻的气味，
11 月 13 日	由于担心再次发生爆炸和化工污染，处于工厂下风头的数万人已被警方紧急疏散
11 月 13 日 16 时 30 分	吉林省发现苯类污染物流入松花江，启动《吉林省突发环境事件应急预案》，进行水质监测
11 月 13 日深夜	吉林石化公司召开了新闻发布会，告知爆炸原因
11 月 14 日 10 时	环境检测发现入江口水样主要污染物指标均超标，松花江九站断面检测出以苯、硝基苯为主的污染物，吉林市停水一天
11 月 14 日	中石油吉林石化公司相关负责人召开新闻法发布会称爆炸没有造成大气污染，对松花江可能被苯污染一事，只字未提
11 月 15～17 日	吉林市恢复供水，松原市部分地区停水
11 月 18～19 日	吉林省办公厅将水污染信息通报了黑龙江省办公厅和环保局，污染团进入省界缓冲区苯超标 2.5 倍，硝基苯超标 103.6 倍
11 月 20 日	社会和网络中出现地震传言并被大众广泛传播，波及大庆、肇东、肇州、肇源、安达、绥化、青冈等多个地区，一度出现市民采购食物储藏、带帐篷户外过夜等情况
11 月 21 日中午	黑龙江省地震局才出来辟谣，呼吁广大市民不必恐慌

① 苏培科：《吉化爆炸引发多米诺骨牌式危机》，《中国经济时报》，2006 年 1 月 25 日；《吉林石化爆炸事故之后的十二天》，《中国经济周刊》，2005 年第 46 期，第 18 页。

续表

时间	情况
11 月 21 日	哈尔滨市政府下发停水公告，称是对市区市政供水管网设施进行全面检修并临时停止供水，使哈尔滨市陷入了前所未有的恐慌，饮用水、水容器、啤酒、牛奶、饮料等统统遭遇抢购，甚至八宝粥、罐头、速冻水饺等快餐食品和擦手的湿纸巾也未能幸免。
11 月 22 日	哈尔滨市政府发布第二次公告，则认为停水与 2005 年 11 月 13 日中石油吉林石化公司双苯厂爆炸事故有关，两次公告的停水原因差距甚大。
11 月 22 日	黑龙江省紧急调运 260 吨饮用水，启动紧急调水方案
11 月 23 日	吉林省环保局表示截止到22日18时松花江吉林境内的水是安全的，但对于 13～22 日的松花江水质情况只字未提
11月23日下午	松原市恢复供水，黑龙江省发布《关于应对突发化学污染（苯中毒）医疗救治工作方案》
11 月 23 日 15 时	黑龙江省首次召开新闻发布会，向媒体通报松花江污染情况
11月24～25日	污染团进入哈尔滨市区江段，并向下游移动，各省政府召开会议，出台治理方案，25 日国家环保总局通报，松花江污染团正在流过哈尔滨，苯浓度 25 日零时达到高峰，随后开始下降
12 月 6 日	国务院在北京正式成立了中石油吉林石化分公司双苯厂“11 • 13”爆炸事故及重大水污染事件联合调查组，该事件正式进入调查程序
2006 年 1 月 8 日	国家环保总局发布消息，松花江水污染防治“十一五”规划的编制工作已经基本完成，松花江将和“三河三湖”一样，列为我国流域水污染治理的重点。

（2）案例分析

灾害发生后，从受众救援需求情况和政府防控供给情况角度分析该事件，可以发现（如图 3 所示）：

受众的救援需求包括火源的紧急扑灭、人员的救治与疏散、交通的恢复以及了解空气污染和水污染的实际情况，特别是空气和水污染情况直接关系着其生存的环境，受众迫切需要知晓。其预期是能够在第一时间了解真实的污染情况，但是政府的策略供给在最初是缺位的，并未及时公布这一信息；而涉事的石化公司则宣称并未造成空气污染，表示“苯在燃烧前有较强的毒性，但在燃烧、爆炸后就在瞬间分解成二氧化碳和水，对人体没有毒副作用”，而且对松花江可能被苯污染一事并未涉及。由于政府未及时通过正式平台和渠道向受众公布污染情况，在官方信息不足的情况下，社会上谣言丛生，关于水、空气污染程度的谣言广泛传播开来，还伴有爆炸可能导致后续地震的诸多谣言。

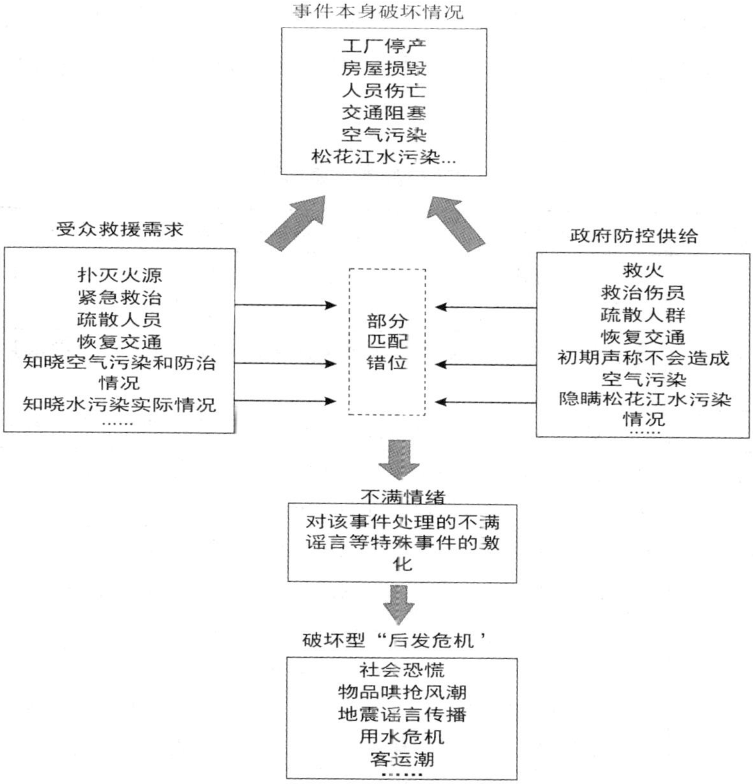

图 3　破坏型“后发危机”演化图

由于政府防控供给策略的实际情况与受众的预期存在反差，受众对政府的信任度开始降低，这也是后期受众选择相信“小道”消息的原因之一，这种预期反差和选择性认知大大影响了其对政府防控能力的情感评价，从而使得负面、不满情绪滋生和一系列非理性行为发生，如紧张情绪下的社会恐慌问题，缺乏信任度导致的物品哄抢现象，以及部分居民“逃离”东三省形成客运高峰潮等等。这是典型的一起因企业危险品爆炸诱发了系列社会领域内的破坏型“后发危机”的事件。

2. 天津瑞海“8·12”大爆炸事件

（1）案例简述

2015 年 8 月 12 日 22 时 52 分，位于天津滨海新区塘沽开发区的天津东疆保税港区瑞海国际物流有限公司所属危险品仓库发生火灾，23 时 34 分发生爆炸，近震震级（ML）约 2.3 级，相当于 3 吨三硝基甲苯炸药（TNT）；第二次爆炸在 30 秒之后，ML 约 2.9 级，相当于 21 吨 TNT。事故共造成 173 人死亡（公安消防人员 24 人，天津港消防人员 80 人，民警 11 人，其他人员 58 人），904 人住院治疗，直接经济损失约 730 亿元①。该事件发展情况具体见表 3。

表 3　天津爆炸事件演化情况②

8 月 12 日	危险品仓库发生火灾与爆炸，货场内存有大量危险化学品
8 月 12 日	消防官兵到场救火，但由于不清楚化学品的种类和性质，伤亡惨重，各项紧急救援工作开展，成立五个工作组施救
8 月 13 日	习近平、李克强、刘延东等中央领导人高度关注，做出指示并安排慰问工作
8 月 13 日	政府召开第一次新闻发布会，通报伤亡人数，当晚安置群众 6000 人
8 月 14 日	据悉仓库存有 700 吨剧毒氰化钠，引发是否会污染生存环境，瑞海公司的安评、环评是如何通过的等诸多质疑，民众情绪紧张
8 月 14 日	第二、三次新闻发布会，对上述民众关心的问题未有答复
8 月 15 日	瑞海总经理有背景传言，造成公众多种猜测，第四次新闻发布会辟谣
8 月 15～16 日	第五、六次新闻发布会，公布约 700 吨氰化物集中在核心区，但是对其是否会外泄和污染环境未有明确回答
8 月 17 日	一则媒体报道，现场检出“神经性毒气”，指标达到了最高值，甚至认为爆炸区内的多种危化品都可能产生这类物质，造成极大社会恐慌
8 月 17 日	第七次新闻发布会，指出核心区污染物已围堰处理，警戒区外水、空气污染物未超标
8 月 18～19 日	第八、九、十次新闻发布会，瑞海公司归责，首次降雨后，及时澄清爆炸物遇水无污染
8 月 20 日	附近海里出现死鱼，第十一、十二次新闻发布会公布调查结果，死鱼是缺氧所致，消除公众疑虑，回应在以后善后中的滨海新区发展、受灾区孩子上学、附近化学品排查、污染物清理预案、房屋回购等现实问题
8 月 22～23 日	十三、十四次新闻发布会，公布遇难人数、伤员救治成效、环境监测结果等
2016 年 2 月	天津港“8・12”事故调查报告公布

① 王红茹、吴文征：《天津港“8・12”爆炸直接经济损失或达 700 亿》，《中国经济周刊》，2015 年第 34 期，第 42～44 页。

② 通过梳理该事件“十四次新闻发布会”内容总结而来。

（2）案例分析

灾害发生后，从受众救援需求情况和政府防控供给情况角度分析该事件，可以发现，相较于十年前吉林石化事件的处理，本次危险品爆炸事件发生后，政府在防控策略供给上有了相对的进步。

该事件受众的救援需求依据时间的推移可以分为应急和善后两部分：在应急时期其需求包括火源的紧急扑灭、人员的救治与疏散、交通的恢复以及空气、水污染情况的知晓；善后时期关注的是瑞海公司的归责、附近土壤和水质的污染情况、受灾区的经济发展、孩子上学、受损房屋的修缮和回购政策、受伤人员的医疗费用报销等现实问题。

对污染情况的判断需要分析当时受灾区化学品的种类和性质，这在最初是受众迫切需要了解的，但是前三次的政府新闻发布会并未向公众明确指出危险品种类，而且发布会直播的记者提问环节中断，公众只能从互联网、手机视频文字、实录记者手记等渠道获知部分信息。不过，这次在火灾救援、人员救治等方面有了比较大的进步，一开始就成立了伤员救治、现场处置、群众工作、慰问保障和事故调查五个工作组对事故进行处理；环保部门也启动应急监测，实时播报检测结果。但是，政府策略的实际供给与初期公众的预期是有差距的，政府发布的信息未能完全满足受众的需求。据统计，“天津市政府召开的前 10 次新闻发布会平均时长 35 分钟，最短 12 分 55 秒。记者共提了 92 个问题，其中 33 个问题无法得到政府官员回答，包括化学品危险性（问 17 次，未回答 10 次）、伤亡失联人数（问 7 次，未回答 7 次）瑞海背景资质和安评（问 12 次，未回答 5 次）、事故原因追责（问 5 次，未回答 4 次）。出席新闻发布会的官员所给予的回复中，出现了 11 个‘不知道’，8 个‘日后答复’，1 个‘不说为好’，1 个‘不能回答’”[①]。（详见表 4）

①《天津爆炸事故新闻发布会大数据》，搜狐网：http://news.sohu.com/s2015/ fabuhui/index.shtml，2015-08-19。

表 4　十四次新闻发布会内容总结[①]

次数	时间	内容	未回应问题
第一次新闻发布会	8 月 13 日 16 时 30 分	已知： a.通报事故情况：事故已致 50 人死亡，住院治疗 701 人； b.天津市滨海新区长表示，已经成立伤员救治、现场处置、群众工作、慰问保障和事故调查五个工作组； c.选择周边 10 所学校作为临时安置所，预计到晚上安置 6000 人； d.饮用水、食品等生活必需品发放到位； e.组织医学专家组成专家组指导治疗； f.环保部门启动应急监测，表示空气质量未受明显影响，入海排水口关闭，水质未受到影响；	未知： a.危险品情况正在调查，仓库化学品种类未知； b.现场所提三分之二问题没有答案，直播中断，公众只能从互联网、手机视频文字、实录记者手记获知部分信息
第二次新闻发布会	8 月 14 日 10 时	已知： 消防部门救出 32 人，各医院收治 701 人	未知： a.对民众提出的瑞海公司的安评、环评是否违规没有给出明确的答案； b.据悉仓库内存有 700 吨剧毒氯化氢，但对其遇水后是否会污染环境未给出明确答复 c.发布会记者提问环节中断
第三次新闻发布会	8 月 14 日 18 时	已知： a.继续搜救出 12 人，明火已灭； b.区委表示将做好群众安置、医疗救治、受损房屋鉴定、安全隐患排查、交通运行等方面的工作	未知： a.记者所提 8 个问题，有 5 个被直接回答“不知道”“下一场回答”等 b.危险品种类尚未明确
第四次新闻发布会	8 月 15 日 10 时	已知： a.发布了危险品具体情况 b.公布空气、水等 24 小时监测结果	未知： a.瑞海老总身份背景辟谣 b.对仓库是否存有 700 吨氰化物的提问未有明确答案 c.发布会遭到失联人员家属冲击而中断 d.关于安评工作、抗氰物抵京等提问没有回答

① 通过梳理“十四次新闻发布会”内容总结而来。

续表

次数	时间	内容	未回应问题
第五次新闻发布会	8月15日17时	已知： a.继续救援和治疗工作 b.设置心理咨询点，启动卫生防疫 c.天津爆炸现场消防专家确已经找到 700 吨氰化物下落	未知： a.爆炸企业是否具备爆炸物危险品营运资格 b 海关与企业危化品数据不一致，究竟是何原因需要进一步调查
第六次新闻发布会	8月16日10时	已知： a.公布失踪人数，消防员伤亡情况 b.核心区 13 日空气、水有超标，16 日空气、水检测未见超标 c.约 700 吨氰化物集中在核心爆炸区 0.1 平方公里内；核心区外围方圆 3 公里已基本没有散落的氰化物	未知： a.消防员重大伤亡原因仍旧未解 b.对氰类剧毒物质是否会对空气、水源造成污染及现场采取的措施能否确保污染不外泄等问题未有明确回答
第七次新闻发布会	8月17日11时	已知： a.核心区污染物已围堰处理 b.救援力量增加，累计 77 人出院 c.新增 27 个水检测点位，未发现警戒线外氰化物超标 d.警戒区外空气质量处于一级优到三级轻度污染水平 e.滨海新区政府向爆炸区受灾住户发放一个季度 6000 元资金补贴（《新京报》） f.第一次完整直播了记者提问环节	未知： a.对瑞海背景的诸多猜测 b.安评报告各界迫切要求公开，尚未答复
第八次新闻发布会	8月18日11时	已知： a.确认失联人数和身份，安置群众锐减至 496 人 b.受损房屋修缮 792 户 c.继续监测环境，陆续发布数据 d.瑞海国际被警方控制 10 人名单曝光，事件已被最高层关注（《财经杂志》）；国家安全生产监督管理局局长杨栋梁被调查（《凤凰资讯》）；国务院成立事故爆炸调查组	未知： a.瑞海公司归谁负责，未有明确答案
第九次新闻发布会	8月19日11时	已知： a.开通绿色通道救治伤员 b.做好灾后心理干预 c.恢复港口生产 d.降雨后的泡沫雨水监测，未出现异常，环境空气监测污染物未超标 d.氰化物超标点存水进行达标处理	未知： a.瑞海国际的违规行为如何处理未有明确答案

续表

次数	时间	内容	未回应问题
第十次新闻发布会	8 月 19 日 16 时	已知： a.天津市领导出席，汇报灾后基本情况，向公众致歉 b.对核心区危险品如何处理有了较明确的办法 c.瑞海的归责问题有了较详细的说明，瑞海国际安评报告承诺尽快公开 d.对于空气是否被污染的质疑进行了再次回应和澄清 e.给出消防员抚恤标准 f.对善后房屋回购、物品赔偿问题给了初步办法 g.政府对居民受伤住院的报销问题进行表态，表示承担到底	未知： 后期能回答出大部分记者问题，未知较少
第十一次新闻发布会	8 月 20 日 15 时	已知： a.公布有害气体全分析、核心区环境污染总体状况 b.公布环境空气质量 c.回应公众对死鱼现象的质疑，及周边土壤和水质的污染问题	未知： 后期能回答出大部分记者问题，未知较少
第十二次新闻发布会	8 月 21 日 16 时 30 分	已知： a.公布遇难 116 人，失联 60 人 b.通告遇险人员搜救、核心区排查、污水处理、环境监测等多方面工作进展情况 c.澄清死鱼是缺氧所致，鱼体未检测出氰化物 d.公布 13 日以来的空气、水等环境检测结果 d.对受灾区的孩子上学、房屋回购、污染物处理、自来水污染等问题均做出回应	未知： 整体回应较好

续表

次数	时间	内容	未回应问题
第十三次新闻发布会	8 月 22 日 15 时	已知： a.151 人已康复出院，对还需要照顾的伤员与基层医疗机构对接继续治疗 b.制定爆炸坑污水处理方案，16 个土样检出氰化物，但不超标 c.卫生防疫和心理干预同步进行 d.遇难者身份确认完成 e.继续公布环境监测结果	未知： 整体回应较好
第十四次新闻发布会	8 月 23 日 15 时	已知： 公布遇难者人数和伤员救治情况	未知： 整体回应较好

天津市政府以一天一到两次的新闻发布会频率实时公布相关信息，如在首次降雨后及时公布了雨水检测结果，显示污染物并不超标；对死鱼问题，及时组织专家组调查原因，并向社会公布其真正原因，指出与氰化物无关。这一做法避免了群众紧张情绪的增长，也在一定程度上遏制了“小道”消息传播的可能。特别是后几次的新闻发布会，对于记者的问题相关政府代表已经可以较为详细地进行答复，并且有了较为成型的解决方案，如政府发布了受损房屋的修缮回购方案；对已出院但需要继续治疗的伤员将与基层医疗机构进行对接，政府对此负责到底；瑞海公司深入追责，继续调查；实时公布环境监测结果，等等。

如图 4 所示，灾害发生后，受众的救援需求和政府的防控供给部分匹配合理，虽然供给与需求的时间上稍有错位，但是后期的防控策略基本上满足了受众的大多数需求，而且初期由于供给信息不足所导致的不满情绪在后期有所缓解，并未达到一定阈限，谣言等问题也及时得到澄清，打消了公众疑虑。

（三）案例对比

吉林“11・13”和天津“8・12”事件时隔十年，通过对比两个案例可以发现，二者虽然都属于危化品爆炸导致的灾害，事件爆发原因、发展路径具有一定的相似性，但是具体的防控策略和结果却有着明显的差异：

一是官方有效信息供给方面，吉林石化事件中无论是当事公司还是地方政府所召开的新闻发布会对于民众所关心的空气、水污染等问题都只字未提，导致社会和网络上传言四起，造成了民众的恐慌；天津爆炸事件一共召开了十四次新闻发布会，虽然初期政府对危化品种类等问题回答不明确，但是以一天一到两次的发布会频率不断刷新信息，保证了有效信息供给，在一定程度上避免了谣言的进一步传播。

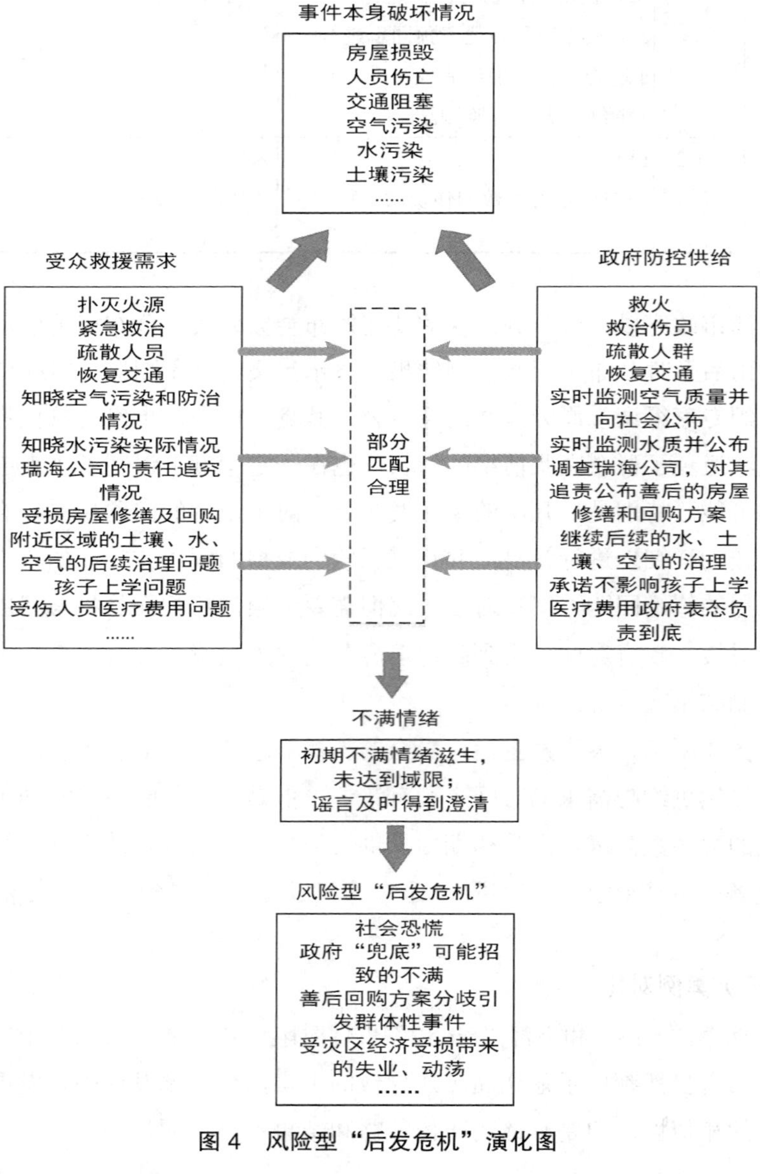

图 4 风险型“后发危机”演化图

二是短期防控效果方面，吉林石化事件处理过程中所采取的措施曾一度引起民众的不满，甚至成为后续危机爆发的导火索，如哈尔滨市所发停水公告的“欲盖弥彰”，引发了饮用水等相关产品的抢购潮；天津爆炸事件中，初期即成立了五个工作组负责救援工作，及时监测空气、水污染指标并向社会公布，而且对于民众所提后期善后问题如受灾区孩子上学、区域经济发展等现实问题都予以了回应，一定程度上打消了民众的疑虑，短期内降低了“后发危机”出现的可能。

五、重大灾害引发“后发危机”的具体防控策略

以天津“8·12”大爆炸事件为例，这是一起重大的化学事故灾害，其可能产生的“后发危机”不容忽视，如提出爆炸核心区污染对人身体产生伤害所导致的社会恐慌、谣言所带来的公众评价逆转、善后回购方案分歧可能引发的群体性事件以及受灾区经济受损带来的失业、动荡问题，等等。对此，政府应该重点从以下几方面着手：

1. 合理开展预期管理，培养公众理性认知能力

面对预期反差逆转所带来的负面效应，政府应该合理进行“预期管理”，培养公众理性认知能力，防止可能招致的“二阶冲突”。政府要注意防止做出不切实际的承诺，以避免不合理地提升公众对未来发展的预期，导致过大的预期反差，特别要注意防止为了迎合民众的需求而无限制地做出超出实际能力的承诺，要充分理解民众过高的预期所导致的社会风险。因为一旦承诺兑现不了或者和公众预期的不一样，就很有可能招致“二阶冲突”[①]，即政府原本是干预冲突一方，却无奈被殃及，转而成为冲突一方[②]。因此，有必要培养公众的理性认知能力，从而使其对危机可能造成的破坏性、救援的实际困难有理性的认识，才能使公众对政府的救援效果做出更为合理的后续评价。

2. 跳出“塔西佗陷阱”，增强政府防控供给能力

政府公信力是政府与公众在互动的过程中所形成的一种社会关系，这种

① 常健、韦长伟：《当代中国社会二阶冲突的特点、原因及应对策略》，《河北学刊》，2011 年第 3 期，第 116 页。

② 张春颜：《控制与化解：转型期中国冲突治理的内在逻辑》，《学习论坛》，2015 年第 2 期，第 48～49 页。

社会关系会带来普遍的服从和尊重。改革开放30多年来，我国经济迅猛发展，对政府公信力的提升起到了巨大的助推作用，但不可回避的是，在社会转型期伴随社会冲突和矛盾的增多，在多起热点事件中，政府的不作为和乱作为也不断受到公众质疑，加剧了政府公信力的危机①，使其陷入了“塔西佗陷阱”，即政府无论说的话是真是假，做的事情是好是坏，都容易遭到公众的质疑和批评。②这种对政府公信力的预期直接影响着公众对政府行为的认知和评价。解决之道在于不断增强政府的危机防控供给能力，危机发生后，能够根据受众的需求及时、有效地实施救援，用实际行动和治理效果说话，才能逐渐提升公众对政府的正向评价。

3. 注意心理疏导和负面情绪消解，防止价值逆转

一方面，针对事故处理过程中及善后期可能引发的心理问题，政府已经组建几百名专业人员组成心理疏导志愿团队服务受众，帮助其解决心理问题，但应注意，心理问题的潜伏期有可能是很长的，其影响是间隔性出现的，所以需要注意长期的心理问题疏导，可考虑在周边建立长期的心理服务咨询室。另一方面，注意负面情绪的消解，防止公众不满情绪积聚所带来的“价值逆转”。负面情绪和情感容易导致非理性评价和极端报复行为，这种负面情绪有些是灾害事件爆发时所遗留的，有些则可能是在善后处理过程中导致的，有些则是因特殊事件的煽风点火所致，如对善后医疗救治工作的不满、受损房屋修缮回购方案的不满、污染治理工作的担忧等，但碍于少数服从多数的规则或是其他原因，当时没有爆发出来，但是以后如若遇到某些冲突契机，就可能会加入进去，成为“非直接利益冲突者”③，即与社会冲突事件本身无关，而只是表达、发泄一种情绪。因此，我们必须重视消解危机处理过程中的负面情绪，通过构建多种渠道和平台为公众情绪提供发泄口，避免负面情绪积聚所导致的对政府救援行为的“价值逆转”。

---

① 韩宏伟：《超越“塔西佗陷阱”：政府公信力的困境与救赎》，《湖北社会科学》，2015 第 7 期，第 29～30 页。

② [古罗马] 普布里乌斯·克奈里乌斯·塔西佗：《历史》，王以涛等译，北京：商务印书馆，1987年，第7页。

③ 黄顺康：《非直接利益冲突何以成为影响社会稳定的重要因素》，《甘肃社会科学》，2008年第5期，第17页。

公共冲突的不同类型及有效治理

历史比较视野下的土地冲突：土地权力与土地权利的互动

陈明

摘　要：本文在历史比较视野下对土地冲突的形态变迁进行了考察，并明确了当下中国土地冲突的历史方位。研究表明，不同的历史社会条件下土地冲突有着不同的内涵和意蕴：传统时期的土地冲突本质上是生存危机引发的权力争端；革命时期的土地冲突本质上是权利建构引起的社会重组；而现代社会的土地冲突本质上是权利诉求带来的秩序调整。当下中国虽然从时序上看是现代的，但事实上处于一种祛除未净的前近代政治社会传统与应接不暇的后现代风险扩散的“对冲”当中，因此当前的土地冲突既带有了“权力冲突”的特征，又呈现出“土地风险”的样态。

关键词：土地冲突；土地风险；土地政治；土地权利；土地权力

土地冲突或许是当下中国纷繁复杂的土地问题中最惹人注目的内容之一，直观地看，土地冲突由于其暴力性和对抗性对于政治社会秩序存在着巨大影响。但是，目前对于当前土地冲突的性质和后果的判断中想当然的成分远远大于理性思考的内容，对于土地冲突的性质嬗变、土地冲突的对抗立场和秩序后果的学理分析都不充分，可以说，缺少一种历史比较视野中探求土地冲突实质的理论尝试。有学者指出，在当下的社会冲突研究中的主要问题

作者简介：陈明，男，农业部科技教育司，管理学博士。

基金项目：国家社会科学基金青年项目“土地制度演化的政治逻辑研究”（13CZZ006）

文章来源：本文刊载于《南京农业大学学报》2017 年第 1 期。

是“冲突解释”与“冲突治理”的脱节[①]，事实上，像目前土地冲突研究中这种“冲突解释”都未能充分展开的情况下，要提出有效的“冲突治理”主张几乎是不可能的。为了充分把握土地冲突的历史本质和理论实质，实现“冲突解释”的深化并推动“冲突治理”的跟进，本文尝试在历史比较视野下，从土地权力与土地权利的互动的角度对土地冲突的形态变迁展开分析。为此，设定了三个方面的分析内容，一是通过土地冲突研究与社会冲突理论的衔接，充分把握土地冲突的内涵、特征及其本质；二是通过土地冲突的历史社会学分析，明晰不同历史社会条件下土地冲突的结构与变迁；三是基于以上两个方面的梳理阐释当下中国土地冲突的历史方位。

一、社会冲突与土地冲突

（一）社会冲突：源流及其本质

社会冲突的概念自 19 世纪被提出以来就成为人们认知和思考社会问题的一个重要的理论视角。冲突是人类社会普遍存在的一种现象或者说状态，科塞认为“社会冲突是社会群体之间由于利益或价值的对立而发生的对抗”[②]。可见，社会冲突直接反映的是利益的对立。在科尔曼看来，基本的社会系统由行动者和资源组成，行动者通过控制资源获取利益，行动者和资源之间也就构成两种基本关系：控制关系和利益关系。[③]如果个体对于获取的利益不满意就会发生个体与外部的冲突，如果社会的利益关系不能让社会的各个方面满意就会产生社会冲突。利益构成了文明社会的初始关系，正如恩格斯所指出的，“每一个社会的经济关系首先是作为利益表现出来”[④]。进而，“人与生产资料占有之间的关系，即人获得稀有资源和权力的不同，决定了他们所处社会地位的不同，并进一步决定了他们的包括政治行为在内的社会行为

① 吴晓林：《国内社会冲突研究的述评——以 2001～2011 年 CSSCI 期刊收录文章为主要研究对象》，《浙江社会科学》，2012 年第 12 期，第 87～94 页。

② [美] 刘易斯·科塞：《社会学导论》，杨心恒译，天津：南开大学出版社，1990 年，第 589 页.

③ [美] 詹姆斯·S. 科尔曼：《社会理论的基础（上）》，邓方译，北京：社会科学文献出版社，2008 年，第 28 页。

④ [德] 马克思、恩格斯：《马克思恩格斯全集（第十八卷）》，北京：人民出版社，1964 年，第 307 页。

的差异”[①]。随着人类社会趋于复杂，利益的类型也变得多元和复合，“在韦伯看来，冲突关系的基础可以来自很多不同的利益类型，包括社会的、物质的和政治的”[②]。概而言之，利益是一切社会冲突的总根源。

社会冲突具有历史性，这种历史性表现为利益对立发生时社会性结构条件的变迁。马克思曾一针见血地指出：“人们为之奋斗的一切，都同他们的利益有关。”[③]但在肯定这一点的同时，他又否定了那种认为“只有‘细小的’利益，只有不变的利己的利益”[④]的错误观点。马克思实际上是想说超越于“细小的”和“利己的”利益之上还存在着阶级利益，人们应该认识到阶级利益和阶级的普遍性。而促使马克思以这样的方式思考的正是19世纪的社会结构，也只有从社会结构的历史变迁视野出发才能够认识到利益的复合性和多元性，并抓取利益对立亦即冲突的本质。社会结构在框定了冲突性质的同时，也制约着冲突的结构和形式，正如恩格斯所说的，“这些阶级的存在以及它们之间的冲突，又为它们的经济状况的发展程度、它们的生产的性质和方式以及由生产决定的交换的性质和方式所制约”[⑤]。归根结底，马克思主义的冲突理论传统是从社会结构的历史性出发来认识和分析冲突的。与马克思从宏观结构入手不同，达伦道夫阐述了利益的微观机制，特纳指出，从达伦道夫的观点来看冲突是“一个在社会性与结构性安排中相反力量间产生的不可抗拒的过程；这样的冲突为一些干扰性的结构条件所促进或阻滞；在某一时间点的冲突的消除会产生这样一种结构性状态，在特定的条件下，这种结构性状态会不可避免地使相反的力量之间发生进一步的冲突”[⑥]。因此，无论从宏观分析还是从微观机制入手的分析都显示出社会冲突是在一定的社会结构空间中展开的，社会历史结构规定了社会冲突的性质，并导致了冲突的发生机制、表现形式和秩序后果的不同。

自从社会权力普遍化以后，社会冲突的重点已经转变为韦伯所说的“统

① 周晓虹：《西方社会学历史与体系（第 1 卷，经典贡献）》，上海：上海人民出版社，2002 年，第 113 页。

② 张卫：《当代西方社会冲突理论的形成及发展》，《世界经济与政治论坛》，2007 年第 5 期，第 117～121 页。

③［德］马克思、恩格斯：《马克思恩格斯全集（第一卷）》，北京：人民出版社，1997 年，第 187 页。

④［德］马克思、恩格斯：《马克思恩格斯全集（第一卷）》，北京：人民出版社，1997 年，第 187 页。

⑤［德］马克思、恩格斯：《马克思恩格斯全集（第一卷）》，北京：人民出版社，1995 年，第 583 页。

⑥［美］乔纳森·H. 特纳：《社会学理论的结构》，邱泽奇等译，北京：华夏出版社，2001 年，第 137 页。

治冲突”或者说“权力冲突”。我们仍旧以利益为分析对象来认识这类冲突。科尔曼分析了利益的微观机制，他认为“至少把自我视为由两部分构成是必要的：客体自我——或者感到满意，或者没有这种感觉；行动自我——服务于客体自我，努力使之感到满意”①。而利益担负着连接两个自我的职能。“对客体自我而言，利益显示对于特定事件后果或控制特定资源的满意程度。对于行动自我而言，利益表明获取对于事件控制所必需的资源数量，它们是行动的驱动力。”②从“两个自我”的角度来思考冲突的实质，便可以发现冲突直接反映的是客体自我对于特定的资源控制感到不满，而其深层根源在于行动自我没有能够实现对于必要资源的控制和获取。这正如达伦道夫所言，“冲突是由于权力分配引起的，而不是由于经济因素引起的”③。换言之，“利益冲突在实质上不仅是对直接利益对象的争夺，更主要的是对利益产生方式或者生产机制的控制权的争夺”④。

总结而言，利益是社会冲突的总根源，而利益的对立亦即冲突的产生是在具体的历史社会空间中发生的，受到社会历史结构的制约，在权力社会当中，社会冲突通常是对于资源控制的“权力对抗”。

（二）土地冲突：进展及其局限

社会冲突是一个总体性的概念，既然社会冲突是对于资源控制权的争夺，那么其性质除了受到社会结构的影响之外，必然还受到具体资源属性的制约。同时，也只有通过对具体资源属性和特征的把握才能够更好地理解丰富多样的冲突类型，进而丰富和深化对于冲突的解释和治理。土地冲突反映的是基于土地所引发的社会冲突，鉴于土地对于人类社会存续和演进的基础性地位，土地冲突对于社会秩序的维系存在巨大威胁，因此对其解释与治理显得急切和必要。在国内，土地冲突这一概念是随着新千年土地冲突事件的频繁发生而从国外引入的，自从2005年于建嵘喊出“土地问题已成为农民维权抗争的

---

① ［美］詹姆斯·S. 科尔曼：《社会理论的基础（上）》，邓方译，北京：社会科学文献出版社，2008年，第467页。

② ［美］詹姆斯·S. 科尔曼：《社会理论的基础（上）》，邓方译，北京：社会科学文献出版社，2008年，第469页。

③ ［英］拉尔夫·达仁道夫：《现代社会冲突》，林荣远译，北京：中国社会科学出版社，2000年，“译者的话”第3页。

④ 李卓：《权利的社会本原——在社会冲突与社会合作的视野下》，《法制与社会发展》，2006年第2期，第25～32页。

焦点”[①]以来，对于土地冲突的关注和研究渐渐丰富起来。由于国内此前缺少统一的理论积累，可以说，最近十年在学界兴起的土地冲突研究基本都是以国外概念和经验为理论起点和逻辑原型的。谭术魁是较早引介西方土地冲突理论的学者，他给出了一个土地冲突的概念界定：组织或个人为了取得、捍卫、行使土地权益或者排除他人干预而采取的谩骂、中伤、聚集、斗殴、对抗并造成人员伤亡、财产损失或较大社会影响的过激行动。[②]也有学者用土地纠纷、征地冲突或者群体性事件等概念来指称此类现象，但是总的看来土地冲突的概念基本可以涵化和包容这些概念。最近几年的研究基本上沿用了以上对土地冲突的界定，未在概念层面做过多的讨论，而是将精力更多放在宏观背景、原因和微观类型、机制的研究上面。除了对于概念的讨论，处于核心地位的还有对类型的划分，类型分析中最为常见的就是基于冲突主体[③]或者利益相关方[④]的划分；同时，类型分析在某种程度上也包容了原因分析，因为一些学者是基于冲突原因开展类型划分的[⑤]。此外，基于知识传统的差异还可以将之划分为“侵犯—反抗”型和“转型—失范”型[⑥]，当然，这一划分带有很大的人为建构性，同一冲突在不同的范式框架中可能被归于不同的类型。

总体上看，目前关于土地冲突的研究已经非常丰富，在明晰了概念、类型等基础性问题之后，大量学者开始进行微观探寻，力求通过数学模型的构建使得研究的科学色彩更加浓厚。但是，当下学界对于土地冲突的研究也存在着强烈的工具主义倾向，研究中既不思考冲突的本质，也不思考“土地”的属性，更枉谈从“土地属性”出发的冲突本质思考，大量研究集中在对所

① 于建嵘：《土地问题已成为农民维权抗争的焦点——关于当前我国农村社会形势的一项专题调研》，《调研世界》，2005 年第 3 期，第 22～23 页。

② 谭术魁：《中国土地冲突的概念、特征与触发因素研究》，《中国土地科学》，2008 年第 4 期，第 4～11 页。

③ 梅东海：《社会转型期的中国农村土地冲突分析——现状、类型与趋势》，《东南学术》，2008 年第 6 期，第 36～41 页。

④ 谭术魁、涂姗：《征地冲突中利益相关者的博弈分析——以地方政府与失地农民为例》，《中国土地科学》，2009 年第 11 期，第 27～37 页。

⑤ 参见：朱冬亮：《当前农村土地纠纷及其解决方式》，《厦门大学学报（哲学社会科学版）》，2003 年第 1 期，第 50～58 页；周艳波：《论农村土地纠纷类型、原因和解决措施》，《学术界》，2008 年第 1 期，第 171～176 页；桂华、陶自祥：《农民土地上访类型及其发生机制探析——基于豫东某县的调查》，《南京农业大学学报（社会科学版）》，2011 年第 2 期，第 104～110 页。

⑥ 黄鹏进：《基于学科比较的农村地权冲突研究评述》，《中国土地科学》，2013 年第 7 期，第 79～85 页。

谓土地冲突原因、机制和应对策略的模型化研究上。具体而言，目前的土地冲突研究存在三个方面的问题：第一，土地冲突研究与“冲突理论”的区隔。冲突和社会冲突理论自19世纪提出已经经过了百余年的发展，其中不乏对于社会冲突与社会本质关系的深层次思考，社会冲突理论与土地冲突这一具体冲突场景的结合有可能衍生出有效的解释框架，但是这一理论资源在目前的土地冲突研究中并没有得到很好的运用。第二，土地冲突研究对“土地属性”的遮蔽。我们看到大量的土地冲突研究，但是当认真审视的时候却不禁发出疑问，“土地”在哪里？任何一种具体的冲突类型得以成立的基本理据在于冲突的中心或者客体具有与一般社会现象不同的个殊性，正是这一个殊性的存在才需要拿出来单独研究，这既构成了与社会冲突一般理论的区别同时也是对社会冲突总体理论的重要补充。目前的土地冲突研究并未将土地的特殊属性考虑在内，而离开了个殊性的冲突研究既难以与社会冲突一般理论相区别，自然更难以实现土地冲突研究的理论性跃升。第三，土地冲突研究中社会历史视野的缺失。严格说来，土地冲突这一概念本身是新世纪以后才被引入中国的，但是其所表示的那种“土地冲突现象”，却早已经随着人类土地关系的建立而产生了，只不过，传统与现代的冲突性质不尽相同。但是，正是因为不同，才更需要比较，也只有在与历史土地冲突的比较当中才能从实质上把握当下土地冲突的性质，从而避免那种是“利益之争”还是“权力之争”，是“政治冲突”还是“制度外参与”的盲目争论。

（三）土地冲突的历史社会学：结构与变迁

社会冲突理论是在人类从传统时期向资本主义时代、从农业社会向工业社会转变的时代中创生的，故而理论本身有着鲜明的时代印记——那就是生产方式的变革，社会的动荡、不安和不停息的变动。[①]也正是在这样的大变革当中才会催生人类对社会冲突与社会秩序问题的关注和思考，但是社会冲突理论一旦诞生，就不仅是为那个时代而存在的，他为我们提供了一种思考人类社会秩序史的理论视角。也就是说，某个社会冲突的理论或者流派可能只是对一个具体时期冲突现象的批判或解释，但基于社会冲突这一角度的思考来说需要关注的则既包括了进入资本主义之前的传统时代，又包括了资本主义高度发展之后的当下世界。我们对于土地冲突的思考就是在这样一种冲

① ［德］马克思、恩格斯：《马克思恩格斯选集（第一卷）》，北京：人民出版社，1995年，第275页。

突的历史观之中展开的。

冲突根源于利益的对立，在现实中又表现为对资源控制权的争夺，前者的抽象形态乃是广义上的权利，而后者的抽象形态便是广义的权力。也就是说，冲突发生的基本结构实际上是权力与权利的关系结构，基于这一点，可以将土地冲突的性质放在土地权力和土地权利的关系结构当中展开追寻。从土地关系的历史进程来看，土地权力和土地权利的关系结构经历了三个重要的阶段：一是土地权力统治土地权利的阶段；二是土地权利不断觉醒，土地权力走向抽象并受到规制的阶段；三是现代土地权利已经建立，土地权力成为开展治理和保护权利的公共行政权之一部分的阶段。以上三个阶段中土地权力和土地权利的关系构成了各自时代土地冲突发生的基本结构，在不同的关系结构当中，土地冲突有着不同的本质规定。在第一个阶段当中，具体的强制性土地权力覆盖到土地关系的方方面面，这时候的土地冲突往往是农民对于官府、小共同体对于大共同体土地权力的反抗，在土地权力根底上来自君主的情况下对于权力的反抗也就带有反体制的性质，典型的如历史上的农民战争。第二个阶段从时间概念上发生在十五六世纪以来的近代社会，从结构意义上往往处于现代的土地权利观念开始启蒙、某个政治体系的土地权力出现衰落和断档的时刻，这时的土地冲突不但反体制，而且反传统，不但要求一个新的政府，而且要求一个新的社会，典型的如近代的土地革命。如今，大部分国家都已经处于第三阶段，这时的土地冲突主要是权利之争、权益之争，目前土地冲突研究中常常提及的巴西亚马孙流域的土地冲突、津巴布韦的土地改革与冲突以及我国的征地冲突都是这种类型。但是，要注意的是大部分国家特别是后发展国家的土地冲突尽管本质上是现代的权利之争，但是其中往往掺杂了大量未曾完成规训的土地权力因素的影响，使得土地冲突变得复杂。以上三个阶段中土地权力和土地权利的关系结构以及其中的冲突实质构成了理解土地冲突的超级机制。

土地冲突的超级机制之下，还包含了冲突的主体角色、应对机制、表现形式和秩序后果等具体机制，对于具体机制要首先将其放到超级机制之中去理解，也就是说要基于上述的阶段划分和关系结构去分析。冲突的主体角色表示的是作为冲突主体的各方担当了什么样的社会和政治角色，是反叛者，是统治者，是革命者，是守旧者，是维权者，是侵权者，还是其他角色，这对于理解冲突是很重要的方面。土地冲突可以有多样化的表现形式，具体会以哪种表现形式出现与土地冲突的超级机制紧密相关，在第一个阶段中通常表现为反叛，而在第二个阶段中无疑是革命（同为革命，也有烈度和形式差别），在第三个阶段中则多表现为集体行动和社会运动。面对土地冲突，采取暴力镇压还是和平谈判，是任由发展还是重新整合，是冲突控制还是冲突化解，这表现出冲突应对机制的差异。人们最为关注的当属其秩序后果，在社会生活中，秩序表达的是惯常的、稳定的和可预见的行为。“政治秩序可表示为通过法律系统和政府‘自上而下’地强制实施的社会控制。这个意义上的秩序，是与纪律、管制及权威等观念相联系的。而自然秩序刚好相反，它是经由个人和群体的自愿与自发行为‘自下而上’地形成的。这个意义上的秩序，是同社会和谐与均衡等观念相联系的。”①言及土地冲突的秩序后果，有两个方面的内容，一方面是对于秩序的破坏性后果，既包括对于政治秩序的破坏，也会存在对于自然秩序的破坏；另一方面便是对于秩序的破坏后的重建后果，这一点亦不可忽视，其反映的恰恰是科塞意义上的冲突的建设性功能。土地冲突超级机制与具体机制详见表 1。

表 1　土地冲突的历史比较框架

		传统时期的土地冲突	革命时代的土地冲突	现代社会的土地冲突
超级机制	政治社会结构	权力统治下的等级化社会，土地冲突的性质是生存危机引发的权力争端	权利反抗权力的时代，土地冲突的性质是权利建构引起的社会重组	土地权力保障土地权利的公共社会，土地冲突的性质是权利诉求带来的秩序调整
具体机制	主体角色	统治者—反叛者	统治者—革命者	侵权者—维权者
	表现形式	造反等暴力不服从	革命	集体行动、社会运动
	应对策略	暴力镇压	镇压和绥靖交互	谈判、调解
	秩序影响	政治结构重复	社会秩序重构	农民权利改善

基于上述的比较框架，我们得以开启对于土地冲突结构与变迁的历史社会学分析。需要说明的是，我们用于比较的是各个阶段土地冲突的一种“理想类型”而非“事实状态”，具体而言，本文以下所谈的土地冲突是指在某种社会结构下的典型类型，希望发现的是土地冲突发展与变迁的一般性逻辑，而不是对于某个时代、某次冲突细枝末节的纠问。一句话，这是一种“抽象

① ［英］安德鲁·海伍德：《政治学核心概念》，吴勇译，天津：天津人民出版社，2008 年，第 36 页。

分析”而不只是停留在“历史陈述”，是一种“逻辑建构”而不仅仅是“经验探寻”。

二、传统时期的土地冲突：生存危机引发权力争端

在传统时期，土地冲突的最高形式便是农民战争，根据不完全的统计，中国历史上发生的农民战争至少有数百次之多，而这些多是围绕地权、赋税等问题发生的。传统时期人类社会处于一种权力统治的不平等状态当中，这是一种在其所处的时代不可改变的等级结构，此时的社会冲突是在这一结构当中展开的。此时，可能的冲突结构有两种，一是利益的绝对化不足，比如说天灾导致的大面积绝收，历史上灾荒引起流民激变的情况即属于此；二是权力对利益的过分掠夺所带来的生存危机，这其中既存在宏观的也就是制度性过分掠夺，也存在微观的也就是操作性的权力强占。在传统农民的认知结构当中，天灾和人祸基本上是无法分辨的，而且天灾往往也伴生着人祸，因此以上二者都会造成土地冲突；同时，微观和宏观是分不开的，微观的权力失范一旦引起土地冲突之后反叛的对象就很可能是整个体制，其后果当然就是整体秩序的破坏。在传统的土地关系当中，所谓的土地权利是土地权力统治结构当中的利益分配，有权者和无权者的利益分配在两个不同的等级空间当中进行，并且服从不同的规则体系，土地冲突并非出自于土地权利的渴望。在常规情况下，农民只要能够“乐岁终身饱，凶年免于死亡”就已经觉得天恩浩荡了，他们轻易不会去追逐“不属于”自己的——超越自身所处等级的——权利。但是，即便是这样，“想做奴隶而不得”的命运却屡屡降临，像秦末那种“男子力耕不足粮饷，女子纺绩不足衣服。竭天下之资财以奉其政，犹未足以澹其欲也”[①]，西汉时“急征暴赋，赋敛不时，朝令而暮改”[②]，元末“近幸为人奏请赐江南田千二百三十顷，为租五十万石”[③]的情形在中国史上反复出现。在这种情况下，“农民除了应验着古典的诏示：‘乐岁终身

① [汉] 班固撰：《汉书・卷二十四・食货志》，见：中华书局编辑部编：《“二十四史”简体字本（第4册）》，北京：中华书局，2000年，第949页。

② [汉] 班固撰：《汉书・卷二十四・食货志》，见：中华书局编辑部编：《“二十四史”简体字本（第4册）》，北京：中华书局，2000年，第953页。

③ [明] 宋濂等撰：《元史・卷二十三・武宗本纪》，见：中华书局编辑部编：《“二十四史”简体字本（第55册）》，北京：中华书局，2000年，第350页。

苦，凶年不免于死亡'，或'老者转乎沟壑，壮者散之四方'，以死亡与流散来逃脱暴虐统治所加诸他们身上的压榨剥削外，往往也采取其他两种不正常的或决非他们所愿意的对抗方式。那就是个别零散地变为匪盗，或集体地公然起来叛变"[①]。

传统时期以农民战争为典型的土地冲突集中表现为生存危机引发的权力争端，其具体机制亦围绕这一基本结构展开。从主体角色来看，中国古代农民战争中对阵双方的身份是反叛的农民和专制统治者。作为反叛者，农民的行动取向仅仅为了实现"抱大团以求共生"[②]的底线目标，上层农民和参与其中的知识分子或许知道矛头是指向谁，至于下层农民所知道的可能只有"不服从"而已。农民和统治者之间的冲突表现形式在不同的场合分别被称为"叛乱""起义""造反"等等，但就其实质而言无非就是以"暴力不服从"来造成对体制的冲击，"这些造反的目的，并不是挑战权威或事物的既定秩序本身"[③]，他们能够对具体的权威发起挑战但是从来没有哪个农民起义者能够对皇权专制的秩序设定提出质疑。我们今天所说的"权力对利益的捉弄"在那时只能在微观场域被识别，而人们对于宏观结构常常处于不意识状态，农民所能够看到和想要改变的只是他身边的压迫，而他所能够知晓并想要达到的只是帝王的统驭之术，这可以从"王侯将相宁有种乎""彼可取而代之也""皇帝轮流做，明年到我家"这些农民战争的口号中清晰地表现出来。如果说农民战争有什么积极意义的话那也只是农民在求得生存和争取利益道路上的不自觉前行，"事实上，起义军的领袖建立他们自己政权的目的并不是要解放农民，而是使自己成为昔日'阶级兄弟'的统治者"[④]。——这，道出了反叛的真谛。

面对此类农民反叛，统治者最习惯运用的冲突控制手段有两种：危机之前主要是通过轻徭薄赋的政策将农民安定于土地之上，危机爆发时采取暴力镇压，以惨烈的景象造成冲击，起到杀一儆百的效果。南宋大儒朱熹向皇帝建言："今日所以勤恤民隐，莫若宽其税赋，弛其逋负，然后可以慰悦其心而

---

① 王亚南：《中国官僚政治研究》，北京：中国社会科学出版社，1981 年，第 107 页。

② 胡建：《古典式农民战争中的近代意蕴——太平天国革命思想之剖析》，《哲学研究》，2003 年第 6 期，第 54～59 页。

③ [美] 汉娜·阿伦特：《论革命》，陈周旺译，南京：译林出版社，2011 年，第 29 页。

④ 孟祥才：《重新审视中国封建社会的农民、农民起义和农民战争》，《山东大学学报（哲学社会科学版）》，2003 年第 6 期，第 94～97 页。

感召和气。”[①]其实，历代君主深知“以农立国，地著为本”之道理，朱元璋登基前夕还警告诸子“凡居处食用，必念农之劳，取之有制，用之有节，使之不苦于饥寒。若复加以横敛，则民不堪命矣”[②]。但是一旦遇到农民战争，统治者会毫不留情地大开杀戒，恨不能斩草除根。统治者前后看似矛盾的态度，并非是由于农民从“顺民”变成了“暴民”，才采取了“你不仁、我不义”的手段。自始至终统治者的态度只有一个，那就是采取各种手段控制任何冲突的发生和扩大，最终目的是维护江山的稳固。农民战争无疑会导致社会秩序被严重破坏，御用文人们也往往从这一方面来批判农民战争之恶劣，然而从历史的眼光来看，我们更有必要关注起义者有什么样的秩序建设主张。传统的农民战争以“平均主义”著称，王仙芝、黄巢因“吏贪沓、赋重、赏罚不平”[③]揭竿而起，并喊出了“均平”的口号。后世以为，“平均”“均平”正表现了传统农民战争之于社会的正面意义。然而，实际上“平均主义”并不是与“皇权主义”对立的东西，平均思想不过是统治阶级治民的手段，农民的平均思想正是从早先帝王那里继承学习来的，或者说农民思想和帝王的思想在本质上是一致的，都是在传统的人身依附关系和权力等级结构中培养出来的。[④]因此，即便从秩序建设的意义上看，胜利的农民领袖所能做的也只是沿着反叛的逻辑继续向前，战胜统治者之后学习、效仿的仍旧是统治者。总而言之，农民战争更像是农民怀着生存目的出发而带来的政治后果，我国历史上的“农民战争”很大程度上是家国一体的宗法共同体的自我调节机制，“它的发生不是因为宗法共同体的结构崩溃，而是因为宗法共同体的功能紊乱”[⑤]。“危机的根源与其说是‘贪婪的私有者’破坏了宗法共同体，‘阶级分化’瓦解了等级壁垒，不如说是国家失去了‘保护’职能，因而农民不得不投靠民间庇护者，并拥戴他重建宗法国家，恢复共同体职能。”[⑥]而农民战

① 《晦庵集·卷第十六·奏推广御笔指挥二事状》，见：[宋] 朱熹：《朱文公文集四部丛刊》，景明嘉靖本。

② 《明史纪事本末·卷十四》，见：[清] 谷应泰：《明史纪事本末》，清文渊阁四库全书本。

③ [宋] 欧阳修、宋祁撰：《新唐书·卷二百二十五·列传第一百五十黄巢》，见：中华书局编辑部编：《二十四史简体字本（第 37 册）》，北京：中华书局，2000 年，第 4881 页。

④ 臧知非：《制度设计与农民历史命运——农民战争史研究视角问题琐议》，《史学月刊》，2005 年第 7 期，第 16～20 页。

⑤ 秦晖、金雁：《田园诗与狂想曲——关中模式与前近代社会的再认识》，北京：语文出版社，2010 年，第 187 页。

⑥ 秦晖、金雁：《田园诗与狂想曲——关中模式与前近代社会的再认识》，北京：语文出版社，2010 年，第 188 页。

争的任务正在于对这架腐朽的统治机器进行修理与改装，让其制度机能重新发挥作用。[①]这便是中国古代土地冲突的典型形态。

由于社会结构的不同，西方的农民战争呈现出不同的样态。从中西比较的视角出发，欧洲的农民战争的规模相较中国为小，次数相较中国为少，对于社会体系的冲击更是不可同日而语，但是从秩序后果上讲却比中国要先进一个时代。欧洲的农民战争的冲突双方承担的主体角色也是反叛者和统治者，但是这里的统治者不是中国那种大一统帝国的统治者，而是一个个分离开来的封建领主，在中国，即便最低级的官吏也是朝廷命官，农民一旦反叛即便其直接冲击的只是一个县衙，也意味着他已经与君主、与整个体制为敌。而在欧洲，直接统治农民的是无数大大小小的领主，农民即便反抗某个领主，还可以与其他领主甚至是君主结盟，这便带给了农民很大的回旋余地。所以同样作为一种反叛，西欧的农民并不一定要推翻体制建立新帝国才算取得了胜利，他们往往是从细微处改善了自己的生存处境便偃旗息鼓。“西欧农民战争一般都打着国王的旗帜，把斗争矛头指向贵族，视国王为自己的保护者。没有一次农民战争推翻了旧王朝，更没有农民领袖当上国王或皇帝的。”[②]而作为冲突另一方的封建领主所面对的农民是有限的，通常只要实质性改善这部分农民的生存条件就可以了，而不必像中国皇帝那样处心积虑地展开对冲突的控制。当然，只要是战争，就不可能不流血，因此西欧的农民战争也必然会直接带来社会秩序的破坏，但是其建设性的方面也是蔚为可观的，数百年的秩序演进累计下来的结果是农民以各种形式获得解放，“或者是逃到城里去做手工业者；或者是交钱给地主代替劳役和产品，从而成为自由的佃农；或者是把他们的封建主赶走，自己变成有产者”[③]。如果说这样的比较仍然无法道出中西农民战争的实质的话，秦晖先生的这段陈述便不能不说是触及根本了：“当人们在对东西方‘农民战争’的规模大小进行比较时，他们忘了这些农民运动的性质是不同的。摧毁封建社会的，不是在盈野饿殍中死里求生，为寻求庇护而战的农民运动，而是冲破浑浑噩噩的田园诗式宗法生活脱颖而出的农民‘私有者的自发势力’争取摆脱共同体束缚而自由发展的斗

① 董楚平：《农民战争与平均主义》，北京：方志出版社，2003 年，第 43～44 页。

② 熊家利：《中西封建社会农民战争之比较》，《湖南师范大学社会科学学报》，1996 年第 3 期，第 53～59 页。

③［德］马克思、恩格斯：《马克思恩格斯选集（第一卷）》，北京：人民出版社，1995 年，第 233 页。

争！……中国的封建社会虽然号称‘农民革命’最为活跃，但真正的农民私有者的运动恰恰从来没有活跃过。”[①]可以说，当近代中西的农民战争传统交融、汇流之后，土地革命的时代就到来了，从历史的眼光看，人类社会的土地冲突进入了一个新的阶段。

三、革命时代的土地冲突：权利建构引起社会重组

传统时代发生在西欧的、最终演化为农奴反抗领主的土地冲突，由于其从秩序后果上看形成了农民权利得到承认的事实，因此其从客观上讲已经带有了近代土地革命[②]的一些特征。亨廷顿认为：“革命就是对一个社会居主导地位的价值观念和神话，以及其政治制度、社会结构、领导体系、政治活动和政策，进行一场急速的、根本性的、暴烈的国内变革。”[③]从革命的历史经验来看，其通常又会呈现出两种迥异的形式：“第一种叫做深入的变迁，即一个社会的核心结构的变化，这种变化当然需要时间；另一种形式是迅速的演变，尤其是数日或数周之内，通过显而易见的、经常是暴力的行动，领导岗位上的领导人物们的循环替换。第一种形式可以称为社会的革命，第二种形式可以称为政治的革命”。[④]从某种意义上讲，社会革命是要包含了政治革命的，在此处我们将之作为土地冲突所处的历史框架的是广义上的社会革命。从亨廷顿和达伦道夫的论述已经可以看出，革命是一个包含范围很广的话题，我们所希望强调的与土地冲突相联系的革命内容是权利意识的觉醒及其现代化过程。在古代，被今人称为权利的东西是权力结构当中的等级化财富，人们所享有的权利与其身份等级密切相关。在那时的人们眼中这是天经地义的事情，无论是人们的内心知觉还是社会意识当中都没有权利的内容，冲突只会来自具体的利益和生存危机，并不会出于对权利的追逐而产生出来。而当

① 秦晖、金雁：《田园诗与狂想曲——关中模式与前近代社会的再认识》，北京：语文出版社，2010年，第188页。

② 对于土地革命的理解，要与中国历史上出现的“土地革命战争”中的“土地革命”区别开来，与后者非常直接地分田分地不同，前者指的是在权利意识的导引下通过激烈的社会变革将土地权利固化为受到政治和法律保障的现代权利的过程。

③［美］塞缪尔·P. 亨廷顿：《变化社会中的政治秩序》，王冠华等译，上海：上海世纪出版集团，2008年，第220页。

④［英］拉尔夫·达仁道夫：《现代社会冲突》，林荣远译，北京：中国社会科学出版社，2000年，第14页。

现代化思潮到来的时候，人们的权利意识得到启蒙，在这种背景下土地冲突的典型形态便是为了追逐土地权利而发起的斗争。

当然，革命中权利意识的增强并不是一个自然觉醒过程，而是往往来自革命者的人为建构。在近代革命当中，农民意愿的向背往往成为革命成败的关键，而土地的得失又往往成为能否取得农民的关键，因此在各国的革命史上，普遍存在着以土地为中心的政治动员。在实践中，土地动员往往通过有意的权利建构展开，具体而言即是围绕着实然的土地分配和应然的地权安排之间的不一致性展开一系列的意识动员。我们必须承认，这种动员带有很强的战争策略和工具主义色彩，但是其一方面通过政治动员激发了民众的土地权利意识，另一方面通过政治重构型塑了现代土地权利体系，这成为革命的一个客观性结果。

从冲突的主体角色来看，革命时代土地冲突的两端分别是革命者和保守势力。革命者所寻求的就不仅仅是打倒权威，而是要建设新社会；可保守势力一如其旧，仍旧将革命者视作乱臣贼子，仍旧将革命与造反混淆起来。如何区分革命与造反呢？赵鼎新指出："对于政治行为，一般可以从三个维度来描述：组织化程度、制度化程度，以及所追求的社会变革的程度。……所谓革命，其实就是一种非常组织化的、追求根本性社会变革的、高度体制外的政治行为。反叛虽然也是任何体制所不容的高度体制外的政治行为，但其组织化程度相对较低，所追求的社会变革也相对较小。中国古代的农民起义就是一种反叛。起义成功后，农民领袖最后都当了皇帝，最终并未给社会带来根本性的变化。所以，反叛不是革命。"[①]革命者寻求的是社会秩序安排的变革和土地权利的建立与保障，而保守势力通常很难认清革命时代权利诉求的真谛，这时他们从前人那里总结来的应对农民战争的经验早已派不上用场。保守势力面对革命最大的希望还是平息混乱，在镇压无效的时候他们甚至会答应革命者的一些权利要求，殊不知这已经在潜移默化中帮了革命者的大忙。从"破"的一面来看，革命是要破坏旧有的社会秩序和社会权威，但是其破坏的不仅仅是旧秩序，连同旧秩序被一同破坏的还有这个秩序的容器——旧有的社会结构和社会关系；而从"立"的一面来看，真正的革命所"立"的就不仅仅是一个新的权威，而是一整套新的秩序安排。土地革命打破的就不

① 赵鼎新：《社会与政治运动讲义》，北京：社会科学文献出版社，2006 年，第 3 页。

仅仅是传统的分配格局，其所“立”的也不仅仅是一个平均的地权结构。秦晖先生反复指出：“把地权问题说成是中国传统社会的首要问题，把地权不均说成是传统中国社会弊病、社会冲突和社会危机的主因，从而把平均地权说成是解决这些问题的主要手段，甚至是根本改变中国社会性质、结束‘封建社会’、完成‘民主革命’的标志，是没有根据的。”[①]实际上，地权的关键不在于平均与否的问题，传统与现代的地权差异也不在于“兼并”与“均平”的对立，根本而言，土地革命革掉的是传统时代“权力统治财产”的土地关系，而其建立的是受到政治承认和法律保障的现代土地权利，这才是革命时代的土地冲突的历史意蕴。

四、现代社会的土地冲突：权利诉求带来秩序调整

从理想类型出发，现代社会的土地权利将会随着社会革命建立起来，当然土地权利的现代化已经包含了土地权力的现代规制，表面上看土地关系的两方面内容各得其所，得到了合理的安排，但是这并不意味着土地冲突将步入历史，而是以新的历史面貌呈现出来。作为现代社会冲突的一种特定类型，土地冲突的逻辑服从于现代社会冲突的一般性规律。达仁道夫指出：“现代的社会冲突是一种应得权利和供给、政治和经济、公民权利和经济增长的对抗。”[②]这便意味着，现代社会的冲突应当是在既定的社会秩序框架当中展开的，其希望达成的是扩大供给、保障权利，最终实现利益的增加或者说福利的改善，在正常情况下不应当造成对于社会秩序的破坏性冲击。冲突本身甚至还能够形成一定的积极后果，而现代社会冲突功能的发挥，是以冲突的顺利解决为前提和条件的。“在现代社会，尤其是在现代民主、法治和宪政的制度安排已经成为常规性的社会制度安排的社会，社会冲突在一般情况下表现或者将表现为社会主体的权利冲突，权利冲突的解决也是社会冲突的一种较为权威而稳定的解决方式。”[③]现代法律框架下的各种组织和机构为权利冲突的解决提供了契机，“有些社会对立会导致政治的冲突。然而，这种冲突并非

① 秦晖：《关于传统租佃制若干问题的商榷》，《学术月刊》，2006年第9期，第122～132页。

② ［英］拉尔夫·达仁道夫：《现代社会冲突》，林荣远译，北京：中国社会科学出版社，2000年，第3页。

③ 李卓：《权利的社会本原——在社会冲突与社会合作的视野下》，《法制与社会发展》，2006年第2期，第25～32页。

变得日益诉诸暴力和日益具有破坏性，而是通过各种组织和机构得到抑制，通过组织和机构，冲突可以在宪法制度之内得到表现。政治党派、选举和议会，使得冲突成为可能，又不至于爆发革命”[①]。当代世界的土地冲突是现代社会冲突的一种类型，土地冲突行动的展开从理论上讲似应遵循以上的结构安排。

我国目前的土地冲突有两种主要的类型，即农地非农化过程中出现的农民与政府之间的征地冲突，与农业税费取消之后农民之间的地权纠纷。目前，政府对于农民与农民、农民与村集体或者农民/村集体与企业之间发生的由于土地承包、土地流转和宅基地及集体建设用地租赁纠纷而引起的土地冲突能够做出准确的认知，并且在大多数情况下还是能够作为公正的第三方开展调解和仲裁活动。但是，一旦涉及哪一级政府卷入其中，比如说面对由征地引发的农民与政府之间的冲突，或者农民仅仅是为了利益表达发生了聚集、示威、上访等行动，政府就会显得莫名紧张，很难对事件形成准确的判断。有时候，农民只是在以集体行动的方式伸张权利，但是一些政府官员却会将之不当地理解为农民存在反体制的行为，面对权力干预造成土地冲突的情形，地方政府时常出现“体制性迟钝”而显得无所适从。

研究表明，公共权力的失范通常成为征地冲突发生的催化剂，土地冲突正是不同层级的公共权力在不同时点上的失范叠加的结果。地方政府一方面缺少对自身权力行使的“反思性监控”，另一方面对农民合理的利益抗争行动莫名畏惧，两相结合就造成了目前权力干预造成土地冲突频发，面对土地冲突再以权力进行压制进而导致冲突升级的恶性循环。[②]

这意味着，“现实”的土地冲突并不必然是“现代”的，只有满足了一定的政治社会条件下发生的土地冲突才能够理解为现代的土地冲突。现代土地冲突的主体角色分布与传统和革命时代有着本质不同，冲突的双方应当理解为维权者和侵权者，政府首先应该是以仲裁人、调停者的角色出现的，当然也不排除地方性政府成为侵权者的可能。比如说在农村土地承包经营权的冲突中，农民与农民或者农民与村集体经济组织之间时常会就经界问题发生冲

① [英] 拉尔夫·达仁道夫：《现代社会冲突》，林荣远译，北京：中国社会科学出版社，2000 年，第 141 页。

② 陈明：《土地冲突：公共权力失范与农民的权力建构》，《中国农村观察》，2016 年第 3 期，第 2～15 页。

突，而政府也设立了仲裁调解的机构专门应对此类冲突。再比如说，为了社会公共利益而进行的征用农民土地问题，农民可能会就自己的利益提出相应的诉求，政府这个时候就是作为土地冲突的一方出现的，但是只要在法律框架中与农民的利益诉求展开对话，冲突亦可以得到解决。在现代土地冲突中，冲突的形式通常是集体行动或者社会运动，但无论是集体行动还是社会运动，在民主法制健全的社会当中已经是政治活动的一部分，甚至很多的行动已经成为制度化行为，比如在美国出现的为了反对高速公路占用土地的行为，人们采取了示威、游说等活动，目的只是维护自己的利益，行动本身并非出于政治目的。面对这样的冲突，政府采取的也应当是冲突化解的应对措施，而非前近代社会那种暴力压制方式。对于土地冲突的秩序后果，我们要持有一种辩证的观点，当下中国因为占地、征地、土地开发等行为引起的土地冲突开始向组织化、暴力化的方向发展，我们通常认为这带来了秩序危机[①]；但是从另一个角度来说，这些冲突无论多么激烈，其性质都是违法而非反叛，尽管其影响到社会秩序但是没有反体制动向，不对政治共同体存续构成直接威胁，因此对其政治属性和政治后果要谨慎研判[②]。

而且，现代的土地冲突可能具有一定的积极意义。一方面，土地冲突多是权利冲突，借由各种政治对话和法律诉讼得到解决的结果通常是处于弱势地位的农民的土地权利可获得性的扩大，而反复的冲突解决带来的多是利益和社会福利的改善。另一方面，如科塞大胆地推断，“冲突可能有助于消除某种关系中的分离因素并重建统一。在冲突能够消除敌对者之间紧张关系的范围内，冲突具有安定的功能，并成为关系的整合因素”[③]。我们在现代土地冲突当中也能够发觉这种安定和整合的力量，如果不是一次次征地冲突的发生有效地将农民的利益诉求释放出来，那么对于土地权利丧失的隐忍将很有可能集聚为更大的爆炸性力量。在还不可能消灭冲突的时候，我们所要追逐的或许正如雷蒙·阿隆强调的——接受冲突，不仅仅是为了平息它，而是为

① 陈明、刘祖云：《土地冲突的风险解读：利益、危机与秩序》，《学术论坛》，2012 年第 11 期，第 106～111 页。

② 陈明：《土地冲突：公共权力失范与农民的权力建构》，《中国农村观察》，2016 年第 3 期，第 2～15 页。

③［美］L.科塞：《社会冲突的功能》，孙立平等译，北京：华夏出版社，1989 年，第 67 页。

了避免让它们以暴力的形式来表现[1]。

五、当下中国土地冲突的历史方位

今天的中国毫无疑问是一个现代的民族国家，如果按照以上的逻辑推理当下乡村场域和农地非农化场域频发的土地冲突理所当然是一种纯粹现代意义上的冲突。但是事实并不尽然，我们已经强调，必须要满足了关于土地的现代制度安排的条件才可以把其治下发生的土地冲突理解为完全现代意义上的。要知道，在中国，土地权力并未能得到有效的规制，中华人民共和国成立前后的土地改革又埋下了以政治手段干预土地关系的伏笔，因此今天的土地冲突性质仍旧非常复杂。从冲突发生的微观场域来说，具有各种权力资源的力量渗入到土地冲突当中，有时甚至掌握行政权力的地方政府直接作为冲突的一方侵犯土地权利，这不仅导致土地冲突的烈度升级，而且往往使抗争的矛头指向各级政府，使得冲突带上了政治性意涵。今天的土地冲突，就其根本性质而言，是一种现代的冲突类型，也就是说其核心内容是对权利和利益的争取而非对权力的争夺，其是现代社会结构下争取权利、维护权益的行为。但是，其中也掺杂了一定的前近代因素，这是因为在社会当中存在未曾褪色的强权和专制残余，由于这些因素的作用，土地权力并非仅仅在公共行政的层面上行使，而是带有了专断性和汲取性。于是对于权利的追逐便不纯粹了，而是带上了“权利反抗权力”的色彩，故而在那些不清楚土地冲突演进史的人们看来，许多上升为集体行动的土地冲突似乎带有反体制的政治目的。我们首先要否弃那种以泛政治化思维看待土地冲突的倾向，不过，这其中折射出来的前近代土地关系结构仍旧隐含着秩序危机。

贺雪峰认为，征地冲突和地权纠纷两种完全不同的土地冲突，分别服从不同的土地政治学。[2]其实，这两种不同的土地冲突恰好折射出当下中国土地问题的两个面向：征地冲突的频发反映出的是“权力干预财产”这一土地权力运作的传统形态在农地非农化场域的回潮（或者说从未根本消除）；而农

① ［英］拉尔夫·达仁道夫：《现代社会冲突》，林荣远译，北京：中国社会科学出版社，2000 年，第 141 页。

② 贺雪峰：《地权的逻辑：中国农村土地制度向何处去》，北京：中国政法大学出版社，2010 年，第 172 页。

村地权纠纷反映出的是当下中国土地制度存在的系统性问题，土地冲突可能演化为“土地风险”。所谓两种面向只是从不同的切入点观察当下中国土地问题时所呈现的关键样态，两个面向互为补充，不能割裂开来认识：一方面，第一个面向中的权力因素也是第二个面向发生的原因之一，只是作用方式更为隐蔽；另一方面，征地冲突并不是游离于风险之外，只是具有相对于制度性风险更易于观察得到的现象与逻辑，征地冲突最终也应当归流于“土地风险”的逻辑之中。[①]

土地冲突当中的政府失范及其背后的制度失序无疑勾勒出了当下中国土地冲突的历史方位：从其本质特征来看，当前的土地冲突应该是一种利益之争，但是由于政府权力不恰当地卷入其中并进行干预很容易引火烧身，将对抗的戾气吸引到自己身上来；同时，土地制度体系的失序，不仅客观上为政府失范提供了空间，还折射出土地制度体系在其制度文本和制度运行层面表现出越来越多的不确定性、越来越强的中心—边缘结构及越来越固化的利益格局。透过土地冲突我们已经看到了潜藏的“土地风险”。当然，既言风险，就意味着是尚未爆发的危机，也就意味着尚有挽回的余地，揭示“土地风险”的目的也就在于防患于未然。

① 刘祖云、陈明：《从“土地冲突”到“土地风险”——中国农村土地问题研究的理论进路》，《中国土地科学》，2012 年第 8 期，第 23～23、35 页。

转型时期我国环保领域新型“官民互动”关系的塑造

王宏斌

摘　要：近年来，我国重大生态环境事件屡有发生。面对来自公民的环境忧虑和诉求，尽管各级政府和相关部门想了不少办法、出台了许多措施，公民对政府工作的认可度却不尽如人意，无序、失范的公民环境参与事件也难以根除。本文提出，克服政府在环境问题方面以“不作为”“消极作为”“过度作为”为主要特征的“不规范作为”，推动政府主动、科学、理性地“规范作为”，将不仅有助于缓解“官民”紧张关系、增进良性互动，也有助于引导公民进行合法、有序的环境参与，从而有效避免某些环境问题的扩大化和政治化倾向，保障社会的长治久安。

关键词：政府作为；公民；环境参与；良性互动；官民关系

当代中国，正处于社会与国家急剧转型的历史时期，多样的社会结构和多元的利益结构正在形成，多样的利益矛盾与冲突、多元的权利诉求与冲突、多元的价值观念与冲突相伴生。在稳定中建设民主，在秩序中迈向自由，最终实现和谐，构成了转型在节奏上的基本精神气质。公民参与作为一种民主

作者简介：王宏斌，石家庄铁道大学马克思主义学院院长、教授，主要研究方向为环境政治学、中国特色社会主义。

基金项目：国家社科基金项目“我国生态文明建设中的公民政治参与问题研究”（13BKS036）；中国博士后科学基金项目“我国的环境公民参与问题研究”（2013M531573、2014T70627）；“河北省生态和发展环境研究基地”项目。

理想和生活方式，契合了转型时期一切建设的核心——现代公民人格的建构。[①] 在我国的环境领域，公民政治参与则是环境保护民主原则的具体生动体现。近年来，大规模的公民环境参与事件时有发生，尽管各级政府出台了许多措施，付出了极大努力，“政府失灵”现象依然在相当程度上存在，公民环境参与的深度、广度、效度大打折扣。本文以天津港爆炸事件中的政府行为和公民环境参与为例，试图对目前环境领域中地方政府的“不规范作为”进行系统分析，并深入探讨政府“规范作为”以构建良好“官民”互动模式的可行性及其路径。

一、公民政治参与中的官民互动：“政府—公民”博弈模式

在现代民主政治中，公民广泛而深入的政治参与是实现政治民主化的必由之路。从公民政治参与的主体来看，其基本角色是政府和公民，“政府—公民”博弈则构成了公民参与的主要内容。政府和公民之外的公众力量如非政府组织（NGO）、媒体等对政府和公民双方都发生影响，间接地参与到“政府—公民”的博弈之中。

公民参与政治生活，包括从公共议题发起、政策方案讨论直至决策落实监督等诸多环节，贯穿于公共政策的不同阶段，形成一个完整的公民参与过程。在上述决策落实之后，又将引出新的公共需求，引发新一轮的公民政治参与，推动公共生活不断发展。从这个意义上来说，公民政治参与具有阶段性和螺旋上升的显著特征。基于上述分析，每一个完整的公民政治参与过程，即“政府—公民”之间的博弈过程可以分为三个具体阶段：其一，发起公共议题、引发公共事件阶段。即通过将某一事件中的公共利益加以展示，触发公民广泛的利益认同，使该事件超越孤立的个体范畴上升为公共事件、进入公共决策领域，引发政府重视进入公共议程，从而启动相应的公民政治参与的相关决策程序；或者通过政府主动设定某些公共议程以激发公民的利益认同，使其具备公共性而进入公共事件阶段。其二，公民参与决策阶段。即公民通过参与上书请愿、听证会、集体行动等多种制度渠道向政府表达利益诉

① 王锡锌：《公民参与和中国新型公共运动的兴起》，北京：中国法制出版社，2008 年，前言：第 4 页。

求，政府则通过对公民所表达意见的反馈，寻求公共利益的最大化，控制事态朝着有序的方向发展，从而逐步形成“表达—反馈—再表达—再反馈”的过程，即利益博弈和谈判的过程。其三，公共决策落实阶段。通过前述两个阶段，在本阶段政府将制定好的公共决策——公民与政府博弈的产物，加以落实。这些公共政策因得到公民最大限度的认同和接受，所以执行起来较为顺畅；同时，由于这些公共政策调节了不同社会群体的多元利益诉求，故公共利益得以最大化从而使公民得到更多的实惠与获得感。[①]如果公民与政府通过上述三个阶段的博弈，并未达成较好的令双方满意的效果，则其中一方或双方会中断合作形成对抗，抑或开启新的一轮博弈进程寻求问题的最终解决。

二、我国环保领域官民互动的现状及反思：以天津“8·12”爆炸事件为例

在具体的官民互动过程中，政府与公民分别扮演着不同的角色，发挥着各自不可取代的作用。转型中的当代中国，由于诸多因素的共同作用，出现了强势政府、弱势公民的严重非对称性“政府—公民”博弈模式。政府由于拥有较多的资源，尤其是长期形成的行政惯性，在官民互动进程中占据主导地位；公民则由于其参政意识、参政能力以及参政渠道等原因，在这一进程中处于相对被动的地位。

近年来，由于经济社会发展与环境保护之间的矛盾日渐突出，环保领域中的公民政治参与格外引人注目。在这个过程中所展现出来的“政府—公民”博弈，无疑是当代中国公民政治参与的缩影。在本部分，笔者试图通过对一个具体公民环境参与案例的分析，探讨当代中国环保领域官民互动中存在的主要问题，并对其进行系统、深入的反思。

（一）“8·12”天津港爆炸事件中的“政府—公民”博弈

2015 年“8·12”天津港爆炸事件已过去半年时间，但其社会影响依然广泛。近日，作为独立的第三方，本课题组围绕爆炸周边地区的利益相关者进行了问卷调查和访谈。在受试群体的选择上，以亲身经历爆炸事件或目睹爆炸事件的公众为主。本次调研，共发放问卷 350 份，收回有效问卷 328 份，深度访谈 7 人。然后，运用 SPSS 软件对调研数据进行了数据整理和描述性

① 王锡锌：《公民参与和中国新型公共运动的兴起》，北京：中国法制出版社，2008 年，第 15～18 页。

分析。主要调查结果如下：

1. 虽然政府通过广播电视、官方网站、微博、报纸等途径对爆炸事件及其环境污染的相关数据和信息进行了较为及时的公布，对公民环境诉求进行了回应并打掉多个涉嫌传播谣言的网站，却仍有高达 63.1%的受访者不相信或质疑政府公开的各种数据和环境污染信息。对于政府通过发布会公布的数据，23.5%的受访者选择“不相信所以没有看”，20.9%的受访者选择“看了但觉得可信度不高”，还有 18.7%的受访者选择“不相信爆炸没有造成空气污染等信息”。

表 1　对政府新闻发布会的看法

对政府新闻发布会的看法	响应		个案响应率
	响应数	响应率	
不相信所以没看	118	23.5%	36.0%
看了但觉得可信度不高	105	20.9%	32.0%
不相信所公布消防人员死亡数据	106	21.1%	32.3%
不相信其未造成空气污染的信息	94	18.7%	28.7%
相信公布的消息和数据	79	15.7%	24.1%
总计	502	100.0%	153.0%

2. 爆炸发生前，相当数量的居民并不满意居住地的环境状况，但并不知晓化学品仓库的潜在危险性。从调查结果来看，29.8%的受访者认为“空气污染严重且常伴有刺激性气味”，27.1%的受访者认为“噪声污染常常影响睡眠”，23.1%的受访者虽然“为挨靠天津港仓库库存地过近而担心过”，但其当初选择购买此处房产时并不清楚其环境风险。可见，在居民区的规划、建设等方面，地方政府的环境信息公开力度、利益相关者的参与度均不足，建筑环评工作的质量同样令人担忧。

表 2　事故前爆炸地区周边居民生活状况

爆炸前生活状况	响应		个案响应率
	响应数	响应率	
城市空气污染严重且常伴有刺激性气味	205	29.8%	62.5%
噪声污染常常影响睡眠	187	27.1%	57.0%
空气质量好、交通便利、生活舒适	138	20.0%	42.1%
曾为挨靠天津港仓库库存地过近而担心过	159	23.1%	48.5%
总计	689	100.0%	210.1%

3. 爆炸发生一周后，居民普遍担忧相关环境污染，出现心理恐慌，生活受到很大影响。选择“城市空气污染重，呼吸道偶有不适”“在爆炸之后的一段时间，下雨天不敢出门”“曾出现局部恐慌现象，选择投奔亲友”和“海河污染严重，海鲜产品近期内不敢食用”的受访者的比例，分别为19.8%、22.1%、16.7%和 25.6%，只有 15.8%的受访者认为爆炸事件“没有影响正常生活”。从实际情况来看，虽然各级政府和相关部门进行了多种形式的环境污染监测并发布了相关信息，然而居民的认可度并不高，在相当程度上并未消除居民的恐慌情绪。

表 3 爆炸一周的生活状况

爆炸后一周的生活状况	响应		个案响应率
	响应数	响应率	
城市空气污染重，呼吸道偶有不适	156	19.8%	47.6%
海河污染严重，海鲜产品近期内不敢食用	201	25.6%	61.3%
在爆炸之后的一段时间，下雨天不敢出门	174	22.1%	53.0%
曾出现局部恐慌现象，很多居民选择投奔亲友	131	16.7%	39.9%
没影响正常生活	124	15.8%	37.8%
总计	786	100.0%	239.6%

4. 从化学危险品仓库的选址来看，它们离最近的居民区的距离不超过800 米，对此，新闻媒体曾有过质疑，相关部门后来也承认港务区在化学危险品存放区域选址上确实存在严重违规情况。问及对仓库选址是否想过投诉，28.5%的受访者选择“曾实际举报过，但无果”，49.7%的受访者选择“想过，但因太麻烦而放弃”，21.8%的受访者表示“从未想过”。有关部门的失误乃至失职，广大公民的消极参与，也是此次爆炸事件造成如此巨大损失的重要因素。

表 4 对仓库选址是否想过投诉

对仓库选址是否想过投诉	响应		个案响应率
	响应数	响应率	
曾实际举报过，但无果	98	28.5%	29.9%
想过，但因太麻烦而放弃	171	49.7%	52.1%
未想过	75	21.8%	22.9%
总计	344	100.0%	104.9%

5. 距离爆炸点最近的小区之一的启航嘉园的业主的集体行动效果。他们来到美华大酒店门前拉起横幅进行抗议，希望政府回购受损房屋并给个说法。通过对利益相关者的调查，67.7%的受访者认为“政府最应该解决受灾群众的生活基本问题”，50.3%的认为“此次请愿是维权的有效途径”，47.6%的受访者认为“从结果看，此次请愿得到了政府回应”，41.2%的受访者认为“本次请愿的内容确实代表了受灾群众的基本愿望”。

表 5　对业主请愿的基本看法

对业主请愿的基本看法	响应		个案响应率
	响应数	响应率	
这种途径是维权有效途径	165	24.3%	50.3%
政府最应解决受灾群众的生活基本问题	222	32.7%	67.7%
从结果看，此次请愿得到了政府回应	156	23.0%	47.6%
请愿内容确实代表了受灾群众的基本愿望	135	19.9%	41.2%
总计	678	100.0%	206.7%

（二）环保领域官民互动的非理想状态：政府的“不规范作为”

从上述案例可以看出：在“8·12”爆炸事件所引发的巨大环境灾难面前，众多利益相关者对地方政府的行为态度和相关措施并不满意，在某些方面带有抱怨甚至愤怒的情绪。其中原因是多方面的。客观地说，地方政府在应对环境灾难方面的“不规范作为”，即“不作为”“消极作为”和“过度作为”，在相当程度上影响了公民的有序环境参与并造成许多不良影响。

1. 地方政府的“不作为”。从天津港爆炸事件来看，包括启航家园在内的居民区业主在购买房屋之前并不知晓其潜在的环境危险，而且动工之前的建设环评居然得到参与各方百分百的赞同。这不能不使人怀疑有关部门所组织环评的公开性、透明性、科学性和可信性。爆炸结束之后，当政府对受损房屋进行补贴和回购时，相当数量的居民却在质疑政府的真实动机。可见，由于地方政府有选择、有保留地公布环境信息，甚至故意隐瞒事实真相，这种“不作为”在相当程度上影响了群众对政府的信任。

2. 地方政府的“消极作为”。这表现在：地方政府由于缺乏主观能动性和预判性，致使工作陷入被动。对于可能出现的环境污染，地方政府应该早有预判并提前做好防范。爆炸事件发生后，对于类似雨水中的白色泡沫、海河死鱼、空气污染等公民所关心的问题，地方政府如果能够在媒体和网络报道之前就做出相关预警和提示，而不是头痛医头脚痛医脚，那么群众对政府、专家辟谣的质疑就会减少，对政府工作的配合度就会提升，来自非法途径的谣言就会没有市场，公民的环境参与就会更加理性和有序。

3. 地方政府的“过度作为”。爆炸结束后，有关部门对现场进行了快速清理，10 月中旬就在爆炸中心铺设了草坪，同时着手海港生态公园的建设。这些举措虽然彰显了政府救援工作的高效和重建美好家园的决心，但在另一个层面上也有作为过度之嫌。及早摆脱或转移大众、媒体对环境灾难的关注，通过营造和谐局面以淡忘灾难和痛苦，而不是正视灾难、反思灾难，竖立纪念碑以铭记历史、悼念亡灵，这种做法值得商榷。从长远来看，其负面影响也不容低估。

（三）环保领域政府“不规范作为”的原因分析

在现阶段的环保领域，政府行为和公民政治参与的良性互动难以实现，究其原因，主要还是在于政府层面。从一定意义上来说，由于政府在社会生活中的主导性政治地位，政府及其官员的价值观和行为取向，往往会极大影响到公民政治参与的效果。

1. 环境治理中的“政府失灵”。在环境治理中，作为常用手段的政府干预，也经常会面临失效的问题。当政府因其行为能力及客观因素制约而难以实现预期目标，或者是在效率低下、成本高昂情况下实现预期目标却又引发某种负效应，就会出现“政府失灵”问题。环境治理中的“政府失灵”，意指用政府环境干预活动的最终结果来判断政府活动过程的低效性和活动结果的非理想性，是政府干预环境的局限、缺陷、失误等的可能与现实所产生的影响。[①]这种“政府失灵”主要表现在两个方面：一方面，政府制定的环境政策不利于有效利用环境资源，甚至某些环境政策的出台在某种程度上加剧了环境污染和恶化；另一方面，如果政府在环境治理中不是从社会利益最大化，而是从自身利益最大化出发来考虑问题，其就不可能有制定、执行好的环境政策的内在动机，也不会有实行环境政策的良好效果。

2. 政府价值观与行为取向的影响。面对具体的环境事件，在与公民就如

① 崔浩等：《环境保护公民参与研究》，北京：光明日报出版社，2013 年，第 41 页。

何处理进行互动时，政府往往会有非常复杂的内心忧虑：其一，允许大规模的公民参与是否会改变政府既有的办事风格与方式，降低其工作与思维方式的惯有舒适度，增加难以预见的复杂性与责任风险，从而影响到政府的积极行为选择。其二，习惯于服从上级命令来办事的政府及其官员，当所面对的公民环境诉求与官方尺度发生冲突时，因为心出现的某种价值冲突可能会增加官员自身的角色与责任冲突，致使其陷入两难选择的境地，也在相当程度上制约其做出积极行为。其三，在具体的操作层面上，如何以及在多大程度上开放信息、启动官民对话、妥协让步等，才能将公民参与及其期望置于既能控制又不失常态，同时又能发挥公民参与的积极作用，对于政府及其官员来说，其火候与分寸的把握是巨大的考验。[①]其四，在环境治理体系和治理能力现代化的大背景下，作为环境治理管理者与公共服务供给者的政府及其官员，如何调整自己角色、重新进行功能定位，以及如何帮助和推进公民政治参与能力和技巧的提升，以更好地促进官民互动，也在相当程度上影响到政府行为模式的选择。

辩证看待环保领域政府的“不规范作为”，公民层面的原因也是重要因素。简单来说，公民意识的教育和培养、积极公民人格的塑造、公民参政议政能力的提升等，都是转型期中国不得不面对的现实难题。政府与公民，作为公民政治参与的两大主体，其自身的诸多不足，共同影响着良好官民互动关系的塑造。

三、转型期环保领域新型官民互动关系的塑造：政府要与公民一起成长

当代中国，正处于剧烈的社会转型与改革时期。在这个时期最为敏感的问题在于，新的利益秩序取代了原有的利益秩序，涉入其中的个人、群体或阶层则构成其取代媒介，他们关注的焦点是经济—社会地位的平等性以及掌握话语权的预期。同时，政府也应充分意识到，随着政治体制改革的深入推进，鼓励、引导、规范公民的有序政治参与，业已成为社会发展的必然趋势。为此，政府及其官员必须也必然要直面公民政治参与不断增强的趋势，认真

① 孙柏瑛、杜英歌：《地方治理中的有序公民参与》，北京：中国人民大学出版社，2013年，第76～79页。

考虑公民的诉求，积极回应公民发出的声音，走到前台与公民互动，实现“政府和市民在一起成长”。[①]

（一）新型官民互动中政府的理性选择

为了实现政府与公民的共同成长，国家应基于一定的策略需要来应用公民参与。这一过程中，党和政府自身应该不断深化体制改革，以“规范性作为”带动公民进行合法有序的环境参与，实现官民良性互动。

1. 各级政府和相关部门要不断致力于造就更负责任、更加开放透明、更加法治廉洁的政府体系，不断增强政府组织的包容性，为包括环保领域在内的公民参与建立更为坚实的制度基础。法治政府构成公民环境参与的法律基础、责任政府使政府建立起接纳公民环境参与的信心和勇气，服务政府尊重了公民的环境参与权益，透明政府则确立了官民互动的信息条件。只要各级政府能够秉承这些价值观并依此采取相应行动，就可以极大推动公民环境参与的合法有序发展。

2. 政府自身应该不断深化体制改革，规范政府行为，提高管理水平。转型期的非制度化环保公民参与，多与地方政府领导或管理者严重脱离群众、作风漂浮、工作方法简单、官僚作风和腐败现象有关。[②]各级党政组织和相关部门要切实深入群众，及早发现和解决问题；要严格按照党的方针政策办事，而不是回避问题、推脱扯皮；要把群众利益放在首位，使他们有更多的获得感。那么，群众就会有更高的公民素质和政治觉悟，类似“邻避效应”[③]这样的具有政治化风险的非制度化公民参与就会大量减少甚至不会发生，公民的环保诉求就会得到有效疏导甚至满足，良好的官民互动关系就会水到渠成。

3. 完善相关法制建设，规范公民的环保参与行为，为公民参与国家环境治理提供合法性来源。近年来，我国政府颁布施行了各种有关公民参与政府环境决策的法规和文件，尤其是2015年新《环保法》和《环境保护公众参与

① 孙柏瑛、杜英歌：《地方治理中的有序公民参与》，北京：中国人民大学出版社，2013年，第79页。

② 麻宝斌：《中国社会转型时期的群体性政治参与》，北京：中国社会科学出版社，2009年，第274～277页。

③ 环保领域经常出现的邻避效应（Not-In-My-Back-Yard，音译为“邻避”，意为“不要建在我家后院”）即是一种非理性、非制度化环保公民参与。当居民或当地单位因担心建设项目（如垃圾场、核电厂、殡仪馆等邻避设施）会对身体健康、环境质量和资产价值等带来诸多负面影响时，极有可能被激发起嫌恶情结而采取高度情绪化的集体反对甚至抗争行为。“只要不建在我的后院就行”“凭什么由我们来承担应该整个社会承担的后果”，这些都是在缺乏社会责任感时可能出现的狭隘观点。在基层社会政治中，这些观点易于获得群众支持，并可能被一些基层政治人物所操纵，从而使环保公民参与产生政治化的风险。

办法》的施行，不仅体现了政府对公民参与环保的承认，也提供了公民参与的程序、方式与方法。此外，党和政府还要通过相关法规的制定赋予非政府环保组织存在和开展活动的合法性与独立性，使其能够更便捷、更积极地参与相关政府环境决策。这些措施的施行，可以在相当程度上融洽政府与公民及其组织的关系，沟通双方之间的感情，增进彼此间的互信，从而有利于环保公民参与的制度化、规范化。

4. 采取合理措施，积极应对各种类型的非制度性环境参与事件。各级政府和相关部门的“规范性作为”，对于公民环境参与的方向、范围、转向等起到重要的影响作用。在剧烈的社会转型期，可能会有一些人、一些组织打着环境参与的旗号，利用政治敏感度较低的环境议题为突破口甚至“保护伞”，将正常的环境公民参与逐步政治化，将一般的环境问题上升为政治问题，从事危害社会稳定的阴谋活动。针对这种情况，政府应与之进行坚决的斗争并对其进行必要的规范和引导，将其纳入制度化的政治范畴。否则，后果难以想象。

5. 党和政府应该与时俱进地创新环境治理体系，不断将来自民间和公民的环保参与热情与能力纳入制度化轨道，通过稳定连续的政治发展途径，将参与者有机地吸纳到制度框架内，纳入常规的公共政策制定和执行过程中。“这不仅提升了政府决策和公民参与行动的合法性，而且更成就了公民—政府之间长期的、可预见的互动关系模式，有助于明确界定参与进程中彼此的角色，发挥并塑造和谐的参与价值观，不断强化官民之间的信任。”[①]

（二）新型官民互动中公民的积极成长

政府主导型的中国环境治理所造成的“政府依赖症”，不仅在相当程度上制约了公民意识与公民参政议政能力的培养和提高，也深刻影响了公民参与的深度和广度。公民对自身身份和角色的认同程度，很大程度上决定了其参

① 孙柏瑛、杜英歌：《地方治理中的有序公民参与》，北京：中国人民大学出版社，2013年，第17～18页。

与环境治理的积极性和自觉性。培育“积极的公民资格”[①]，促进新型官民互动中公民的健康成长，紧迫而又重要。

1. 积极公民资格的表现

首先，积极公民资格表现为公民在环境治理中积极主动地参与。依据主体的参与态度，可以将公民参与分为自主参与和动员参与。公民为了争取、实现和维护自身环境权益，有意识地主动参与公共决策和公共事务管理，这种自主性的公民参与就是积极公民资格的生动体现。这种积极的公民资格，是利益驱动下公民主动介入政治生活中，实现利益表达和利益的维护。它是稳定、一致和持续的，遇到障碍能够积极克服，因而参与效果较为明显。[②]在现代环境治理中，公民的角色不仅体现为公共环境事务的“被动”投票者，更应该体现为社区决策和公共环境事务的积极行动者。作为积极参与社区环境治理的不可或缺的主体，积极公民资格得到彰显。其次，环境治理中积极公民角色的具体角色。按照积极公民资格的理论观点，在新型的官民互动中，公民可以体现为七种积极角色：国家、地方政治领导人或者民意代表选举的投票者；法定权力框架下合法利益的表达者；重大环境事务或决策的影响者和知情者；政府供给的基础公共服务的享有者；地方或者社区环境事务的自主管理者；社区共同体生活中善治的实现者和维护者。[③]

2. 积极公民资格的塑造：教育和学习

在积极公民资格的理论视野中，要实现转型期环保领域官民的良性互动、推动政府治理与公民治理的共同发展，与时俱进的公民性“启蒙”教育、公民在政治参与实践中的持续学习，缺一而不可。换句话说，公民参与的实质就是在实践中的学习和实践中的成长。

首先，积极公民资格的塑造，需要来自政府的公民教育。从本质意义上

① “积极的公民资格”是近年来治理理论发展中的一个重要概念范畴。安东尼·吉登斯等认为，积极的公民资格是有效回应全球化和信息化时代的新要求，是解决时代问题所不可绕开的关节点。“在全球化过程中，权利下移的压力不仅使得超越于传统代议制选举的民主形式的出现和运用成为可能，而且成为一种必然。政府可以通过一系列的民主实验，重建更加直接的政府与公民、公民与政府之间的联系和接触。这些实验包括地方直接的民主、电子化平台、市民的陪审制度以及其他各种可能性”。参见［英］安东尼·吉登斯：《第三条道路：社会民主主义的复兴》，北京：北京大学出版社，生活·读书·新知三联书店，2000年，第11页。

② 王维国：《公民有序政治参与的途径》，北京：人民出版社，2007年，第105页。

③ 七种角色划分借鉴了孙柏瑛、杜英歌的相关理论，详见《地方治理中的有序公民参与》，北京：中国人民大学出版社，2013年，第68～71页。

来讲，政府通过多种渠道、多方面内容的公民教育，在建立起符合国家发展需求的公民意识和公民精神的基础上，构建起一个国家基本意义上的“国民精神”。同时，富含公共观念、独立判断思维方式的主体性人格塑造，也是公民教育必不可少的重要内容。这样，公民参与公共生活（包含公共环境事务）的社会基础就会逐渐形成并发展起来。从教育理念来看，政府应突破传统思维，结合转型期社会的具体特征，更多赋权给社会，积极塑造符合社会发展需求的积极公民；从教育方式和手段来看，政府应该积极创新教育模式，利用多种渠道，打造各种平台，在公民成长和发展的各个阶段、各个环节中持续进行卓有成效而又符合时代要求的积极公民人格教育。

其次，积极公民资格的塑造，也需要公民的积极主动学习。从学习前提来看，公民已经具有一定水平的自主性和参与要求，同时，在社会生活中已经启动一定形式的公民参与实践；从学习要求来看，公民在面对具体的参与环境时，通过对现实问题的回应，通过与利益相关方尤其是政府或企业的利益博弈、对话、关系调整、斡旋等，掌握官民互动的本质和具体要求，学习并获取相关的参与技能精髓；从学习内容来看，包括如何应对共同的环境问题或处置环境危机并在关键问题上达成共识，如何通过对参与各方的了解与分析以达到求同存异和描绘共同愿景的目的，在多元利益博弈中学习参与、对话、妥协的技巧以保证参与行动的顺利进行，通过参与者塑造公民精神来持续拓展宽容、相互尊重与谅解和互助的公民人格等等。①

总而言之，在转型期的中国，公民与政府作为博弈双方，围绕环境议题在一定范围内、一定规模上所展开的合作、对抗乃至冲突，其实是符合社会发展逻辑和规律的正常行动。只要作为主导方的政府能够正视而非回避环境问题的严重性和危险性，能够采取适当的措施正确对待公民的环保参与诉求而非刻意回避甚至压制，能够充分尊重公民的环境知情权、监督权和参与权，创造尽可能畅通的参与途径并使之日常化、制度化；作为参与方的公民能够本着主动负责的态度积极参与环境治理，在教育学习中不断成长并与政府形成良性的互动关系，那么，互利共赢的新型官民互动愿景一定可以早日变为鲜活的现实。

① 参见孙柏瑛、杜英歌：《地方治理中的有序公民参与》，北京：中国人民大学出版社，2013 年，第76～78 页。

邻避冲突原因、困境及其治理途径
——基于个案的分析

任丙强

内容提要：邻避冲突成为困扰当前社会治理的难题，导致政府决策和执行受到阻滞。邻避冲突的前提是公众的风险建构，直接原因是利益受损预期和沟通不畅，而深层次的原因则在于公共决策的垄断。公众对政府、企业和专家的低信任是加剧邻避冲突的重要因素。从公共政策角度来看，邻避设施建设的立项决策与执行面临着复杂的观念、利益和过程冲突，尤其是公众和政府往往陷入公共利益与特殊利益、技术合理性与实践可行性、政策效率与公众参与之间的对立。为了化解冲突，应建立和完善基于决策过程的冲突解决机制，完善信息公开、公众参与、协商和补偿机制、监管机制等，从而实现决策的科学性和民主性。

关键词：城市规划；邻避冲突；社会治理；公众参与

一、引言

“邻避”现象（NIMBY，not in my back yard）是指民众反对具有污染威

作者简介：任丙强，北京航空航天大学公共管理学院副教授，副院长，政治学博士，主要研究方向为环境治理与公民参与。

基金项目：国家社科基金一般项目“生态文明建设中的环境冲突及其解决机制研究”（14BZZ048）。

文章来源：本文刊载于《信访与社会矛盾问题研究》2017 年第 2 辑。

胁或其他负面影响的生产设施或者公共设施在社区周边建设的心理态度和行为。1980年以来，公民反对的邻避设施从垃圾掩埋、垃圾焚烧厂等延伸到了机场、监狱、收容所、精神康复中心等。[①]学者常常把这些邻避设施等同于公共设施，但实际上企业工厂等私人性质的生产设施也会成为邻避项目，例如化工厂、造纸厂等。

随着我国城市的快速发展，邻避设施日益增多，由此引发的群体性事件数量也不断增加。有学者认为社区居民短视的邻避观念和狭隘利益阻碍城市公共服务的提供，妨碍了社会公共福利的实现。[②]因邻避现象而产生的抗议甚至暴力冲突将损害公众与政府之间关系，并在一定程度上破坏社会稳定和发展。然而，邻避冲突也具有积极作用，例如有利于维护不同群体的权益，提高政府决策的科学性与合理性，驱动政府创新以及释放社会压力，保持社会稳定等[③]。因此，如何有效平衡利益冲突并降低设施风险成为解决邻避冲突的重点。

目前，国内学者开始将邻避冲突作为专门话题进行研究，将其区别于一般的环境保护行为或事后的反污染行动。学者主要分析邻避冲突的产生机制[④]、冲突过程及其特征[⑤]、对政府决策、合法性以及利益所产生的各种挑战等问题[⑥]，尤其是重点研究如何应对和治理邻避冲突，提出扩大公民参与、科学选址、建立资金补偿机制、第三方组织介入等各种解决途径[⑦]。这些研究深化了人们对邻避冲突的认知，有利于从不同角度探讨降低冲突的方法。同时，当前的研究主要是建立在单个个案基础上，尚缺乏较多案例的比较研究；政府在处理邻避冲突过程中，仍然过分注重危机应对策略或选址策略等技术性问题，没有形成应对邻避冲突的制度化措施。因此，本文在多案例分析基础上，分析当前邻避冲突的特点及其原因，并提出邻避冲突治理的制度途径。

---

① 陈佛保、郝前进：《美国处理邻避冲突的做法》，《城市问题》，2013年第6期。

② Lake, R. W. 1993. "Planners alchemy transforming NIMBY to YIMBY", *Journal of the American Planning Association*, vol. 59(1), pp.87-93.

③ 任丙强：《我国邻避冲突的演变历程及其功能分析》，《信访与社会矛盾问题研究》，2015年第1辑。

④ 张乐、童星：《"邻避"行动的社会生成机制》，《江苏行政学院学报》，2013年第1期。

⑤ 何艳玲：《"中国式"邻避冲突：基于事件的分析》，《开放时代》，2009年第12期。

⑥ 王彩波、张磊：《试析邻避冲突对政府的挑战——以环境正义为视角的分析》，《社会科学战线》，2012年第8期。

⑦ 汤汇浩：《邻避效应：公益性项目的补偿机制和公民参与》，《中国行政管理》2011年第7期；黄汇娟：《邻避情节与邻避治理：番禺垃圾焚烧厂设置的个案分析》，《广东广播电视大学学报》，2012年第2期。

二、邻避冲突个案及其主要特征

随着环境意识的提高，公众日益关注和担心社区周边的基础设施对健康所可能产生的危害。本文选择 2004～2014 十年间 23 个受到广泛关注的邻避事件案例进行分析，其中既包括厦门反对对二甲苯（以下简称 PX）化工工厂案例、北京六里屯反对垃圾焚烧厂案例，也包括 2014 年发生的广东茂名反对 PX 工厂案例。案例的选择尽可能考虑到代表性、影响力和可获得性三方面要素。即本文所选案例均具有一定代表性，影响较大，曾引起大众媒体和网络媒体的关注，并能获得相关细节资料，有利于保证案例资料的可靠性。

表 1　2004～2014 年间部分邻避冲突案例

序号	邻避案例地点	时间	争议设施	结果
1	北京海淀区百旺家园	2004.5～9	高压线电站	建成
2	北京六里屯	2006.12～2011.1	垃圾焚烧发电厂	取消
3	厦门	2007.3～12	PX 工厂	取消
4	北京望京	2007.12～2009.1	变电站	建成
5	北京高安屯	2007.7～2009	垃圾焚烧发电厂	建成
6	上海	2008.1.6～1. 13	磁悬浮铁路	建设中
7	南京江北	2009.3～12	垃圾焚烧发电厂	建成
8	江苏吴江	2009.10.21～11.2	垃圾焚烧发电厂	取消
9	北京阿苏卫	2009.8.1～2010.3	垃圾焚烧发电厂	搁置
10	广东番禺	2009.11	垃圾焚烧发电厂	取消
11	广东东莞	2010.3～5	垃圾焚烧发电厂	搁置
12	北京西二旗	2011.11～2012.5	垃圾处理厂	取消
13	辽宁大连	2011.8.14～8.14	PX 工厂	取消
14	无锡东港	2011.3～4	垃圾焚烧发电厂	不清楚
15	四川什邡	2012.6.30～7.4	钼铜冶炼厂	取消
16	宁波镇海	2012.10～10.28	PX 工厂	搁置

续表

序号	邻避案例地点	时间	争议设施	结果
17	浙江启东	2012.6～7	造纸厂废水排海工程	取消
18	天津大港	2012.4.3～13	聚碳酸酯（PC）项目	搁置
19	广东汕头海门	2011.12.15～23	燥炭发电厂	搁置
20	广东江门	2013.7.12	核电厂	取消
21	昆明	2013.5～6	PX 工厂	取消
22	杭州中泰乡	2014.4～5	垃圾焚烧发电厂	搁置
23	广东茂名	2014.3.30～4.4	PX 工厂	搁置

通过对上述案例的分析，可以发现当前我国邻避冲突具有如下特点：

第一，邻避冲突主要集中于垃圾焚烧厂、化工、铁路建设、发电厂建设等领域。有学者将邻避设施划分为污染类、风险集聚类、污名化类和心理不悦类。①目前较大规模的邻避冲突均集中在污染类和风险聚集类，其中垃圾焚烧厂和 PX 项目成为矛盾焦点。在 23 个案例中有 10 个案例是关于垃圾焚烧厂建设的。垃圾焚烧可能产生的有害气体是公众抗议的核心，并在全国范围内形成反对垃圾焚烧厂的风潮。PX 项目是另外一个重要的争议领域，从厦门开始，大连、宁波镇海、昆明、广东茂名等先后发生 6 起抗议 PX 建设的事件。化工项目存在未知风险，附近居民容易出现抗拒心态和反对行动。邻避冲突聚焦于垃圾焚烧和 PX 工厂很大程度来自北京六里屯和厦门案例的示范效应，鼓励了后来的参与者。无论垃圾焚烧还是 PX 工厂的实际状况如何，但因为之前维权的成功案例而具有了合法性，因此成为公众反对邻避工程的突破口。可以预期，随着公众环境意识和权利意识的提高，会有更多领域内的邻避设施成为公众反对的目标。

第二，从地理上看，邻避冲突大多发生在经济相对发达区域，如北京、浙江、广东等中东部地区。这些地区经济发展程度较高，城市化程度高，公众的环境意识和权利意识也相对较高，这是邻避冲突产生的重要外部因素。中西部和农村邻避冲突相对较弱，但这不意味着农村没有反对环境污染的群体行动，而是缺乏事前的行动，一般都体现为事后的反污染行动。

① 陶鹏、童星：《邻避型群体性事件及其治理》，《南京社会科学》，2010 年第 8 期。

第三，公众参与方式的多元化和趋同化，互联网发挥重要作用。公众参与方式既包括正式制度化手段，也包括非正式手段，形成多种方式的组合。正式手段包括信访、行政复议和诉讼等；非正式手段包括集会抗议、悬挂标语、集体签名、网络宣传等。民众行动方式具有趋同化的特点，例如签名、网络宣传、集会、“散步”成为共同采用的手段，凸显集体行动之间的相互学习过程。

几乎所有的邻避事件都应用互联网进行消息发布、组织和动员。新的互联网技术使得信息传递和组织成本不断降低，能够有效动员大量公众参与集体行动，如论坛、QQ、微博等成为传递信息和动员的重要工具。大规模的行动更加依赖互联网的组织动员作用。同时，邻避设施影响范围与公众参与手段之间具有一定的联系。越是影响范围大的设施，公众的抗议手段越单一，基本上是通过互联网来加以组织并采取大规模抗议来实现目标；而越是影响范围小的设施，群体组织成本低，组织化程度相对较高，因此更容易采取各种不同手段影响政府决策。以垃圾焚烧厂为例，它的影响范围相对较小，附近居民联系密切，往往灵活采取信访、签名、行政复议、司法诉讼等方式来反对项目规划，并因为组织良好、长期活动而使其行动较为理性平和。

第四，邻避冲突的核心是利益冲突。邻避冲突本质上是居民维护自身的健康权利和经济利益。垃圾焚烧、PX 化工项目等有可能严重影响附近民众的身体健康，且掺杂着各种复杂的经济利益诉求，涉及政府、企业和受害居民之间的利益矛盾，也涉及公共利益和特殊利益之间的矛盾，使得冲突呈现出高度复杂化的特征。同时，冲突过程不仅仅表现为某些短暂的群体行动阶段，而是一个长期过程。一些邻避抗议行动周期超过 1 年，个别邻避抗议中间不断起伏，甚至延续 4 年之久。

三、邻避冲突发生的原因分析

邻避冲突的产生是多种因素共同作用的结果，环境污染、社区形象、房地产价值、个人安全感等均是邻避冲突产生的重要因素[①]；国外学者认为邻避设施对房产价值、个人安全以及社区居住品质的威胁，是邻避现象产生的

① 管在高：《邻避型群体性事件产生的原因及预防对策》，《管理学刊》，2011 年第 6 期。

重要原因。另外也有学者认为心理因素、公平性、邻避设施的社区形象的影响以及居民的不信任等是邻避冲突产生的重要原因。

基于对个案发展动态过程和既有文献的分析发现，邻避冲突是多重因素共同作用的结果。那么从利益视角出发，邻避冲突的原因应考虑冲突的前提、直接原因和深层原因。冲突发生的前提是公众能感受到邻避设施的风险，即公众的风险构建。直接原因在于公众感到邻避设施将损害个人权益，并且也无法获得政府的及时解决，这就会导致一系列群体行动，甚至产生冲突。这也是冲突发生的导火索。深层原因则主要缘于政府的决策垄断，缺乏公众参与，及其引发的政策结果利益失衡。这些深层因素是冲突不断滋生的温床，另外，也存在着一些激化和火上浇油的因素使得冲突更易发生，例如公众对政府的信任降低等。

（一）邻避设施的风险建构：邻避冲突的前提

如果政府兴建的设施没有风险，或者公众没有认识到这种风险，那么冲突就不会发生。从这个角度来看，风险建构是邻避冲突发生的重要前提，风险大小也将影响到人们的行动。邻避设施的风险及其程度是不断了解学习或者建构起来的。以核电为例，最初人们在政策宣传之下都认为核电是绿色清洁能源，风险完全可控。但是福岛核电事故的发生，使人们构建起核电的巨大风险。风险构建也可能存在较大的夸张和虚构成分。在厦门反对 PX 项目的过程中，最初广为传播的信息是 PX 建设与白血病、畸形儿等有密切关系。因此，邻避项目实际的或者建构的巨大风险和负外部性成为推动公众参与到邻避行动中的巨大力量。

由于技术的不确定性，居民更容易出现焦虑心理，这也有助于风险意识的形成。在变电站、信号基站以及高铁建设中，居民对辐射表现出强烈的关注。辐射具有现代性风险的特点，即其后果难以认知，而且不能在短期内显现，即使是相关专家对这种风险也缺乏共识，难以解除对辐射的焦虑。

（二）利益受损预期与沟通不畅：邻避冲突的直接原因

邻避冲突的直接原因首先在于邻避设施对附近居民身体健康和利益所产生的现实的或潜在的危害和损失，使得居民对邻避项目产生抵触情绪，尤其是离设施越近的人受到的损害越大，他们承担了项目的大部分风险，但收益却由所有公众分享。相反，很多人了解邻避设施危害，但因离邻避设施较远，个人利益并不受影响，所以较大可能不会参与到冲突中。从案例来看，利益主要包括以下方面：一是环境污染及其可能导致的身体危害。垃圾焚烧发电厂在焚烧垃圾过程中可能产生致癌物；化工厂一般存在着严重的水污染、空气污染等情况。这些环境污染将严重损害个人健康权益。二是房地产价值受到影响。垃圾焚烧厂、PX 项目、高压线或变电站等的建设往往会降低附近房产价值，损害到居民的经济利益。三是邻避设施所产生的文化、心理上的不良感受。监狱、精神病院、墓地等虽不影响环境，但却从文化和心理上使人产生不愉快或文化禁忌，从而形成了一种客观的影响。

其次，居民会产生强烈的不公平感受，即形成相对剥夺感。邻避设施的收益归属所有公众或者是企业，但负外部性成本却由居住于其附近的居民承担，这种收益和付出成本的不对等使得居民有理由质疑设施的公平性问题。距离邻避设施越近，居民受损感受越强烈，反对态度也更激烈。这种受害者意识增强了社区居民的相对剥夺感，是促使相关居民形成群体共同意识的凝聚力量，是集体行动的重要心理基础。

最后，缺乏有效利益表达和协商机制，导致政府和公众沟通不畅。在邻避争议发生后，个体化的居民很难有效地表达自身利益诉求。面对民众的制度化表达，如行政复议、信访、司法诉讼等，政府往往采取搪塞、漠然、拒绝的态度，不能积极回应民众诉求。如在申请公开环评报告过程中，很多单位都是以环评报告属机密文件为由不予公开，于是民众不得不采取非制度化的手段来获得政府关注。

协商机制的缺乏导致政府和公众不能形成有效对话。从政府角度来看，当争议发生后，政府官员需要和民众对话，听取相关意见。然而，哪些人能代表附近的民众呢？没有哪个居民能从法律和程序上代表社区公众。即便是存在公众代表，一旦代表与政府达成沟通协议，也有可能被居民质疑。而从公众角度来看，他们面对风险时不清楚应该向哪个政府部门反映利益诉求，只能尽可能尝试向不同部门反映问题，“病急乱投医”，争取得到上级政府的关注。没有上级政府的关注和拍板，地方政府官员出面的对话只能起到安抚的作用，变成了没有决策权力的基层部门应付民众诉求的临时行为。

（三）公共政策的垄断：邻避冲突的深层原因

邻避设施立项的政策过程是一个较为封闭、自我循环的过程，邻避设施的立项基本上都是政府内部输入而产生的政府议程。一般而言，政策问题来源于政府对社会和公共服务等问题的体察和确认，并在政府主导下，咨询相关学者和企业等意见，形成政策方案并进行决策和执行。但很多决策者并没有认真考虑邻避设施建设的特殊性，也缺乏自上而下的对附近居民利益的关注。政府有些决策者仍然持有传统的决策思维，即市政设施或者工业设施建设完全是政府的事情，不需要考虑公众意见。而当前，随着公众政治参与意识提高，要求政府决策透明、公正、民主的声音越来越多，传统的决策思维已经受到挑战。

在传统观念和决策实践中，项目决策缺乏公众参与机制，项目信息仅是简单地进行公告，缺乏正式的公众听证会或者非正式的协商机制。信息公告从程序上似乎履行了信息披露要求，但附近居民并没有明确地得到相关信息，这使公众产生了一种被欺骗的感觉，从而加剧了对政府和施工企业的反感和不信任。从案例中可以看出，居民经常是从偶然的渠道或者在工程开始建设时，才了解相关项目情况，环境影响评价中的公众参与被形式化和边缘化了。项目建设单位和影响评价单位的复杂关系使得很少有项目环境影响评价不通过，其中公共参与环节大多存在着虚假参与问题。设施建设方一方面试图满足国家硬性的公众参与要求，另一方面却尽可能地规避公众参与，以避免规划受到公众抵制。没有公众参与，单凭行政命令推进的邻避设施建设往往为冲突埋下了种子。

邻避设施建设决策过程的垄断往往会产生以下两个方面的问题：一是项目决策质量不高，缺乏创新。决策项目规划不合理的一个重要原因是政府决策仅吸收相关专家和企业参加，论证会多流于形式，缺乏实质性的争论，也缺乏充分论证和反对意见，导致决策质量不高。此外，政府决策通常是在原有政策基础上进行修改，具有某些“渐进决策”特征，鉴于成本考虑和一些决策的惯性，原有政策的不合理之处并没有得到纠正，而是被继承并保持下来。这一特征在垃圾焚烧厂建设的决策中体现得尤其明显。广东番禺，北京六里屯、高安屯、阿苏卫，南京江北等垃圾焚烧厂均是在原有填埋场的基础上进行扩建，这些填埋场已经投入了一定成本和精力，因此垃圾焚烧厂的选址是对原有决策的认同和延续。但周边居民并不认同这种不考虑政策环境变化的决策。的确，原有填埋场地点一般处于城市周边，本身也具有某些不合理之处；且随着城市化发展，很多填埋厂周边已经成为重要的居住和工作场所。因此，现在决定在这些地点建设垃圾焚烧厂更显得不合理。同样，其他不少项目选址的科学性和权威性也遭到广泛质疑。

二是政策结果导致了不同主体之间的利益不平衡。在政策决策过程中，地方政府居于主导地位并邀请企业和相关专家参与，因此政策结果总体上体现了政府所代表的公共利益、企业代表的企业利益以及专家所代表的技术上的理念。但是受到邻避设施影响最大的附近居民却缺乏自身的利益代表，无处发声，导致被忽视。在利益分化和权利意识都不断提高的当今社会中，政策垄断不断导致邻避设施方面的利益冲突。因此，从政策角度来思考邻避冲突的解决，才能从根本上降低邻避冲突的发生。

（四）信任问题：邻避冲突的助燃剂

公众对政府、企业和专家的信任程度影响到冲突的发生和解决。如果公众的信任程度较低，那么政府宣传、论证和决策都将从相反的方向强化公众疑虑；企业承诺将被公众视为不可能实现的空洞口号；而专家则被认为被企业所“收买”，专家意见实则是为企业利益所“背书”和站台。

公众对三者的低信任强化了自身的环境焦虑。他们的担忧也具有一定道理。很多邻避冲突案例中，政府对项目信息不公开，甚至是有意隐瞒，使得居民不信任政府。公众也不信任企业，“居民无从得知运营商是否会为了追逐利益而置居民的安全于不顾，更无从得知政府部门是否会被利益链条所‘捆绑’而疏于监管”[①]。有些项目虽然从技术上是可行的，然而居民却担心政府和企业管理不善而产生严重风险。在居民反对 PX 事件中也是如此，公众对化工厂的污染长期不满最终导致对 PX 建设的风险存在焦虑。有些专家由于利益或专业限制等各种原因，经常出现偏颇论证，几乎没有和政府相反的意见，亦遭到广泛质疑。如很多不合理的垃圾焚烧规划均通过了环境影响评价，使得公众坚信环评专家就是在“走过场”，难以发挥真正的作用。因此，在这种心理基础上，周边居民对待邻避设施风险往往采取“宁信其有，不信其无”的态度，使得政府与公众之间的沟通和协商变得更加困难，成为邻避冲突发生的激励因素。

四、邻避冲突治理面临的困境

邻避冲突的产生暴露出政府在公共服务提供中政府、企业与民众之间存

① 黄汇娟：《邻避情结与邻避治理——番禺垃圾焚烧厂设置的个案分析》，《广东广播电视大学学报》，2012 年第 2 期。

在的一系列观念和利益冲突。在当前条件下，邻避冲突解决过程还面临着如下困境：

（一）公共利益与特殊利益之间的困境

很多邻避设施具有明显的公益性，符合大多数人的公共利益，但项目的外部性完全由附近居民承担，导致公共利益和特殊利益产生冲突，这也成为此类设施建设的内在困境。从经济学角度来看，外部性的解决需要通过污染者付费、补偿等途径将其成本内部化。然而，在传统的政策思路下，政府经常秉持以集体利益或公共利益为先的观念，忽视私人利益，甚至认为居民的行动是自私自利的表现。随着个人权利意识的提高，民众反对借公共利益的名义对居民进行道德谴责。他们为了获得行动正当性，经常提出政府规划对整个城市来说也是不合理的。因此，如何处理和平衡公共利益与特殊利益之间的关系，是解决邻避冲突的关键问题。

其次，邻避设施的利益纠葛还涉及企业利益与社区居民利益的矛盾。虽然公共设施具有公益性，然而目前政府大多采取BOT（建设—经营—转让）或BOO（建设—拥有—经营）建设模式，企业成为邻避设施建设中的受益者。以北京高安屯垃圾焚烧发电厂为例，该焚烧厂每年发电2.2亿千瓦，仅供电收入就有1.65亿元，而且还能从政府那里获得150～160元/吨的居民垃圾处理费[①]，企业自然成为垃圾焚烧的坚定支持者。而焚烧厂规划地址若远离居民区必将提高企业的运营成本。从这点来看，垃圾焚烧处理及厂址选择具有复杂的经济利益关系。相对于周边居民的利益，企业经济利益反而成为特殊利益。复杂的利益纠葛导致冲突的解决异常困难。有学者研究发现，邻避设施并不一定完全代表社会利益，而往往代表着资本利益，因此，社区反对邻避设施并不完全意味着社区与社会利益之间的冲突，而是社区与市场资本之间的冲突或者社区公众与国家之间的某种冲突[②]。

（二）技术合理性与实践可行性之间的困境

决策者经常囿于传统政策观念，将邻避设施建设视为一个完全技术性的问题，在决策时，主要咨询相关技术专家和企业，而把公众排除在外。[③]但

① 相关内容参见：《垃圾发电行业迎来并购潮：丰厚利润回报吸引企业重金介入》，人民网，2013-05-10. http://finance.people.com.cn/n/2013/0510/c70846-21435805.html.

② 李永展：《邻避症候群之解析》，《都市与计划》，1997年第1期。

③ 黄小勇：《公共决策的公众参与困境及其管理策略——以广东番禺区垃圾焚烧发电厂风波为例》，《国家行政学院学报》，2010年第5期。

这种观念的前提假设是邻避设施的外部影响，尤其是环境影响可以完全通过技术手段解决。故一旦出现公众的抗议行为，决策者和企业常常以项目技术合理性作为辩护。以垃圾焚烧厂为例，政府官员、企业和支持的专家经常告诉公众焚烧技术的合理性、二噁英的有效控制以及环保设施的完善等。在 PX 案例中，政府和企业也经常告知民众，企业有能力、有技术控制污染和风险。然而，民众却不接受技术合理性的解释，认为技术合理性的解释预设了各种先决条件，而在当前的政府管理中这些条件尚不具备，在实践中缺乏可行性。针对垃圾焚烧，反对者认为由于垃圾缺乏前期分类以及政府监管不力等原因，后期焚烧温度不足必将出现二噁英超标的情况。从实践角度来看，目前垃圾填埋场等导致的污染尚难以解决，因此垃圾焚烧的技术保障言论也难以获得公众的认可。因此，邻避工程的环境影响并非完全是一个技术性问题，而是一个社会政治问题。

（三）政策效率与公众参与之间的困境

公众参与是现代公共管理发展的趋势，但也存在着可能降低管理绩效，甚至影响决策质量的问题。[①]在政策效率和公共参与之间，一些政府部门认为两者是完全对立的，在选择上往往舍弃公众参与，而追求政策效率。邻避设施的公益性与迫切性使政府决策者担心公众参与会拖延时间，或者抵制规划。在垃圾处理问题上，城市面临着“垃圾围城”的窘境，如何快速解决迫在眉睫的城市管理问题而不引起公众反对成为官员面对的难题。相关企业更是把公众参与看成是阻碍项目进展的因素。在这种观念下，政府和企业均希望能尽快完成项目，为提高效率而规避了公众参与。有些企业在施工时也存在着隐瞒和欺骗情况，激起了民众对工程的强烈不满和抵制，降低了政府和企业的公信力。在当前条件下，政策效率和公众参与是辩证的关系，而非对立关系。

上述内在困境意味着邻避冲突面临着复杂的利益、理念和实践等分歧，容易导致政府、企业和民众陷入难以妥协与合作的困境，使城市政府无法提供必要的公共服务，影响公众合理权益的实现。

① ［美］约翰·托马斯：《公共决策中的公民参与：公共管理者的新技能与新策略》，孙柏瑛等译，北京：中国人民大学出版社，2005 年，第 18～19 页。

五、基于决策过程优化的邻避冲突治理途径

邻避冲突的治理既要考虑到其产生的各种原因，也要考虑到其内在困境。为此，解决邻避冲突问题应从以下三方面入手：一是要通过技术改进和严格的企业监管等降低邻避设施的风险，从而降低邻避冲突的前提；二是要保障制度化的利益表达机制和利益补偿，及时化解邻避争议；三是从根本上改善政府决策，通过公众参与制度提高决策程序合法性和决策质量。决策过程的开放性和公众参与也有助于提高政府公信力。

因此，决策制度以及公众参与制度的完善是降低邻避冲突的最根本途径。鉴于邻避工程设施的特殊性，政府应建立一套专门性的邻避决策流程。该流程应包括决策准备、决策过程、决策结果和执行过程四个阶段，在不同阶段完善信息公开机制、参与机制、补偿机制和监管机制等具体实践途径，从而提高决策合法性并将公众参与融合其中：

（一）透明的信息公开机制

信息公开是公众参与的基本前提条件，也是政府改进决策的第一步。首先，信息应在决策前公开和告知民众。目前一些项目决策是在决策已确定的情况下才告知民众，这种决策后的告知并非真正的参与，而是象征性的参与[①]。事后告知会使得公众产生无力感和被欺骗的感觉，不利于政府与公众之间真正的合作。其次，决策信息应充分告知。充分告知要求政府应在引进项目前，事先运用网络的和现实的各种力量动员相关居民，通过向相关居民发送信件、上门宣传、邀请公众参与前期考察等方式，实现充分告知。最后，决策前的信息公开应尊重民众对项目的各种态度。充分信息公开不能成为政府单方面意见的宣讲会或者政府统一各种意见的工具。信息公开的过程应尽可能地提供相关决策信息，尊重相关居民的意见和态度，让公众充分了解相关情况，为下一步的决策过程奠定基础。通过有针对性的、有效地对项目信息进行事前的宣传和告知，有利于公众参与到决策中，获取民众对决策的认同。

（二）制度化的参与机制

邻避冲突内在困境很大程度上体现出政府、企业等与相关民众之间的认

---

① Arnstein, Sherry R. "A Ladder of Citizen Participation", *Journal of the American Planning Association*, 1969, vol. 35(4), pp. 216-224.

知差异。强化制度化的公众参与是解决邻避冲突的最重要途径。公众参与有利于利益整合和决策的科学化、民主化。首先，邻避决策涉及利益的分配和平衡，公众参与是合理利益诉求表达途径，能在公共利益和特殊利益之间达成一种平衡，避免以公众利益之名侵犯公民的合理合法利益。其次，公众参与能使政府认识到邻避决策并非是单纯的技术理性，而是涉及社会管理等各个环节的综合性的风险决策。最后，公众参与能纠正渐进决策的某些错误，使决策方案更加合理。国外实践也表明，公众参与不仅仅能够反映公众的价值偏好，提高决策质量，而且有利于解决冲突、建立信任。

邻避决策中的公众参与应注重以下几方面：第一，完善公众参与渠道，建构多元的参与途径。决策项目的环境影响评价是公众参与的重要环节。政府应严格监督其中的公众参与情况，保障其真实可靠，防止出现虚假参与。第二，公众参与机制应制度化。邻避决策的利益相关性使民众的参与热情较高，应将此类决策的参与制度化，应明确规定决策必须具备相关利益群体的充分参与和沟通。第三，向民众充分赋权，使其具备项目的相关知识和能力。若民众缺乏参与的相关知识和能力，那么这种参与便难以形成政府和公众间的良好沟通，还会增加决策成本，且无法获得满意的政策效果。

（三）建立补偿机制和沟通机制

当前邻避冲突本质上是利益冲突。从经济理性角度考虑，邻避设施周边居民所遭受的环境风险和影响应当得到一定的补偿。合理的补偿措施是平衡邻避冲突中公共利益和特殊利益的重要工具。首先，补偿机制应明确邻避设施周边的各利益主体及其主要的利益受损情况，对不同的利益主体采取针对性利益补偿机制，如经济补偿，设立公共环境保障基金，设立社区游泳池、绿地、图书馆等设施。其次，补偿机制应确保相对公平，建立透明公平的运作机制，防止因资金补偿而产生新的不满和问题。

在决策方案确定阶段，政府应建立制度化的沟通和协商机制。当民众对政府决策结果产生不同意见时，民众能通过制度化的渠道表达自身的意愿。政府应确定专门处理邻避冲突的政府部门、民众参与沟通的主体、沟通协调方式等。在沟通协调过程中，政府应扮演客观中立的冲突裁判者；如果政府本身牵涉其中，则司法部门或其他第三方机构对政府政策进行客观评估。

（四）建立严格的监管机制

邻避设施不但要从技术上降低项目风险，而且要强化企业监管，保障企业切实遵守相关技术标准和规定。政府通过定期的环保监测，确保企业排放符合环保要求。邻避设施的运行不仅仅是技术问题，更是一个管理问题。一些企业为了降低成本，在运行管理方面并没有按照设计标准运行，从而导致污染和环境问题的产生。若要打消公众的顾虑，政府和企业必须从严管理，切实执行环保标准。

这就要求，首先，建立明确和严格的环境标准。环境标准应参考其他发达国家的标准水平，树立企业排放标杆。其次，通过技术手段，监管企业排放。例如，以垃圾焚烧厂为例，企业应从技术上实现有害气体排放的实时监测和显示。这样才有利于公众的监督，否则就会陷入企业和公众互不信任的状态中。最后，企业的排放监测数据要公开，并允许民众通过中立的第三方评估机构或环保团体对设施进行检测。企业也可以邀请民众参观企业运行，增强其信心。

结论

邻避现象与冲突问题是经济发展和城市化发展过程中的常态，地方政府应对此有一个正确的认知。邻避冲突本质上是一个利益问题，而不是部分居民在狭隘利益驱使下的无理取闹行为。只有具备这一认知，政府才能不断转变政府观念，慎重决策，减少邻避冲突的发生。从根本上来看，决策模式及其利益失衡与公众权益冲突是邻避冲突的一个根本原因。其根本性解决措施也只能着眼于政府决策模式的改变，从而在决策过程中不断平衡利益冲突。因此，政府应从政策决策阶段入手，建设和完善各种冲突解决机制，提高信息透明度，加强公众参与并重塑公众信心，进而以此为契机，促进政府社会治理能力和执政能力的进一步提升。

城市社区冲突的扩散过程与升级机制探究

原珂

摘　要：冲突扩散和冲突升级是一种相互交叉的关系。从城市社区冲突的三角形扩散模型及社区冲突分裂的横向与纵向扩散过程来分析，可以发现是社区冲突的质变临界点——从利益冲突转向认同冲突，导致冲突的恶化升级。当前我国城市社区冲突之所以能够不断扩散与升级，除冲突本身具有扩散性外，还与冲突的“格莱香定律”、二阶冲突、“旁观者”现象等因素密切相关。社区冲突发展上升到一定阶段后必然会转向消减是其一般演化规律。

关键词：城市社区冲突；扩散过程；升级机制

一、问题提出与研究进展

社区作为居民日常生活的基本场域，是城市基层治理的主要载体和政府进行社会管理的重要平台，理应成为消融社会矛盾冲突的“缓冲器”与“解压阀”，但随着社会转型、经济转轨愈发深化，实践中我国许多大都市社区都日渐成为城市基层乃至整个城市社会矛盾冲突的爆发点和汇集地。不论是否意识到，一个客观事实是，中国的城市社区正面临着自改革开放以来最为激

作者简介：原珂，对外经济贸易大学教育与开放经济研究中心助理研究员，主要研究方为共冲突治理与教育经济管理等。

基金项目：国家社科规划重点项目“公共领域冲突管理体制研究”（13AGL005）；国家社科基金青年项目“社区、社会组织、社工在基层社会治理创新中的协同机制研究”（15CSH026）。

文章来源：本文刊载于《行政论坛》2017 年第 2 期。

烈和广泛的变革，且这一变革因关涉到整个中国城市基层社会的稳定而备受各界关注[①]。那么，当前我国的城市社区冲突究竟是如何产生、扩散、升级、消退或转化的，其机理何在？在此，本文不拟对上述问题一一做出回应，但力求在社区冲突扩散与升级过程研究方面有所突破，抛砖引玉，望引起同仁关注。

国外学界在冲突的发展和升级过程研究方面，起步相对较早，成果也较为丰硕。托马斯（K. W. Thomas）把冲突发展过程划分为冲突觉知期、情感反应期、冲突认知期、冲突白热化期四个阶段。[②]庞蒂（Louis R. Pondy）把冲突的产生与变化的历程划分为潜在的冲突、感知到的冲突、感受到的冲突、显现的冲突和冲突的后续五个可以辨识的不同发展阶段。[③]托马斯和庞蒂的冲突发展模型相对来说都较为宏观，缺乏对冲突行为的扩散与升级过程进行具体分解。格拉索（Friedrich Glasl）则在此基础上对冲突的行为阶段进行了细化，区分出冲突行为升级的九个阶段，并阐释了各个阶段的特征。[④]之后，伯顿（J. W. Burton）[⑤]、科尔曼（Herbert Coleman）[⑥]、普鲁伊特和奥尔科扎克（D. G. Pruitt & P. V. Olczak）[⑦]、熊彼特（J. Schumpeter）[⑧]等人对冲突升级的“结构转换”模型进行了探究，认为冲突的这些转化会导致冲突的持续或反复出现，包括心理、团体、社群转换等，这些转化都影响着冲突双方的策略选择。这种结构转化的观点正好契合了多伊齐（M. Deutsch）所谓的冲突发展“原始律”（Crude law）：“一种特定的社会关系引起的特有的过程和效

① 原珂：《中国城市社区冲突及化解路径探析》，《中国行政管理》，2015 年第 11 期，第 125 页。

② K. Thomas. “Conflict and Conflict Management”, M. Dunnette（ed）, *Handbook of Industrial and Organizational Psychology*, Chicago: Rand McNally College Publishing Co.1976, p.83.

③ Louis R. Pondy. “Organizational conflict: concepts and models,” *Administrative Science Quarterly*, 1967, 12（2）, pp. 296-320.

④ Friedrich Glasl. Conflict management, Ein Handbuch für Führungskräfte, Beraterinnen and Berater: Paul Haupt Verlag, 1997. *English edition: Confronting Conflict*, Bristol: Hawthorn Press, 1999. 转引自：常健等：《公共冲突管理》，北京：中国人民大学出版社，2012 年，第 48～52 页。

⑤ J. W. Burton. *Peace theory*, New York: Knopf, 1962, p. 67.

⑥ J. S. Coleman. *Community conflict*, New York: Free Press, 1957, p.19.

⑦ D. G. Pruitt & P. V. Olczak. “Beyond hope: Approaches to resolving seemingly intractable conflict,” in B. B. Bunker, J. Z. Rubin and Associates, *Conflict, Cooperation and Justice: Essays Provokes by the work of Morton Deutsch*, San Francisico: Jossey-Bass, 1995, pp. 59-92.

⑧ J. Schumpeter. *The sociology of imperialism*, New York: Meridian, 1955.

果，倾向于引起相同类型的社会关系。”[①]由此推知，冲突的升级过程主要体现为冲突各方对抗方式的增强和破坏性程度的提升，前者涉及冲突各方所采取手段的升级，如从协商、谈判、调解到仲裁、诉讼、暴力对抗等；后者则主要体现为从冲突规模扩大、议题扩散到情绪升温、认知恶化直至停止交流等。但整体来看，国外对冲突扩散与升级的研究主要集中在人际冲突、社会冲突以及国际冲突方面，而对社区冲突的研究相对不足。即使有，也仅是在对社区冲突的研究中有所涉及，如科尔曼（James S. Coleman）、葛木森（William A. Gamson）、桑德斯（Irwin T. Sanders）等，而尚未深入探究，这或许与国外发育较为成熟的市民社会有关。

国内学界对冲突扩散与升级的研究，主要集中在公共冲突或社会冲突领域，如常健、许尧、李亚、韦长伟、张春颜、原珂等对群体性冲突事件起因、扩散、升级与治理的系列研究。其中，常健、韦长伟等探究了“二阶冲突”[②]，许尧提出了冲突升级的“四元素互动对抗性三阶递增模型”[③]。原珂等对“旁观者”介入公共冲突的升级过程进行了研究，指出不同类型的旁观者基于不同的行为动机而围观冲突事件，并通过聚集围观、言语评论、情绪积累三个阶段渐次介入到冲突升级过程中。[④]但是，针对社区冲突扩散与升级方面的既有研究则相对不足。当前国内学界在城市社区冲突方面的研究主要集中在有关城市社区冲突背景、原因、类型、特征及冲突解决方面，如夏建中、卜长莉、杨淑琴、闵学勤、张菊枝、吴晓林等，而对其扩散与升级等演化机理的探究则为数很少，特别对社区冲突消散或结束方式以及不同冲突“消散或结束类型”上的差异将会带来冲突结束后的（社区治理）绩效有何不同方面的研究更是寥寥无几。某种程度上，既有研究较为关注冲突“前端”（原因、类型、特征等），而对冲突“中端”（扩散、升级等演化机理）与“后端”（冲突消散或转化等）的研究明显不足。而这恰是本文的切入点与着力点所在。鉴于此，本研究尝试从公共冲突管理学视角对社会转型期我国城市社区冲突

---

① M. Deutsch. “Cooperation and competition”, in M. Deutsch & P. T. Coleman （Eds.）, *The handbook of conflict resolution: theory and practice*, San Francisco: Jossey-Bass, 2000, p.29.

② 常健、韦长伟：《当代中国社会二阶冲突的特点、原因及应对策略》，《河北学刊》，2011 年第 3 期，第 116 页。

③ 许尧：《中国公共冲突的起因、升级与治理》，天津：南开大学出版社，2013 年，第 93～108 页。

④ 原珂、齐亮：《“旁观者现象”：旁观者介入公共冲突的过程分析及破解策略》，《社会主义研究》，2015 年第 1 期，第 93 页。

的扩散与升级机理进行系统性的专门化探究。

二、城市社区冲突的扩散过程分析

冲突是会转移和扩散的，城市社区冲突也不例外。冲突扩散主要是指冲突从原发地转移和扩散到其他地方，在原发地的各种紧张关系会在扩散中被表达出来[①]。史密斯（Kenwyn K. Smith）曾于1989年提出了冲突的三角形扩散以及分裂的横向与纵向扩散过程。[②]他认为冲突扩散有三个预设：一是冲突不仅可以从一个场景传播到另一个场景，而且两个冲突场景还可以互换；二是冲突能够从多重场景中转移出来，冲突的爆发地点实际上集中表达了来自其他地方的所有紧张关系；三是当冲突转移时，它既能跳跃层次，也能改变态势。在此三个预设下，冲突才具备三角形扩散方式。在实际冲突的三角形扩散方式中，首先要考虑三对同盟关系（X-Y，A-B，C-D），如图1中的a所示。如果冲突产生于X和Y之间，X会拉拢A形成X-A联盟，以此来分裂A与B先前形成的关系，如图1中的b所示。被A孤立开来的B可能会拉拢D，以此来分裂D与C的同盟关系，如图1中的c所示。如果各方都相互影响并遵守三角关系的平衡性或一致性规则，就会形成图1中d所示的两大阵营。

肯定的关系（a）　紧张关系的初级扩散（b）　紧张关系的二级扩散（c）三角化为对立阵营（d）

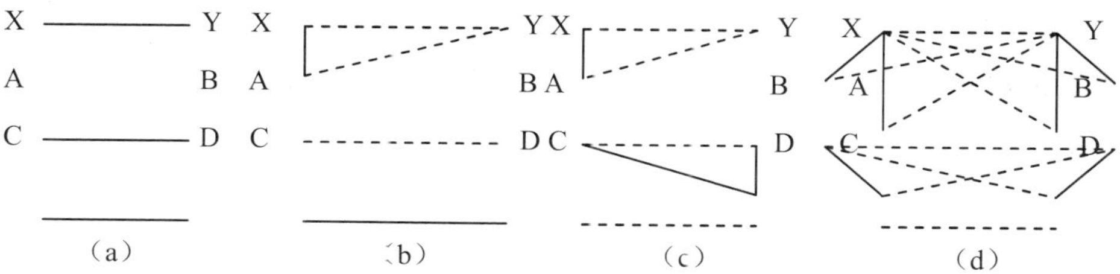

注：无线代表没有建立起关系，实线代表支持关系，虚线代表紧张关系。

资料来源：常健等：《公共冲突管理》，北京：中国人民大学出版社，2012年，第44页。

图1　紧张关系的进一步扩散

① 常健等：《公共冲突管理》，北京：中国人民大学出版社，2012年，第42页。

② Kenwyn K. Smith. "The Movement of Conflict in Organizations: The Joint Dynamics of Splitting and Triangulation", *Administrative Science Quarterly*, 1989, 34(1), pp. 1-20.

分裂（splitting）[①]的横向与纵向扩散过程，主要是指冲突过程中关系分裂的横向与纵向动态过程。具体包括三种动态过程：一是通过三角形扩散从横向到纵向的分裂；二是通过三角形扩散从纵向到横向的分裂；三是横向分裂与纵向分裂之间的相互交换，并使每一个都包含在另一个之中。[②]任何一种纵向冲突都可能通过冲突的三角形扩散而引发横向冲突；同理，反之亦然。如当前我国行政管理体制中的“条块”冲突便是如此，二者互为因果，相互转化。

城市社区冲突，作为社会冲突中的一种公共冲突，其扩散过程也符合三角形扩散模型。现实中，天津市西青区某商品房小区，因大多数业主对社区公共事项管理等方面的问题不满，遂自发成立了社区业主委员会，但由于没有经过社区居委会和街道许可、备案等，街道和社区居委会不予承认，从而造成社区居委会与业主委员会之间关系紧张，并一度因有关社区自治事务引发正面冲突。于是，社区居委会凭其在社区的主导地位，随即拉拢街道和社区党组织支持，以此来分裂原本属于街道和社区党组织所指导的部分社区社会组织。与此同时，部分被孤立的社区社会组织，特别是与社区物业服务企业长期保持合作关系的一些社区社会组织，便与物业公司建立起更为紧密的战略同盟关系，从而又把一部分与物业公司联系不是很紧密的驻区单位或者本来就与物业公司有隔阂的社区工作站推向了社区居委一边。这样，各方都相互影响并遵守三角关系的平衡性或一致性规则，最终形成了以“社区居委会、街道与社区党组织、社区工作站与社区单位等”为核心成员的“社区行政力量联盟”和以“社区业主委员会、部分社区社会组织、物业服务企业等”为核心成员的“社区自治力量联盟”，如图 2 所示，从而使社区陷入了一场关于权力的争夺与较量之中。

① 分裂（splitting）概念源于临床和人类学研究。据罗纳尔多·莱英（Ronald D. Laing）的界定，分裂是一个集合分解为两个子集。它在临床上是描述婴儿处理与母亲融合的欲望同与母亲分离的愿望之间的矛盾关系时出现的挣扎状态，这种矛盾造成了对母亲的强烈的爱恨交织反应，它必须得到处理。但对这种分裂的管理直接导致三个存在：（1）自我，具有很深的矛盾情感；（2）外在的个人（对象），它被变成“好”的投射的所在地；（3）另一个个人，它变成“坏的”投射所在地，以便能够使自己体验到完整的自我。参见：Ronald D. Laing. *The Politics of the Family*, New York: Vintage, 1969. 转引自：常健等：《公共冲突管理》，北京：中国人民大学出版社，2012 年，第 44 页。

② 常健等：《公共冲突管理》，北京：中国人民大学出版社，2012 年，第 45 页。

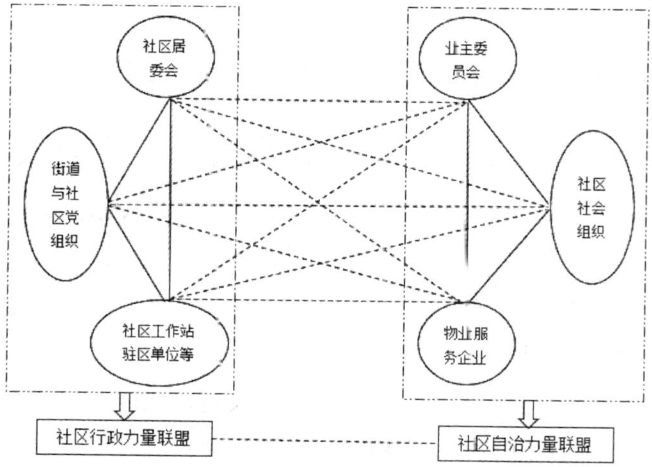

注：无线代表没有建立起关系，实线代表支持关系，虚线代表紧张关系。

图 2　社区权力冲突扩散示意图

由上可以看出，对社区管理权力的争夺，使社区冲突在横向上分裂为“以传统行政力量为代表的一方”和“以新兴自治力量为代表的一方”两大阵营，即把社区众多主体分裂为：以“社区居委会、街道与社区党组织、社区工作站与社区单位等”为一方的联盟和以“社区业主委员会、部分社区社会组织、物业服务企业等”为另一方的联盟。与此同时，在这场社区权力争夺与较量的过程中，还在纵向上将与两大阵营相关的社区工作及公共事务分裂为若隐若现的两大模块（一块是以社区居委会或社区政府为主导而开展的社区工作，一块是以业主委员会为主导而开展的社区服务），从而使社区工作在整体上陷入混乱。当然，这只是社区权力冲突通过三角形扩散从横向到纵向的分裂过程。同理，反之亦然，即因某项社区公共事务而引发的关于社区权力的冲突，也可能导致从纵向到横向上的战略结盟。社区权力冲突的横向分裂与纵向分裂过程往往是相互交织的，并且每一过程都常常包含在另一个过程之中。由此可知，社区冲突分裂的横向与纵向扩散过程，也是冲突发展升级过程中横向与纵向分裂的动态过程。此外，依此类推，其他类型的城市社区冲突如社区利益冲突、社区权利冲突、社区文化冲突及社区结构冲突等在扩散过程中也必然遵循冲突的三角形扩散模型。

三、城市社区冲突扩大与升级机制分析

科尔曼认为，大部分社区冲突的发展都遵循着一定的规律或模式，如从具体性问题到一般性议题，从现有议题到新议题和新议题的多样化、从问题争论到人身攻击，从言语争端到暴力对抗等。但是，在这一演变过程之中，则会出现冲突的扩大与升级。否则，将不会形成所谓的“新议题”或“一般性议题”甚至暴力行为。

冲突扩大，主要涉及冲突主体、事项、议题、范围及影响力的扩大等。冲突扩大一般包括两种形式。一种是良性的冲突扩大，以期引起相关利益者或部门的注意，实现其合理诉求。如一些城市的社区业主为维护其权益而通过集体签名的方式发出诸如“业主维权倡议书”等之类的抗议，就是一种相对良性的冲突扩大形式。在社会转型期业主与物业公司“力量悬殊”的情况下，采取相对理性的非暴力抗议方式要远胜于暴力解决方式，其主要目的除了谴责物业公司不端行为与基层政府不作为外，更在于引起相关高层或上级部门的关注，以期尽快解决争端或冲突，维护广大业主权益，恢复社区平静。另一种是恶性的冲突扩大，除引起相关部门关注外，还往往隐藏着诸多不合理的要求。如现实社会冲突中的很多“闹大”事件便是如此，尤其是在一些征地拆迁冲突和医患冲突中，冲突一方往往为了获取更多的利益补偿而不惜雇佣“专业人员”（如地方黑恶势力充当“打手”、专业“哭丧队”等）来“闹大”，这势必会造成冲突的恶化、扩大与升级。在某种程度上，冲突扩大是冲突发展初期的一种必然趋势，这虽并不一定意味着冲突强度与烈度的加剧，但是一旦逾过某个节点，则必然导致冲突“质变”，即冲突升级。

冲突升级，通常是指冲突在整体强度上的增大或加剧，即冲突逾过某一临界点而发生“质变”。鲁宾（Jeffrey Rubin）、普鲁伊特等曾研究了冲突升级的四大特点：策略由轻微到严重、争论扩散、各方更加投入到冲突之中以及冲突目标改变等。[①]伯顿、科尔曼、普鲁伊利、奥尔科扎克、熊彼特等则都对冲突升级的路径或模型进行了总结或归纳，大致可概括为以下三种：“进攻

① D. G. Pruitt, J. Z. Rubin & S. H. Kim. *Social conflict: escalation, stalemate and settlement*, New York: McGraw-Hill, 1994.

者—防御者”模型、“冲突螺旋”模型和“结构转化”模型。[①]其中，“冲突螺旋”模型是最为常见的一种冲突升级方式，而“结构转化”模型则更为深入地分析了冲突升级时的一些重要转化，如心理转化（如敌对的态度）、团体转化（如团体中好战领导的发展）、社群转换（社群的两极分化）以及冲突各方周围团体或群体的变化等引起的冲突升级，而且该模型指出了这种转化会导致冲突的持续或反复出现，以及如何进一步又使冲突升级等。

然而，针对城市社区冲突的升级，科尔曼认为社区冲突的发展升级过程包括三个方面：（1）从特殊到一般（Specific to general）：从单个争议事项上升到对某类问题的冲突；（2）新问题的出现（New and different issues）：在冲突过程中，往往会产生新的问题；（3）从异议到对抗（Disagreement to antagonism）：冲突升级。社区冲突的升级过程往往是从一个单项争议发展到多个争议事项，进而发展到对抗的过程，如图 3 所示（在此将其概括为社区冲突升级的“七阶段”模型）。

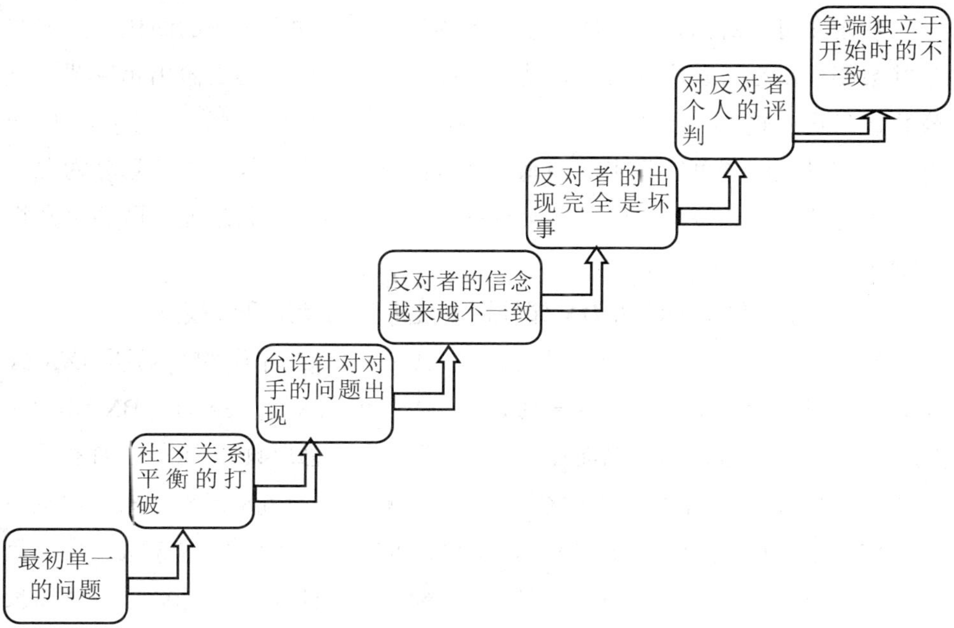

资料来源:J. S. Coleman. *Community conflict*, New York: Free Press, 1957, p.11. 改编自：徐琦等：《社区社会学》，北京：中国社会出版社，2004 年，第 80 页。

图 3　社区冲突升级的过程演变图

① 如伯顿（J. W. Burton）、科尔曼（J. S. Coleman）、普鲁特（D. G. Pruitt）和奥尔科扎克（P. V. Olczak）、熊彼特（J. Schumpeter）等人均对此有过较为丰硕的研究。

从图 3 社区冲突升级的“七阶段”演变模型中可以看出，冲突的扩大与升级是一个逐步演进的过程。但是，在这一过程中，往往会出现循环或往复，尤其是现实中的冲突更非完全是严格遵循这一“线性”的方式演变，在“平衡关系被打破”之后，出现回旋与往复的概率更大，几经“较量”之后，才会步入一下阶段。这样，使得冲突的升级往往具有“螺旋式”演变的特征。例如，无论是社区内不同主体对社区“管理权”的争夺，还是上文中某商品房小区内社区行政力量联盟与社区自治力量联盟间的权力较量，其都不是一次性就可以形成冲突对立各方，而往往是在冲突分歧各方初步显现后，再经历多轮“回旋往复”或“反复博弈”之后才能形成势不两立的对立各方。鉴于此，根据我国城市社区冲突（特别是社区群体性冲突）的特征及其扩散与升级过程，并结合卡朋特和肯尼迪（S. L. Carpenter & W. J. D. Kennedy）针对一般性冲突的“升级螺旋”模型，提炼出“未受控制冲突的螺旋升级”模型，如图 4 所示。

从图 4 可以看出，随着冲突强度的逐步增大，冲突议题的演化、冲突方的社会心理反应、政府或集体行动、公民团体行动也都随之做出相应调整与变化。在此，本文以天津市 HX 园社区物业冲突事件为例（详见案例），根据社区冲突升级的强度，将未受控制的社区冲突螺旋升级模型大致划分为七个阶段进行描述与论证。当然，在某种程度上，这也是对科尔曼社区冲突升级“七阶段”模型的丰富与完善。

【案例】天津市 HX 园社区物业冲突的螺旋升级模型

XD 庄园，地处天津市 X 区城乡结合地带的 LQZ 街道辖区内，是 JXXZT 房地产开发的商品房小区，共辖 HX 园、MX 园、LX 园、JX 园、BX 园、FX 园六个住宅小园区，建筑总面积约 60 万平方米，总户数 3088 户。HX 园，是组成 XD 庄园的六个住宅小区之一，该园总面积约 6.8 万平方米，建筑面积 10.73 万平方米，总户数 740 户，常住户 587 户，入住率 79.30%，楼栋数 14 座（含 4 栋高层住宅），共 51 个楼门，54 位楼长代表（每栋高层两位楼长代表），即 HX 园区业主代表。

公民团体行动	政府或行业行动	强 度	冲突议题的演化	冲突方的社会心理反应
立案	采取法律措施		采取制裁成为议题	复仇的动机
		危机感出现		
诉讼	诉讼			超出个体控制能力的冲突积量
非暴力直接行动	重新分配对付对手的资源		新观点停滞	
		理解（认知）扭曲		
愿意负担更好的成本	愿意负担更好的成本		非现实性目标被倡导/鼓吹	进程演化为沮丧之源 急迫感出现
呼吁民选代表和组织机构领导成员	呼吁民选代表和组织机构领导成员	冲突发生（社区外部）	威胁变成议题	
领导者接管	新闻头条出现		具体议题转变为一般性的单一或多元问题	敌意激进
		资源调拨/调动		
联盟形成	高水平的管理者加入决策		议题极化	丧失察觉中立的能力
		交流停止		明确运用权力
任务团队开始研究议题				固守成见
媒体报道	在权力结构方面建立支持团队			谣言和煽动
领导浮现	媒体竞相报道	立场僵化	议题和立场形成	立场僵化
问题提上其他会议议程	冲突方各自释放压力		个体加入议题一方	情感集聚
非正式的公民会议				情感表达
		冲突各方形成		
信件（求助）	反对信件		人们意识到具体问题	焦虑增加
打电话（求助）	无反应/回立	问题出现		

资料来源：改编自 Carpenter, S. L. & Kennedy, W. J. D. *Managing Public Disputes.* San Francisco: Jossey-Bass, 2001, p.12.

图 4 未受控制冲突的螺旋升级模型

第一阶段：问题出现

HX 园小区自建立以来，一直是隶属于 XD 庄园业主委员会管理的六个小区之一。后来，由于种种原因，XD 庄园业主委员会于 2012 年 8 月解散，与此同时，跟其合作的 CSJ 物业公司开始弃管小区[①]，并于半年后的 2013 年 3 月正式全部撤出[②]。自此，该小区处于无序混乱状态：一楼私搭乱盖，侵占公共绿地；业主疯狂抢占车位，私自安装地锁，并时常发生口角；小高层多次停水停电；小区垃圾多次停止清运，小区环境脏乱差；夜晚漆黑一片，小偷频频光顾，多家被盗，甚至有车辆丢失，居民安全受到威胁等。在此期间，虽有小区志愿服务工作小组的志愿者维护秩序或进行公益服务，但随着时间的推移，其渐渐都失去了热情。基于以上混乱状况，小区的绝大多数业主建议成立业主自主管理委员会，以满足全体业主的迫切需求。

第二阶段：形成分歧各方

尽管在关于成立 HX 园业主自主管理委员会这一问题上，小区各方利益代表争议不休，但最终还是在绝大多数业主的强烈要求下，于 2013 年 10 月 7 日在原小区 HX 园（志愿者）工作小组基础上成立了 HX 园业主自主管理委员会（以下简称“自管委”）。之后，10 月 26 日自管委组织小区楼长会议，对引入“丽娜模式”[③]征求业主意见，并于 2014 年 1 月 5 日正式引入 DD 物

---

① XD 庄园有 6 个小区，当时有 HX 园、MX 园和 LX 园三个小区弃管，但是 HX 园是最先遭到 CSJ 物业弃管的小区。其原因在于之前 HX 园一直是这六个小区中缴纳物业费最多和最积极的小区，因其感觉到所交物业费和所获得的服务不成比例，便经常提出一些要求。然而，CSJ 物业认为其经常“找茬”，事情比较多，从而就首先将其弃管。

② 在此之后，XD 庄园于 2013 年 9 月 27 日成立新一届业主委员会，并于次日在 HX 园召开了第一次业主代表大会；于同年 10 月 7 日在 HX 园召开了第二次业主代表大会，同时宣告 HX 园（志愿者）工作小组正式成立；2013 年 10 月 8 日 HX 园对 XD 庄园提交关于业主代表及业主委员会成员对社区议事规则和管理公约的书面意见，之后又多次提交，引起 XD 庄园新一届业主委员会对其小区不满；后又因经过 10 个多月筹备成立的新一届业主委员会尚未正式备案，而 JX 园、HX 园、MX 园和 LX 园中的 7 位委员于 2013 年 10 月 24 日提交了退出申请，同时 HX 园的 3 位代表在 HX 园园区内公告了退出事宜，新一届的 XD 庄园业主委员会处于难产停滞状态；2013 年 10 月 26 日：HX 园（志愿者）工作小组（即 HX 园业主自主管理委员会，因尚未备案成功，所以这一名称尚未合法，但小区业主却习惯这样称呼）组织楼长会议对引入“丽娜模式”征求业主意见。

③ 所谓“丽娜模式”，源于天津，起初主要是对天津一些弃管小区的接管，后来随着接管小区数量的增多和规模的扩大，逐渐被一些学者总结为“丽娜模式”。在本质上，“丽娜模式”是一种“区分穷尽、物权自主、量化公开”的现代物业管理方式，主要是指在住宅小区业主内部根据物的客观性和使用特点两个基本特性，将物的管理责任在全体业主、业主组团和业主个人层面做出区分、采取“使用者付费”原则实现“物权自主”的管理机制。参见：崔丽娜：《区分穷尽、物权自主、量化公开——基于“使用——付费”原则的物业管理“丽娜模式”》，《和谐社区通讯》，2011 年第 5 期。

业[①]进驻该小区，试行“丽娜模式”，推行“管家式服务”。然而，没有想到的是，“丽娜模式”的引入及推行，引发了从该街道到社区党组织及社区工作站等多方的反对。这样，不同相关利益主体基于各自权益等方面的考量，形成两大对立派别（按其涉及的主要主体划分）：以街道、社区党委、社区工作站及原XD庄园部分业主委员会成员为主体的反对派和以HX园业主自管委、DD物业公司及社区部分社会组织为主体的支持派。至此，冲突各方正式形成。

第三阶段：立场僵化，交流停止

冲突各方形成后，会不断强化己方立场，视对方为异己，从而使冲突议题和焦点进一步明晰，双方不能再继续和平理性沟通，正式交流到此停止，随之而来的便是谣言和煽动，甚至私下诋毁对方的行为不断出现。如原XD庄园部分业主委员会成员及社区工作站部分成员指责HX园业主自管委没有得到街道社区备案为“非法团体”，应予以取缔等；而HX园业主自管委却认为，自管委在行使居民自治权利，街道社区不备案则属于政府不作为，是政府失职行为等，并认为自管委履行居民自治权利，其他团体无权干涉。

第四阶段：资源调动、调拨

在上述冲突双方实际交流停止之后，冲突议题进一步极化，各方势不两立。与此同时，各方还在继续拉拢和不断巩固各自势力，并在两大对立派系的基础上，遵循冲突“三角形扩散模型”的原则，最终形成了以“社区居委会、街道与社区党组织、社区工作站与社区单位等”为核心成员的“社区行政力量联盟”和以“社区业主委员会、部分社区社会组织、物业服务企业等”为核心成员的“社区自治力量联盟”（详见图2所示），至此，冲突双方形成各自的力量联盟，从而使小区陷入了一场对社区权力的争夺战中。冲突双方骂战不断，剑拔弩张，但矛盾并未激化。

---

① 进驻HX园的DD物业公司按照“大家参与，大家交费，大家监督，大家管理”的原则，依照“物权自主，量化公开”的模式，采取“按月付费，公益为公”的方式，提供“管家式服务”。所谓“管家式服务”，即DD物业公司接受全体业主的委托，按照业主们的意愿，并以DD公司的名义对外聘请保洁、保安、管道疏通、绿化管理等专业服务企业或人员为该园提供物业服务，并协助业主自主管理委员会实施自主物业管理。它们只按月取得物业管理人固定报酬，剩余资金均由全体业主自己支配，这样可以做到收支透明，共同监督，协商管理，确保业主利益不受侵害。HX园业主自主管理委员会经过考察与筛选，一致同意DD物业（天津）有限公司进驻本园。该物业公司是由“和谐社区发展中心”创会理事、打假英雄王海先生创办，注册资本200万元人民币。其法人代表王海先生、顾问崔丽娜女士都是知名社会维权人士和注册志愿者。他们创建的“管家式物业管理服务模式”，正在被社会广泛关注与认可。

第五阶段：冲突发生（社区外部）

经过冲突双方上一阶段的资源调动，冲突能量积蓄上升，从而进一步使极化的议题转变为对对方的威胁，这样，冲突发生就难免了。2014 年 5 月，DD 物业为小区安装门禁，HX 园反对派对物业公司及其支持者进行阻挠，直接导致物业公司人员及自管委成员与反对派业主及支持者之间发生了肢体冲突。这一事件引起了相关政府部门的高度关注。

第六阶段：理解（认知）扭曲

在相关部门介入的情况下，冲突双方还是坚持己见，并进一步丑化对方形象，从而进一步使冲突议题扭曲，如反对派号称自管委及“丽娜模式”的目标是要“搞社区自由独立”“脱离党管、不听党话”“扰乱基层秩序”等，而非“真正的社区自治”。这样，冲突焦点逐步从现实性冲突走向非现实性冲突，冲突进一步恶化。如在这段时期，“丽娜模式”创立者的微博号等被封，甚至她在该小区的行动也有所限制，遂导致“丽娜模式”在该小区受到质疑。但此时，“丽娜模式”在天津其他接管小区依然正常运行。

第七阶段：危机感出现

上述冲突各方因在“丽娜模式”上存在诸多争议，致使 DD 物业在处理 HX 园小区的各项公共事务上，遭到反对“丽娜模式”的业主及其支持者们的多处为难，并借机生事，激化矛盾，引发了不同程度上的肢体冲突。随着时间的推进，尽管“大冲突没有，小冲突不断”，但是，因各种不确定因素的影响，冲突双方危机感逐步出现，并时而通过个别事件激化，社区难得安宁。最终，政府相关部门采取紧急强制性措施，引导双方和谈，至此，这一场持续多年的社区冲突慢慢平息。

在上述不同的阶段，除冲突议题不断演化之外，冲突各方的心理反应也在不断发生变化，同时，相关媒体、政府部门及相关社会团体、行业协会等的态度与行为方式也在不断变化，引发了各界关注。如今，该小区已恢复平静，自管委继续引入“丽娜模式”并由 DD 物业提供专业化的物业服务，实行自管委主导下的小区“自我管理、自我服务、自我教育、自我监督”的自主管理模式。（资料来源：根据调研资料整理而得）

不论何种冲突升级模型，都必然涉及冲突的升级过程。社区冲突升级过程也不例外。从案例可以看出，在天津 HX 园这一社区物业冲突升级过程中，从“问题的出现”到“冲突各方形成”大约经历了整整一年的时间，而从“冲突各方形成”到“立场僵化，交流停止”又约历经了半年时间，之后才“一发不可收拾”，并最终酿成大大小小的各种冲突事件。这一过程在很大程度上契合了路易斯·庞蒂（Louis R. Pondy）所提出的冲突升级过程“五阶段论”模型：潜在的冲突（Latent Conflict）——感知到的冲突（Perceived Conflict）——感受到的冲突（Felt Conflict）——显现的冲突（Manifest Conflict）——冲突的后续（Conflict Aftermath）。①只是 HX 园社区物业冲突在从“潜在冲突”到“显现冲突”这一阶段持续了较长时间，而在冲突的后续上进展缓慢。当然，这种从宏观视角来研究冲突发展到何种程度的分析模型虽有利于在整体上把握冲突进展，但却很难从微观的角度对冲突进行积极干预。其实，在这一物业冲突爆发的前期阶段，本应有很多机会可以对其进行干预或引导，但最终各方都持“观望”态度而没有实施，从而致使“显性冲突”爆发后，相关政府部门与各方才在“冲突的后续”阶段对其进行引导、干预与化解。然而，格拉索（Friedrich Glasl）则对冲突的各个行为阶段进行了更为细致的区分，提出了冲突行为升级的九个阶段：分歧强化（Hardening）——激烈争辩（Debates and Polemics）——诉诸行动（Actions，not Words）——形象结盟（Images and Coalitions）——撕破脸面（Loss of Face）——威胁策略（Strategies of threats）——有限突袭（Limited Destructive Blows）——致敌分裂（Fragmentation of the Enemy）——同归于尽（Together into the Abyss），并区分了各个不同阶段的特征，如表 1 所示。

表 1　冲突升级各个阶段的特征

阶段名称	特征	对抗方式	主观感受
1. 分歧强化	利益化为立场	内外出现差别	怀疑对方诚意
2. 激烈争辩	关注输赢的名声	准理性争论	感到受威胁
3. 单方面行动	采取行动	迫使对方让步	感到被迫对抗阻碍
4. 形象与结盟	形成固定形象	攻击对方名誉	设法保护自己名声
5. 撕破脸面	关注神圣价值	揭穿对方道德形象	设法报复
6. 威胁策略	局面失控	发出实际的威胁	恐慌
7. 破坏性打击	视对方无人性	主动伤害对方	害怕与仇恨
8. 致敌分裂	力图摧毁对方	毁灭性打击	关注自身的生存
9. 同归于尽	不惜一切代价	消灭敌人	无视自身安危

资料来源：Friedrich Glasl，Conflict management，Ein Handbuch für Führungskräfte，Beraterinnen and Berater，Bern: Paul Haupt Verlag，1997. 转引自：常健等：《公共冲突管理》，北京：中国人民大学出版社，2012 年，第 52 页。

① Louis R. Pondy. “Organizational conflict: concepts and models”, *Administrative Science Quarterly*, 1967, 12(2). pp. 296-320.

这在某种程度上与前述“未受控制冲突的螺旋升级七阶段”模型有着内在的一致性，故在此不赘述。但这一升级过程模型能更为清晰地为冲突各方及干预者提供根据冲突发展不同阶段的不同特点选择有针对性的应对策略的机会。[①]如在上述案例的社区物业冲突中，就可以根据冲突各个阶段的不同特征，在冲突各方“立场僵化，交流停止”阶段，即冲突即将发生“质变”的关键临界点之际，积极引导各方从坚持己方“立场”转向寻求共同“利益”与“需求”，从而缓和冲突，以防止冲突恶化。

然而，综观上述几种冲突升级模型，可以发现，导致冲突在升级过程中发生关键性变化的往往是其“质”的改变——从利益冲突转向认同冲突，这是造成很多冲突恶化、升级的要害所在。如在“未受控制冲突的螺旋升级模型”中的“理解（认知）扭曲”阶段、在格拉索九阶段模型中的“撕破脸面”阶段等，都存在对己方认同价值的固化与对他方道德形象、价值观等的异化。罗曼（J. Rothman）就曾指出：“所有的认同冲突都包含利益冲突；但并非所有的利益冲突都涉及认同冲突。”[②]更进一步说，很多被忽视或未被重视的以及尚未得到解决的利益冲突都可能进一步发展为认同冲突，这样的利益冲突往往涉及尊严、认同、信念或群体忠诚等方面的议题，而这往往是导致冲突升级的“质变点”。在很多社区邻避冲突的发展过程中就常常存在此种迹象，从一开始单纯的以利益诉求为主导的“自利性应激反应”逐渐演化为带有“他利性的政策诉求”，甚至涉及具有“他利性的锐利政治诉求”等，从而使冲突发生“质”的变化。如在北京昌平的阿苏卫垃圾焚烧事件中，100 多名来自奥北等几大社区的居民因其居所附近建设垃圾焚烧发电厂，计划于 2009 年 9 月 4 日在举办“2009 年北京环境卫生博览会”的农业展览馆门口集结，准备 9 点钟开始从停车场游行至农展 3 号馆（该馆的阿苏卫循环经济园也作为中华人民共和国成立 60 周年献礼工程的一部分展出），但因当时正值 60 周年大庆前夕，现场维稳力量骤增，先后有多名居民被警察带走。[③]这一事件后，

① Friedrich Glasl. Conflict management, Ein Handbuch für Führungskräfte, Beraterinnen and Berater, Bern: Paul Haupt Verlag, 1997. English edition: *Confronting Conflict*, Bristol: Hawthorn Press, 1999. 转引自：常健等：《公共冲突管理》，北京：中国人民大学出版社，2012 年。

② J. Rothman. *Resolving identity-based conflict in nations, organizations, and communities*. San Francisco: Jossey-Bass, 1997, p.11.

③ 刘峰、孙晓莉：《垃圾政治：阿苏卫之争，矛盾、冲突与反思》，北京：国家行政学院出版社，2011 年，第 148～149 页。

不少居民因担心自身权益受损而主动退出维权运动，而另一部分居民因其人身、精神等权利受损而走向基层政治抗争之路，从而使利益冲突转向认同层面的价值冲突。

另外，现代社区物业冲突中的业主维权也在很大程度上反映出这种“质”的变化。通常来说，现实社区生活中，社区居委会、业主委员会和物业公司作为社区的“三驾马车”，三者之间相互交叉的各类矛盾、纠纷或冲突不仅难以避免，而且众多繁杂，并常常是“公说公有理，婆说婆有理”，还经常演化为一种无休止的“推诿”与“扯皮”。其实，在所有的社区冲突类别中，业主、业主委员会、社区居委会和物业公司几者间的关系才是最难调处的关系之一，稍有不慎，就会酿成群体性基层抗争事件。同时，在调研访谈中还发现，这类社区物业冲突事件升级的关键原因，往往缘于物业公司为达其目的而损害了广大业主的权益，而很少在于业主不遵守物业管理或相关规范等。其次，社区居委会的不当卷入也是造成社区冲突升级的重要因素。相较于业主、业主委员会和物业公司与开发商之间的冲突，业主委员会与社区居委会之间的冲突是社区公共事务治理和社区矛盾纠纷处理中相对关注较少、表面上也不是太激烈，但却涉及社区问题比较多的、相对较为普遍的一类社区冲突。[①]在许多社区物业冲突事件中，社区居委会的不当卷入往往导致冲突升级，并时常导致冲突双方严重对立，即双方都对对方存在的合理性与合法性产生了根本性的质疑[②]。这也正是社会转型期中国城市社区物业冲突时常升级演化为基层民主政治抗争性事件的根本症结所在。

四、城市社区冲突升级的影响因素与消减趋势

冲突扩散和冲突升级是一种相互交叉的关系，冲突扩散后可能会导致冲突升级，也可能不会导致冲突升级；冲突升级过程中可能会伴随着冲突扩散，也可能并非一定伴随着冲突扩散。[③]但是，不论如何，冲突之所以能够不断扩散与升级，除了冲突本身具有扩散性以外，还与以下三个方面的因素密切

① 杨淑琴：《社区冲突：理论研究与案例分析》，上海：上海三联书店，2014 年，第 91 页。

② 李占宾：《基层治理的现实困境及法治化路径》，《河南师范大学学报（哲学社会科学版）》，2016 年第 1 期，第 16 页。

③ 许尧：《中国公共冲突的起因、升级与治理》，天津：南开大学出版社，2013 年，第 26 页。

相关，均不可忽视。

一是冲突的“格莱香定律”。冲突的“格莱香定律”，是指那些促进冲突的人胜过那些想保持秩序的人。科尔曼就曾指出：“有害的和危险的因素逐出了那些想把冲突保持在一定范围内的人；不计后果的、不受抑制的领导引导着攻击；富有战斗力的组织形成以替代温和的、拘泥的已有组织；贬损的和粗俗的指控替代了没有激情的争论；对抗替代意见的不一致；诋毁对手替代了开始只是想赢的意愿。换言之，所有的力量被用于冲突的举措以逐出调和的因素，并用为战斗装备更好的东西替代他们。”[①]这就必然导致冲突的恶化与升级。现实生活中，部分居民为了自己的权益最大化，不惜想方设法制造威胁稳定的事端，把事情闹大。当代医患冲突中的“专业医闹”“专业哭丧组织”以及“装死”“假死”等都是最好的例证。

二是二阶冲突。二级冲突也是冲突扩散（大）与升级的一种激烈形式。所谓二阶冲突，指由第三方干预所导致的冲突方与第三方之间的冲突。换言之，即冲突方与冲突管理者之间所引发的冲突。[②]一种情况是冲突一方因第三方处理不公或偏袒另一方而引发的对对方和第三方的冲突，如在有关社区公共事项冲突中，经常出现社区有威望的长者或第三方组织处理冲突，但往往因冲突一方认为调解结果不公而把矛头指向调解者或第三方组织。这种类型的二阶冲突在社区征地拆迁冲突与社区邻避冲突中也较为常见。这是因为在这两类社区冲突中，第三方极易因自身利益的考量而被冲突一方（通常是开发商等相关企业）所“绑架”形成“共谋”，广州番禺垃圾焚烧事件、北京西二旗垃圾处理项目选址事件以及安徽舒城垃圾掩埋厂选址事件等都是如此。另一种情况是因第三方处理不当或不作为而导致的冲突双方与第三方之间的冲突。如在一些社区物业冲突中，基层政府以及街道或社区居委会等经常因对业主、业主委员会、物业公司三者间的冲突处理不当或不作为而遭到所在社区居民或业主的一致反对，甚至有些业主自治小区提出“街道（或社区居委会）已不适应时代的发展，是一种过时的组织”“废除街道（或社区居

① J. S. Coleman. *Community conflict*, New York: Free Press, 1957.

② 常健、韦长伟：《当代中国社会二阶冲突的特点、原因及应对策略》，《河北学刊》，2011 年第 3 期，第 116 页。

委会）”等相关论调[①]。

三是“旁观者”现象。一般来说，冲突中的旁观者大致分为三类：无直接利益旁观、潜在利益旁观和直接利益旁观。第一类旁观者往往是出于猎奇心理、希望了解事实而已，一般采取观望姿态，并不意图介入事件之中；第二类旁观者往往会随着事态的发展，逐渐将自身与冲突从“不相关”到“相关”联系起来，但尚未达到实质性参与；而第三类旁观者往往出于跟自身利益相关而积极主动关注事件的发展，但又因多方面因素而无力介入或不愿介入到实际冲突中，故采取观望的姿态。[②]旁观者尽管未参与到实际冲突中，但其言论、行为（如围观及“集体散步”“静坐示威”等）或其存在本身对冲突事件或相关参与者产生一定的影响时，就很可能由“观望式旁观”转变为“影响式旁观”，进而易于被误认为是冲突一方的“同伙”，对冲突另一方造成心理等方面的无形压力，导致社区冲突的进一步扩大、恶化与升级。实践中，某市一社区居民房的动迁出现了一起因征地拆迁利益纠纷而引起的“无直接利益旁观者”参与拆迁改造的群体性上访冲突事件。该社区是由先前的两个行政村合并于2005年撤村建居的，312国道从中穿插而过，原村民居住在国道南面。那儿有3个村民小组，还有1个无地队。随着经济逐步发展，20世纪80年代部分村民建起了“独立式”住宅，90年代部分村民获批了“别墅式”院落。1996年村里为居住在20世纪70年代初建造的“兵营式”住房的农民发放了土地证以及房产证，而此时“兵营式”住房农户却感到居住条件越来越差了，各户在原建用房地范围内进行了翻建和辅房加楼。在2002年前翻建、加楼的得到了批建手续，而之后因区划调整停批后继续翻建、辅房加楼的，则成了违章建筑。市政府实施工程北延段的建设涉及了社区南片居民的动迁。南片居民连续多次向街道反映情况，要求街道做出承诺，确保居民

① 尽管直到今天政府在是否退出社区的问题上依然显得犹豫不定，但是随着现代社会的发展和公民意识的觉醒，社区在自治中的不断成长和成熟已经是一个不争的事实。其实，关于撤销街道还是社区居委会，笔者曾在《论撤销街道办事处的理由与可行性》一文中进行过详细论述，详见《人民论坛》2012年第9期第142～143页。而社区居委会作为一种基层群众性自治组织，是党和政府联系群众的桥梁和纽带，是城市基层社会管理与公共服务的最基本载体，是中国特色社会主义民主制度的重要表现形式之一。尽管近年来社区显现出行政化严重、自治性不强等种种弊端，但提出“撤销社区居委会”还为时过早。另外，2010年中办、国办《关于加强和改革城市社区居民委员会建设的意见》（简称27号文件）明确要求社区工作者（居委会工作人员），努力掌握在新的历史条件下做好群众工作的方法和本领，不断提高服务群众和依法办事的能力和水平。

② 原珂、齐亮：《“旁观者现象”：旁观者介入公共冲突的过程分析及破解策略》，《社会主义研究》，2015年第1期，第95～96页。

利益。这时，部分不在动迁范围内的居民生怕日后自家也要受到影响而不明事理地跟着上访，致使上访人数最多时高达近1000人次，甚至有的人彻夜不归，大有不达目的誓不罢休的势头。而且，附近社区的居民也闻讯加入其中，并最终演化为一场声势浩大的群体性上访事件。

理论上看，旁观者围观公共冲突事件并非坏事，这在一定程度上折射出民众权利意识的觉醒。但问题在于，旁观者的参与常常又是导致冲突升级的一大诱因。这种诱因的作用是出于旁观者角色的转变，即“旁观者”转变为“参与者”的形式而形成的，而非旁观者独立作为一个群体而形成的。[①]“无直接利益旁观者”参与的拆迁冲突中，“部分不在动迁范围内的居民生怕日后自家也要受到影响而不明事理地跟着上访”乃是造成冲突扩大的一个重要因素，而之后“附近的居民也闻讯加入其中”则是最终酿成冲突迅速升级为“一场声势浩大的群体性上访事件”的一个重要诱因。反思该事件，其形成的原因在于拆迁政策与拆迁实际的背离。现有的拆迁政策很难解决几十年以来积聚的“历史遗留”问题。[②]依据相关法律法规，只有发放批复的产权房面积才属于合法面积，享有拆迁全额补偿。但由于各种复杂原因在很长的时间里该申报审批手续被停止，造成了老百姓建房和职能部门管理上的脱节，在遇到拆迁这样涉及面广的综合事项时，要求满足大众的所有诉求就很难，要求实现公平性则更难。而“无直接利益旁观者”的参与更是激化了这一事件，并最终酿成了一场恶性的群体性上访事件。

当然，社区冲突的升级并非一直持续。根据冲突的一般发展规律，当冲突发展上升到一定阶段时，必然会转向消减。如图5所示，即为冲突的升级与消减模型。相关研究表明，冲突的消减与冲突各方的承受能力、冲突的持续时间成反向相关。[③]社区冲突中，当冲突持续时间较长或者冲突一方将其所能承受的成本上升到最大限度后，冲突就会朝向另一个倾向发展，即冲突消减。

---

① 原珂、齐亮：《“旁观者现象”：旁观者介入公共冲突的过程分析及破解策略》，《社会主义研究》，2015年第1期，第98页。

② 原珂：《谈判的“一体两面”：基于邻避冲突与征地拆迁冲突的比较视角》，《学习论坛》，2015年第10期，第54页。

③ L. J. Carlson. “A theory of escalation and international conflict”, *Journal of Conflict Resolution*, 1995, 39(3), pp.511-534.

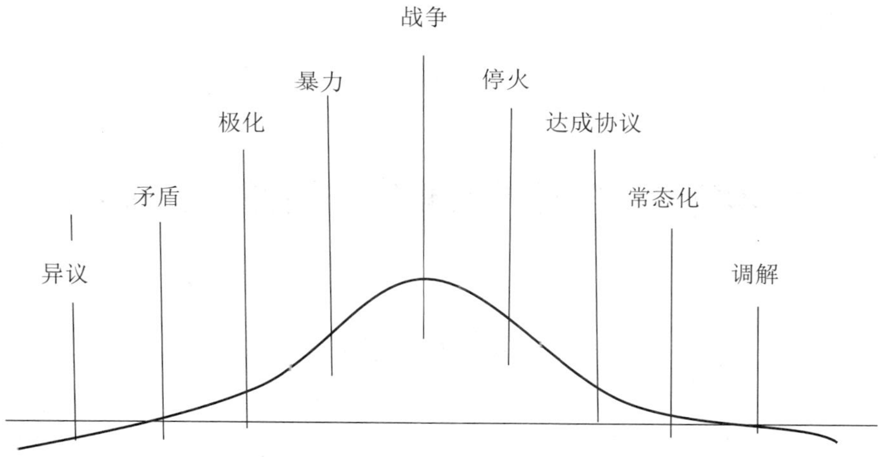

图 5　冲突升级与消减模型

冲突消减，严格来说，指至少有参与冲突的一方愿意停止某种对抗行为的过程。根据冲突消减程度的不同，冲突消减的方法包括停火、达成协议、常态化、调解以及双方表现出关注共同点或者建设性的问题解决态度等。如当冲突中的一方表现出“妥协”倾向而不被对方看作“懦弱”时，这就是一种建设性的冲突有效消减方式。[①]但是，值得注意的是，冲突消减并不能使冲突回归到其发端时的原初状态。就像一张纸，皱了，即使抚平，也恢复不了原样了……由此可知，冲突消减更多的是冲突程度的减弱乃至消逝，或者说实现冲突处置或冲突化解的目标，而永远无法实现冲突的转化，即消除各冲突参与方内心的阴影与双方间的隔阂。同理，可以推知，社区冲突消减的真正目的应该是实现社区冲突的化解，而非社区冲突转化，但其化解的手段不应局限于一般的冲突平息或简单机械的冲突处置，而应努力尝试创造性的冲突消减或化解方法。这也将是学界下一步应研究的重点方向。

① D. R. Peterson. “Conflict,” In H.H. Kelley, E. Berscheid & A. Christensen, et al., eds. *Close Relationships*. New York: W. H. Freeman, 1983, pp. 361-396.

中国城市社区冲突化解与治理机制探究

原珂

摘　要：社区冲突是现代城市社区治理不可回避的重要议题之一。有效的冲突治理机制是城市社区冲突化解与治理的重要保障。为此，应在“合作互惠，协商共赢”之社区冲突化解与治理理念重塑的新思维下，着力从内部机制建设、外部机制建设以及内外联动机制建设等方面多管齐下，切实构建起当代中国城市社区冲突化解与治理机制的新常态。其中，内部机制建设注重纵向层面上对社区冲突进行化解与治理，包括风险预警、沟通交流、利益整合、技术支持和学习机制等；外部机制建设侧重横向层面上多元主体参与社区冲突的化解与治理，包括外部扶持、社会组织与公众参与、第三方干预、争议事项裁决与制动机制等；而内外联动机制建设则聚焦于纵横层面的协同整合，涉及不同社区、城市甚至国家之间的互动机制。

关键词：城市社区冲突；冲突化解；冲突治理；治理机制

新世纪以来，随着我国社会经济的高速发展和城市化进程的快速推进，建设和发展城市社区，已愈发成为我国城市基层治理创新乃至城市治理、社会治理和国家治理创新研究的一项重大课题。然而，随着近年来城市的转型、

作者简介：原珂，对外经济贸易大学教育与开放经济研究中心助理研究员，主要研究方向为公共冲突治理与教育经济管理等。

基金项目：国家社科基金重大项目“基于大型调查数据基础上中国城镇社区结构异质性及其基层治理研究”（15ZDB173）；国家社科规划重点项目“公共领域冲突管理体制研究”（13AGL005）；国家社科基金青年项目“社区、社会组织、社工在基层社会治理创新中的协同机制研究”（15CSH026）。

文章来源：本文刊载于《行政论坛》2017 年第 2 期。

更新与发展，城市社会环境发生了重大变化，城市社区承载的各种社会事务愈来愈多，社会的复杂性在城市社区中更为凸显，高集聚、高密度的城市社区运作模式难免会引发一系列的社区矛盾、纠纷或冲突。[①]城市社区如何面对这些将会越来越多、愈来愈突出的社区矛盾、纠纷或冲突，无疑对中国的城市社区建设、发展与治理都提出严峻挑战，倘若不进行前瞻性的冲突化解与治理机制研究，则将可能会造成城市社区生活的无序或混乱，终将侵蚀城市的活力、品质和宜居性，从而使城市治理陷入困境，甚至危及社会秩序的稳定与和谐。为此进行前瞻性的社区冲突化解与治理机制研究，很有必要。鉴于此，本研究尝试从公共冲突管理学视角对当前我国城市社区冲突的化解与治理机制进行探究，以期为我国其他城市社区冲突治理提供借鉴。

一、文献回顾与研究架构

（一）研究进展与问题聚焦

当前国内学界既有研究在城市社区冲突化解与治理机制方面，已取得一定进展。于丽娜等提出了自助性的、民间性的、行政性的和司法性的多元化纠纷解决机制。[②]金世斌等研究了社区冲突多极化趋势下构建合作治理机制的实践维度，认为要有效防范和化解社区冲突，应着力推动社区合作治理，并提出了在治理主体、治理方式与冲突应对三个层面上的转变。[③]陈幽泓等认为社区纠纷的解决机制应有以下几个由浅到深的梯级层次：沟通渠道、调解、仲裁和诉讼。同时，他们还认为，加强社区公民参与意识、提高维权意识、学习维权技巧和专业知识，提高社区各参与主体文化素质和道德修养，增强社区认同感对减少社区冲突具有潜移默化的影响；培育企业文化、制定行业规范约束物业公司、开发公司行为，利用社会信誉减少社区冲突；依靠新闻媒体和社会舆论的作用以及专家学者等知名人士的力量，增强解决社区冲突的外部支持；促进各社区互相学习，传播解决冲突的经验等等都对解决冲突很有帮助。[④]此外，黄建宏等学者还探讨了社会资本在社区冲突化解与

① 原珂：《中国城市社区冲突及化解路径探析》，《中国行政管理》，2015 年第 11 期，第 125 页。

② 于丽娜、聂成涛：《社区矛盾纠纷化解机制》，北京：中国社会出版社，2010 年，第 173～174 页。

③ 金世斌、郁超：《社区冲突多极化趋势下构建合作治理机制的实践维度》，《社会人文》，2013 年第 6 期，第 58 页。

④ 陈幽泓、刘洪霞：《社区治理过程中的冲突分析》，《现代社区》，2003 年，第 40～41 页。

治理机制建设中的积极作用，并指出亟须从社区意识、志愿服务、社区组织及邻里关系等方面积极改善。[①]宋黔晖认为应通过提升社区资本与信任来提高社区冲突化解水平，改进冲突治理机制，维护基层社会稳定[②]，等等。但是，综上可以发现，既有研究大都局限于某一具体实务方法，且呈“碎片化”之态势，缺乏相对较为宏观层面上的理论探讨，特别是缺乏对当前我国城市社区冲突治理机制进行系统性、协同性的综合性探究。为此，本研究尝试以此切入，力图有所突破。

（二）研究架构：理念重塑下的“内外联动”合作互惠冲突治理新机制

意识决定行动，观念支配行为。理念是行动的先导。冲突各方必须树立“合作互惠、协商共赢”的冲突化解与治理新理念，从“排斥性争斗”走向“整合性共赢”，从“零和博弈”与“负合博弈”走向“正和博弈”。[③]这一理念在城市社区冲突化解与治理中怎么强调都不为过。日常生活中，社区不同主体每天“抬头不见低头见”，不可能没有一丝矛盾、纠纷或冲突。若有正确的思想观念来指导，不仅会有效减少社区冲突的数量，而且还会使业已发生的冲突解决起来相对更容易些。当然，“合作互惠、协商共赢”这一包容性理念的普及，不仅需要社区居民整体具有较好的综合素质，还需以扎实的社区或社会教育和宣传工作为基础。同时，这也是社区冲突化解与治理机制建设新常态的前提要件。

在公共冲突治理视角下，机制主要是指在不同冲突主体之间建立起一种相互联系与作用的制度性安排。健全的社区冲突治理平台、完善的社区冲突化解机制，是社区和谐与稳定的根基。和谐社区是一种理想、一个目标，社区和谐并不意味着没有任何矛盾，更不意味着对社区冲突采取压制性的举措。在某种程度上，和谐社区是这样的一个小社会，其能够理性对待并妥善化解发生在一定范围内的良性的社区矛盾或冲突。而这种理性对待和妥善化解的一项重要方法就是要有一个健全完善的非人格化、程序化、制度化的社区冲突化解机制。因此，在很大程度上，完善的社区冲突化解机制应包括主张表

① 黄建宏：《城市社区社会资本的概念、缺失与路径重构》，《老区建设》，2009 年第 16 期，第 27～29 页。

② 宋黔晖：《社会资本视野下的社区调解》，《贵州师范大学学报（社会科学版）》，2011 年第 2 期，第 62 页。

③ 常健、原珂：《西方冲突化解研究的三种范式及其发展趋势》，《中国行政管理》，2014 年第 11 期，第 117 页。

达、观点交流、利益整合、争议裁决以及对抗制动等机制。与此同时，还应建立起统一的社区冲突化解制度平台（如北京部分市区的社会矛盾调处中心等），特别是统一的冲突化解电子平台建设（如天津市河东区唐家口街道成立的群众诉求调处中心，就是利用电话诉求、网络诉求等渠道以及现场接待、诉求代理等形式，充分发挥社区服务网络一体化的作用，解决群众日常生活中的急事、难事，多方面解决居民生活中的难题）。此外，还应注重政府及其相关社区机构与社区、社区社会组织、社区群众等力量的全方位合作。最终，通过多方配合，利用社会化手段实现冲突能量的控制与消解，这不仅可以有效检验社区治理能力的成熟程度，而且也是考验能否实现社会长治久安的制度基础。

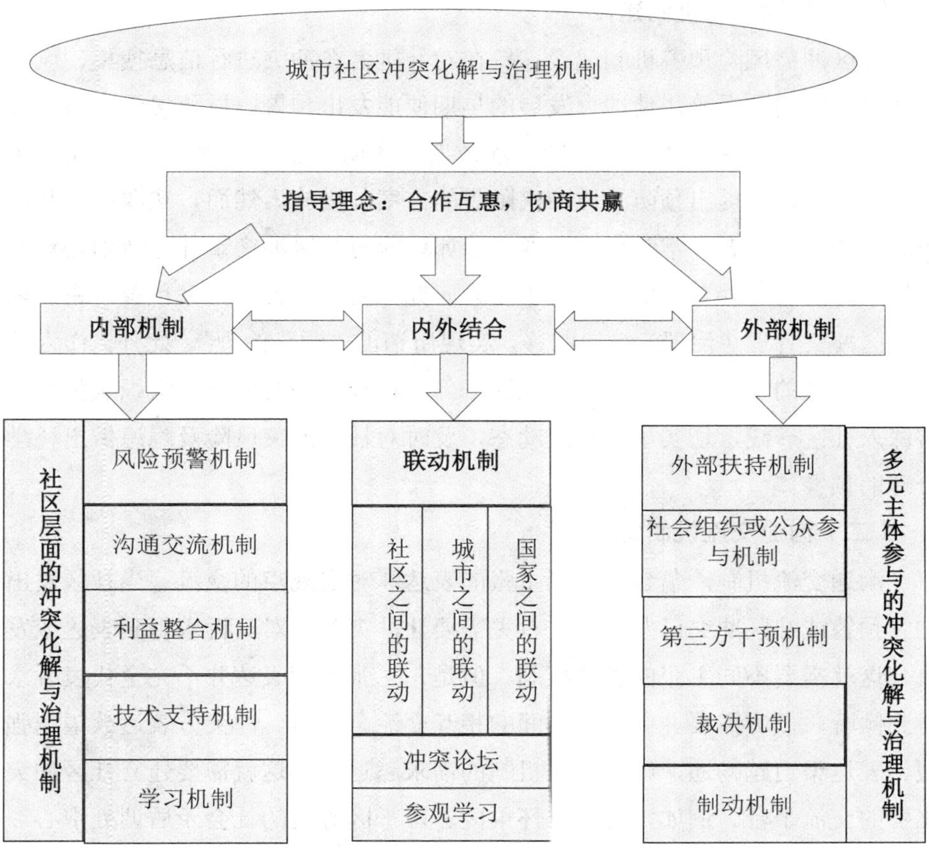

图1　城市社区冲突化解与治理机制模型

然而，良好的冲突化解与治理平台离不开有效的运行机制作保障。因此，若要建设有效的城市社区冲突的化解与治理机制，则应在社区冲突治理理念重塑的新思维下，着力从内部机制建设、外部机制建设以及内外联动机制建设等方面多管齐下，切实构筑起我国城市社区冲突化解与治理机制的新常态，详见图1。

二、内部机制建设：优化社区层面的冲突治理机制

社区内部冲突化解与治理机制建设，主要是为了强化社区自身的冲突治理功能，优化社区层面的冲突化解机制建设。其具体包括风险预警机制、沟通交流机制、利益整合机制、技术支持机制与学习机制建设等。

（一）风险预警机制建设

社区冲突风险预警机制建设，旨在对社区潜在冲突进行信息搜集、风险评估以及监测预报等，使冲突发展的早期便能发出预警，以防患于未然。奥斯本等指出，要建立“有预见的社区政府：预防而不是治疗”①，即通过风险预案的制定，提出预防矛盾冲突隐患的方案与措施。然而，实践中的基层政府及社区管理者，常常集中注意力于如何应对社区冲突事件，特别是对群体性事件的善后处置，而不是集中精力研究如何提升社区冲突预警体系，以将社区冲突管理（治理）端口前移，实现所谓的“源头治理”。此外，作为社区冲突治理的多元主体，特别是社区干部和维权类的社区社会组织成员要经常深入社区一线，切实了解社区动态，及时对社区冲突风险及隐患做出科学合理的预警。

（二）沟通交流机制建设

沟通交流机制，蕴含着不同主张的表达和对立观点的交流。当社区发出冲突预警或社区冲突已发生后，首先需要让冲突各方对其诉求得到表达或发泄，这就需要不同主张的表达机制。但是，主张得到表达并不完全代表诉求得到倾听，倾听需要冲突各方之间的相互交流。通常，冲突方表达欲望越强烈、表达渠道越畅通，则对交流机制的需求越迫切。这就需要建立社区冲突化解的交流平台。例如，北京市怀柔区、昌平区等地的社会矛盾调处中心，就是一个很好的冲突化解平台。因为有序的沟通和对话交流平台，有助于冲

① [美] 戴维·奥斯本、特德·盖布勒：《改革政府：企业家精神如何改革着公共部门》，周敦仁等译，上海：上海译文出版社，2006年，第162页。

突“可控地显现”，从而发现冲突各方真正的关切点所在，以对症下药，为后续冲突化解做好铺垫。在某种程度上，冲突化解互动交流平台，不仅是冲突各方进行不同主张表达和观点交流的场所，而且还可以有效提升冲突各方协商化解冲突的能力，为下一步利益的整合奠定基础。

（三）利益整合机制建设

对立观点的表达与交流虽可消除误解、缓和冲突，却无法从根本上消除利益的对立，这则需进一步的利益整合机制建设。利益整合机制主要是指通过适当的流程再造为冲突各方提供满足其共同需求的各种适宜条件。例如，杭州基层社区的“和事佬”，上海的“李琴工作室”、“桂英工作室”以及近年新兴起的社区业主论坛、“居民之家”等网络虚拟社区，都是实现利益整合的一种有效冲突化解机制。然而，能否实现利益的整合，还受其他很多因素的影响，如冲突方是否真的愿意化解冲突、其地位是否平等、程序是否合理、是否采用了合适的冲突化解方法、有无第三方干预或技术支持等。

（四）技术支持机制建设

冲突化解与治理是一项技术性很强的实务性工作。现实社区生活中，因冲突化解方法不适而导致的“二阶冲突”屡见不鲜。如在社区邻避冲突中，往往相关政府部门因冲突化解方法的不适而导致社区民众与具有污染性施工企业方之间的民商冲突转变或升级为民众与政府的基层政治性对抗或冲突。因此，应建立起城市政府层面的冲突化解与治理技术支持机制，充分调动各领域的相关力量（如社区相关领域的社会组织、专家学者、人民调解员及志愿者等）来参与社区冲突的化解与治理，以集思广益，提高冲突治理策略的针对性和有效性。①此外，社区冲突作为一种广泛存在的微观社会冲突现象，在日常社区生活中是难以避免的。为此，还应建立起社区层面的冲突化解与治理技术支持机制。社区应具备一些带有常规性、制度化支持的社区冲突化解与治理技术，如在社区层面提供一套或多套有利于实现包容性整合的冲突化解方法或程序，提供一些可替代性的社区纠纷或冲突化解策略“工具箱”等。例如，近年来，因小区业主委员会与物业公司相互勾结侵害业主利益而引发的社区物业冲突事件频发不断，这让不少业主对业主委员会究竟是“为谁代言”“为谁服务”而产生了很大质疑。在此，深圳市罗湖区则尝试进行物

① 原珂、李少抒：《安全生产应急救援社会支持体系建设研究》，《现代管理科学》，2014 年第 8 期，第 113 页。

业管理改革，其中一大亮点就是建立业主监事委员会试点。罗湖区希望通过监事会制度来规范业主委员会在阳光下运行，从而进一步强化与实现业主自我管理和自我监督。具体来说，深圳市罗湖区住房建设部门和街道办事处共同梳理出该区的62个矛盾纠纷“亚健康小区”，采取“一区一策”，运用改革“（复合）工具箱”[①]，标本兼治，着力精准治理各个小区突出问题。

（五）学习机制建设

学习机制建设，旨在加强冲突化解与治理相关方面的社区教育及培训活动，以不断支持及提升冲突各方的持续学习能力，提高其协作解决冲突的能力。如通过开展社区冲突化解培训班、社区冲突化解技能比赛、印发社区冲突化解学习小册子以及社区冲突应急演练等方式将社区冲突化解与治理工作融入社区民众的日常生活中，让冲突治理理念深入民心。如果相当多的社区居民或业主都能具备一些现代冲突化解与治理的理念意识、能力技巧等，那么城市社区冲突治理的良好目标与社区善治的美好愿景则指日可待。当然，这也是实现冲突观念从以往“你死我活”的争斗走向“互惠共赢”理念的前提。与此同时，在建设学习机制之过程中，还应加大社区教育力度。这样，一方面可以提升居民的整体素质及生活质量，培养民众的社区集体观念，增强社区认同；另一方面，也是为了更好地化解社区矛盾、解决社区问题，推进社区治理创新。如1960年联合国发表的《社区发展与经济发展》就指出，社区发展的重点是人的因素，是人的培养、发展与教育。同时，社区冲突的化解与治理，也是社区发展中进行社区教育的一个重要环节。

其实，在某种程度上，社区作为社会生活最直观、最具体的公共场域，不可避免地处于社会转型所引发的文化冲突中，并将宏观的社会文化冲突彰显在人们生活的最微观层面。[②]如果说，在私域层面，家庭是人们接受教育与学习的第一课堂。那么，在公共场域里，社区则是人们学习公共管理与民主治理的第一课堂。倘若不重视并放任社区中公共争端或问题恶化，如何能

① “复合工具箱”：工具1：整体推进辖区业主委员会选举工作；工具2：探索业主大会社团登记试点；工具3：探索建立业主监事会试点；工具4：探索成立罗湖区业主委员会联合会；工具5：固定物业管理区域公共安全事务责任；工具6：实行明码标价的“菜单式”物业服务模式；工具7：试行物业服务企业“公共事务采购项目清单”；工具8：试行履约满意指数评价制度；工具9：完善老住宅区物业管理动态扶持机制；工具10：试行自营式物业管理；工具11：支持罗湖区人民法院组建“房地产（物业管理）审判团队”；工具12：成立“律师公益联合会物业管理法律服务团队”。笔者根据调研资料整理而得。

② 杨淑琴：《社区冲突：理论研究与案例分析》，上海：上海三联书店，2014年，第120页。

指望人们在社区公共事务方面积极参与，成为现代公民呢？因此，重塑社区公共精神，首先应重视社区意识的培养，而这一意识的培养则主要依赖于持续性的社区学习与教育机制，即建设学习型社区。其次，要把社区意识与公共精神渗透、融入社区制度建设和社区治理工作中来。当然，在此更不能忽视家庭在社区冲突化解与治理中的长期教化功能。据国家卫计委 2014 年 5 月 14 日发布的《中国家庭发展报告 2014》称，我国家庭数量居世界之首，有家庭户约 4.3 亿户，占世界家庭总数约 1/5。[①]此外，还应充分利用社区各种资源，完善社区各项学习制度，并针对社区各类人群，制定各类社区教育学习活动，逐步形成以“学习型家庭”为基点、以“学习型楼道”为基础、以“学习型社区”为目标的网络化社区学习机制。

三、外部机制建设：构建多元主体参与的社区冲突治理机制

社区外部冲突化解与治理机制建设，主要是为了构建多元主体参与的社区冲突治理机制。其具体包括外部扶持机制、社会组织与公众参与冲突化解的治理机制、第三方干预机制以及对争议事项的裁决机制与对抗行动的制动机制建设等。

（一）加大外部扶持机制建设，构筑社区冲突化解与治理的保障系统

外部扶持机制，主要指通过不断优化和持续完善相关法律法规、人力财力支持及专业技能与设备等方面的相关配套机制建设，构筑起社区冲突化解与治理的保障体系。第一，应从法律法规层面明确社区不同主体在社区冲突化解与治理中的地位与职责，明确分工，各司其职，并从法律法规层面对其进行制度化、规范化与常态化，同时还需明确说明意外补偿、额外索取等方面的法律责任。第二，建设多元化的筹资渠道，积极拓宽经费来源，保障相关社区冲突化解与治理方面的意外支出、教育培训资金等的充足。第三，进一步加强相关信息技术与专业技能方面的支持。[②]建立社区冲突化解信息平台，开发冲突预警信息数据库和冲突化解技术支持系统，组建社区冲突化解

① 《中国家庭发展报告 2014》解读，参见其网站：http://www.360doc.com/content/15/0611/17/11424176_477430331.shtml。

② 李占宾：《基层治理的现实困境及法治化路径》，《河南师范大学学报（哲学社会科学版）》，2016 年第 1 期，第 16～21 页。

专家库，为现场冲突化解提供信息技术支持。第四，也是最为关键的，应逐步完善心理干预方面的保障机制。人们在经历冲突之后，往往会留下或多或少的心理创伤，如果没有及时的心理疏导，会对个体、组织甚至整个社会造成不良影响，如报复社会心理的生成。其实，社区作为人们生活的聚居区，居民因家庭矛盾、工作与生活压力等造成的情绪问题及反社会行为，均会在第一时间折射或暴露于社区这个初始环境中，而因此引发的“无直接利益型”社区冲突也不在少数，为此，做好社区心理健康服务工作也应是社区冲突化解与治理的重要方面之一。另外，社区矛盾冲突不仅包括居民个体的家庭问题、邻里纠纷、物业管理等，也还涉及社区服务、低保救助、司法调解、拆迁补偿等经济和社会问题。尽管部分问题的产生与经济利益分配相关，但是矛盾冲突的缘起与居民的性格不健全、认知不足、适应能力差等也有着直接的关系。因此，加强社区心理健康及其咨询服务，不仅是解决居民心理关怀薄弱的重要举措，更是重塑居民社区“共同体”意识的必然要求与重要保障。

（二）积极培育社区社会组织和社会公众参与冲突化解的治理机制建设

社区冲突的有效化解与和谐社区的建设，不仅需要一个高素质、负责任的社区政府，更需要一个理性、文明与成熟的公民群体。对此，首先应积极引导和广泛培育社区组织、社会团体等社会力量，鼓励和动员其参与社区冲突化解与治理。社会组织一般都由具有某一共同爱好、兴趣、需求或利益诉求的成员自发成立，他们在社区往往群众基础较好、号召力较强、凝聚力较高，因此充分发挥社会组织在社区矛盾冲突调处、化解与治理机制方面的优势，并将其作为制度化的利益表达与整合渠道固定下来，不仅可以有效缓解社区民众、社区居委会、物业服务企业以及基层政府等之间的冲突，而且还有利于从源头上有效预防城市社区冲突。但在此需注意的是，社会组织在参与冲突化解与治理过程中，应明确自身的权责定位，量力而行，适时干预、合理干预，以真正起到“帮忙而不添乱”之效。例如，近年来北京市朝阳区为解决人口“空降式”聚集带来的分散的社会矛盾集中转移至保障房地区的问题[①]，区政府启动了“保障房地区引入社会工作服务模式项目”，市区两级

① 近年来，北京市朝阳区在三间房、南磨房、东坝、常营四个乡和垡头街道建设了大量保障性住房，其一方面承接来自北京6个区的大批困难群众，另一方面还安置了一批中心城区疏散人口和重点工程拆迁居民，形成了以困难、低收入群体为主的人口和社区结构。资料来源：笔者对中国传媒大学社会学系C老师的访谈，CCBJ20150513。

投入政府购买服务资金140万元，撬动社会资本32万元，引入8家社工事务所，开展服务活动1021次，覆盖14万人口，不仅解决了老年人、残疾人、青少年、低收入者、社区矫正对象等的实际难题，还提升了广大居民对新社区的适应能力。

其次，应进一步培育社区居民的公共精神与责任意识，培育宽容、互助的社区文化和风气，以鼓励社区民众积极参与社区冲突化解与治理机制建设，营造良好的社区冲突治理氛围。一般来说，一个社区的冲突水平、冲突处置方式往往会受到社区文化、习俗风气的影响。这一点在传统的街坊式社区、单位式社区都较为明显。为此，一方面，应积极培育和努力营造邻里间守望相助的情感力量，才能让所在社区的居民真正产生社区“主人翁”意识，进而才会具有更多的幸福感、归属感和家园感，另一方面，还应通过在社区内部创建理性看待冲突、崇尚合作、加强交流与沟通等积极内容方面的组织风气和文化，对培养个体居民有意识地控制消极冲突的精神和素质具有重要作用。

（三）第三方干预机制建设

第三方干预[①]是在冲突双方想要取得进展但又无法自己解决问题时，外部力量介入以帮助寻找途径来解决陷入冲突的僵局。其通常是在冲突双方不愿意协商或是谈判陷入僵局后使用，以帮助冲突双方取得某种形式的进展或者在必要的时间范围中获得进展。如在日常社区生活中，常常有一种现象是，陷入冲突中的各方碍于情面，不愿意主动挑破僵局去化解冲突，这时就需要第三方干预进行调解，从而使冲突方“体面退场”。然而，社区和谐是社区居民共同的利益，而不是争执双方所要求的“为所欲为”。冲突各方也许不会最先要求他人的干预，但是其他的家庭或社区成员可以要求第三方来干预。但在此需注意的是，冲突化解与治理中的第三方干预应遵循罗斯所提出的五条最低准则：对各方的收益应大于它引起的不便；不应激起反对自身渴望自由的情感；应尊重维持自然秩序的情感；不应是家长式的；不应限制生存竞争。[②]

其实，社区冲突化解与治理中的第三方干预机制，包括社区冲突化解与治理过程中的干预机制和冲突解决之后的干预机制。现实生活中，后者经常

---

① 第三方干预，严格意义上来说，称其为“外部参与者”更为合适，因为其来自外部却介入冲突之中，是介入冲突的外来势力者，而“第三方”容易使人产生冲突是双边的错觉。

②［美］E. A.罗斯：《社会控制》，秦志勇、毛永政译，北京：华夏出版社，1989年，第318～323页。

被人们所忽略。社区冲突化解与治理过程中的干预，主要是指通过引入第三方来参与化解或治理社区冲突，如社区中有声望的老者、人民调解员、社区居委会及相关社区组织等通过调解、仲裁、培训和关系治疗等方式进行干预。实践中，北京菊儿社区通过引介第三方——“社区参与行动服务中心”及其“开放空间”技术，不仅成功破解了菊儿社区潜在的社区矛盾冲突与居民参与社区公共事务的程度低的难题，而且还探索了预防社区冲突的新模式以及我国城市社区治理的新路径。

关于冲突解决之后的干预，在此重点探讨通常易被忽略的心理疏导层面的干预，即心理疏导机制。一般来说，人们普遍认为冲突解决之后就“大功告成、万事大吉”了。殊不知冲突解决之后的心理疏导更为重要。美国学者葛木森曾通过对新英格兰18个社区54起争端的研究，把社区冲突分为积怨冲突和常规冲突两类，并且认为有积怨冲突的社区有生机，而有常规冲突的社区发展会停滞。[①]暂不说这一观点正确与否，单就积怨性冲突来说，则已经很不利于社区和谐了。它就像一颗“定时炸弹”，随时可以引爆，威胁着社区安全。相应地，当下中国各大城市的平安社区、幸福社区、和谐社区建设等，不应是表面的稳定与和谐，而应是社区民众内心深处的平静、社会心理的理性和平，这才是社区和谐与幸福的真谛所在。因此，心理疏导机制作为社区冲突化解与治理机制的重要组成部分，应引起社区各方重视。同时，在社区心理疏导机制建设过程中，还应积极主动地广泛吸纳相关社区社会组织、民间社会心理工作者等主体，如社区居委会的大婶大妈、社工、社区邻里纠纷调解人员及相关心理咨询机构等参与进来，以扩大根基，群防共建。现实中，在社区关怀与社区心理辅导与干预方面，天津市海滨街北苑社区2012年10月成立的社区心理辅导站，其虽至今一直仅有36平方米，但其成员广泛，在化解与治理社区矛盾、纠纷或冲突中起到了很大的作用。正如北苑居委会刘主任所说：“心理辅导站通过为居民搭建一个倾诉心声、抒发苦闷、寻求慰藉的平台，帮助居民解开心结，化解居民之间以及居民家庭内部的矛盾，消除各种不稳定因素。”[②]

① 李蔚：《何谓公共性,社区公共性何以可能？》,《河南师范大学学报（哲学社会科学版）》，2015年第4期，第23～27页。

② 对天津市滨海街北苑居委会L主任的访谈。

（四）加强对争议事项的裁决机制与对抗行动的制动机制建设

当社区冲突难以化解或无法实现有效解决时，为防止其进一步恶化与升级，有必要进一步加强对争议事项的裁决机制及对抗行动的制动机制建设。所谓争议事项裁决机制建设，主要是指通过中立第三方如行政、仲裁机构、司法机构等对一直持有异议的冲突事项进行强制裁决，以要求各方必须接受与执行该解决方案。若裁决机制无效或冲突已升级到对抗行动阶段时，则需要及时启动相应的对抗行动制动机制，以通过合法的强制权力或“暴力”果断阻止、镇压影响较为恶劣的冲突对抗行为[①]，以从大局上减少或降低不必要的社会损失或危害。

四、联动机制建设：构建互联互动、合作互惠的冲突治理机制

社区冲突化解与治理的内外联动机制是保障整个冲突治理机制体系正常运行并发挥作用的基本前提。一旦社区发生关联性强、规模大、持续时间长的社区复杂性冲突，如因物业纠纷引发的业主集体性维权抗争或因 PX 项目、垃圾焚烧发电厂项目、危险性设施建设而引发的社区邻避群体性冲突事件时，仅靠某一冲突化解方式或临时组成的冲突化解机构往往很难奏效，必然造成重大损失和严重后果，这时就需要建立起有效的内外联动机制。如 2007 年 6 月浙江省慈溪市试行推行的物业纠纷快速处理机制[②]，就已取得明显效果。又如，我国城市基层现有的社会应急系统，其在很大程度上也是一种内外联动的冲突预防、化解与治理机制。同时，应规律性地开展一些不同社会组织、团体与专业冲突化解研究或咨询机构间的交流与学习机制建设，如定期举办社区冲突化解论坛或参观学习等，同时也应加强不同社区、城市、地区甚至国家间的互动机制建设与学习，以期在横向层面建立起更为宏观的联动机制，以切实提高我国城市社区冲突化解能力与治理水平。

此外，还应重视虚拟社区，建设网络协商平台。近年来，在我国“互联

---

① 常健、许尧：《论公共冲突管理的五大机制建设》，《中国行政管理》，2010 年第 9 期，第 65 页。

② 该机制在遵循平等自愿、快速简便、预防和调节并重的原则下，积极探索人民调解、行政调解、司法调解的联动机制，对物业纠纷实行快速受理、快速审理、快速执行，旨在以此整合行政成本和资源，并简化程序，方便当事人申请办理，使物业纠纷通过多部门的联动得到快速合力解决。参见：浙江省慈溪市住房和城乡建设局：《慈溪推进物业纠纷快速处理机制》，《中国物业管理》，2010 年第 10 期，第 43～44 页。

网+”大背景下，“智慧城市”“智慧社区”建设与推广盛行，城市社区信息化建设工作也处于空前快速推进之中，“网络虚拟社区”建设受到高度重视，从而使得网络虚拟社区在现实城市社区冲突化解与治理中的作用日渐凸显。与此同时，网络协商模式因具有匿名性，可以打破实际社区间的地理界限、不同业主或居民间的年龄界限、职业界限、阶层界限、文化价值观念界限等，使社区居民在各个层面都可以进行平等的对话协商。在一定程度上，网络虚拟社区，也是一种网络虚拟协商平台，是社会转型期我国民众参与城市社区公共事务协商、决策以及社区矛盾冲突化解与治理的一种切实可行的、既有益又有效的社区治理方式创新。实践中，浙江杭州的德加社区就是这方面的典型代表之一。具体来说，网络虚拟社区，作为冲突化解在城市社区冲突乃至公共冲突化解与治理的一种方式或平台，其重要作用和功能主要体现在以下三个方面[①]。

一是在风险预警方面，可以有效预防冲突的产生、扩大与升级。一方面，尽管网络虚拟社区的生成与扩散，可能会对城市社区冲突的化解带来一定的负面因素或影响，如与传统社区中的“社会矛盾社区化”“社区矛盾社会化”不同，网络社区中的矛盾，既具有现实矛盾，又夹杂着网络中的矛盾，甚至包括这两种矛盾的混合体，呈现出“现实矛盾网络化”“网络矛盾社会化”“个体矛盾扩大化”等新形式[②]。但是，充分认识网络虚拟社区冲突的现实性，一则可以有效预防社区冲突的产生，使其消灭在萌芽阶段，二则可以有效避免事态的扩大或冲突的激化与升级。另外，社区管理者还可以通过网络论坛等及时了解社区动态，实现动态管理，达到“以人为本，虚实结合”的管理目标，维护社区的和谐与稳定。

二是在表达交流功能方面，可以为冲突各方提供利益表达与交流的平台。网络虚拟社区凭其特有的互动性、平台性以及民主性恰好可以为社区公众提供一个便捷、高效、开放、多样的网络空间。特别是虚拟社区的匿名性特点，可以使社区居民通过网络社区进行自由讨论、舆论监督，以维护其自身权益。在现代商品房小区中，一些业主在尚未正式入驻之前，就已通过小区网上业主论坛与邻居们建立了“准邻里关系”。例如，正在装修房子的居民，可以通过论坛咨询相关装修方面的事宜；正准备入住的居民，可以咨询“物业管理

① 原珂：《中国特大城市社区冲突与治理研究》，南开大学博士学位论文，2016 年。

② 于燕燕：《中国社区发展报告（2012）》，北京：社会科学文献出版社，2013 年，第 100 页。

费每月多少钱呢”“停车位如何分配呢”等诸如此类的问题。待业主正式入驻以后，业主论坛则可以成为居民之间交流的平台，整个小区内志同道合的人都可以接触到，而私交更好的邻里，则可以通过 QQ、MSN、微博、微信等方式进一步加强联系。在网络社区里，几乎所有与居民自身相关的事情都能得到共享和解决，从而有效避免了一些不必要的冲突的产生。此外，社区网络论坛还经常是冲突弱势方用以求助的重要平台之一。

三是在整合动员功能方面，可以解构冲突，结成同盟，促成社会动员。对立观点的表达与交流并非一定能够消除利益的对立，而这需进一步地利益整合。一方面，通过社区网络论坛展开积极讨论，可以使社区内潜在的对立各方创造出某种联系，特别是共同利益，这种关系和共同利益在特定的冲突结束后仍然存在，从而有利于创建利益联盟或结成同盟，整合成新的团体，这样则在某种程度上实现了社区乃至社会系统的交叉结构，从而起到解构冲突、实现整合的功效。另一方面，网络虚拟社区，作为现代城市社区发展的一个重要方面，可以为现代城市社区或社会的动员提供一种新型机制。亨廷顿曾指出，社会动员乃是一个更不稳定的因素。[①]当然，通过虚拟社区来进行社区动员也不例外，但是，我们不应仅仅盯着其不好的、消极的一面。同时，网络虚拟社区还会不断改变着人们现有的思维模式，形成虚拟社会的思维方式。在这种思维方式下，现实的信息通过网络传播，可以日渐侵染网民的思想意识，从而深刻地改变人们的生活方式和行为习惯，成为现代社会一种新型动员机制。此外，社区网络协商模式，还可以提升社区居民网络政治素养，解决网络非理性行为等问题。

五、结语

综上论述可知，内部机制建设较为注重纵向层面上对社区冲突进行化解与治理，外部机制建设较为侧重横向层面上多元主体参与社区冲突的化解与治理，而内外联动机制建设则是聚焦于纵横层面的协同与整合。因此，在一定程度上可以说，在当代中国城市社区冲突化解与治理机制建设中，内部机制建设是关键，外部机制建设是条件，内部机制治理绩效的好坏往往决定着

① [美] 塞缪尔·P. 亨廷顿：《变化社会中的政治秩序》，王冠华等译，上海：上海世纪出版集团，2008 年，第 41 页。

外部机制和内外联动机制功效的发挥。最后，值得注意的一点是，对于暂时不能或难以完全化解的冲突，应学会管理冲突。冲突管理是以冲突各方的实际愿望为基础的，它实际上是在为实现各方的愿望提供一种适宜条件、可行路径和合理方式。[①]其实，当冲突发展到一定阶段，限制冲突、结束冲突实际上是一种共赢的结果，双方存在着寻找其都能接受的冲突化解方案的动机。但是，由于时机的不成熟等多方面因素，有时冲突难以完全化解、甚至根本无法化解，这时就需要学会管理冲突。

① 常健等：《公共冲突管理》，北京：中国人民大学出版社，2012年，第14页。

参与型诊疗过程的解释框架与风险识别

李鹏　林晗　李姣姣

摘要：在诊疗过程中，医生角色和患者角色都以寻求减轻病痛或更好的诊疗效果为共同目的，而共同参与的诊疗过程依靠更为有效的治理模式来保证。现有研究关注到医患角色互动模式、理论解释、风险因素三类主题，但对于整合研究成果和系统分析风险因素的研究工作量明显不足，这需要从生物—心理—社会医学范式重新认识共同参与型诊疗过程及医患角色。本文以无结构文献观察法和质性分析法为主，通过学术文献间的因果关系梳理，厘清共同参与型诊疗过程中的系统性风险。

关键词：共同参与型诊疗；医患关系；风险管理

一、引言

在现代医疗门诊服务提供过程中，医生和患者需要共同控制诊疗过程中的不确定性，以解决疾病对于健康的影响。然而，随着医疗制度改革和医疗服务市场化的进程，医患之间的误诊、过度医疗、言语失范等风险事件发生频次呈现上升趋势，甚至也引发了社会关注的暴力伤医事件。根据中国医院

作者简介：李鹏，大连理工大学人文与社会科学学部副教授；林晗，大连理工大学人文与社会科学学部研究生；李姣姣，大连理工大学人文与社会科学学部研究生。

基金项目：2015 年度国家社会科学基金一般项目“基于批评话语分析的网络语言暴力研究”（15BYY057）的阶段性成果。

协会对 2003 年至 2012 年期间的暴力伤医调查结果，2012 年全国发生的恶性暴力伤医事件已经达到 11 起，2008 年至 2012 年期间因暴力伤医事件造成财产损失的医院比例由 58.0%升至 68.2%，损失金额在 10 万元以上的医院比例也由 8.0%升至 11.8%。除了统计数据显示的暴力伤医事件逐年攀升之外，以“哈医大暴力伤医”“湖南邵东 518 暴力伤医”为代表的典型事件，也频繁触动医生角色和患者角色冲突关系的这条社会敏感神经①。

医生角色和患者角色的合作关系是面对人类共同敌人——疾病的有效途径。不同于传统诊疗模式中医生角色主导的诊疗模式，参与型诊疗模式中患者角色的维权意识逐渐加强，而且在医院特定情境下的利益诉求也愈发多元，这就为管理诊疗过程中的不确定性和风险增加了难度。参与型诊疗模式是指医生和患者具有相同的主动性和权力，相互依存，共同参与诊疗决策过程。与传统医患互动模式不同，在参与型诊疗过程中医生角色和患者角色地位是趋近于平等的，医生角色需要尊重和倾听患者角色的意见，甚至是帮助患者角色治疗达到诊疗的目的；从患者角度看，由于信息、地位及知识的差距，患者角色有时会拒绝或选择性地接受医生角色的建议，具体表现为努力谋求与医生角色的平等的话语权利②。

但在参与型诊疗实践过程中，医生角色和患者角色的合作关系明显加大了小概率突发事件发生的可能性。为此，近年来大量的学术文献不仅关注到典型的暴力伤医事件，也开始转向讨论特定医院情境中的诊疗过程的发生规律。相关参与型诊疗过程的研究工作量主要分布在医患共同参与诊疗过程的模式、诊疗冲突的理论解释、诱发因素三大主题领域。从生物—心理—社会医学范式视角，本文选择综合不同研究领域的解释内容，依据诊疗行为和诊疗话语的二元结构关系，组织起医院情境中暴力伤医的系统性风险因素。由于现有研究工作对此类社会现象的解释能力尚不够充分，所以如何整合概念间因果关系的研究进展，就富有较强的理论价值和一定的社会意义。

二、医患共同参与诊疗过程的类型描述

公共参与必将深深地影响，甚至改变公共管理者制定政策和从事管理的

① 《推进分级诊疗才能根治暴力伤医》，《人民日报》，2016-05-17。

② Spence, A. M. “Job market signaling.” *Quarterly Journal of Economics*, 1973, 87 (3), pp.355-374.

方式，而关键问题在于如何将有序的公共参与纳入到管理过程中。现有的公共参与研究分散在城市规划、环境治理、新兴技术治理等领域，而以参与为研究对象的学术文献则呈现出两种主要观点，即平衡论和随机论的观点。平衡论观点主张公众只有先“理解”公共管理过程，才能有效“参与”其中，于是提升公众的科学素养是保证有效参与的必要措施。[①]然而，这也在一定程度上忽视了公众可以通过“参与”来理解公共管理，真实世界中的“理解”和“参与”更是无法分割的。随机论观点则主张，公众在边“理解”和边“参与”的过程中，受到与其他参与方交互过程的作用，“随机影响因素”不断调整社会行动的目标和方向，但如何解释多方参与过程中的“随机影响因素”及其相关研究仍未能获得进展。随着相关学科领域的研究积累，参与类型可以理解为三个阶段及一个连续的谱系，即“不是参与的参与”“象征性的参与”“用户控制”。医生角色和患者角色共同参与的诊疗过程，和大多数的公共管理过程相似，需要嵌入更为丰富的利益诉求和价值，这也是在合作过程中诱发冲突的根源。如何在合作过程中，管理建设型冲突和情感型冲突就成为促进多方参与的核心问题。[②]

医生角色和患者角色的互动过程不仅体现为诊疗室中的特定人际交往过程，更体现为两种社会角色的交互过程。这可以理解为两方面：一是个体对医患角色的扮演；二是医患角色双方通过语言、行动的交互。[③]依据医生角色和患者角色在特定场域中的位置、资源、偏好不同，参与型医患互动模式呈现出完全不同的类型。在医患共同参与诊疗过程的研究过程中，托马斯·萨兹和马克·霍兰德依据特定场域中的位置关系概括了医患角色交互的三种模式：“主动—被动”模式、“指导—合作”模式、“共同参与”模式。“主动—被动”模式强调患者角色由严重受伤或者丧失意识处于被动状态，决策力与权力完全处于医生角色一方。“指导—合作”模式中患者角色通过遵循医嘱与医生角色合作，并且意识清醒，但医生角色仍处于决策方。共同参与模式适用于慢性病人，患者角色为了控制病情与医生角色形成合作关系。“共同参与”

① Wynne B. “Creating public alienation: Expert cultures of risk and ethics on GMOs,” *Science as Culture* 2001 (10), pp. 445-481.

② Thomas, K.W., and R.H. Kilmann. “Thomas-Kilmann Conflict Mode Instrument.” *Sterling Forest*, New York: Xicom, Inc., 1974.

③ 赵汝成、鲍勇：《基于社会学理论的医患互动》，《中国社会医学杂志》，2009 年第 6 期，第 326～328 页。

模式中，医生角色和患者角色具有相同的主动性和权力，相互依存，以“医生辅助病人自己治疗”为主要特征。在此基础上，玛丽·豪格和贝勃·列文发现，受过较好教育和更年轻的成年人往往对医生角色提供诊疗的动机持怀疑态度，这些患者角色深信，医患共同参与的诊疗决策过程不能由医生做主。[①]上述三种类型的医患角色互动模式研究为生物—心理—社会医学视角下的医患共同参与诊疗过程研究奠定了前提基础。针对医患互动模式，后来的学者们主要在沙茨（Szasz）研究基础上，尝试从患者角色、互动过程方面进行类型学描述。布劳斯坦因提出了人道模式的医患关系。他认为，患者角色是一个立体的行动者，他比所携带的疾病更为重要，为此诊疗服务的核心应该是患者而并非医院或医生。[②]为此，患者角色的心理，生理和社会功能都应被关注；每个人都具备自己对自己负责的能力，要尊重患者参与治疗的主动权并充分发挥患者参与的积极性，对患者角色的协助不仅依靠技术措施，同时需要医生角色的同情心，此时，医生角色在一定程度上扮演患者角色的引导者和顾问，这种人道模式在治疗过程如果涉及患者角色的个人生活方式改变时将变得更为有效。针对医患角色共同参与诊疗过程的类型描述，现有的研究进展呈现出分散化的趋势。赵红光通过访谈将医患互动总结为三种类型：技术型、相互参与型及冲突型。[③]其中，技术型是指医患之间专业的互动，目的是治疗疾病，恢复健康。相互参与型是指医患双方都有较高的参与意愿和动机，但前提是医患角色双方的医学素养相近、知识互补、个性相融。冲突型主要体现在医患角色的心理情绪与认知方面。

三、医患共同参与诊疗过程的认知框架

作为一种典型的机构性互动，参与型诊疗过程中的医患角色互动需要重新理解医院情境、会话秩序、会话内容，并以此揭示特定情境中可能诱发暴

① Carol M. Musil, Sukhee Ahn, Marie Haug, Camille Warner, Diana Morris, Evelyn Duffy. “Health problems and health actions among community-dwelling older adults :results of a health diary study,” *Applied Nursing Research*, 1998, 8 (11), pp.138-147.

② David E.Hayes-Bautista. “Chicano patients and medical practitioners: A sociology of knowledges paradigm of lay-professional interaction,” *Social Science & Medicine*, 1978 (12), pp.83-90.

③ 赵红光：《医患互动中的典型类型及特征——对我院 72 名医患人员的访谈调查》，《医学与社会》，2001 年第 3 期，第 45～47 页。

力伤医事件的风险因素。作为社会互动过程的医患共同参与诊疗过程，医患角色的交互过程具有各自明确的目标和任务，双方的交互过程依靠既定的交互秩序。患者角色以寻求减轻病痛的诊疗效果为目标，而医生角色则以提供诊疗服务为任务。也许医患角色双方还存在其他目的，但是治疗疾病的目的是一个共识性的社会组织过程。这种会话秩序不仅包含医生角色如何诊断和治疗病人，也包含患者角色如何理解医生个体的言语和行动（如下图所示）。

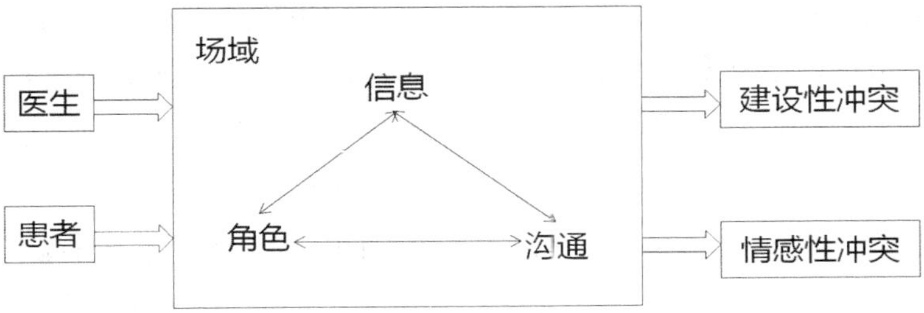

图 1　医患角色的交互过程及可能冲突

从会话秩序研究视角切入，医患角色的会话秩序与医院情境形成了第一层嵌套关系。在特定的医院情境中，医生患者的属性和社会化过程都会影响到双方合作关系的建立。医患两种角色的社会群体都要遵从一定的社会规范，在特定情境中扮演不同的角色和适应社会生活，以此谋求生存与发展。①在整个诊疗过程中，医患角色的固化和信息不对称都会影响到双方合作关系的形成。第二层嵌套关系是医患角色的会话秩序与会话内容的交互关系。在特定情境中，医患角色的会话秩序成为医生角色和患者角色口语和行动的框架。医患会话是以双方沟通目标达成为结果的。会话框架构成了医患双方交互的规则系统，双方沟通的目的嵌套在规则系统中，整个规则系统又由沟通双方的目的共同决定。

参与型诊疗过程中公共参与不仅要在形式上和实质上赋予行动者表达利益的机会，而且也要维护参与双方之间持续沟通与信任的交互关系。当然，参与价值的理论认识并不意味着在现实生活中所有参与形式都必然达成各方期望的有效结果，这就有可能产生三种不确定性。第一，由于信息资源和医疗资源的稀缺，参与诊疗过程的行动者也会伴生机会主义的行为。第二，参与诊疗过程的行动者诉求表达是否具有合法性，也难以使用稳定的评价标准

① 方青、孔文：《社会学概论》，合肥：安徽大学出版社，2005 年。

进行衡量。第三，选择不适当的会话通道也会抑制诊疗方案的制定与执行效果。这三种不确定性的存在，为引发风险集聚提供了可能性。

四、医患角色诊疗过程中会话结构的研究进展

深入研究医患角色参与诊疗过程，需要对医患角色和会话过程进行展开研究。在现有研究进展中，以20世纪70年代的两项实证研究最具代表性。第一项，由芭芭拉等学者在美国洛杉矶儿童医院，对儿科来访患者进行研究。他们发现，有20%的家长离开诊所时，并不十分明确他们孩子的病情，有近一半家长不知道患儿的病因，有25%的家长因医生疏于鼓励及引导，没有机会将自己最大的忧虑向医生倾诉，绝大多数的家长认为医生没有满足他们的预期。第二项，拜尼以2500个基本医疗护理来访视频作为研究资料。通过患者来访过程的阶段性剖析，阐释了医生角色在不同阶段诊疗行为的规律。他们发现，医生更多关注自身技能而非患者需求，医生普遍以自我为中心，而这将极大地削弱患者角色对诊疗服务的信心和满意度。

在医疗背景下，医生患者互动对话也应该有一定的秩序。加芬克尔（Garfinkel）也指出，所有人类行为和人类机构，包括的交互秩序都以人们对周围环境的共同理解为基础。没有共同理解，那么协调性、有意义的行为是不可能存在的。医患会话过程以规范化的询问为开端，以诊疗完成后的规范化的治疗建议为终端，这其中双方的话语策略填充了整个会话过程。受到医患会话的规则系统的影响，医患会话秩序与日常会话秩序显著不同，明确的目标导向或任务导向特征决定了医患会话的整体结构。

受到特定医院情境和会话过程的交互作用，医患会话秩序呈现出稳定的会话阶段，即开头、病情陈述、数据搜集（病史询问、身体检查）、诊断、治疗建议和结束。

医患会话整体结构以医生角色问询为起始，随后由患者角色对自身疾病进行陈述。医生角色根据患者角色对症状的相关描述搜集关于病症的情报。医生角色通常会根据自己设计的问题识别患者的病症，也可以利用医疗器械对其进行医学检查。接下来，医生角色会根据所获得的相关症状情报对患者角色的病因进行诊断，并给出相应的诊疗建议，最后结束诊疗过程。当然，与医患角色固化不同的是，会话过程并非是固化的。双方是可以在参与的过

程中进行省略的，而症状的陈述、数据的搜集、诊断和治疗建议是不可或缺的。

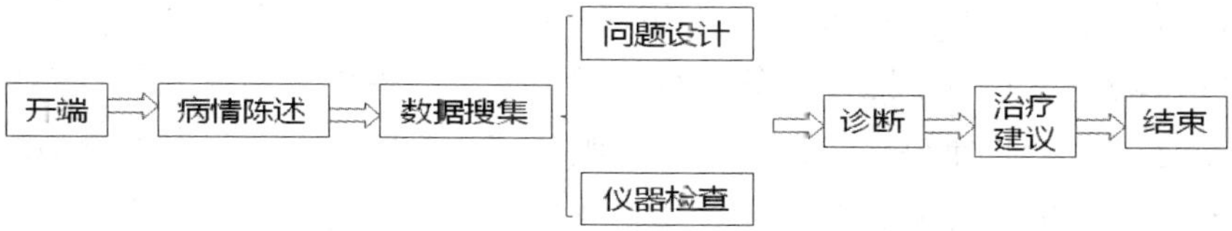

图 2　医患会话的不同阶段

同时，医患互动会话每个阶段各自的突出特征，其在互动诊疗过程中所起到的作用、重要性与地位也不尽相同，各个阶段在整体结构中占有的时间比例不一，医生权威在不同阶段中的体现程度不同，患者在不同阶段的参与程度也不同，这就存在“不是参与的参与”“象征性的参与”“用户控制”三种可能性。

五、医患参与诊疗过程的风险因素识别

（一）信任风险

基于医患会话的研究我们发现，医患双方会话的过程是一个协作与博弈并存的过程。因此，医患相互信任是影响医患互动的重要因素。并且，一般社交性的客套和职业化的诊疗步骤并不足以增进医患双方的互信。患者通常并不能够充分了解医生，患者通常以亲身的直观的个体经验对医生可信程度进行判断。患者对医生的了解是一种循序渐进的过程，同时，医生对患者的认识也需要一定的渐进过程，由于疾病相关的污名等多方因素的影响，患者对自身病情的陈述未必清晰准确。在这种条件下，医生将不能掌握患者对诊疗所持有的期望要求。而在这样的医患互动模式下，只依靠医患之间直接面对面的观测、体验、感受等直观的方式来达成对双方可信度的判断与期望，在理论上讲本应是一个多次重复的博弈过程，但在实践中通常转化为一次性博弈或终点博弈过程。这使得本应对相互的信任产生实质的促进性作用的感性直观交往互动不能发挥其应有效用，这样的一种状况不仅加剧了医患互动中的信任风险，而且也激励了医患双方对于规避两者间陌生隔阂途径的寻求

以及对减缓双方信息不对称方式的探索[①]。

（二）医患两者间的信息传递

医患信息高度不对称是医疗市场区别于其他市场的重要特征。阿罗认为，在医疗市场中患者对于医疗服务何时需求，需求多少以及治疗效果等信息是极度缺乏的，由此使得患者在进行医疗服务消费时的风险和不确定性有所增加。并且，如果患者要想了解这些信息就只有向医生咨询，而医生正是这种商品的售卖者；而患者即使获得了一些信息，也不一定能够做出完全正确的理解，失误的判断很可能导致错误的选择；而错误选择的成本很高，与其他商品相比，在许多情况下它往往具有不可更改性、不可重复性、甚至不可逆转性等特征。[②]

医患信息的不对称，使得医疗服务市场具有供给方主动而需求方被动的特殊性，在医患双方形成的医疗服务供求关系中，医生兼备医疗服务提供者与患者代理人两种角色，因此医生可以对患者的医疗服务需求进行控制，同时医院具有提供过量医疗服务的倾向，医院可以创造额外需求[③]。医疗市场消费者的信息缺乏会使搜寻成本增加，使医疗费用上升。作为一种表现，在医院提供的医疗服务增加的情况下，医疗服务价格不仅不会下降，甚至反而产生上升趋势。[④]

由于医学知识的专业性太强导致医患双方医疗信息存在不对称，患者在购买医疗服务过程中只能被动接受服务。医疗服务的不确定性和医患的信息不对称性必然导致医患之间的风险不对称性，医生为降低自身风险在要求患者接受医疗服务的同时，还会要求患者承担由于治疗不确定性而可能发生的

---

① Cooper, R., and Ross, T. "Prices, product qualities and asymmetric information: The competitive case," *Review of Economic Studies*, 1984, 51(2), pp.197-208；Rothschild, M., Stiglitz, J. "Equilibrium in competitive insurance markets: An essay of the economics of imperfect information," *Quarterly Journal of Economics*, 1976, 90(4): 629-649；Stiglitz, J., Weiss, A. "Credit rationing in markets with imperfect information," *American Economic Review*, 1981, 71(3), pp. 393-410；Spence, A. M. "Job market signaling," *Quarterly Journal of Economics*, 1973, 87(3), pp.355-374；Spence, A. M. *Marketing signaling*, Cambridge, Mass: Harvard University Press, 1974.

② Kenneth Joseph Arrow. "Uncertainty and the Welfare Economics of Medical Care," *Journal of Health Politics, Policy and Law*, 2001, 6(5), pp.851-883.

③ J.Braunstein. "Change is coming to doctor-patient relationships," *Postgraduate Medicine*, 1993, 94(7):115-118.

④ 黄宇、王胜：《医患互动——医患关系发展的必然趋势》，《中国医学伦理学》，2001 年第 1 期，第 10～11 页。

病情恶化、意外残疾、突然死亡等“疾病风险”[①]。同时，由于医患信息的不对称性，医师在治疗过程中为了自己的利益不得不对病人进行一定程度上的善意或非善意的信息隐瞒。[②]当病人一旦选择好医院和就诊医生，医患双方就要互相信任，但同时也要承担相互之间的道德风险；道德风险是双向的，医患之间都要相互尊重，并遵循各自的道德规范。医患双方信息不对称导致的道德风险和逆向选择往往导致医疗纠纷的发生，降低了医疗服务效率，损害了患者利益。同时，由于双方信息的不对称性，对于患方提出的咨询问题，医生存在简单敷衍、诊疗计划交代不清、交代病情后仅仅罗列出各种严重后果，以及服务态度恶劣和对患者知情权不够尊重等现象。值得注意的是，诊疗过程的医患互动中，患者同样存在道德风险，例如隐瞒病史等。

诊疗中医患互动的有效性取决于医患会话中双方的理解、表达和沟通能力。对于疾病的传统认定标准是：第一，患者体验到了疾病的主观感受；第二，医生通过检查或化验发现病人身体功能不正常；第三，患者的症状与某种可识别的临床病症类型一致。并且，病情的陈述是医患互动事件进行的前提。患者发出“我病了”的卫生需求信息，医生通过观察患者疾病特征，结合自身临床经验，运用相关理论知识对病症进行判断，再以诊疗建议、处方、手术等建议为媒介，向患者传递相关诊疗信息。

然而，医患双方信息不对称、信息接受能力差异等因素决定了诊疗过程中的沟通会存在一定障碍。随着医学知识越来越丰富，有些普通人认为他们可以像医生一样，从事诊疗过程和处置过程。然而，这种看法是缺乏科学依据的，因为医生所掌握的系统医学知识、诊疗经验和诊疗技能，决定了医生在诊疗过程中具有多重患者所不具备的优势。患者由于处于专业劣势，会选择将其诊疗过程委托代理给医生，而医生所表达的专业词汇及程度描述词汇又与患者理解不同。医生和病人的这种沟通障碍，表面上看是社会语言与职业语言之间的不可通约性和高精尖仪器设备所带来的理解偏差，其本质则是医患双方角色上的冲突，这种冲突孕育着脱离于诊疗过程之外的社会风险。

（三）医患角色

社会分工与合作使得每个人在这个社会上所扮演的角色各不相同，医患互动成功的前提是双方对自身所扮演的社会角色有正确的理解，寻求合理有

① 储振华：《国外卫生经济学概论》，南京：南京大学出版社，1991 年，第 66～73 页。

② 李大平：《医患关系的利益冲突与平衡》，《医学与哲学杂志》，2005 年第 26 期。

效的治疗方案以解决自身的健康问题。在诊疗过程中，多数患者通过遵从医嘱或与医生合作达到自身的健康要求。

但随着互联网的普及，健康知识的传播更加便利，对于一些常见病与多发病，部分人认为自身具有一定的自我治疗能力，他们希望参与到自身的治疗过程中，有时会试图自行采取行动，例如减低或增加服药量来抵制治疗或改变治疗方案。而此时，医生通过自身的专业知识对患者提出如果不遵循医嘱可能受到的健康威胁。

对于重病的患者，医生往往不愿意分享决策权，医生将患者的知情与同意作为其所有决定的完全授权。当患者的满意度降低时，会导致角色紧张。

在医疗工作与多方面要求的共同压力下，会导致医生的角色内部冲突。角色紧张与角色内部冲突是医生角色扮演失败的主要原因，而医生角色扮演失败又会导致医患互动的失效。过多的自身角色认知强调，过高的对方角色期望，加之很少进行角色间换位思考，给医患双方的互动沟通造成了阻碍。

小　结

综上所述，诊疗过程中的医患互动绝不仅仅是医生提出问题患者回答的简单过程，它背后包含着复杂的生理、心理及社会动因。尽管有国外学者提出医患会话应当遵循特定顺序，但针对适用我国医患关系特征的标准性会话规范研究甚少。虽有多数文献从不同角度分析医患冲突产生原因以及预防机制，但极少有文献提及建设性冲突是新生事物的萌芽。另外，基于医患双方信息高度不对称的特点，如何构建合理的医患互动模式，如何减低患者的搜索成本，如何引入合理的调节机制，仍有待研究。同时，将社会学理论与医疗诊疗过程相结合，在此基础上寻求有效的医患互动途径，通过社会学方法提出改善诊疗过程中医患互动的有效措施，对于改善日趋紧张的医患关系有着重要的意义。

政治冲突的基础形态研究

宋衍涛

摘　要： 对于什么是政治冲突，至今中国的学术界仍然没有完全搞清楚，错误的界定仍是此起彼伏，针对这一现象，我们对政治冲突的形态进行了探索。政治冲突既有一般性的冲突都具有的表现形式，也具有政治冲突所专有的表现形式，这亦是我们所关注的重点。但从学术界来看，研究政治冲突的表现形式的并不多，而对这个问题的忽视，则意味着对后继问题的研究成为不可能。所以我们试图对这一问题进行探索性尝试，希望抛砖引玉。

关键词： 政治冲突；政治共识；非暴力方式；政治合作；政治妥协

所谓政治冲突是指在政治体系中，基于政治共识，采取非暴力的方式，政治主体之间为谋求政治利益、政治权力或实现特定政策目标而围绕着公共权力、公共政策和公共规则所发生的摩擦、对抗和争斗的过程。所谓政治主体是指进入政治过程，围绕政治目标并发生相互作用的行为主体，包括立法机关、议会党团、行政机关、司法机关、政党组织、利益集团和政治过程中的公民、阶级、种族。以上定义，有助于我们了解政治冲突的内涵，但对于充分把握民主条件下的政治冲突的实质还不够，我们还需要进一步对政治冲突的外延，即政治冲突的表现形式有所认识，这也是我们接下来所要探讨的。

作者简介： 宋衍涛，对外经济贸易大学公共管理学院行政管理系主任、冲突与应急管理研究中心主任、教授、政治学博士，研究方向为公共管理、冲突与应急管理、政治学理论、当代中国政府与政治。

一、分析政治冲突形式的角度

虽然冲突理论和其他领域的冲突形态也有关于冲突形式的理解，例如私域/公域冲突、两极/多元冲突、价值/利益冲突、暴力/非暴力冲突、对抗性/非对抗性冲突[①]等等，但未必适于作为政治冲突的形式，因为它们不能完全体现政治冲突的专有特色。国内研究政治冲突的学者均未谈及政治冲突形式问题，而在这个问题上的忽视使他们失去了对政治冲突进一步研究的可能性，因为当政治冲突等同于政治斗争或等同于国际冲突、恐怖主义的时候，政治冲突概念的使用似乎就不是太有必要了。只有当政治冲突概念不和上述概念混同使用时，政治冲突理论的研究才能打开视野，这也是他们不能继续研究这一问题的关键所在。也由此可以进一步引申出中国古代，包括先秦时期的儒家、道家、法家、墨家政治思想是不能运用政治冲突理论进行分析的，因为政治冲突理论是在民主条件下形成的并为民主制度服务的政治理论，它不适用于分析实行专制统治的中国古代社会，当然也包括其他实行专制统治的国家形态。虽然本文作者曾经对先秦时期的儒家、道家、法家政治思想从政治冲突视角进行过研究，但深入地研究后，发现运用政治冲突理论分析是不可能的，也是不正确的，因为它不能解释为什么政治冲突与政治斗争、战争之间没有实质性的区别，如果是在政治斗争的意义上使用政治冲突概念，那么莫不如直接使用冲突、政治斗争或战争的概念来对这一政治现象进行解读。尽管如此，对于先秦时期政治思想的政治冲突视角分析依然为后来者提供了分析的框架和视角，以及核心概念。

冲突概念的使用很早就有了，但冲突概念是不能替代政治冲突概念的，它们之间具有很大的区别。事实上政治冲突概念的提出及其成为一种理论形态则是在近代以来的民主条件下。它是为了与马克思主义阶级斗争理论相抗衡而形成的，是维护资本主义民主统治服务的理论工具。根据目前所掌握的资料，马克思和恩格斯是最早使用政治冲突概念的，且与政治斗争、阶级斗争意义不同。当然政治冲突理论的形成则是在马克思和恩格斯之后。而资产

① 冲突形式还包括口头/书面冲突、动态/静态冲突、法律/经济/文化冲突、国内冲突/涉外冲突/地方冲突\局域冲突、个人/社会冲突、内在/外部冲突、语言/行为冲突、有形/无形冲突、直接/间接冲突、个体/群体冲突、理性/非理性冲突等。

阶级学者恰恰运用了恩格斯对政治冲突的界定而继续发展了政治冲突理论，正所谓“借彼之矛，攻彼之盾”。

二、政治冲突的基础形式

在西方学者那里，当言及民主政治时，政治竞争、政治分歧、政治冲突、政治反对、非暴力反抗等是广为使用的概念，而且多是相混淆使用、相互包含使用，或并列使用、交叉使用，之所以会如此，是因为他们对“政治冲突”的定义缺乏界定，或由于政治生活的复杂性，很难用某一个概念来全部予以概括。但从思维逻辑的角度来讲，这样混淆使用是不利于搞清楚政治冲突外延的，我们必须对概念进行界定，只有如此，我们才能展开下一步的研究工作。

对于政治冲突的表现形式，就像对其定义一样，不同的学者有着不同的观点，其中具有代表性的是美国学者兰尼和达尔的观点。兰尼认为政治冲突的行动方式包括“游说、媒体宣传、提起诉讼、示威、罢工、和平及暴力反抗等”[①]。达尔与之稍有不同，并不强调政治冲突的暴力性，其在《现代政治分析》一书中认为民主条件下的政治冲突的形式是“演说、辩论、和平集会以及和平选举”[②]，其核心是表达意见的自由，即“对范围广泛的各种政治事务，无论是官员、政府、体制、社会经济秩序，还是主流意识形态，都享有自由表达意见的权利，而不必担心遭到任何严厉的惩罚”[③]，但前提是在比较成熟的民主条件下。达尔后来又在《多头政体》一书中进一步进行了分析，认为政治冲突的形式表现为政治竞争、竞争性政治、冲突性政治、公开争论以及公开反对。对于“公开论争”的定义，达尔用了“争辩”(contestation)这个词，正是属于英语中的规范（即使很少见）用法，在英语里，contestation意思就是争辩（to contest），意味着使某一事物成为争论（dispute/contention）或诉讼（litigation）的题目，与它的意思最接近的同义词是争论（dispute）、

① [美] A.兰尼：《政治学》，胡祖庆译，台北：五南图书出版公司，中华民国九年，第6页。

② [美] 罗伯特·A.达尔：《现代政治分析》，王沪宁、陈峰译，上海：上海译文出版社，1987年，第100页。

③ [美] 罗伯特·A.达尔：《论民主》，李柏光、林猛译，北京：商务印书馆，1999年，第94页。

挑战（challenge）或竞争（vie）[①]。事实上，达尔对于政治冲突形式的论述已经比较接近西方国家的“政治冲突概念”，其理解是比较准确的，但不足之处是缺乏明确性、系统性的归纳和整理，分析不具有代表性和典型性。我们认为民主条件下的政治冲突形式可以根据政治冲突的激烈程度，即烈度，分为政治分歧、政治不协调、政治不合作、政治对立四种形式。

（一）政治分歧是政治冲突的话语形态

洛克认为“在各种人的集合体中总是难免产生意见分歧”。[②]因此，“不要否定别人的批评”[③]，所谓“真理越辩越明”，“在容忍中促进民主”[④]。伊斯顿把政治分歧理解为争端，他借鉴了美国学者贝雷尔森等人的观点，把争端定义为“互相竞争的政党和候选人之间公开表明的歧见”[⑤]。从广义上说，政治争端“就是政治事务中的分歧点。这种分歧，或许是现实的，或许是潜在的；或许是真正的，或许是臆想的；或许是在精英之间，或许是在群众之中；它可能是涉及日常的政策、价值观和目标的，也可能是关于个人品质、机遇或是能力方面的”[⑥]。并且，“普通政治争议和分歧……不管多么具有党派性，都是我们政府民主制度的正常而健康的表现”[⑦]。“民主需要意见的不同。”[⑧]于尔根·哈贝马斯的话说得不错，他说：“讨论的过程很重要，它将使民主政治的活动趋于活跃。”[⑨]在 A.兰尼看来，“辩论就是一种政治冲突形式”[⑩]。“民主离不开分歧，因为它们构成了民主政治竞争过程的结构性基础。”[⑪]因此“必须保护批评者的自由，不仅因为这是他们的权利，而且因为

① [美] 罗伯特·达尔：《多头政体——参与和反对》，谭君久、刘惠荣译，北京：商务印书馆，2003年，第19～20页。

② [英] 洛克：《政府论》，李春庭译，延边：延边人民出版社，1998年，第262页。

③ 蔡诗琴：《谁怕政治》，台北：桂冠图书股份有限公司，1989年，第3页。

④ 蔡诗琴：《谁怕政治》，台北：桂冠图书股份有限公司，1989年，第39页。

⑤ [美] 戴维·伊斯顿：《政治生活的系统分析》，王浦劬译，北京：华夏出版社，1999年，第166～167页。

⑥ [英] 戴维·米勒：《布莱克维尔政治学百科全书》，北京：中国政法大学出版社，1992年，第373页。

⑦ [美] 埃尔斯特、[挪] 斯莱格斯塔：《宪政与民主》，潘勤等译，北京：生活·读书·新知三联书店，1997年，第48页。

⑧ [美] 达尔：《民主理论前言》，顾昕等译，北京：生活·读书·新知三联书店，1999年，第106页。

⑨ [法] 阿兰·图海纳：《我们能否共同生存？》，狄玉明等译，北京：商务印书馆，2003年，第342页。

⑩ [美] A.兰尼：《政治学》，胡祖庆译，台北：五南图书出版公司，中华民国九年，第9页。

⑪ 潘小鹃、张辰龙：《当代西方政治学新词典》，长春：吉林人民出版社，2001年，第224页。

这是为我们服务的一种手段”[①]。“在一个法治的政府之下，善良公民的座右铭是什么呢？那就是‘严格地服从，自由地批判’。……一种政治制度如果不受到批评，就无法得到改进；任何东西如果永远不去找出毛病，那就永远无法改正。”[②]

日本学者神岛二郎认为，“冲突通过主体的实践而发生。其所以发生是由于有分歧”[③]。美国学者史蒂文·凯尔曼也认为“政治决定是意见有分歧的人们的集体选择；在这些决定的背后，存在着政府的强制性权力。政治决定的产生以机构为背景”[④]。达尔认为意见分歧是政治生活的常态，是民主政治的重要表现。“我们的愿望有时会与别人的愿望发生冲突。”[⑤]这就意味着任一国家都不能使其全部公民在所有时间对一切公共政策达成共识，目标冲突在公共政策制定中是无法回避的。[⑥]“在现代社会里，对于通常的政党而言，只表现为一种权力之争的政治是罕见的。政治往往是对应当如何管理社会，如何分配资源，如何行使权力等问题上存在的诸种不同意见之间的斗争。也就是说，其核心和关键问题，总是由价值观上的冲突引起的；政治是为了解决或控制价值观冲突的过程。”[⑦]从上述的话语中，可以看出政治分歧主要存在于机构性政治主体或组织化的政治主体之间，虽然其表现形态依然可能是以个体的代表性分歧为特征的。从这个意义上说，代表性个体之间的分歧通常是某些机构或组织之间的分歧的外显表现。政治分歧通常表现为公开论争、辩论、批评与反批评。政治分歧表现为政治冲突的一方依据一定的政治规则或政治理由公开或私下、直接或间接地要求对方修正某一政治观点或某一政治行为；政治冲突的另一方则依据不同的政治规则或同一政治规则的不同理解进行驳斥。例如，在美国，国内各种政治势力对于小布什政府所实行的公共政策和对外政策的公开争论、批评与反批评成为政治冲突的切入点、选举战的焦点。政治冲突双方都依据某种政治理念或新自由主义或新保守主义为己方观点做论证，都坚信己方代表了政治正义，并以此为逻辑起点来建

① [美] 科恩：《论民主》，聂崇信等译，北京：商务印书馆，1988 年，第 136 页。
② [英] 边沁：《政府片论》，沈叔平等译，北京：商务印书馆，1995 年，第 99～100 页。
③ [日] 神岛二郎等：《日本政治学动向》，马斌等译，北京：商务印书馆，1983 年，第 27 页。
④ [美] 史蒂文·凯尔曼：《制定公共政策》，商正译，北京：商务印书馆，1990 年，第 11 页。
⑤ [美] 罗伯特·达尔：《论民主》，李柏光、林猛译，北京：商务印书馆，1999 年，第 61 页。
⑥ [美] 达尔：《民主理论前言》，顾昕等译，北京：生活·读书·新知三联书店，1999 年，第 106 页。
⑦ 柏定国：《对“修正主义文艺”批判运动的思想基础再认识》，《云梦学刊》，2002 年第 1 期。

构自己的公共政策和对外政策。但此时政治冲突通常仅限于语义的范围，虽然它也具有连锁反应和逐步升级的性质。

（二）政治不协调是政治冲突的初始行为形态

政治分歧还只是处于话语形态，但当政治合作已出现不协调时，行为上的政治冲突已初露端倪。当政治冲突发展为各执己见并处于僵持态势时，双方的工作配合或政治合作就趋于形成不协调现象，表现为政治主体在政治合作领域或政治职能配合方面有意识地制造难题、设置障碍或挑起事端。这时，虽然政治合作依然勉强持续，但局面已稍显紧张。此时，政治冲突已经由话语冲突形态转化为行为冲突形态，但是还不十分显明，政治冲突双方为了实现阶段性的政治目标都还需要暂时维系现有的政治格局，都还在为己方的不协调政治行为寻找所谓的体现政治“公平”“正义”“道德”的政治理由。总的来讲，政治不协调是一种过渡形态，是由话语形态转化为行为形态的过渡性表现。

（三）政治不合作是有限烈度的政治冲突形态

政治冲突主体之间的不协调虽然有些紧张，政治合作还在继续，但随着政治冲突烈度的不断强化，政治不合作就成为政治冲突形式的主要表现形态。政治不合作主要发生在国家机关之间，利益集团、政党、国家机关之间，政治精英之间等。在政治冲突中双方围绕己方政治正义理念所支持的政治立场，各持己见，而且不试图通过政治妥协解决政治冲突时，政治冲突双方都会进而对对方的政治立场、政治正义理念提出更为苛刻的指责。此时，政治冲突的烈度增加就不可避免，甚至可能发展至拒绝政治合作的程度。即使如此，政治冲突双方依然会遵守政治博弈规则，使可能的政治冲突限定在宪政规则的框架下展开一种有序冲突，但也可能存在打破政治道德或政治博弈规则束缚的非规则性冲突，如麦卡锡主义。在国家机关之间冲突方面，国会通过的法案，总统不予签署；总统提出的议案国会不予审议或予以否决；最高法院宣布国会通过的法案、总统签署的议案违宪。政治不合作现象在西方国家议会中很常见，由于不同的议员或议会党团在政治信念或政治利益上代表不同的集团、群体、阶层和地区，有时政治冲突激烈时，会表现出互不理睬、互不往来的局面。因而就会出现某些西方国家议会那样，根据所坐的位置分为高原派、平原派、中间派或左派、右派等，代表不同的政治价值观、政治信仰或政治利益。不过，这种政治冲突通过调停，仍有可能继续政治合作关系。

在很多时候，政治不合作是出于利益最大化的选择。“如果各政党都要使自己的预期利益最大化，那么只要达成妥协结果的可能性小于他们置对手于死地的可能性，各政党将选择不合作。基于这些——公认为纲领性的——理由，只有在不合作的后果可能带来的收益大于妥协所带来的效用损失的情况下，一个集团才会选择妥协。”[①]还有一种情况是，现存在某种许多政治主体可以分享的政治资源，但问题在于这种分享可能是不稳定的。因为根据一种同意规则维持的合作安排总会受到拒不合作者的威胁。换言之，一个政治主体也许发现拒不合作有利可图，并且不负担相应份额的成本就可以享受来自他人共同行动的利益。如果一些拒不合作者博弈成功，则其他政治主体将纷纷效尤。合作安排将失败，且将损害相关的每一个人的福祉。一种拒不合作博弈的维持及即将发生博弈的威胁也许导致一些政治主体用反威胁回应拒不合作者。除非有裁判和解决冲突的制度对此加以制约，否则这些冲突可能会激化[②]。事实上民主也是一种合作机制，资产阶级愿意出钱维持政治合作的存在，虽然也存在非资产阶级的搭车行为，但总的来说资产阶级可以借民主制度的合作机制实现他们更大的利益。因此，他们不会在意这种搭车行为的存在，甚至鼓励搭车行为的存在，因为搭车者并不能获得比资产阶级更多的利益，而且搭车者在一定程度上要受制于出资者。

（四）政治对立是政治冲突的激化形态

政治不合作的激化或继续发展就会导致政治对立，政治对立是民主条件下的政治冲突的最高形式。通常是在宽阔的背景下，持久的累积、厚重的缘由、高频摩擦基础上形成的政治冲突。这种政治对立通常也是限于政治体系的秩序范围之内，虽然存在有限的暴力。联合国社会发展研究所将政治暴力定义为：“合法组织的有限暴力活动——大部分种族—宗教压力集团（即旨在对立法者、舆论施加压力的组织）并不谋求危害国家的基础；他们只限于采取合法形式的激进运动，如游行集会、派纠察队（指工会组织罢工时派出的宣传罢工目的并阻止不愿罢工工人上班的纠察队）或静坐罢工。但是，在政府对他们提出的合理要求表现麻木不仁的情况下，以上活动也可能自发地走

① ［美］埃尔斯特、［挪］斯莱格斯塔：《宪政与民主》，潘勤等译，北京：生活·读书·新知三联书店，1997年，第75页。

② ［美］文森特·奥斯特罗姆：《美国联邦主义》，王建勋译，上海：上海三联书店，2003年，第198页。

向暴力，而压力组织可能会容忍这种发展借以表示对政府的愤慨。即使如此，他们也不会允许暴力扩大到失去公众支持的地步”。[①]

虽然存在有限暴力，但对政治体系不会产生实质性的冲击，政治冲突大体上是在现有宪政框架下进行的。只是在政治冲突处于极端激化时，才可能出现违反民主的、非暴力的政治博弈规则而采取政治暴力、政治暗杀之类的政治冲突行为。严格来说，在比较成熟的民主国家，这种极端的政治冲突行为并不是政治冲突现象的主流，甚至它的形成具有某种偶然性。或者说这种极端政治冲突形式的产生通常是个体性缘由，而非组织化的行为，组织化冲突虽然可能使用暴力，但通常是有限暴力。虽然政治对立可能是符合政治博弈规则的，但政治对立双方依然会表现为公开的、直接的、全面的、激烈的政治冲突。政治冲突双方会从各个方面——政治纲领、政治思想、政治行为、政治品质和政治后果等领域与政治冲突对象做全方位清算，表现出强烈、持久的势不两立的态势。在政治对立的条件下，政治合作是不可能的，唯一的整合路径是引起政治冲突的问题消失，或一方被迫退出政治过程。尽管如此，在一定条件下，政治冲突双方达成政治合作、政治妥协的可能性也是存在的，这也是民主条件下的政治冲突所独有的一种现象，因为实行民主就意味着以非暴力方式解决政治问题成为主要路径。即使是以暴力方式解决政治问题，也不能对其进行人身消灭，这使之总能保证政治主体具有一定的力量重新进入政治过程，成为政治冲突主体。在这种不能将对方完全战胜或打败的情况下，双方达成政治妥协、政治合作的共识是可以被接受的。这一点也是民主条件下的政治冲突与非民主条件下的政治冲突的实质性区别所在。

需要说明的是：政治冲突与国际冲突不同，政治冲突是政治体系内部矛盾运动的一种体现，政治主体的冲突范围局限于国内，当然并不排除以国际问题为焦点；而国际冲突则是国际社会矛盾运动的一种极端表现，冲突主体是主权国家或类似于主权国家的其他国际政治实体，冲突范围限于两国或多国之间，乃至整个国际社会。政治冲突与经济冲突、军事冲突、文化冲突也有所区别，政治冲突限于政治领域、政治关系中的政治活动。但在政治实践中政治冲突往往与其他冲突形式交织融合在一起很难分清。

---

① 联合国社会发展研究所：《全球化背景下的社会问题》，蔡庆年译，北京：北京大学出版社，1997年，第87页。

网络社会与公共冲突治理

网络群体性事件的风险管理

郝其宏

摘　要： 网络群体性事件具有爆发速度快、参与人数多、风险程度大、社会控制难等特征，它的频繁出现深刻改变了中国社会的政治文化生态。本文试图运用风险管理的相关理论，通过对网络群体性事件的风险识别、风险评估和风险决策，对事件实施风险控制和处理，以期取得管理的最优化效果。文章将网络群体性事件划分出四个风险识别节点，即刺激性事件在网络出现、生成网络舆论、生成社会舆论、出现社会行动，这四个节点分别是一般事件、较大事件、重大事件和特别重大事件的出现标志，它们有着不同的风险表征和后果，可以依据决策树模型加以应对。

关键词： 网络群体性事件；风险识别；风险评估；风险应对

风险管理是研究风险发生规律和风险控制技术的一门新兴学科，主要内容和目标是风险管理单位通过风险识别、风险评估和风险决策等方式，对事件产生的风险实施控制和处理，以期取得管理的最优化效果。网络群体性事件是数量较多的网民围绕热点问题，在网络公共领域大规模发表、汇聚意见进而影响现实生活的群体性事件，具有爆发速度快、参与人数多、风险程度大、社会控制难等特征。"青岛大虾事件"破坏了"好客山东"的旅游形象，"郭美美炫富事件"使得红十字会的公信力损伤惨重，"钓鱼岛事件"引发了

作者简介： 郝其宏，江苏师范大学哲学与公共管理学院院长，博士，研究员。
基金项目： 国家社会科学基金项目"网络群体性事件的生成、演化与治理研究"（13BSH038）。
文章来源： 本文刊载于《河南师范大学学报》2016年第3期。

全国范围的集体行动。网络群体性事件频频发生深刻影响着社会的和谐稳定，影响着中国的政治文化生态。运用风险管理的相关理论对其进行分析，可以为有效预防、应对网络群体性事件提供理论参考。

一、网络群体性事件的风险识别

风险识别是风险管理的第一步，任务是识别出存在的风险，判断其处于演化过程的哪个节点，为下一步选择合理的控制和处置方法提供基础。本文以人民网的网络舆情报告为依据，自 2008 年起每年选取排行榜前面的 5 起热点事件组成案例库：2008 年的家乐福事件、范跑跑事件、杨佳袭警案、许霆案、华南虎事件；2009 年的邓玉娇事件、杭州“欺实马”事件、上海钓鱼执法事件、河南王帅帖案、艾滋女闫德利事件；2010 年的我爸是李刚事件、江西宜黄事件、周久耕事件、躲猫猫事件、山东新泰官员提拔案；2011 年的郭美美事件、钱云会案、动车追尾事件、药家鑫事件、河南天价过路费事件；2012 年的钓鱼岛事件、雷政富艳照门、表叔杨达才案、湘潭神女事件、湖北小姐选美事件；2013 年的李天一强奸案、延安城管暴力执法事件、海南校长带小学生开房案、张艺谋超生事件、气功大师王林非法行医案；2014 年的衡阳人大代表贿选案、湖北枣阳女市长霸占男司机事件、黄海波嫖娼案、《辽宁日报》告高校老师公开信、“且行且珍惜”事件；2015 年的青岛大虾事件、毕福剑不雅视频事件、南京急性短促性精神病事件、徐纯合事件、成都女司机被暴打事件。笔者对案例库中每一起案例的发生缘由、对立双方、冲突焦点以及演变过程进行了细致梳理，并且按照事件危险程度、形成规模、发生场域、意见汇聚方式等标准划分了网络群体性事件的风险识别节点。

（一）刺激性事件在网络出现——网络群体性事件的起点

网络在中国的迅速普及，为社会矛盾的呈现和解决提供了新的途径。在刺激性的社会热点问题面前，具有共同利益或者价值观念的网民会自发地在网络汇聚，通过发表言论向对立方施加压力、向政府主张权利，进而生成网络群体性事件。正如张修智所言：“在由现象、意见的碎片构成的网络海洋中，某一事件得以扩散传播，其概率并不亚于中彩票。只有那些最大程度击中了公众神经的事件，才能上升为网络群体性事件。”[①]可见，刺激性事件在网络出现是网络群体性事件的起点，也是它的第一个风险节点。

（二）生成网络舆论——网络群体性事件的风险节点之二

刺激性事件在网络出现以后，倘若当事人置若罔闻、政府回避拖延，事件会继续升腾扩展，激起网络舆论的波澜。网络舆论的出现表明针对事件的议论由零散的、短暂的上升为整体的、强烈的和持续的，影响范围出现了从网民个体到群体的重大变化，是网络群体性事件演变的第二个风险节点。

（三）生成社会舆论——网络群体性事件的风险节点之三

当今时代，新闻生产也正在从组织化向社会化转型，传统媒体也越来越倾向于从网络获取新闻信息。一旦网络议题得到传统媒体特别是央视、人民日报、中国青年报等主流媒体的报道，就会使事件的影响范围从虚拟环境扩散到现实社会，带来广泛的街谈巷议，形成一致的带有倾向性的意见和看法，是网络群体性事件演变的第三个风险节点。

（四）出现制度外社会行动——网络群体性事件的风险节点之四

社会舆论生成以后，关注、参与该刺激性事件的民众越来越多。如果公共权力部门没有按照或者没有及时按照民众的期待解决问题，民众就会感觉受到挫折，出现较高的心理驱力，产生攻击性行为，通过更加激烈的方式施加压力，使得事件进一步升级，矛盾全面激化。制度外社会行动的出现是网络群体性事件的第四个风险节点，也是风险的最高点。

（五）事件走向消退沉寂——网络群体性事件的终点

耗散结构理论指出：“一个远离平衡的开放系统，可以通过不断地与外界交换物质和能量，在外界条件的变化达到一定的阈值时，能从原有的混沌无序的混乱状态转变为一种在时间上、空间上或功能上的有序状态，形成的新的自组织有序结构。”[②]网络群体性事件也是一个涨落有序的振荡过程，如果事件有了令民众满意的处理结果，议题自身不再发出刺激性信息，不再和外界进行物质和能量上的交换，就成为一种没有活力且无法更新的衰亡结构，最终导致事件走向消退。

需要说明的是：在网络群体性事件演变的前四个节点中，能发展到下一个节点的事件数量是递减的，关键在于当地政府能否迅速回应，采取有效措

---

① 张修智：《网络群体性事件上看下看》，《青年记者》，2009 年第 19 期。

② 湛垦华、沈小锋：《普利高泽与耗散结构理论》，西安：陕西科学技术出版社，1982 年，第 721 页。

施进行处置，使得事件不再发出刺激性信息。在案例库的35个热点事件中，只有“邓玉娇事件”“我爸是李刚事件”等15起案例生成了社会舆论；在这15起生成社会舆论的案例中，仅有钓鱼岛事件和家乐福事件出现了制度外社会行动。

二、网络群体性事件的风险评估

风险评估的任务包括三部分：描述风险事件的表征，评估可能产生的负面影响，确定风险控制和消减的优先等级。本文按照事件演化的风险节点进行分级，把网络群体性事件分为一般事件（Ⅰ级）、较大事件（Ⅱ级）、重大事件（Ⅲ级）、特别重大事件（Ⅳ级）四个等级，分别描述其风险表征和可能产生的危险后果。

（一）一般事件（Ⅰ级）

1. 风险表征：刺激性事件在网络出现。当今中国正处在急剧变动时期，社会成员逐步分化为不同的社会群体，不同社会群体必然有不同的价值和利益诉求，这些诉求之间蕴藏着大量的抗争和冲突。“一个高度传统化的社会和一个已经实现了现代化的社会，其社会运行是稳定而有序的。但在一个处于社会急剧变动、社会体制转轨的现代化之中的社会（或曰过渡性社会），往往充满着各种社会冲突和动荡。”[①]当蕴藏着群体对立的冲突性事件在网络出现时，就容易吸引较多数量网民的注意，出现点击率快速增加、跟帖评论不断增多的现象。

2. 可能出现的危险后果：事件虽然处于个别、零散状态，但因为含有群体对立的刺激性要素，容易成为网络舆论的导火索，成为影响社会稳定的隐患。

（二）较大事件（Ⅱ级）

1. 风险表征：生成网络舆论。表现为：第一，网络舆情空间不断扩展。网络群体性事件最初产生于某个单一的载体，如新闻网站、论坛等。但随着关注度的提升，网络舆情不仅会出现在新闻网站、博客、公共论坛等的大众网络媒介，而且也会出现在博客、微博、QQ 群、校友录、兴趣网站、地方

① ［美］塞缪尔·P. 亨廷顿：《变化社会中的政治秩序》，王冠华等译，北京：生活·读书·新知三联书店，1989年，第43页。

论坛等小众网络媒介。第二，网络信息大量增加。在舆情扩展的过程中，大众网民、网络意见领袖、地方政府部门、网络评论员、事件的参与者或目击者都会介入，网民的阅读、点击、回复、评论、转载等行为快速增长，相应的新闻跟帖数、新闻转载量、论坛帖文数、帖文回复数、博文数量、博文回复数、即时通信工具中话题量等也大量增加，使得网络舆论形成“爆发式”传播。第三，网民互动增加，议题逐步深化。网络群体性事件的早期议题通常是事件本身，网民关注的是事件原因、参与人员、过程真相、处理结果等。然而随着互动的深入，一些网民会关注事件深层次要素，力求从制度、体制、文化积淀、道德伦理、社会情绪等角度进行分析和评论，网络舆论出现政治化、制度化迹象。比如在绿坝事件中，网民的最初言论集中在反对预装这一过滤性软件上，后来逐渐涉及技术漏洞、行业影响、垄断作为等议题，接着又深化到隐私权保护、言论自由、社会控制等层面，舆情议题呈现出不断深化的态势。

2. 可能出现的危险后果：网络舆论是社会矛盾的公开呈现，生成过程中还不同程度存在侵犯公民权利、传播虚假信息、降低政府公信力的种种消极效应，若不加以及时应对，对立性情绪就会从虚拟空间扩展到现实世界，产生更大的危害。

（三）重大事件（Ⅲ级）

1. 风险表征：生成社会舆论。表现为：第一，传统媒体介入。传统媒体有一整套规范的制度程序，有完善的组织架构，有严格的把关审核与纪律约束，信息相对具有专业性和权威性，对民众态度有着直接影响。在浙江“钱云会事件”中，二十余家新闻媒体派出记者对事件进行了全方位报道，使得事件在现实社会中的传播和影响迅速增加。第二，事件受到当地民众普遍关注、议论。事件经过传统媒体宣传报道后，话题会被重新洗牌、包装，以另一个角度展现在受众面前。同时，报道又会诱发更加热烈的网络探讨，二者相互结合，交织促动，使得事件的细节不断被挖掘，民众的兴奋点不断被刺激，关注和评论的行为不断增加。第三，民众情绪相互感染，态度趋于极化。情绪感染是指一个人的行为激发了他人的情绪，使他人激动起来，而他人的行为反过来又感染自己的情绪，激起更加强烈的情绪，并加剧自己的行为，使得同类观点越发大胆地发表和扩散，形成一方的声音越来越强大，另一方越来越沉默下去的螺旋发展过程。[①]比如在“邓玉娇事件”初期，关于邓玉娇是否构成犯罪尚有不同观点，但是很快汇聚成一个主导声音:“邓玉娇无罪，邓贵大该死。”

2. 可能出现的危险后果：社会舆论的形成表明群体行为参与者对他们所诉求的问题达成了一般性共识，出现了相似的普遍不满情绪，当这种社会不满情绪无法通过制度化渠道得以宣泄，人们就会以集会、游行、示威、集体上访等非制度化的形式宣泄出来。

（四）特别重大事件（Ⅳ级）

1. 风险表征：出现制度外的社会行动。挫折攻击理论认为：“攻击性行为的发生总是以挫折的存在为先决条件的，至于挫折在多大程度上引起攻击行为，则取决于以下四个因素：一是反应受阻引起的驱力水平，二是挫折的程度，三是挫折的累积效应，四是攻击行为可能受到的惩罚程度。”[②]随着社会普遍情绪的生成，关注、参与该刺激性事件的民众越来越多，也形成了较为一致的心理期待。如果公共权力部门没有按照或者没有及时按照民众的期待解决问题，民众就会感觉受到挫折，出现较高的心理驱力，产生攻击性行为，通过更加激烈的方式施加压力，使得事件进一步升级，矛盾全面激化。2012 年 9 月，民众不满日本的非法“购买钓鱼岛”行径和政府的“软弱”态度，全国多地出现了大规模的游行、示威等抗议活动，在一些地方甚至出现了焚烧、打砸日系车辆，哄抢日资商铺，打骂日本公民的暴行。

2. 可能造成的危险后果：在非制度化的集体行动中，参与者常常采用游行示威、堵塞交通甚至打、砸、抢、烧等激烈方式表达诉求，存在显而易见的违法性和社会危害性。

三、网络群体性事件的风险应对

决策树是利用一个像树一样的图形建立的辅助决策工具，代表的是对象属性与对象值之间的一种映射关系。树中每个节点表示某个对象；每个分叉路径代表某个可能的属性值，即不同的应对策略；每个叶结点则对应从不同

① [德] 诺依曼：《民意——沉默螺旋的发现之旅》，翁秀琪等译，台北：台湾远流出版公司，1994 年，第 137～138 页。

② [日] 山根清道：《犯罪心理学》，张增杰等译，北京：群众出版社，1984 年，第 34 页。

路径发展出的不同结果，是不同策略的对象值。为了使网络群体性事件的风险应对更加清晰有效，本文构建如下的决策树模型。

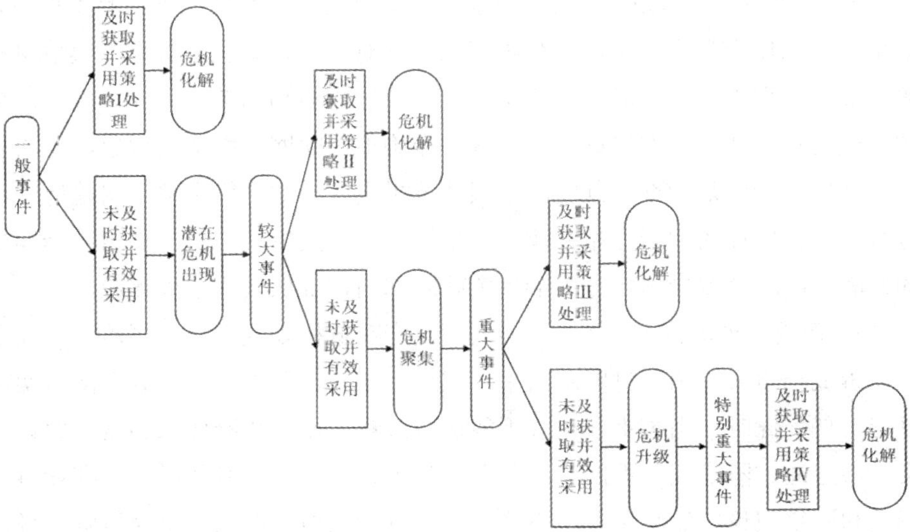

图 1　决策树模型

（一）策略Ⅰ：避免一般事件发展为较大事件

“蝴蝶效应”作为一种混沌现象，指初始条件下的微小变化能带动整个系统出现长期的巨大的连锁反应。所谓“一个蝴蝶在巴西轻拍翅膀，可以导致一个月后德克萨斯州的一场龙卷风”。可见，如果能识别刺激性网络事件的初始特征并采用必要手段加以处理，就可以防微杜渐，把问题解决在萌芽状态。

1. 及时发现、识别舆情。网络信息存储量大、传播速度快、参与人数多、交互感染强，需要有效的舆情发现、识别手段：首先，可以通过在搜索引擎上设置“关键词”（通常为地名、人名或事件名）和“日期”的方法，提取原先隐含在其中的但又潜在有用的信息，尽早了解与本地区、本部门相关的网络舆情状况。其次，可以使用数据挖掘技术抽取信息，如针对新闻、新闻评论语料，抽取新闻标题、新闻出处、发布时间、内容、事件发生时间、点击次数、评论人、评论内容、评论数量、转载数量等舆情信息；针对论坛语料，抽取帖子标题、发帖时间、发帖人、点击数量、回复人、回复内容、回复数量、转载数量等信息；针对博客（微博）语料，抽取博主的人气指数和粉丝数量、博文标题、发布时间、博文正文字数与主题、博文评论内容与数量、博文转载数量等信息。再次，可以通过分类模式、聚类模式、关联模式、序列模式对抽取的信息进行分析，判断危机指数。

2. 形成网络舆情报告。对于可能生成舆情危机的事件，还要形成网络舆情报告，以便于政府决策。网络舆情报告是对已经搜集和分析到的舆情材料的再加工和再创造，一般包括事实呈现、发展趋势和相关建议三个部分：事实呈现是指客观描述网络舆情的过程，准确地反映网络舆情的现象、本质和特点；发展趋势是指准确判断网络舆情危机走向，对网络舆情做出趋势性、危害性和预警性的判断；相关建议是指针对可能发生的情况，制定一套详尽的判断标准和处置措施，提供给有关政府部门，确保其快速处置应对。

3. 责成当事单位或个人真诚回应。政府在危机处置中首先要落实责任主体，责成当事人在第一时间站出来，或承认错误、承担责任，或澄清事实、撇清责任。此时，当事责任人既不能保持沉默，无视政府要求和网上舆论指责，希望通过不搭理、不回应，甚至压制舆论的方式应对危机，以期让事件影响和网络舆论自然平息；更不能只是想方设法地为自己的错误辩解开脱，淡化自己应当承担的责任。动车追尾事故发生后的第二天晚上，铁道部举办新闻发布会。当被问到“为何救援宣告结束，仍发现一名生还儿童”时，发言人王勇平没有就工作失误正面回答问题，反而声称：“这只能说是生命的奇迹”；被问到“事故原因尚未调查，为何要掩埋车头”时，蛮横地说：“埋车头是为了垫泥潭，便于抢险。至于（不管）你信不信，我反正信了。”①这些傲慢的缺乏生命关怀的话语，不仅没有平息网民对事故救援工作的质疑，相反激起了更大的愤怒。

（二）策略Ⅱ：避免较大事件发展为重大事件

“舆论具有相对的一致性、强烈性和持续性，能够对社会发展及有关事态的进程产生影响。总是混杂着理智和非理智的成分。”②面对网络上铺天盖地的疑问和不满，政府不能置身事外，必须要疏导网络舆论，争夺话语权，抢占制高点，避免舆论从虚拟空间向现实社会扩展蔓延。

1. 尽快掌握真实情况并在网上公布。美国心理学家奥尔波特认为谣言产生有两个基本条件，一是事情本身必须对传谣者和听谣者有某种重要性，二是真相必须被某种模糊性掩盖起来。“谣言的传播公式为 R=I×A，其中，R

① 《王勇平答记者问》，土豆网，http://www.tudou.com/programs/view/Vj5nWCX-26U/。

② 秦志希、饶德江：《舆论学教程》，武汉：武汉大学出版社，1994 年，第 28 页。

（rumor）表示谣言，I（important）表示重要性，A（ambiguity）表示模糊性。”[①]奥尔波特的公式表明，谣言的出现与事件的重要性和模糊性是正相关的关系。重大突发事件发生后，民众最希望知道真相是什么，过程怎么样，如何去处理。此时，政府应积极了解事件真相及其历史渊源，及时公开信息，把事情原原本本地公之于众。否则的话，人们就会转而通过谣言寻找答案。同时，网民容易以讹传讹，一方的不断跟进会造成另外一方的不断沉默，导致谣言以不可思议的速度扩展，使得事态迅速扩大升级。

2. 通过网络发言人引导舆论。网络舆论出现以后，网络新闻发言人要以平等的身份与网民沟通，要以普通网民的 ID 登录论坛、网站，用普通网民常用的发帖、跟帖、留言、发布微博等方式进行回应。这样做可以有效拉近政府与网民的心理距离，避免网民产生政府官员高高在上、居高临下的认知错觉，使得政府意见更好获得网民理解和支持。在网络引导过程中，网络新闻发言人要善于把握网民的所思所想，及时澄清虚假、失真消息，准确回答他们集中关注的问题，用公众易接受的语言解读法律条文和政策方针，始终与公众保持良性的舆论互动。在交流过程中如果遇到非理性、发泄式的言论，网络新闻发言人要站在政府的高度，以普通网民的口吻进行教育引导，在真诚沟通中赢得公众的理解和支持。

3. 通过网络意见领袖疏导舆论。在危机事件处置中，要善于通过意见领袖的作用和影响促进民意共识的形成。网络意见领袖往往能够通过专业性、深刻性的言论集聚网络人气，又能凭借其长期积累起来的网上声望和话语权威性影响人们对危机事件的认知，对群体成员有较大的影响力和号召力，在统一口径、引导舆论方面的作用非常突出。当网络上非理性信息和极端言论流行、受众无所适从时，他们对于权威意见的依赖会更强烈，更需要意见领袖为自己解惑。比如，在“南京张明宝醉驾事件”中，网络意见领袖“走天下看天下”及时将南京市政府和有关部门的处置情况在网上进行介绍，既在一定程度上缓解了网民的情绪，又对理性引导网络舆论起到了积极作用。[②]

（三）策略Ⅲ：避免事件从舆论层面发展到现实行动层面

由于在第一和第二阶段的应对不当，刺激性事件经过传统媒体的宣传报道后，生成了冲击力更大的社会舆论，引发了现实社会成员的广泛不满。此

① [美] 奥尔波特：《谣言心理学》，刘水平、梁元元译，沈阳：辽宁教育出版社，2003 年，第 17 页。
② 曹劲松：《政府网络传播》，南京：江苏人民出版社，2010 年，第 167～168 页。

时，政府应采用有效手段加以化解，避免事件从言论领域发展到行动层面。

1. 公开调查。在当事人、当事单位不能及时有效处理危机、赢得公众信任的情况下，舆论诉求必然指向地方政府，要求地方政府给公众一个合理的说法。此时，政府作为危机处置中社会公信力的承载者，必须实事求是、客观公正地开展调查取证，及时将事件发生的具体原因、事实细节、相关冲突公之于众，让“流言止于公开”。为了防止调查过程中可能存在的隐瞒、欺骗行为，可以由政府邀请人大代表、政协委员、媒体代表、网络意见领袖组成监督组，让他们作为“第三方”（非利益关联方）监督事件的调查过程。

2. 及时处理。在网络群体性事件处理过程中，责任诉求是一个逻辑开口向上的链条，若是当事人没有承担责任的话，就会上溯到其直接管理者的所在组织；若是管理者继续放任或者包庇、袒护，不积极主动追究当事责任者并承担管理责任，就会要求地方政府处置干预；若是地方政府应对不当，就需要更高一级政府进行处理。因此，在危机处理的责任追究过程中，必须以当事责任主体为核心，进行合理的责任切割，防止将矛盾和责任逐级上交。比如，在上海“钓鱼执法”事件中，面对孙中界的断指求证清白和汹涌的网络民意，浦东新区城市管理行政执法局没有及时切割责任主体，而是为了维护部门利益，用更多的错误来解释掩盖一个错误，结果越陷越深，引发了整个社会的质疑和愤怒。

3. 适当妥协。妥协就是为了避免造成更大损伤或两败俱伤，以不损害或保留基本利益为前提，通过谈判、协商或默契等互相让步的折中方法，使“冲突中的每一方都放弃一些可贵的、但并不是无价的东西，以得到一些真正无价的东西”[①]。妥协作为人类政治智慧的结晶，体现着原则坚定性与策略灵活性的统一，是和平年代解决社会冲突的有效方法。正如科恩指出：“政治上成熟的人会寻求持中的解决方法，使冲突各方都得到一定程度的满意。”当网络群体性事件处于社会舆论的中心时，政府为了迅速平息舆论、化解危机，可以做出适度的妥协以换取社会秩序的稳定。在许霆案中，二审判决把许霆的刑期从无期徒刑改判为有期徒刑 5 年，既维护了法律惩治犯罪的尊严，又平息了社会舆论的压力，体现了政治妥协的智慧。

① Smith. *The Ethics of Compromise and the Art of Containment*, Boston Star King Press, 1956, p.45; Ellul. *Propaganda: the Formation of Men's Attitudes*, Vintage: Vintage Press, 1973, p.112.

（四）策略Ⅳ：正确处置由网络事件引发的制度外行动

政治秩序是一种政治生活的状态，用来描述政治生活的有序性、稳定性以及连续性。当网络群体性事件演化为现实群体性事件时，社会的政治秩序就遭受了强烈的冲击，需要采取以下应对措施。

1. 恢复社会秩序。政府应当依照刑法、集会游行示威法及其实施条例、治安管理处罚办法、公安机关处置群体性治安事件规定等强制性规定，严肃打击扰乱社会秩序或者危害公共安全的行为。对尚未危害人民群众生命财产安全和社会治安秩序的群体性行为，要讲究策略、注意方法，避免与群众发生直接冲突，做好化解矛盾的工作；对围堵、冲击党政机关，卧轨拦车，阻断交通，骚乱以及打砸抢烧等违法犯罪活动，要抓住时机，坚决依法果断处置，控制局势，尽快平息事态，防止事态扩大蔓延。

2. 管控网络舆论。首先，可以通过设置“黑名单”、设置关键词等手段屏蔽或过滤有害信息，防止破坏社会稳定、分裂国家民族、煽动教唆暴力行为、传播邪教以及诬陷诽谤他人的信息在虚拟空间流布；其次，可以通过政府宣传管理部门对网络媒体发布指令，对特定事件不允许评论、跟帖、转载，及时封存、删除网络自媒体的舆情帖文。比如在“辽宁庄河千人下跪事件”“反日保钓游行事件”中，大量的网站、论坛都按照指示采取了删除帖文的措施；再次，可以采用 IP 阻断技术限制特定地区的人群登录互联网。由于每一台联网的计算机都有一个对应的 IP 地址，阻断其 IP 地址后这台计算机上的信息无法在网络上自由流动。

3. 强化正面引导。社会学家艾卢尔认为：“舆论的不可捉摸的易变性和不稳定性又决定了政府的决策不可能追随迎合舆论。如果只能让舆论来追随政府，宣传则成为必不可少的手段。”[①]制度外行动出现后，中央和地方主要新闻媒体要按照要求在重要版面、重要时段及时报道解读，引领社会舆论；都市类媒体要针对不同受众需求，做好分类化传播；重点新闻网站可以在更为有利的信息支撑下，在网络上推出特定议题，并有意识地策划和组织相关转载、跟帖和评论，使新信息能够引起网民的广泛关注和参与，形成有利舆论占主导的格局。

---

① Ellul. *Propaganda: the Formation of Men's Attitudes*, Vintage: Vintage Press, 1973, p.112.

综上，按照事件危险程度、形成规模、意见汇聚方式等标准可以将网络群体性事件划分出四个风险识别节点，即刺激性事件在网络出现、生成网络舆论、生成社会舆论、出现社会行动，它们分别是一般事件、较大事件、重大事件和特别重大事件的风险标志，有着不同的风险表征和后果，可以依据决策树模型加以应对。

微信民主和制度吸纳：基层治理中微信政治参与的激进化

——以浙江海盐垃圾焚烧发电厂抗议事件为例

赵玉林　原珂

摘　要：迅速发展成为国内第一大社交平台的微信开始被公众用于影响基层政府过程。针对基层民众微信政治参与激进化的端倪，本文以新近发生的浙江海盐垃圾焚烧发电厂抗议事件为案例，主要采取观察法、访谈法，分析了官方公众号、民间公众号、朋友圈、聊天群在此次事件前期、中期和后期的作用，归纳了微信政治参与激进化的原因，指出微信与基层民主间存在着耦合关系，从自下而上、上下互动、自上而下三个层面提出通过制度建设吸纳微信政治参与的对策建议。

关键词：微信；政治民主；制度吸纳；基层治理

一、研究问题的提出

微信已经发展成为我国最具影响力的互联网社交平台，甚至有评论认为"论坛已死、微博已衰"。根据 2016 年最新调查结果，微信的月活跃用户达到

作者简介：赵玉林，浙江工业大学政治与公共管理学院讲师，研究方向为互联网政治。原珂，对外经济贸易大学教育与开放经济研究中心助理研究员，研究方向为公共治理与教育经济。

基金项目：浙江省教育厅项目（GZ152105094800）。

文章来源：本文择要刊载于《甘肃行政学院学报》2016 年第 4 期。

6.5 亿，汇聚公众账号超过 1000 万，90%以上的微信用户每天都会使用微信，半数用户每天使用微信超过 1 个小时。[①]我国网民中的 75.9%在使用微信，并保持连年增长趋势，而微博、论坛的使用率不断下降，分别为 35.0%和 12.9%。[②]腾讯撤销微博事业部，网易于 2014 年底宣布关闭微博服务，新浪微博作为中国微博领域唱着独角戏的领头羊，2013 年，微博大 V 发帖量为 205222 条，2014 年（1～11 月）的数据仅为 121199 条。[③]

在互联网社交平台格局发生剧烈变化的同时，公民通过互联网参政议政的方式也在随之转变，微信民主成为互联网民主领域备受关注的新生事物：政府开通微信平台，目前全国县级以上政府基本全部开通微信公众号，部分纪委组织也开通微信举报渠道；微信朋友圈成为网民分享政治信息、表达政治态度、监督政府行为的新途径；微信群聊则成为网民线上聚集讨论公共议题的舆论场，实现组织联合的虚拟社团，进行指挥协调和实时交流的通信线。

网络民主曾被各界寄予厚望，如今微博、论坛式微，而公民通过微信参政，尤其是参与到基层治理的过程中，却存在显著的激进化危机。2014 年 8 月，《人民日报》刊文指出：相对于开放式的微博，微信谣言格外具有煽动性和欺骗性，辟谣更为不易，“政治谣言尤须警惕”[④]。在论坛和微博中充斥各种“喷子”“黑子”，而基于熟人关系、高同质化的微信圈群更容易引发“沉默螺旋”和“群体极化”，线上讨论引燃线下行动的可能性更高。

本文的研究问题也就此而出：在基层治理过程中，如何通过制度建设吸纳微信民主，防范和化解微信政治参与的激进化，有效实现政府和公民之间的协商沟通？为解答该问题，本文主要采取案例分析的研究方法，选取了 2016 年 4 月 20 日发生在浙江省海盐县的“垃圾焚烧发电厂抗议事件”，在该事件发生的前、中、后期，微信均起到了显著的作用。该案例具备分析基层微信民主激进化问题的相关要件，具有较强的典型性，富有启发意义。

---

① 企鹅智库：《2016 年微信影响力报告》，http://mt.sohu.com/20160323/n441650870.shtml，2016-4-5。

② 凯度：《2016 中国社交媒体影响报告》，http://mt.sohu.com/20160130/n436401672.shtml，2016-4-26。

③《微博客零和游戏落幕 新浪微博的独角戏》，环球网：http://tech.huanqiu.com/net/2015-07/7091815.html，2016-5-22。

④ 钟新文：《别让谣言污染“朋友圈”》，http://paper.people.com.cn/rmrb/html/2014-08/11/ nw.D110000renmrb_20140811_3-04.htm，2016-5-24。

二、研究现状的综述

微信民主、微信政治参与领域的研究虽然主体数量不多，但开始呈现快速发展趋势。以“微信”为主题词，在中国知网搜索政治学及行政管理学类CSSCI期刊学术文章，截至2016年4月29日，总计82篇：2013年，3篇；2014年，23篇；2015年，43篇。可见，自2013年起步以来，研究成果呈不断增多趋势。国内相关研究主要集中在政务微信建设，少数研究涉及微信舆情传播特点分析和微信舆情治理。而国外有关微信的专门研究相对缺乏，部分研究者从我国政府言论自由管控的角度提及了网民从论坛、微博向微信转移的现象。

第一，从服务型政府建设角度，分析政务微信在提升政府服务功能方面的发展现状和存在的不足。比较有代表性的论文包括：徐琦、宋祺灵分析82个北京政务微信公众号，指出当前政务微信发展尚处于初级阶段，功能定位不明确，以咨询发布为主，缺乏互动，许多便民服务功能因缺乏客服支撑而沦为摆设。[①]郑磊、王栋等分析上海政务微信发展状况，也指出政务微信服务大多停留在查询和预约层面，在线办事功能尚未实现突破。[②]蒋天民、胡新平总结全国政务微信发展存在的普遍问题：缺乏开发、名存实亡；缺乏资源保障，无法对投诉、反馈进行及时的处理、回复等。[③]

第二，从政务信息传播的角度，分析政务微信发展现状，就功能、运营、推广等领域的不足提出较为全面的改进对策。（1）在功能方面，姚玉芹、田园总结了政务微信的“潜在”传播价值，如催生感性亲民的政治表达、促进政治社会化等。[④]（2）在运营方面，王玥、郑磊观察分析了100多个政务微信公众号的运营状况，提出应当提高政务微信的认证比例，限制个人采用“××

① 徐琦、宋祺灵：《“数读”首都政务微信的现状与问题》，《现代传播》，2014年第10期，第61～65页。

② 郑磊、王栋、王玥等：《上海市政务微信发展报告：现状、趋势与启示》，《电子政务》，2014年第9期，第16～28页。

③ 蒋天民、胡新平：《政务微信的发展现状、问题分析及展望》，《现代情报》，2014年第10期，第88～95页。

④ 姚玉芹、田园：《试析政务微信的传播价值》，《现代传播》，2015年第10期，第141～143页。

发布”“平安××”微信公众号名称等建议。[1]夏保国、常亚平基于技术接受模型的视角，在定量研究基础上指出政务微信的互动性、抗干扰性、精确性、亲密性越强，用户感知到的有用性、易用性、满意度就越强。[2]李勇、龚小芳结合上海政务微信公众号的应用现状：地域分布不均衡、重数量、轻质量、单向推送交互不足，并针对性提出对策。[3]周图伽、沈丹也提出政府应当积极进驻微信，抢占舆论高地，加强政务微信管理的专业性、系统性。[4]宋之杰等也通过问卷星对 274 名微信用户展开调查，提出提高政务微信用户采纳率的建议：界面人性化设计、穿插娱乐性信息、丰富信息发布形式、为不同类型群体提供个性化服务等。[5]（3）在推广方面，张志安、罗雪圆以广东省政务微信地域扩散路径为分析对象，总结出从县市级到省级、从公安系统到其他部门等政务微信发展经验。[6]王芳、张璐阳在对比政府网站、政务微博、政务微信的基础上，通过问卷星展开实证调查，提出发展政务微信的建议：加大宣传推广力度，提高服务针对性，增强服务可用性。[7]

第三，从提升微信舆论引导角度，分析微信舆论特点、微信舆论管理的不足并提出改进建议。李茂、王一诺针对微信谣言更为隐蔽、引导难度加大、实名制仍需深入、存在违法行为等问题，提出通过用户自律、技术攻关、正面引导、完善法规等途径加强微信治理。[8]陈鹤、韩金成等以昆明暴恐事件为例，采用观察和统计法，指出公安政务微信公众账号数量过少、应急信息

---

① 王玥、郑磊：《中国政务微信研究：特性、内容与互动》，《电子政务》，2014 年第 1 期，第 66～77 页。

② 夏保国、常亚平：《政务微信的沟通机制研究——基于技术接受模型的视角》，《国家行政学院学报》，2014 年第 3 期，第 102～106 页。

③ 李勇、龚小芳：《微信平台政民交互的方式及其特点探析》，《电子政务》，2015 年第 11 期，第 51～58 页。

④ 周图伽、沈丹：《微信问政：自媒体时代的社会治理探索》，《新闻界》，2014 年第 15 期，第 64～68 页。

⑤ 宋之杰、巫翠玉、石蕊：《政务微信公众号用户采纳研究》，《电子政务》，2015 年第 3 期，第 18～25 页。

⑥ 张志安、罗雪圆：《政务微信的扩散路径研究——以广东省市级以上政务微信为例》，《新闻与写作》，2015 年第 7 期，第 50～54 页。

⑦ 王芳、张璐阳：《政务微信的功能定位及公众利用情况调查研究》，《电子政务》，2014 年第 10 期，第 58～69 页。

⑧ 李茂、王一诺：《微信的传播特性与北京微信治理体系建构对策》，《电子政务》，2015 年第 8 期，第 28～35 页。

发布滞后、信息缺乏反馈、内容原创性低等问题。[①]陈燕针对重大事件中的微信舆论管理，提出建立把关机制，主流媒体通过微信引导舆论，政务微信树立领地意识，意见领袖加强自律他律等建议。[②]第四，从政府公民互动协商解决公共问题角度分析微信的作用。此类研究目前相对较少，代表性著作如董石桃、蒋鸽提出“微信协商”概念，但研究范围略显狭窄，集中在“政务微信公众号”和人大代表、政协委员、政府官员开通的“个人微信”，在论述微信协商特点时，没有完全区分微信政治协商与一般微信社交之间的区别，分析长于概括而弱在具体。[③]陈泽德抽取上海发布公众号推送的 184 条信息作为分析样本，认为政务微信推动了社会对话机制、社会信任机制和社会动员机制的创新，但是并没有具体分析这些创新在多大程度上对社会治理产生了哪些具体的效果。[④]郑亚楠以绥棱县委书记王安的微信号“@绥棱人”为分析对象，认为这种政务微信应用在县域政治生态中可以降低执政成本，提升政府公信力，形成对乡镇干部的倒逼机制。[⑤]

目前国外政治学、行政管理学领域有关微信的研究相对缺乏，仅有的几篇文章也主要是从平衡政府信息审查和言论自由的视角顺带论及微信。如班德斯基（Bandurski）从中国政府“反社交”（anti-social）的视角简要描述了网民从微博转移到更加私人化的微信。[⑥]吴詹森（Janson O.Ng）指出微信的国际化发展不仅需要提高自身的质量，还需要获得相对于政府审查的独立性。[⑦]综上，微信作为国内新兴的社交媒介，已经引起了政治学、传播学、行政管理学等多个领域学者的积极关注，研究者从多个视角提出了非常丰富的建设性意见。目前研究的主要特点和相对薄弱之处为：（1）研究对象集中在政务微信，对民间微信公众号、微信朋友圈、微信群的关注度相对不高；

① 陈鹤、韩金成、王建成：《重大突发事件中公安政务微信应急传播研究——以昆明暴恐事件为例》，《电子政务》，2014 年第 9 期，第 38～43 页。

② 陈燕：《重大事件中微信传播的舆论引导》，《新闻界》，2014 年第 13 期，第 55～58 页。

③ 董石桃、蒋鸽：《微信协商：中国协商民主建设的新途径和新策略》，《理论与改革》，2016 年第 2 期，第 40～45 页。

④ 陈泽德：《政务微信助力社会治理创新——以“上海发布”为例》，《电子政务》，2014 年第 4 期，第 76～83 页。

⑤ 郑亚楠：《政务微信与县域政治生态的塑造——以“@绥棱人”为例》，《现代传播》，2015 年第 10 期，第 35～45 页。

⑥ David Bandurski. “Anti-Social Media:How China’s Censors Stay One Step Ahead of Freedom”, *Global Asia*, 2014(1), p.25.

⑦ Jason Q. Ng. “Going Global”, *World Policy Journal*, 2014(4), pp.20-24.

（2）对各种微信应用方式在具体政府过程中的相互作用的描述性研究和深度分析较为不足；（3）集中关注如何提高政务微信的服务功能、传播功能，而对微信推进民主协商功能的研究较少；（4）研究方法主要是定量分析一定规模微信公众号的运营状况、微信信息的内容、微信用户使用习惯，相对缺乏结合具体公共事件的实证分析；（5）没有区分微信在全国性和地方性政治生活中作用的差别；（6）相对于国外研究，国内研究在分析政府互联网监管方式对微信政治参与兴起的影响方面略显不足。

结合以上分析，本文选取新近发生在基层治理过程中的、微信发挥了显著作用的公共事件为案例，进行描述性和探索性的实证研究，以微信民主的发展为切入点，在对比论坛、微博、微信政府监管方式的基础上，总结微信政治参与的特殊性，分析政务微信公众号、民间微信公众号、微信聊天群、微信朋友圈在基层政府民主治理过程中的作用，探讨通过制度建设吸纳微信政治参与的方式方法。

三、案例分析：微信与“海盐垃圾焚烧发电厂抗议事件”的激进化

之所以选择该案例，主要是因为：（1）海盐县政务微信发展速度较快、水平较高，目前海盐已经建立以“海盐发布”领军，由教育、民政、环保、旅游、交通等部门运营的30多个微信公众号组成的政务微信群。（2）海盐县经济发达，智能手机和微信的使用率较高。（3）以海盐县居民为服务对象的民间微信公众号纷纷建立，比较有影响力的如“海盐微距离”“海盐一家人”等。（4）作为在基层新近发生的环保群体性事件，微信在事件发生的前、中、后期均体现出显著的影响力。（5）政府、公民对微信的使用方式，民间微信公众号的参与方式等许多层面都具有典型意义，值得深入挖掘。

获取案例相关信息的途径主要包括：（1）通过授课班级内海盐籍学生的介绍，以“滚雪球”法，添加13位海盐当地居民为微信好友；（2）通过电话、微信对深度参与和了解此次事件的5位海盐居民进行无结构式访谈；（3）通过搜狗微信搜索平台搜索报道此次事件的微信公众号并进行持续跟踪。（4）通过天涯论坛、新浪微博获取曝光事件进程的优质帖子。（5）阅读分析传统新闻媒体的相关报道。

（一）事件背景

海盐是浙江省嘉兴市的一个行政县，常住人口约 43 万，按 2013 年统计数据，人均生产总值为 77964 元。[①]据报道，海盐生活垃圾量每年都在以较快速度增长，自 2015 年下半年起，承担海盐垃圾处理的外地垃圾焚烧厂因超过负荷，不再接收海盐生活垃圾，海盐的阁老山生活垃圾应急填埋场容量也已经接近饱和，县政府认为新建垃圾焚烧厂已经“迫在眉睫，刻不容缓”。为此，海盐县拟启动生活垃圾焚烧建设项目，选址初定于海盐经济开发区（西塘桥街道），占地约 70 亩。而据居民介绍，这里正是当地污染的“红色地带”，造纸厂、化工厂、污水处理厂集中于此，生活在这里的居民，早已不堪污染之痛。

4 月 12 日，在海盐垃圾焚烧项目处于选址论证阶段时，根据城市建设规划相关要求，海盐县住建局对规划选址的论证报告进行了公示。值得一提的是，在此期间，“常州学校毒地事件”[②]等环保问题在微信朋友圈正广泛传播。

（二）抗议事件发生前期

1. 政务微信的缺位

在微信已经成为国内第一社交平台，同时也是重要资讯平台的时代，虽然海盐组建了规模庞大的政务微信群，但是包括海盐县人民政府官方微信平台“海盐发布”在内的微信平台，都没有尽早介入其中。

第一，政务微信在“选址论证报告”公示之前，并没有发布与垃圾焚烧发电厂相关的信息，比如介绍海盐生活垃圾处理困境，国外及国内主要垃圾焚烧发电厂的运营状况等。政务微信原本可以作为疏通政府公民利益关切的桥梁和减少政策施行阻力的宣传平台。

第二，政务微信没有成为“选址论证报告”公示信息的发布平台。4 月 12～21 日是“选址论证报告”公示期，而公示发布的主要平台仅仅是“县开发区管委会大楼底楼西侧大厅”“建设项目现场”及“海盐电视台新闻频道 19：00-21：00 电视字幕”等。

第三，政务微信没有成为公民向政府表达意见和建议的官方渠道。根据公示文件规定，“可在公示期内向县住建局书面反馈并可要求举行听证会”并

① 《海盐概况》：海盐政府网，http://www.haiyan.gov.cn/col/col13/index.html，2016-5-28。

② 江苏常州外国语学校新校址旁是 7 年前三所化工厂污染后的“毒地块”，约 500 名在校生疑似因环境污染而中毒一事引发社会广泛关注。

提供了联系电话。而政务微信有能力通过发起“投票”、接收意见等方式便捷有效测知民意。

2. 民间微信公众号的广泛参与

在政务微信缺位的同时，私人微信公众号敏锐地察觉到事件所引发的影响，开始多渠道广泛参与。比较有代表性的参与方式包括：

第一，通过微信发起民主投票。4 月 19 日，“海盐微距离”（没有认证主体）公众号发起微信投票：“在海盐建造垃圾焚烧发电厂你同意吗？”共有 7039 名微信用户参与投票，投票结果显示 96%表示不同意。如下图所示：

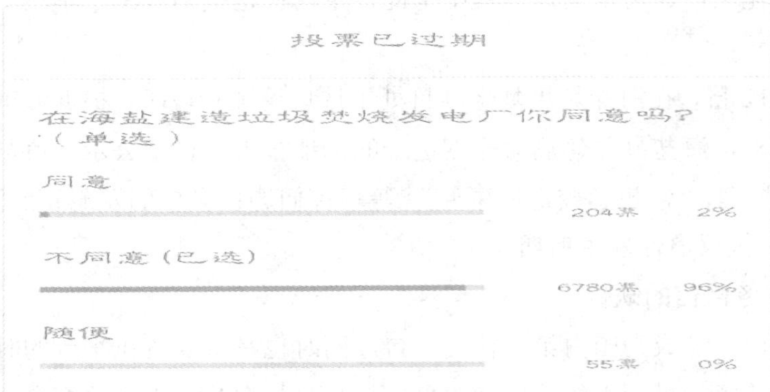

图 1　微信投票结果（源自“海盐微距离”公众号）

第二，通过推送公众号文章，进行广泛报道。4 月 19 日，“海盐网”（账号主体为海盐海纳信息技术有限公司）微信公众号发布“震惊！海盐要建造垃圾焚烧发电厂？！”，该文的阅读量达到 5 万以上。该信息不仅图文并茂地转发“海盐经济开发区垃圾焚烧发电厂选址论证报告”公示原文，而且附有自称“西塘桥公民”写给领导的“反对信”。在文末部分介绍了“垃圾焚烧发电厂的危害”（红字标题、配有正冒浓烟的发电厂图片），指出“有害物质包括”（加粗）：“烟气污染其中比较受关注的是‘二噁英’以及焚烧过程中产生的废水以及垃圾渗沥液，再有就是灰渣和粉尘。”以加粗字体指出“但现今我国大部分垃圾焚烧发电的污染控制都已基本达标”。最后一段为“选址须慎重”（红色标题）并摘录“国家环保总局、国家发改委就发电项目环境影响评价管理工作的通知”——新建生活垃圾焚烧发电类项目的区域限制要求。最后，公众号筛选公布了 49 条留言，其中 39 条明确表示反对，如“强烈反对！西塘桥人民现在已经够惨的了，怎么还能在伤口上撒盐呢”，表示支持的仅有 1 条：“不烧掉靠填埋也没那么多地方可用如果把环保做到没危害，倒也可以啊”。

另外，“嘉兴第九区”（无认证主体）、“你好嘉兴”（无认证主体）等公众号也在 20 号推送了相同或有增补的文章。其中“嘉兴第九区”推送的文章“嘉兴要建垃圾焚烧发电厂？！官方说明来了 .”，阅读量也超过 5 万。

3. 居民通过微信表达不满和集结

通过访谈当地居民得知，虽然 12 号时政府已经进行了拟选址公示，但多数人得知当地要建设垃圾焚烧发电厂信息的时间是在 19 号。此后，微信的朋友圈、群聊成为当地居民表达不满和进行集结的重要工具之一。主要方式包括：

第一，通过微信朋友圈发布政府将在西塘桥街道建立垃圾焚烧发电厂的信息，表达反对意见，呼吁采取抗议措施。此时微信朋友圈转发最多的文章正是上文重点介绍的“海盐网”公众号推送的文章，如下图所示：

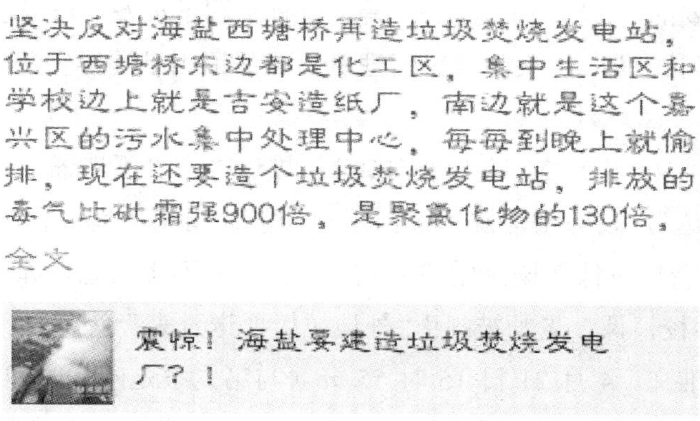

图 2　朋友圈呼吁反对截屏图

第二，组建微信群，组织开展抗议活动。据报道，4 月 19 日，海盐本地人通过微信群，相互添加，组建了 3～4 个达到 500 人规模上限的微信群，倡议于 4 月 20 日和 4 月 21 日在海盐县政府门口和平抗议。根据访谈，当地居民建立起的规模不等的微信群远不止这些，群主多是当地一些比较有名望的人。

（三）抗议事件发生期

4月20日，海盐群体性抗议事件爆发，当地居民在抗议过程中存在一定过激行为，与现场维持秩序的警察爆发冲突，21日晚达到高潮。在此阶段，微博、论坛以及传统媒体等开始介入，微信也发挥了重要作用。

1. 政务微信开始报道

第一条推文，4月20日17时16分，公示期的倒数第二天，海盐发布才就微信朋友圈和网上热议第一次推送文章："关于垃圾焚烧处理厂项目，我们需要知道这些……"此文篇幅较长、内容丰富、图文并茂，显示出政府官方微信平台的编辑实力。该文介绍了垃圾乱推放的影响，通过对比分析凸显焚烧相对于填埋、堆肥等垃圾处理方式的优势，介绍了海盐不得不建设垃圾焚烧处理项目的困境，介绍国际、国内垃圾焚烧技术的广泛推广情况，有针对性地回应网民的理解误区，介绍海洋垃圾焚烧处理厂在选址、技术方面符合规范要求，公布收集意见反馈的电子邮箱和电话。在文末精选的23条留言中，绝大多数是明确表示支持，如"不建垃圾焚烧厂屯着当饭吃？"、"这垃圾焚烧厂还是需要的""建，利大于弊"等，仅有三四条提及"垃圾没有分类，这样焚烧没有问题吗？""实际操作管理执行能保证由纰漏确实落实吗？"等弱反对意见。

第二条推文，4月21日15时55分，推送文章"不造谣，不信谣，不传谣，理性表达"，政务微信发挥辟谣平台功能，指出微博、优酷中存在嫁接2014年杭州余杭事件现场流血冲突照片、视频的不实信息，辟谣"警察到家里抓人""学校停课、老师被抓""外地垃圾要送过来"等信息。

第三条推文，4月21日15时55分（与第二条是同一时间），发布"海盐生活垃圾发电厂项目停止"。该文阅读量达到10000+，点赞数超过3000。精选留言仅有两条：第一条，"是否属实？"——（作者回复）当然真的啊！官方发布，信息真实可靠；第二条，"海盐发布的主体账号是：海盐县人民政府办公室。因此我相信该消息是真实可靠的"。

值得一提的是，事件发生后，截至本文写作时，海盐政务微信群的其余所有微信公众号没有就该事件推送任何相关文章。

2. 民间微信公众号有限参与

"海盐网"公众号在事件爆发期连续推送两篇文章：（1）4月20日16时55分，发布"一座城市的垃圾之'痛'"，简要报道群众聚集堵路抗议事件，呼吁居民理性而行、政府回应民意，提出以建设“垃圾分类”制度代替“垃圾焚烧”项目的政策建议。该文阅读量达到15000以上。（2）4月21日16：51，发布“垃圾焚烧发电厂项目停止！保护海盐的碧水蓝天，我们该这样做……”，通过两组图片（一组是海盐的碧水蓝天，一组是海盐的雾霾、垃圾、化工厂浓烟、秸秆焚烧、小学生戴口罩上课），提出“明知道有些事可能会无能为力，但我们还是会尽力争取！！”。该文阅读量超过20000。此文精选留言的主题比较鲜明：发出“不建垃圾焚烧厂，海盐的垃圾怎么处理”的提问，呼吁“垃圾分类”“保护环境”。

4月20日15时42分，“掌上海盐”公众号（账号主体为海宁海伦传媒有限公司），推送文章“海盐要建垃圾焚烧厂？！我要投反对票”，以视频和图片形式报道了大量海盐居民走上街头表达抗议以及成排警察维持秩序的现场。该文对建立垃圾焚烧厂明确表达立场“坚决说不”，但是对于反对原因缺乏理性分析和论据支撑，最后呼吁海盐人“理性对待，文明示威”。此文的阅读量过3000。

4月20日，“最新热门视频”公众号（账号主体为嘉兴繁星网络科技有限公司），推送“海盐人民在县政府门口抗议新建垃圾焚烧发电厂项目”的视频，视频中人群面向大楼高喊口号“我们要活命”。另外，个人公众号“农民工札记”等也参与其中，发布简短文章。

3. 微信圈群大量转发现场图片、视频、谣言

在抗议事件发生期间，现场参与的微信用户通过朋友圈、群聊广泛发布有关现场冲突情况的照片和视频信息。

21日下午，政府发出项目停止公告以后，通过对事件参与者的访谈得知，微信群内开始讨论和组织后续行动：（1）政府用词是暂时性地“停止”，并非永久性地“取消”或“终止”，担心项目还会继续，要求政府明确说法；（2）要求警察释放被拘留的人员；（3）要求领导出面表态；（4）要求政府解决过去引进的造成环境污染的企业。

21日晚此次事件达到高潮，冲突进一步升级。

在微信群内“谣言”也开始出现：“警察打死人”（陶某将从微信群看到的此谣言转发到微博，被警方以涉嫌通过网络散布谣言罪批捕）。

4月21日22时，事件基本结束。

（四）事后处理期

根据访谈，事发后当地警察在路口、小区门口等抽查行人手机微信并要求删除相关违法和不良信息。而大量微信用户因担心惹麻烦而删除了自己朋友圈内的相关信息。

部分微信群主被约谈，相关微信群此后陆续解散。

1. 政务微信的后续报道

澎湃新闻、南方都市报、新闻哥等全国性大型微信公众号并没有报道此事件，海盐政府官方微信公众号“海盐发布”仍然是此时关注度最高的官方微信发布平台。

4 月 22 日 0 时 27 分，“海盐发布”公众号推送文章“海盐县发生一起扰乱公共秩序案件”。

通告：事件过程中部分人员“非法集聚、封堵堵路”，“冲击区管委会大楼，打砸公共财物，扰乱公共秩序，造成执勤民警和围观群众受伤”；刑事拘留两名涉嫌传播网络谣言者，行政拘留两名扰乱公共秩序者；事态已基本平息。该文阅读量达到 57000 以上。文末“精选留言”中的 15 条信息鲜明地表现为以下几类：呼吁理性表达意见；支持民警打击犯罪；呼吁不要被“别有用心的坏人”“一些不法分子”“别有目的的”所利用。

4 月 23 日 20 时 10 分，“海盐发布”公众号推送两篇文章：第一篇，“海盐老百姓谈对‘4·21’案件看法和观点”，10 位村民表达反对暴力抗议、呼吁理性沟通和认可政府重视环保工作。阅读量达到 14000 以上；第二篇，“听听‘4·21’案件中造谣、砸警车的人怎么说”，造谣者和砸警车者承认错误、表示后悔。阅读量过 28000。

4 月 26 日，“海盐发布”公众号推送文章“章剑：采取六项措施 回应群主关切”，报道县委副书记、县长章剑率县环保局、住建局、国土局等部门负责人前往西塘桥调研，听取群众意见并提出六项将要采取的措施：选址新建学校、加强企业环境整治整改、严控化工等环境敏感项目落户等。海盐领导对西塘桥群众的环保诉求给予了令人满意的答复。该文阅读量达到 18000 以上。

2. 民间微信公众号关注点迅速转移且受关注度较低

4 月 22 日以后，民间微信公众号极少再对此事件进行报道，关注点迅速转移。此时，海盐以及其上级政府嘉兴的官方微信公众号成为微信领域最主要的事件报道主体。参照下图：

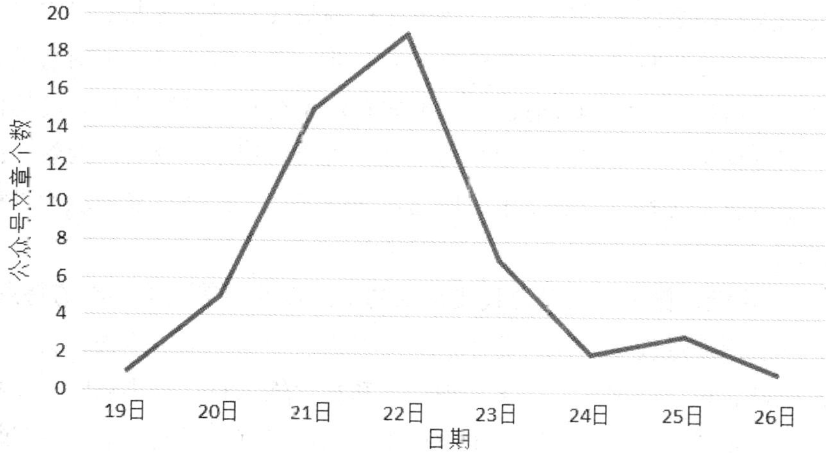

图 3　微信公众号文章量按时间分布图

此外，民间微信公众号的相关文章所受关注度也显著低于官方微信公众号。以 23 日为例，对比“海盐发布”与其他大型民间微信公众号的阅读量，如下表所示：

表 1　“海盐发布”与民间微信公众号报道影响力对比

公众号	标题	阅读量
海盐发布	听听“4·21”案件中造谣、砸警车的人怎么说	28000+
大案	“一闹就停”再现浙江海盐	2500+
人民网舆情监测室	@海盐发布 一招教你搞定邻避型群体性事件	1000+
禾城（嘉兴）在线	海盐生活垃圾焚烧发电厂项目已停止	8400+
连杭网	海盐昨天下午召开新闻通报会，通报相关情况	1300+

四、经验总结：通过制度建设吸纳微信政治参与

透过这起事件可以发现：一方面，微信在此次激进化政治参与事件的产生、发展过程中发挥了重要作用；另一方面，微信在实现公民的知情权、参与权、监督权、建议权等民主权利方面具有较大潜力。一个地方环境治理举措之所以会引发群体性抗议，从政治科学的角度来看，根本原因在于：缺乏

政治共同体和政治参与超越了政治制度化的限制。当地居民与垃圾焚烧发电厂以及地方政府之间在经济发展、环境保护等基层治理问题上未能实现互惠互利的和谐，地方政府未能有效整合各方利益诉求。当地居民试图通过政治行为进入政府过程和影响政府决策，地方政治系统却没有给当地居民提供合法化、制度化和值得信赖的政治参与平台、渠道和程序，微信作为新兴的网络社交平台以其传播特性满足了公民通过非制度化方式强行参与政治过程的民主需求。

（一）论坛、微博承接基层民主诉求的不足以及微信政治参与的特点

在基层治理过程中，尤其是在基层政府推进一些环境风险类项目（化工厂、核电站、垃圾处理厂、污水处理厂）和厌恶性项目（传染病院、精神病院、监狱、殡仪馆）时，政府政策不可避免地可能有损居民利益。[①]在过去，居民主要通过论坛、微博发动、组织抗议活动，进而“闹停”[②]政策执行活动。而如今，微信却逐渐成为基层民众上演激进化政治行动的主要舞台。

1. 网络论坛：属地管理下的沉寂

论坛的“属地管理”[③]制度提高了政府的互联网监管能力，也在一定程度上限制了地方论坛的活跃。属地管理制度明确了责任归属，调动了地方互联网管理的积极性。与此同时，通过地方论坛攻击地方政府领导、批评地方重大政策决议以及组织网下抗议活动也几乎成为不可能事件。而外地的具有全国性影响力的论坛面对的是全国网友，本地居民使用有限，外地网友对地方治理问题了解不多且很少会参与讨论。

作为“广场式”的意见表达平台，其原始状态非常契合哈贝马斯所倡导的理想的“公共领域”[④]，而在此次事件中，“论坛已死”表现明显，透过帖文查看数和回复数的对比以及回复内容可以发现，这种“死”带有明显的“非自然死亡”迹象。“海盐网”（海盐最大的综合性门户网站）的论坛板块中，分析其在 4 月 19～21 日的相关帖文，多数帖文是直接转载政府相关文件，与

① 侯光辉、王元地：《邻避危机何以愈演愈烈——一个整合性归因模型》，《公共管理学报》，2014 年第 3 期，第 80～142 页。

② 施炜：《公共项目纠纷的利益博弈与妥协机制研究》，《理论与改革》，2015 年第 6 期，第 92～94 页。

③ 《搞好互联网属地管理 大力发展健康向上网络文化》，环球网：http://china.huanqiu.com/News/scio/2013-08 / 4250056.html，2016-5-21.

④ 陈剩勇、杜洁：《互联网公共论坛与协商民主：现状、问题和对策》，《学术界》，2005 年第 5 期，第 35～47 页。

微信公众号推送文章内容一样。海盐网微信公众号在19日推送文章的阅读量突破5万，内容相同文章在论坛的查看次数不足5000。没有一条论坛帖文的回复次数超过50，而且出现0回复帖。在“嘉兴19楼”这一影响力较大的地方论坛中仅有两条帖文，一条名为《海盐生活垃圾焚烧发电厂项目停止》（阅读量7819，回复数为9），另一条名为《严重质疑海盐垃圾焚烧发电厂选址》，该文目前无法正常打开（点击后显示：“您暂无权访问该页面，如有疑问，请联系客服！”）。如下表所示：

表2 海盐论坛相关帖文情况（查看时间：2016年5月14日18：31）

时间	标题	查看数	回复数
19日12：31	关于海盐经济开发区引进垃圾焚烧发电厂调查！	4895	11
20日13：30	关于海盐县生活垃圾焚烧处理厂建设有关事项的说明	7495	18
20日14：06	海盐县生活垃圾焚烧处理厂有关情况的进一步说明	15255	46
20日16：50	对于垃圾焚烧事件的倡议！	5566	22
21日08：47	关于这次海盐的垃圾焚烧处理厂项目，我们需要知道这些……	2824	0
21日16：00	海盐生活垃圾焚烧发电厂项目停止	7604	27
21日19：22	垃圾焚烧的根本解决办法是垃圾分类	7049	21
23日17：02	个人认为垃圾焚烧电厂如果是基于现实需要、基于环保事业，权衡利弊势在必行要建	7776	21

除了本地论坛之外，全国性论坛也有极少量相关帖文，但是引起的反响并不大，发挥的作用主要是事后的信息发布。天涯论坛中有两条发表于4月20日的标题相同的帖子：“坚决反对‘海盐县焚烧垃圾发电厂’选址方案！老百姓可以用生命来捍卫！！”，该帖文的点击量超过4万，回复87，其中楼主发言40次，发图47张——少量是政府文件，主要是现场冲突场面。分析帖文内容可以发现，其余的参与讨论者也多是本地居民。

2. 微博：局限在冲突过后的曝光和反思

新浪微博直接由北京市网信办负责管理，按照当前互联网管理格局，省级网信办可以直接请求北京网信办协助要求新浪微博采取监管措施，或者通过中央网信办要求北京网信办向新浪微博发出监管指令。普通的基层政府不可能做到对新浪微博中涉及地方治理负面信息的管控。但是，鉴于微博的公开性，微博也无法成为居民发起抗议活动的动员联络平台。

抗议冲突事件发生后，新浪微博充分发挥媒体作用，成为部分海盐居民向外界传递信息、寻求社会关注的重要平台。有关冲突现场的大量视频、图片都通过微博平台向全社会公开。新浪话题“海盐西塘桥垃圾焚烧电站”，阅读量超过 400 万，讨论 6493 次。在这些发帖者中，既有激烈的痛斥也有冷静的反思，各方观点鲜明，碰撞激烈。在新浪微博，以“海盐垃圾焚烧”为关键词，以“4 月 13 日 0 时至目前”为时间段，将发帖地点限制在“浙江嘉兴”（新浪微博不支持具体到海盐的地域限定），仅得到不足 100 条的个人发帖。

值得注意的是，微博在冲突事件出现之前几乎可以说是完全缺位的，微博完全不是当地居民进行事前动员、联络的平台。在新浪微博，以“海盐垃圾焚烧”为关键词，以“4 月 12 日 0 时至 19 日 23 时”为时间段，仅得到 3 条结果，总评论数为 10 条。

3. 微信民主的特点和微信政治参与的激进化

“邻避危机”、争议性拆迁对基层居民而言直接关涉到切身的具体利益，地方居民具有不得不参与政治抗争活动的足够强烈的动机。在论坛、微博监管收紧的情况下，微信以其独特性恰好承接了这种政治诉求。在此次事件中，海盐地方政府在缺乏必要沟通协商的条件下，骤然公示选址方案，迫使当地居民无路可退，只得效仿组织抗议活动，借此“闹停”该项目。微信为发起这种激进的政治抗争活动提供了理想平台。

第一，微信的私密性特点为激进化的政治参与提供了有效的保护。微信的私密性是指微信用户或微信群可以有选择地控制与外界进行信息交换的质和量，主要体现在：（1）微信朋友圈只有好友才能看到你所发布的信息，而且用户还可以通过设置“朋友圈权限”来决定哪些微信好友可以看到。（2）微信群聊只对群内成员开放，非群内成员不可以浏览和参与讨论。微信朋友圈和微信群被海盐民众充分利用：（1）在抗议事件发动前，在熟人圈子中有效传递海盐将建造垃圾焚烧发电厂的信息，呼吁发起抗议活动，集中通过微信群组织策划抗议发起的时间、地点。（2）在抗议事件发展过程中，通过朋友圈大量传播冲突现场照片、视频，谴责警察暴力行为，呼吁理性抗争。此时，微信群成为根据政府反应调整抗议目的、方式的指挥中心。（3）在抗议事件告一段落以后，原有微信群纷纷解散之后，也出现了少数新群，这些群开始探讨如何巩固抗议的成果以及援救受到惩罚的激进分子。相对于微博、论坛，微信的这种私密性给政府监管带来了极大阻碍，最后甚至不得不出动警察在小区、街头抽查居民手机以审查不实信息和制止非法煽动。

第二，微信的高普及率为政治动员的有效开展提供了充分的人员基础。截至 2015 年 12 月，我国网民中，使用手机上网的比例为 90.1%，其中仅通过手机上网的网民占 18.5%。伴随智能手机的普及，微信用户规模也迅速突破 6 亿，25%的微信用户每天打开微信超过 30 次。在绝大多数中青年人都在使用微信的情况下，根据“六度空间理论”[①]，通过微信朋友圈可以迅速实现信息的传递，可以非常便捷地将本地居民以微信群的方式组织起来。相对而言，如上文所指，地方论坛被地方政府严格管控，全国性论坛在本地居民参与度较低。微博虽然能够在全国范围内迅速对外传递信息，但是对本地人的影响不大。因此，微信几乎成为基层民众之间进行信息传递以及组织动员的唯一平台。

第三，微信的强关系[②]特征加剧了政治参与走向激进的可能。微信的强关系性是指微信信息的影响对象通常是亲戚、朋友、同学、同事、同乡等在现实生活中具有较强社会关联的人。在此次海盐群众抗议事件中，微信用户更是突出地具有邻里、亲戚、朋友、同事等强关系。在论坛或微博发表观点，随时要做好挨“喷”、挨骂的准备，各方意见领袖间的激烈论战此起彼伏，不同观点之间也交锋不断。而微信的强关系性使得用户无论是在朋友圈还是在群聊里为了避免冲突都极少会对他人或群体的观点提出不同意见或批评：(1）在朋友圈表达观点，收到最多的回应是大量的点赞或简单的附和，既无反驳，也无争论，更不可能有批评。在这种舆论回应下，个人观点容易在一片点赞声中走向偏狭，难以获得修正或提升。（2）在群聊中，群体讨论的众口一词使持有异见者被迫选择沉默或离开，舆论在群情激奋中进一步极端化。

在此次事件中，论坛、微博、微信在事前、事中和事后的社会影响力可以简单地概括为下图（见图 4）。

（二）微信民主：以制度化建设吸纳基层微信政治参与

在论坛、微博公共领域明显衰落之时，微信悄然崛起为国内第一大社交

---

① 又称“六度分割理论”或“小世界理论”，即世界上的任意两个人之间都可以通过六层以内的朋友链而联系起来。

② 陈雪奇、刘敏：《微信场域中的意见领袖》，《当代传播》，2015 年第 3 期，第 93～95 页。

平台，并以其独特的传播特点在基层治理过程中推动基层社会与地方政府之间的协商与互动。微信不仅能够成为公民权利实现的便捷渠道，而且政府有条件通过制度化建设吸纳微信民主进而提升基层治理水平和治理能力。

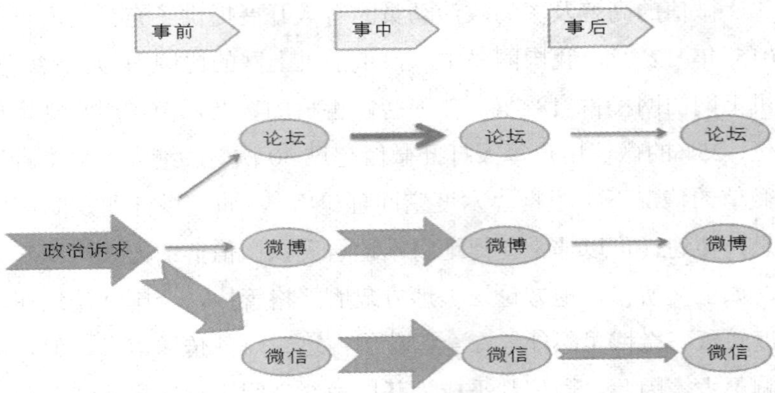

图 4　论坛、微博和微信在事件不同阶段的影响力示意图

1. 微信与基层民主发展的耦合

微信能够基于地域关系建立社交圈，不仅具有能够满足地方治理宣传、教育需要的媒体功能，而且具有可以实现公共讨论和组织动员的社交功能。微信与基层民主之间存在着近乎天然的耦合关系。

首先，微信相对于微博、全国性论坛更为贴近基层社区：（1）基层民众使用微信的比率明显大于使用微博、全国性论坛的比率。智能手机价格的降低、性能的提升，无线网络的快速发展等因素推动了微信用户规模的快速扩张。微博、论坛更适合于通过电脑端使用，因而提高了使用门槛。（2）微信相对于微博、全国性论坛的重要特性之一是其对“熟人社交”的回归。邻里和小学、初中、高中同学绝大多数归属于同一基层社区，而亲戚、朋友中也很少会相距太远。正是由于用户之间在地域归属方面的同质性，海盐垃圾焚烧发电项目才能牵动微信朋友圈好友的共同关注。

其次，微信的朋友圈、群聊、公众号等功能集中满足了基层民众实现知情权、参与权、表达权、监督权以及结社权的需求：（1）知情权，朋友圈自写信息、微信公众号文章的深度解读加上群聊中分享的信息使得微信用户可以多角度了解本地相关政策信息。此次事件中，微信朋友圈、群聊中大规模讨论、转发相关信息，随后民间微信公众号跟进并推送一系列文章；（2）表达权，微信将自媒体与手机的便捷性进一步发扬光大，微信用户可以通过图片、文字、声音、视频等形式随时随地发表看法、传递信息。微信借助网络流量进一步降低表达成本，而且打破了论坛、微博领域由精英把持的信息传播格局，个人用户的影响力明显提升，政治表达的效能感也显著增强。（3）结社权，此次事件中，海盐居民通过微信迅速组建了多个规模达到500人上限的聊天群，这些微信群可以被视作组织松散但却有着共同目标的社会团体。（4）参与权、监督权，由于渠道的相对缺失，通过微信参与政府决策、监督政府行为主要是通过用户在实现表达权的过程中，形成公共舆论影响，向政府提出建议、批评。

另外，微信潜在的功能具有发展基层民主的开阔前景：（1）微信投票可以发展出近似于“基层公决”的民主协商、民主监督和民主决策制度。微信投票在技术上几乎不存在障碍，此次事件中已经出现民间微信公众号发起的微信投票活动。微信的低门槛、高普及特点也提升了微信民主相对于微博、论坛时代传统网络民主的代表性水平。（2）微信民意调研，基层政府官方微信公众号在获得足够多地方微信用户“关注”的情况下，可以便捷、精准、低成本地投放民意调查问卷，并可以借助软件系统迅速进行政治意见整合分析。假设此次项目选址活动有效进行了民意调研，完全有可能预测到民众的激烈反对态度，官民冲突也可以就此避免。（3）微信政民互动，微信公众号不能仅仅停留在传递信息和筛选登载网民留言层面，在公众号平台实现政府与基层民众之间的互动交流将进一步提升基层微信民主的质量。

2. 基层治理中微信民主制度化建设的三个层面

正如萨缪尔·亨廷顿所指出的，在社会利益关系日益复杂的现代社会中，更加需要高度发达的政治制度设计来维系政治共同体的存在。在政治制度化水平较低的情况下，政治参与将演变为“暴力与非暴力、合法与非法、胁迫与说服结合起来使用的群众运动”①。按照亨廷顿提出的著名公式：政治稳定=政治制度化/政治参与度，互联网时代的政治参与度虽然不是完全不可限制，但是在基层治理中，由于治理问题牵涉到广大基层民众的具体利益，政治参与近乎一种“刚需”，基层民众具有分享政治过程的强烈热情，微信恰好成为基层民众政治热情释放的渠道。从消极层面而言，微信政治参与对基层

①［美］塞缪尔·P.亨廷顿：《变化社会中的政治秩序》，王冠华等译，上海：上海世纪出版集团，2008年，第67页。

政治稳定构成了严峻挑战，而从积极层面而言，微信政治参与为基层政治民主发展提供了契机，为创造建立在制度化基础上的有序政治参与和政治稳定提供了机会。

（1）自下而上：通过制度建设推动微信领域的有序政治参与

按照目前的微信架构，基层居民通过微信参与政治生活，影响政治决策的方式较为有限。朋友圈、群聊均属于私人通讯权保护范围。公民通过微信朋友圈或在微信群内对公共政策发表意见并不会直接产生公共舆论压力或进入政策制定者的考虑范围。在目前微信政治参与产生直接影响的方式主要包括：（1）朋友圈大量转发，引起公众号或传统媒体的报道，进而进入公共视野；（2）通过微信组织群体性活动，产生线下行动进而引起政府关注和媒体报道。

在微信领域，通过制度建设吸纳公民自下而上的政治参与，要求必须把微信从“看不见的”“潜伏的”政治参与平台导引到“看得见的”“公开的”平台。结合微信传播格局的现状，政府部门可以考虑的制度建设方式包括：（1）扩充政务微信公众号的功能，把基层政务微信公众号打造成为公民意见表达和政府接受监督的平台。如此次海盐事件中的“海盐发布”，在当地具有较高的关注度和影响力，然而目前微信留言“由公众号筛选后显示，对所有人可见”，政务微信管理者只保留支持性、赞扬性评价而删除质疑性、反对性评价。这种管理方针大大降低了基层公众通过政务微信公众号“向上”表达意见的积极性，也不利于政府部门全面观测了解民意，近乎断绝了基层居民通过微信公众号对政府进行民主监督和影响政府决策的机会。（2）引导建立稳定、多元的基层微信群，创设群主公众意见定期反馈制度。微信群作为“封闭的地方论坛”，具有公共舆论场的典型特质，尤其是在地方重大政策制定和推行过程中表现明显。在海盐的此次事件中，微信群不仅成为基层民众意见表达、意见整合的平台，而且发展成为群体性行动的组织和指挥平台，因此基层政府有必要充分尊重微信群中的公众意见。政府与其在突发问题出现时应对不知何处存在的微信群，不如引导建设稳定、多元的微信群，给不同地域归属、态度、职业的民众提供常设的微信意见表达平台，赋予群主向政府反馈信息的权利，把群主发展成为政府和民众之间信息沟通的桥梁。（3）推动微信传播架构的变革，赋予用户选择信息是否“向所有人”（包括非好友）开放的选项，进而为政府通过软件系统搜索、评估朋友圈公众意见提供条件，为政府创设微信民意定期和临时分析报告制度提供基础。微信朋友圈并不具有完全的、无条件的“私密性”，微信用户在通过朋友圈参与公共议题时也有扩大信息传播范围的内在需求。在规模庞大的微信用户开始不断尝试通过朋友圈实现政治表达权、参与权、监督权等政治权利而且政府迫切需要及时、准确了解朋友圈舆论的现实背景下，政府有必要要求微信调整传播架构，要求微信服务提供商承担企业公共责任。

（2）上下互动：通过制度建设凝聚微信领域的政治共识

政府与公众之间在微信领域的“上下互动”，也被称作“微信政治协商”。目前基层政府主要通过政务微信公众号和微信群推动政治协商，然而效果并不明显。（1）基层政务微信注重对公众的宣传教育，但是与公众缺乏互动协商。在此次海盐事件中，“海盐发布”公众号自说自话宣传项目建立的必要性、合理性；辟谣时批评网民“嫁接”画面而完全没有对现实发生的冲突事件做出回应；通知项目“停止”，与公众期待的项目“取消”不符；公布对造谣砸车民众的教育惩罚，有进一步激起官民对立情绪的潜在风险。（2）通过微信群进行的“圈内协商”并没有打破官民沟通的障碍。一方面，政府官员之间广泛成立微信“工作交流群”，普通公众不得参与。另一方面，普通公众成立的微信群，倾向于排斥政府官员的参与。封闭的微信群在海盐此次事件中成为公众畅所欲言和形成抗议共识的舆论场，政府官员并没有机会介入其中。

微信作为目前吸引了我国最广大群众使用的移动互联网社交平台，信息传播形式丰富，在拉近基层政府与公众距离、推动官民互动协商、凝聚基层发展政治共识方面具有开发利用的巨大潜力：（1）提升官方微信公众号文章质量，对基层公众关切问题加强回应。基层公众号功能不应当停留在“宣传教育”，要把微信这个人人口袋里、手掌上的传播平台打造成官民互信互动的纽带。（2）注重运营公众号的留言板，设置专门人员负责回应公众留言，在必要时邀请基层政府部门负责人参与留言板的讨论。（3）建立基层党员、人大代表、政府官员通过朋友圈与公众进行联谊互动的制度。普通公众借此可以“好友”的身份与党政系统人员进行平等对话，双方间进行语音、表情等形式的互动更利于拉近距离、坦诚沟通。（4）建立以党政系统人员为群主的微信联络群，吸纳公众参与讨论，及时回应公众意见。（5）建立本地微信群主定期会谈制度，听取微信群主对群内公众意见的整合，通过群主将基层政府态度反馈给普通民众。

（3）自上而下：通过制度建设加强微信公众意见的政治调控

微信领域传播的谣言、非法煽动、极端化言论等不良信息对传统的公众意见政治调控制度带来了明显的挑战。在报纸、电视时代，官方主流媒体牢牢占据舆论调控的制高点，针对互联网论坛、微博的属地管理、企业负责、人工与机械结合等查删过滤制度也起到了较为有效的调控效果。然而在微信领域：（1）较为封闭，反向、真实信息难以渗透。不同于论坛、微博等广场式舆论场，微信是封闭或半封闭的私人会所式舆论场，一旦用户接收、相信了不真实或偏颇信息，便很难改变其观念。这主要是由于微信用户在接受好友、选择群聊和公众号时，往往依照近似的兴趣爱好、价值观进行着趋于封闭化的筛选。基层政府官方微信公众号推送的信息即使得到了用户的关注，用户也可能更为相信亲戚、朋友此前传递的信息。（2）缺乏深度的沟通论辩，态度容易走上偏狭、极端。在论坛或微博发表观点，随时要做好挨“喷”、挨骂的准备。而微信朋友圈逐步转变为点赞收集平台，微信群则是“志同道合”群。微信中，个人观点在一片点赞声中走向偏狭，而群体讨论的众口一词使持有异见者被迫选择离开或沉默。（3）审查权力近乎被微信服务商垄断。对于论坛、微博信息，政府、公众均可以浏览、鉴定相关信息是否存在违法或不当之处。而在微信领域，除了对公众号文章的审查，微信领域信息审查主要依靠微信好友、微信群聊成员的举报，审查效果自然大打折扣。（4）语音、图片、视频审查成本过大。语音对讲、分享生活自拍图片以及视频传播是微信的主打服务，在机械审查技术不够完善的条件下，通过人工审查这些类型的信息将耗费大量的人力、财力和时间成本，无论是对于微信服务商还是对于政府互联网信息管理部门而言都是一个难以承受的负担。

结合此次海盐事件的经验教训，基层政府提升微信公众意见政治调控的主动性和时效性，可以考虑加强建设以下制度：（1）重大决策制定推行前及时通过微信平台主动进行信息公开的制度。“海盐发布”微信公众号在一开始并没有成为垃圾焚烧项目选址信息公布的平台，没能抢在微信群、朋友圈的抵制性观点之前进行观念疏导。（2）以基层政府官微为主力的微信联盟制度，集群式发声、全方位渗透。在海盐此次事件中，“海盐网”等民间微信公众号发挥了较为重要的社会影响力，具有官微相对欠缺的机动性、灵活性。打造微信联盟，整合官方与民间微信公众号，有助于全面有效地调控公众意见。（3）群主约谈制度。在此次海盐事件中，微信群的建立者多是基层社会中比较有名望的一些人，在公众中具有较强的影响力。虽然微信群主没有删帖、禁言、加精、置顶等聊天内容管理权，但依然是微信群聊内容调控的关键点。通过定期和不定期的群主约谈，争取群主对政府工作的信任支持进而间接调控普通微信群成员。（4）对谣言等违法、不良信息的揭批、查删制度。作为一种消极的信息调控手段，对公众号文章、朋友圈、群聊中出现的以谣言为代表的违法和不良信息仍然应当及时地进行揭露、批评和查删。此次事件中，“海盐发布”官微就及时揭露了部分嫁接血腥冲突场面的谣言。

五、结语

从网络论坛、微博到微信，互联网应用均成为我国公民实现政治权利、提升政治参与、推动政治民主的重要工具和平台。在现实政治制度尚不能提供充分民主供给的情况下，网络民主发展成为现实民主的重要补充。[①]但是网络民主在推动政治民主化和提升政府治理水平的同时，也对政治稳定构成了一定的冲击。面对每一次由互联网应用创新引起的公民网络政治参与形式革新，政府都不得不迫于形势被动地提升网络管控力度。被动管控不仅使政府陷入侵犯公民言论自由的指责，社会秩序、公民的人身财产权利受到不当网络政治参与的损害，而且导致政府与社会间相互信任的不断流失，使政治民主在未来的发展更加艰难。为此，有必要吸取教训，在今后互联网企业推出具有信息传播、社会动员功能的应用平台之前，政府部门应当组织专家学者、互联网企业联合进行审核评估，提前制定防控政策，在必要时调整互联网应用的使用规则。

微信的信息传播特点使它尤其适合较小地域范围内的基层群众参与地方治理和推进基层民主。基层政府在通过制度建设吸纳微信民主的过程中，尤其应当注意政治吸纳的弹性，努力保持基层民众微信参政需求的释放和制度吸纳之间的动态平衡。[②]在有效防控基层民众微信政治参与激进化和维护基层社会稳定团结的同时，注重尊重微信用户、微信聊天群、民间微信公众号

① 李玲：《论网络民主的现实与超现实》，《求索》，2012 年第 1 期，第 71～72 页。

② 肖存良：《政治吸纳·政治参与·政治稳定——对中国政治稳定的一种解释》，《江苏社会科学》，2014 年第 4 期，第 72～79 页。

的独立性、自主性和隐私性。目前，论坛、微博领域的民主参与均呈现出较为显著的衰退迹象，基层政府如果对微信政治参与实施过度的制度吸纳，只会导致微信民主的萎缩，断送基层政府与民众协商沟通的纽带，错过基层政治民主化发展的一次宝贵机遇。

另外，作为一项探索性研究，本文主要存在以下局限和遗憾：第一，在案例材料收集时机的选择上，主要采取的是事后的调查、访谈，限于客观条件，未能在冲突发展阶段及时赶赴现场。虽然这种方式有利于较为完整地评估和审视整个事件过程，但是由于当地居民在事件过后大量删除了朋友圈信息，解散了许多微信群，因此错过了搜集原始材料的宝贵机会。第二，提出的通过制度建设吸纳微信政治参与的建议，在可行性方面仍需具体地进行分析和验证。

异质与同一：阶层分化与媒体赋权背景下的社会共识

张梅

摘　要：在中国面临众多公共议题的当下，如何在身份各有不同、利益可能冲突的言论场域中构建一定的基本共识，使得各言论主体能够理性讨论、和谐共处已成为现代多元社会一个不可绕过的重要问题。社会共识是由生活在一定历史—地理时空的群体所共同拥有、自由达成的社会认知和情感，其核心特征为社会性、共享性、自愿性和混合性。当下社会共识构建的深层背景是改革开放以来中国社会的巨大变迁：一方面社会阶层分化引发了共识生成主体的复杂裂变，另一方面媒体技术赋权引发了共识表达方式的深刻转型，两者的交叉影响使得当下的言论表达图景呈现出表达主体碎片化、表达诉求冲突化、表达方式激烈化等特征。这为社会共识的构建设置了艰巨的背景，却也提示了破除迷思的其他可能。

关键词：社会共识；阶层分化；媒体赋权

在“人人都有麦克风”的新媒体时代，网络对骂、粉丝掐架、名人开撕等现象已经成为屡见不鲜、不时上演的虚拟“景观”，论坛、博客、微博、微信场域的言论冲突中频频出现“美分党”、“五毛党”、推手、水军、“脑残粉”、“理中客”等群体标签，冲突内容从焦点探讨延伸到情绪发泄、人身攻击，冲突对象从网络草根延伸到社会精英。如果说网络空间的言论多元彰显出近年

作者简介：张梅，福建师范大学传播学院院务委员、副教授，南京大学传播社会学博士。

基金项目：国家社科基金一般项目“转型时期微博场域中社会共识的构建研究”（14BXW074）。

文章来源：本文刊载于《现代传播》2016年第1期。

来舆论场的包容和开放，那么仅仅停留于差异、满足于差异也将大大强化社会共识断裂的可能。因此，在中国面临如此多公共议题的当下，如何在身份各有不同、利益可能冲突的言论场域中构建一定的基本共识，使得各言论主体能够理性讨论、和谐共处就成为现代多元社会不可绕过的一个重要问题。

一、社会共识的概念与特点

社会共识，英文为“Social Consensus”。作为一个偏正结构的名词，其修饰语是“社会”，中心语为“共识”。“consensus”一词来自拉丁文，表示“一致的同意（general agreement）”①，其在19世纪中叶成为英文词，“在20世纪变得较为普遍，且在20世纪中叶成为一个重要的政治用语”②。根据“学术界公认的迄今最具权威的政治学学术工具书”③——《布莱克维尔政治制度百科全书》中的解释，“共识”是指“在一定的时代生活在一定的地理环境中的个人所共享的一系列信念、价值观念和规范”。除去条目中对于“政治意义上”“共识”的专门延伸，该释义特别强调了共识的共享性与自愿性：对于前者，释义强调“共识表现的是一种特定时间内的系统状况”，应与“表示支持具体行为”的“赞成”分开，因为它“必须集合成将要陈述的特定的集体统一标准”；对于后者，释义强调它“产生于公民的自由意志，并借此使这种自由意志本身成为政治进程的目标、过程和结果的合法性的唯一根源”。④

作为一本“撰稿者来自十多个国家，四百余人，均为权威专家”⑤的学术工具书，《布莱克维尔政治制度百科全书》中的条目释义无疑代表了西方学术界的主流观点。“共识”的核心是一个群体所共享的“信念、价值观念和规范”，而这一群体又是具有时间限定（“一定的时代”）和空间限定（“一定的地理环境”）的，它是实存而非虚拟的，是特定而非普遍的。这样的限定，一

① ［英］哈德编：《牛津英语词源词典》，上海：上海外语教育出版社，2000年，第93页。

② ［英］威廉斯：《关键词：文化与社会的词汇》，刘建基译，北京：生活·读书·新知三联书店，2005年，第83页。

③ 邓正来：《编译者序》，见［英］戴维·米勒、韦农·波格丹诺《布莱克维尔政治制度百科全书》，北京：中国政法大学出版社，2011年，第5页。

④ 马克斯·卡斯：《共识》，见［英］戴维·米勒、韦农·波格丹诺《布莱克维尔政治制度百科全书》，邓正来译，北京：中国政法大学出版社，2001年，第143页。

⑤ 邓正来：《编译者序》，见［英］戴维·米勒、韦农·波格丹诺《布莱克维尔政治制度百科全书》，邓正来译，北京：中国政法大学出版社，2001年，第5页。

方面，无疑使“共识”这一概念坚实地扎根于经验研究的土壤，提醒研究者在对它进行理论思辨时，应拒绝脱离时空的宏大概括，而期待具体可感的经验验证；另一方面，它的内涵解释已经无可辩驳地凸显了社会性特征，突出了“共识”的非个人性与集体性，在它之前加入“社会”二字在某种意义上成为一种“同义反复”，有助于我们更为谨慎地界定“何种社会”的“社会共识”。

与之对应，这一概念的中文应用亦值得探讨，因为探讨可以使我们确认同一能指在不同语境中的所指是否相同。在中文文献中寻找“社会共识”的使用，显现出“社会共识”从人文科学的哲学领域向社会科学的社会学、经济学、传播学和法学等领域不断延伸的脉络。其中，最早的一篇论文为1991年刘少杰所作的《发展的社会意识前提——社会共识初探》[①]，文中作者将社会共识定义为“社会的普遍同意”，认为社会共识是“社会发展的社会意识前提”。此种解释框架将社会共识放入马克思主义经典的社会意识与社会存在二元框架中，从“共同”的社会意识角度来理解社会共识。此后，在期刊、报纸和学位论文中断断续续出现有关社会共识的研究，在2007年以后同类研究逐渐增多，年度文献数量进入两位数并逐年增长。与初期从哲学领域俯瞰社会共识的高屋建瓴相比，后期的文献算是“贴地而行”，越来越多在社会科学的领域进行分学科叙述，并通常在常识的意义上使用“社会共识”概念而不去深究它的含义。此种语用脉络显示作为能指的“社会共识”在中文语境中并未出现所指的质变，反而是因常见而忽略对其概念的精细打磨与追根溯源。

好在“社会共识”一词的日常使用虽然词义笼统但并非飘忽不定，综合中文文献的语用脉络和英文释义的普及影响，社会共识可以概括出如下特点：

（一）社会性

针对社会共识自身而言，“社会性”强调共识并非纯粹假想、虚无缥缈的精神、思想，而是与社会存在紧密相连的社会意识，对社会共识的考察不能摒弃经验世界；针对拥有社会共识的主体而言，“社会性”强调其主体是被限定在一定历史—地理特定时空的社会群体，共识的拥有者并非抽去具体时间—空间限定的“虚拟人类”或“超人类”，而是有着特定生活时代和生活地域的社会群体。

① 具体操作方法为在 CNKI 跨库检索中，以“社会共识”为篇名关键词进行查询，共获得相关文献278篇（查询日期2015-6-15）。

（二）共享性

社会共识的拥有主体并非单数的个人，而是复数的群体。群体的范围可以随着国家、民族、地域、性别、种族等不同标准而发生变化，人数并不固定。拥有共识的主体并不需要是卢梭意义上极端理性化的“公共的大我”“由全体个人的结合所形成的公共人格”①，而可以采用方法论的个人主义路径，将其操作化为群体中个人意见的统计总和，起码在统计学意义上，“共享性”意味着拥有共识的群体即使不是全部也是多数，社会共识是某一特定群体中占据主流的“信念、价值观念或规范”。

（三）自愿性

《布莱克维尔政治制度百科全书》的释义中已强调共识“产生于公民的自由意志，并借此使这种自由意志本身成为政治进程的目标、过程和结果的合法性的唯一根源”②。“非强制”强调社会共识的达成来自群体中的个人对共识对象的自由选择而非强制选择，个人不仅能在选择的过程中远离暴力的胁迫和金钱的诱惑，而且应该面对复数的选项和多元的答案，只有一种选项的选择不能达成真正的共识。

（四）混合性

“混合性”强调社会共识的多元内涵与层次。从社会心理学角度而言，社会共识自身包含社会认知、情感两个领域，以社会认知为核心，兼及社会情感。在社会认知中又可再分为对于社会事实的共识和社会价值的共识，而后者为社会共识的核心之核心。当社会共识从内在的心理过程走出，外化为行动时，社会共识就显现为携带公众意见的表达性行为（expressive conduct），使得内隐的社会共识通过一致舆论的方式外显出来。

总体而言，社会共识是为生活在一定历史—地理时空的群体所共同拥有、自由达成的社会认知和社会情感。

二、转型期中国社会共识的构建背景

社会共识所来源的特定群体是确立社会共识研究的重要指向标。尽管不

① ［德］卢梭：《社会契约论》，何兆武译，北京：商务印书馆，2003 年，第 20~21 页。

② 马克斯·卡斯：《共识》，见［英］戴维·米勒、韦农·波格丹诺《布莱克维尔政治制度百科全书》，邓正来译，北京：中国政法大学出版社，2001 年，第 143 页。

同社会群体可以有同一共识，但特定社会群体的历史—地理特性将深刻影响该群体共识构建的可能与路径。因为本质上，社会共识隶属社会意识，而社会意识又深植于它所生根发芽的社会存在之中。本文所要研究的社会共识，其时间定位于当下，其空间定位于中国，鲜明地烙印下“转型期社会”的各种轨迹。

从 1949 年开篇的中国当代史，在中华人民共和国成立以来的六十多年中，分期各有不同，但最简约的两分法是“以中共十一届三中全会为界，分为改革开放前后两个历史时期”[①]，而在此种两分法之外的四分、五分、六分、八分法等不过是这一两分法的细化，其中最为复杂的八分法把中共十一届三中全会之后的三十多年划分为 3 个阶段，分别是改革开放初期（1978～1992 年）、由计划经济体制向社会主义市场经济体制转变时期（1992～2003 年）和社会主义市场经济体制初步建立、经济社会进入科学发展的改革开放新阶段（2003～ ）[②]。

作为最无疑义的当代历史分界点，1978 年的中共第十一届三中全会标明了中国经济社会的重大转向，开启了当代中国的社会转型。“所谓社会转型，是指社会结构和社会运行机制从一种型式向另一种型式转换的过程。转型社会则是指在这一转换过程中的一种特殊社会运行状态”[③]，而中国社会的转型，在郑杭生教授看来，是“党的十一届三中全会以来，我国进入了从传统社会向社会主义现代化社会转型的新时期”，香港学者金耀基则认为“中国的社会转型是从传统到现代的一个大转化过程”，中国社会转型的“主旋律是工业化”，次旋律是“由计划经济到市场经济”[④]。

如果加以综合，可以看出，1978 以来中国自高度集中的计划再分配经济体制向市场经济体制转型，由初级工业化社会向发达工业化、城镇化、开放化的现代社会转型，并且，中国社会结构的整体转变也与之相伴而来，原来计划经济时代“单一性、行政性、集中性和封闭性的”的社会开始裂解，出现了身份体系弱化 / 结构弹性增强、资源配置方式转变 / 体制外力量增强、国家与社会分离 / 价值观念多样化的重大变化[⑤]。

---

① 朱佳木：《对中国当代史定义、分期、主线问题的再思考》，《当代中国史研究》，2010 年第 1 页。

② 朱佳木：《对中国当代史定义、分期、主线问题的再思考》，《当代中国史研究》，2010 年第 1 页。

③ 郑杭生、郭星华：《中国社会的转型与转型中的中国社会》，《浙江学刊》（双月刊），1992 年第 4 页。

④ 秦晓、金耀基等：《社会转型与现代性问题座谈纪要》，《读书》，2009 年第 7 页。

⑤ 郑杭生、洪大用：《当代中国社会结构转型的主要内涵》，《社会学研究》，1996 年第 1 期。

作为宏大背景的社会转型是当代中国研究不可绕过的“深层框架”，任何社会问题的产生原因与解决路径都无法忽视这一“底层共识”。但细究起来，社会转型背景与社会共识议题的勾连最直接地在于两点：一是社会阶层分化，二是媒体技术赋权。前者对应共识生成主体的复杂裂变，后者对应共识表达方式的深刻转型。

（一）社会阶层分化

通常，对社会结构变化更为细致的考察可以借助两个视角：一是静态的社会分层（social stratification），观察“社会成员、社会群体因社会资源占有不同而产生的层化和差异现象”，二是动态的社会流动（social mobility），观察社会成员、社会群体“在社会分层结构中位置的变化和在地理空间结构中位置的变化”[①]。自 20 世纪 90 年代以来，中国社会学界对于我国社会结构分层与流动状况形成了三种不同的判断，分别是以陆学艺为代表的“十阶层论”、以李强为代表的“倒丁字型社会论”以及以孙立平为代表的“断裂论”。

由陆学艺主编、代表中国社科院社会学研究所“当代中国社会结构变迁研究”课题组成果的《当代中国社会阶层研究报告》一书提出“以职业分类为基础，以组织资源、经济资源和文化资源的占有状况为标准来划分社会阶层的理论框架”，认为“这三种资源的拥有状况决定着各社会群体在阶层结构中的位置以及个人的综合社会经济地位”[②]。据此，他们将当代中国社会阶层划分为国家与社会管理者阶层、经理人员阶层、私营企业主阶层、专业技术人员阶层、办事人员阶层、个体工商户阶层、商业服务业员工阶层、产业工人阶层、农业劳动者阶层、城乡无业失业半失业者阶层这十大社会阶层。[③]

李强教授根据中国第五次人口普查的数据，以“社会经济地位指数”（socio-economic index）为标准，发现“中国的总体社会结构，既不呈‘橄榄型’也不呈‘金字塔型’，而呈现出一个倒过来的‘丁字型’的社会结构（inverted T shaped social structure）”，即有“一个巨大的在很低社会经济地位上的群体……在形状上类似于倒过来的汉字‘丁’字型的一横，而丁字型的一竖代表一个很长的直柱型群体，该直柱型群体是由一系列处在不同社会经济地位上的阶层构成”。这一结构反映了中国城乡分立的现象：“构成丁字型结构一

① 李强：《社会分层十讲》，北京：社会科学文献出版社，2011 年，第 2 页。

② 陆学艺主编：《当代中国社会阶层研究报告》，北京：社会科学文献出版社，2002 年，第 8 页。

③ 陆学艺主编：《当代中国社会阶层研究报告》，北京：社会科学文献出版社，2002 年。

横的，是巨大的农村社会阶层；而构成丁字型结构一竖的，则更多的是城市的社会阶层”[①]。

孙立平教授认为转型期的社会正在变成一个“断裂的社会”，即“在一个社会中，几个时代的成分同时并存，互相之间缺乏有机联系的社会发展阶段”[②]，“在社会等级与分层结构上是指一部分人被甩到社会结构之外，而且在不同的阶层和群体之间缺乏有效的整合机制……在地区之间，断裂社会表现为城乡之间的断裂”[③]。整个社会的资源配置格局自20世纪90年代以来正在由80年代的扩散走向重新积聚，导致群体间的收入和财富差距拉大，农村和小城镇凋敝，基层政府的财政能力减弱，社会中开始形成一个具有相当规模的弱势群体（贫困的农民、进入城市的农民工和城市中以下岗失业者为主体的贫困阶层）[④]。

无论是温和的“十阶层论”还是警示性的“倒丁字型社会论”和“断裂论”，都在表征1978年以后中国社会不断分化的现实。改革以前的中国社会以两个阶级和一个阶层（工人阶级、农民阶级和知识分子阶层）为主体社会结构，彼此之间并没有高/低、上/下的清晰分层，但当下的社会分层是以职业分类为基础，形成了政治、经济、文化资源的占有状况不同、收入差异显著的不同阶层。

而当下的阶层分化与户籍、地域等差异因素交叉、混杂时，就形成了更为碎片化的利益群体。这些利益群体是“在社会利益体系中，具有相同的利益地位，有着共同的利害与需求、共同的境遇与命运的群体”[⑤]，处于同一利益群体中的人，可以无组织、不相识，但由于共同的利害关系，将形成共同的利益诉求，而不同利益群体中的人，将形成不同、交叉甚至冲突的利益诉求。折射在社会共识议题中，不同利益群体的不同利益诉求乃至冲突利益诉求将深刻影响与利益群体有直接利益相关或间接利益相关的社会问题认知与情感，以至于孙立平认为当下改革共识破裂的原因在于——“在20世纪90年代之后，能够支配和左右改革进程的，更多的已经是不同群体的利益关

① 李强：《“丁字型”社会结构与结构紧张》，《社会学研究》，2005年第2期。

② 孙立平：《断裂——20世纪90年代以来的中国社会》，北京：社会科学文献出版社，2003年，第14页。

③ 孙立平：《中国社会结构的变迁及其分析模式的转换》，《南京社会科学》，2009年第5期。

④ 孙立平：《断裂——20世纪90年代以来的中国社会》，第59～67页。

⑤ 顾杰善等主编：《当代中国社会利益群体分析》，哈尔滨：黑龙江教育出版社，1995年，第21页。

系而不再是意识形态的分歧。在这种情况下，尽管有些改革的争论仍然在沿袭过去的争论方式和概念，但内容已经明显不同。即使是在意识形态的争论中，也已经越来越多的具有了利益集团的因素”[①]。

（二）媒体技术赋权

人类有史以来的媒介形态经历了口语形态、文字形态、印刷形态、电子形态以及当今的网络形态等五大变迁历程。一般意义上，媒介是传递信息的载体，但在媒介理论家麦克卢汉看来，媒介即讯息，新媒介的出现意味着人类某一能力的延展，从而结构性地改变了所传递信息（内容）的变化。然而，无论是媒介传递信息还是媒介即信息，两者依然将视角停留在传者—内容—受者的线性模式内。而在信息社会学家曼纽尔·卡斯特看来，“作为一种历史趋势，信息时代的支配性功能与过程日益以网络组织起来。网络建构了我们社会的新社会形态，而网络化逻辑的扩散实质地改变了生产、经验、权力与文化过程中的操作和结果”[②]。在此意义上，网络的力量已经跳出传播学研究的领域，深度浸润到政治、经济与文化的建构中，成为塑造信息社会的第一推动力。

2003 年以后，网络形态经历了从 web1.0 时代到 web2.0 时代的跃迁。作为新一代互联网模式，web2.0 与 web1.0 的共性在于开放、共享、去中心，但其差异在于后者是以网站主导内容生产，而前者是以用户主导内容生产，web2.0 更加注重交互性，以博客、微博、标签、维基等社会软件的应用为核心，形成了从 web1.0 时代的少数人生产 / 传播内容—多数人接收内容的模式转向了多数人甚至是每个人都生产、传播和接收内容的互联网新景象。

媒介技术的飞速提升产生了事实上的媒介赋权（enpowerment），即由媒介技术赋予社会成员进行生产、传播和接收内容的能力，与之并行的是社会成员个体传播能力的迅速拥有和快速增长。

表面上，媒介赋权似乎只是媒介技术的自身进步导致，与社会转型无关，但实际上，技术的进步正因为裹挟在中国社会转型的巨大潮流中，才使得这一转变在中国拥有了与其他国家、地区不完全一样的意义。可以从两方面来

① 孙立平：《断裂——20 世纪 90 年代以来的中国社会》，北京：社会科学文献出版社，2003 年，第 32 页。

② ［美］曼纽尔·卡斯特：《网络社会的崛起》，夏铸九等译，北京：社会科学文献出版社，2001 年，第 569 页。

考察社会转型对媒介技术赋权的深刻影响：

一是中国社会转型所带来的经济发展。改革开放后，中国自初步工业化社会向成熟工业化社会甚至是后工业社会转变。个体传播工具的生产早已产业化、规模化，无论是电子传播工具（如电视机、收音机）还是网络传播工具（如电脑、智能手机）的生产都已突破改革前物资稀缺的计划供应阶段，逐渐进入供大于求的买方市场阶段；同时，经济发展所带来的国民收入增长使得社会成员可以更为便利地拥有单向的电子传播工具（如电视机、收音机）或双向的网络传播工具（如电脑、智能手机）。这为传播“增能”提供了现实的“硬件”可能。

二是中国社会转型所带来的制度许可。传播“增能”不仅需要适宜的“硬件”，还需要与之相配的“软件”，才能使社会成员所拥有的传播工具现实地运用起来。改革开放后，中国自高度集中的计划经济向市场经济转变，媒体的产业属性从原来压倒性的意识形态属性中解放出来，逐渐获得国家政策的许可和支持。

对媒体产业属性的承认和强化造成了原先铁板一块的媒体在所有制、组织形态和内容分类上的巨大差异。在媒体所有制上，出现了国有独资、国有控股、国有占股和民营资本投资（如民营影视公司、民营唱片公司和民营出版公司等）的分化；在组织形态上，出现了政府拨款的事业单位型媒体（党报党刊党台）和自负盈亏的企业型媒体分化；在内容分类上，出现了时政新闻媒体、财经媒体、资讯媒体、娱乐媒体、体育媒体或游戏媒体等分化。原先高度集中的国家权力对媒体在政治资源、经济资源和文化资源方面的全面控制转变为依据媒体所有制、组织形态和内容分类的差异进行差异化规制，通常说来，对国有占股／民营资本、企业型和财经／资讯／娱乐／体育／游戏媒体的规制较弱，主要遵循相关法律法规（如法律《广告法》《著作权法》以及行政法规和部门规章等）对其传播技术、传播内容和经营行为进行管理[①]，而对国有独资／国有控股、事业单位型和时政新闻媒体的规制较强，除前述方面管理外，国家在资本、人事和意识形态管理方面均有较强控制。总体上，原先不加区分的高度媒体控制转向强弱有别、有中心／边缘区分的差异化媒体控制。媒体规制体系的转变带来了媒体生产内容的巨大扩展，除严格受控

① 谢新洲主编：《媒介经营与管理》，北京：北京大学出版社，2011 年，第 273～274 页。

的时政新闻外，传统媒体中非时政等媒体内容迅速增长，网络媒体在转载传统媒体内容之余也开始大力发展自制内容，网络脱口秀、网络剧、微电影、网上选秀节目等不断精致化、专业化。

与此同时，以亿为单位的网络用户在各种信息获取类 / 商务交易类 / 交流沟通类 / 网络娱乐类应用中生产了海量内容。根据中国互联网络信息中心的《第 36 次中国互联网络发展状况统计报告》，截至 2015 年 6 月底，我国网民规模已达 6.68 亿，互联网普及率为 48.8%①，在以用户生产内容为典型特征的几大 web2.0 应用中，网民对微信、QQ 等即时通信应用的使用率为 90.8%，对博客 / 个人空间的使用率为 71.1%，对微博的使用率为 30.6%②。

6.68 亿——如此巨量且仍在不断增长的网络用户不仅带来了媒体内容量的飞跃，更带来了媒体内容质的转型。理论上，6.68 亿网络用户均被新媒体技术赋权，可以通过各类社交类应用生产、传播或接收内容：在以微信、QQ 为代表的即时通信工具中，用户主要用它来语音聊天（84.5%）、文字聊天（83.3%）和使用朋友圈（77%）；在以 QQ 空间、人人网为代表的社交网站中，用户主要用它来上传照片（71.2%）、发布更新状态（67.9%）、发布日志 / 评论（67.7%）；而在以微博为代表的应用中，用户主要用它来关注新闻 / 热点（75.9%）、关注感兴趣的人（62.1%）和分享 / 转发信息（58.3%）。③这些内容，可以是私人领域的文字、图片或视频展示，也有可能是公共领域的新闻追踪、话题讨论和诉求表达，而后者深刻介入社会共识这一领域，形成了新状态下的共识表达内容和方式的深刻转型。

（三）交叉影响

当转型期社会阶层分化的现实与媒体技术的赋权交叉作用时，当下的言论表达图景不是铁板一块、风平浪静、风和日丽，而是复杂分裂、波涛拍岸、浪花四起，呈现出以下特征：

一是表达主体碎片化。社会群体的碎片化是导致表达主体碎片化的直接根源。当下社会结构层化越发明显，然而除分层之外，身份、户籍、地域、体制等多重因素相互交叉，形成了我国社会从改革开放前的“整体性社会聚

① 中国互联网络信息中心：《第 36 次中国互联网络发展状况统计报告》，第 1 页，2015 年 7 月发布。

② 中国互联网络信息中心：《第 36 次中国互联网络发展状况统计报告》，第 25 页。

③ 中国互联网络信息中心：《2014 年中国社交类应用用户行为研究报告》，第 22 页，2014 年 7 月发布。

合体”向“碎片化”利益群体的转变[①]。目前中国网民规模已达 6.68 亿，如果再考虑网民统计中排除了 6 周岁以下的中国居民[②]，则网民实际比例在成人中数值更高、覆盖更广，基本可以涵盖转型期社会的各个主要阶层以及更为碎片化的社会群体。通常，在中国的意见表达个体中，作为公民个人的普遍性意见表达个体渠道少、影响力弱，作为党代会代表、人大代表或政协委员的专业性意见表达个体渠道多、影响力强；在中国的意见表达团体中，作为制度性意见表达团体（如民主党派 / 全国工商联 / 全国总工会 / 共青团中央 / 全国妇联 / 地方党委和政府等）、结构性意见表达团体（如中国文联 / 中国科协 / 社会科学界 / 侨联 / 台联 / 残联等）以及功能性意见表达团体（如新闻界、宗教界等）的渠道多、影响力强，而除此之外的社会团体渠道少、影响力弱[③]。社会转型不仅带来了以往沉默的大多数——普通公民的个体言论表达，形成了理论上“人人都有麦克风”的转变，而且带来了诸多更为碎片化、更为小众的群体言论表达，如基于共同兴趣的用户分享社区——豆瓣小组中既有 113685 个成员的“父母皆祸害”小组，也有 422 个成员的“中医皆祸害”小组以及 710 个成员的“公知皆祸害”小组[④]，其中，集聚在亲子关系中受到挫折的年轻人群体的“父母皆祸害”小组自 2008 年成立后，影响力已不仅仅限于网络社区内的群体交流与分享，而是为大众所知，不少网帖进入公共话题，掀起了家庭伦理领域的热烈讨论。

二是表达诉求冲突化。碎片化的表达主体下掩盖着各有不同甚至多有冲突的利益追求。面对诸多零和博弈的经济议题或政治议题，利益相互对立的社会群体有着截然相反的诉求，而面对诸多非零和博弈的社会议题或文化议题，利益并非对立的社会群体则可能浸润着来自年龄、地域、民族、宗教等因素影响下的多元文化标准，依然会产生交叉甚至对立的表达诉求。而经过媒介技术的赋权，改革开放前受制于有限言论表达途径[⑤]的群体诉求从潜在转为公开，诉求冲突表面化。

---

① 李强：《从“整体型社会聚合体”到“碎片化”的利益群体——改革开放 30 年与我国社会群体特征的变化》，《新视野》，2008 年第 5 期。

② 参见中国互联网络信息中心：《第 36 次中国互联网络发展状况统计报告》，第 5 页。

③ 此部分分类参见朱光磊：《当代中国政府过程》，天津：天津人民出版社，2008 年，第 72～89 页。

④ 成员数据信息来自豆瓣网，数据采集日期为 2016 年 6 月 23 日。

⑤ 此处应排除“文革”初期“大鸣、大放、大字报、大夺权”、学生、工人等群众组织“全面夺权”的非常态时期。

三是表达方式激烈化。伴随着转型期社会群体间实质性的利益冲突和非实质性的文化冲突，当下言论的表达方式呈现出激烈特点。作为表达的情感程度，激烈与温和相对。诸多争议性的社会议题都引发了明显的表达冲突，污言秽语、党同伐异、道德贬损和人格羞辱成为网络暴力的关键词，即使在教育程度颇高的部分网络名人中也频见低俗骂战。个中原因，除根本的利益冲突外（如有关房地产议题中开发商、炒房客与刚需购买者等群体之间的实质争议），还在于一方面的言论匿名，如网络论坛中的无名大众、社交媒体中的草根用户往往因言论匿名或信息低度公开而导致个人责任感降低，表达非理性化，另一方面的围观效应，如微博、论坛等网络媒体因开放性形成虚拟世界的“他人在场”效应，出于自我尊重的基本心理需求，大量的网络围观或想象中的网络围观引发了争议事件中的言论表达主体急于证明自己、打击论敌的诸多行动，从情绪化的网络骂战甚至延伸到现实版的网下约架。

如何在一个如此异质的社会寻求共识？阶层分化与媒体赋权似乎已经为转型期社会的共识构建设置了艰巨的背景，却也在无形中提示了共识构建的可能路径。

在社会共识的构建目标上，应清晰看到社会共识/社会争议不是是非的黑白分割线，而应彼此达到一种优质的平衡。对社会共识的极度追求将复现极权时代全能国家的迷思，而对社会争议的全然旁观也将引发分化时代断裂社会的可能。社会共识/争议的适度平衡有助于我们破除“舆论一律”的宣传迷思，积极认可“舆论不一律”的社会减压阀功能。

回转到操作性的路径上，社会共识构建的领域不应无所不包、无远弗届，而是应该坚守核心、适当收缩。并非所有的社会议题都需要达成社会共识，而是应在具有重大影响的公共议题中达成社会共识。其判断标准为议题的公共属性。在全民传播的时代，诸多引起舆论沸腾的话题不过是众人窥私的各色翻版，如对明星身体情感和私人生活的窥探、对民众之间私人恩怨的主动曝光，对他人身体、私人情感和隐秘生活的逼视并不能因为众声喧哗、观者众多而获得天然合法性，只有与公共权力紧密勾连的议题才有必要寻求社会共识，如“人大硕士涉嫌嫖娼”的雷洋事件以及“百度求医终究不治”的魏则西事件。

社会共识构建的路径可能千姿百态、各有不同，但一个较为简单的程序是首先区分事实判断与价值判断，在事实判断中追求真相共识，在价值判断中追求底线共识。

复杂事件中，公共信息的披露应以准确、快速、全面为黄金原则，与其期待微博领域的无影灯效果来实现良币对劣币的驱逐，不如期待事件相关部门最为直接的发声。只有真实、及时与不间断的信息发布才能逼退微博领域的可能谣言，以经得起第三方检验的事实披露来首先达成公共议题的真相共识。

而在真相共识达成之外，对于议题的价值判断，并不全然是畅所欲言、自以为然的问题，复杂的事件牵涉复杂的人物和事态，从不同当事人、不同事态阶段均有可能得出不相一致、甚至完全相反的价值判断。对此，必须警惕以价值判断的多元性来否定价值判断的可能性。公共议题的价值判断首先应与议题直接相关，直指问题核心的判断才是最为优质的判断，如对于魏则西事件，有论者发表评论《魏则西留下的生命考题》[①]认为“尊重自然规律，放弃不切实际的幻想，坦然地面对生与死，是最理性的选择”。对待生命的态度固然是魏则西事件的价值判断之一，但百度形同虚设的广告审核机制与行政部门漏洞多多的医疗监管则更是魏则西事件作为公共议题的要害所在。在价值判断的审视次序中，直接相关者应先于间接关系者，公共性强者应先于公共性弱者；其次，价值判断应具有“底线共识”。在美国奥兰多同志酒吧枪击案中，同性恋者、原教旨主义的伊斯兰教信徒等族群的对个人生活方式的自由选择权利必须以尊重他人生命为底线共识，对信仰自由、文化多元的坚持绝不能突破非暴力与尊重生命的价值边界。只有坚守程序正义，区分事实与价值，在事实陈述上求真相共识，在价值判断上求底线共识，这或许才是异质社会寻求社会共识的可能路径。

① 白剑锋：《魏则西留下的生命考题》，《人民日报》，2016 年 5 月 6 日。

冲突与达鹄：公众参与视野下的长三角公共冲突事件分析
——基于2010~2012年的案例

孙荣　薛泽林

摘　要：公共冲突已经成为影响我国社会稳定与发展的重要问题之一。但已有的研究往往就公共冲突论公共冲突，过多地关注于公共冲突事件的演进机制和应急管理，而较少地从根本上探索公共冲突事件为什么会发生，且为什么都能得到基本解决这一问题。从政治学的视角出发，公众参与为理解和解决公共冲突提供了一条可行路径。以长三角地区公共冲突事件的解决为例，作为重要的中间变量，非制度化的公众参与以公共冲突升级为威胁，在促成公共冲突由冲突对抗到达鹄和解的过程中，不但解决了公共冲突，也在一定程度上推进了中国的改革进程。未来，我们需要在法治的框架下，通过法律赋予公众经济参与权，通过行政权力结构调整落实赋权，通过跨部门协同治理保障赋权，以此提升政府的治理效能。

关键词：公众参与；公共冲突；法治赋权

作者简介：孙荣，同济大学经济与管理学院教授，博士生导师；薛泽林，同济大学经济与管理学院博士生。

文章来源：本文刊载于《北京理工大学学报》2016年第3期。

一、问题的提出

对于转型国家而言，在改革发展过程中，如何将新的社会力量纳入体系之内，正确处理好政治现代化过程中公众参与扩张与社会稳定之间的关系，一直以来是学界所关注的话题。改革开放以来，随着中国社会结构的不断变化，由经济发展而来的利益多元化诉求也在一定程度上冲破了中国社会上长期存在的“义务意识”，人民群众的“规则意识”和“权利意识”不断提升，而已有利益表达渠道又不能满足新生社会力量的参与需求，社会公众在参与社会治理过程中同政府目标之间的冲突时有发生，并表现出：冲突领域有所扩大，参与冲突主体更加多元，冲突组织化程度有所提高，冲突形式有多样化、对抗激烈化趋势，经济发达地区和大城市群体性冲突增多等特点。[①]公共冲突事件的不断增加，不仅制约了我国经济和社会的稳定与发展，也在一定程度上影响了我国当前全面深化改革的进程。

在实现国家治理体系和治理能力现代化的过程中，公众参与既是社会善治的主要特征，也是推进治理转型的必要条件。特别是在当前公众参与严重不足的大背景下，公众参与作为公共冲突由冲突对抗到达鹄和解的重要变量，其作用的发挥不但有助于公共冲突的解决，也在一定程度上推进了中国的改革发展进程。然而在已有文献中，公共冲突的研究多是从公共管理学或社会学的视角出发，要么强调对于突发事件的应急管理，要么侧重于分析公共冲突发生和演进的机理，而对于公共冲突为什么会发生，以及长远解决策略的研究还有待进一步加强。本文从政治学的视角出发，以2010～2012年发生在长江三角洲地区的三个典型事件为例，以公众参与为分析变量，以公共冲突演变的“冲突到达鹄”为分析框架，试图概括出长三角地区公共冲突事件的现状与特征，并以“赋权”改革为抓手，探讨公众参与对于公共冲突化解的积极作用。需要指出的是，在中国的语境下，公众参与和政治参与是被经常混淆使用的概念，本文采用的是公众参与的广义界定，将公众的权利争取和维护以及参与政治生活都视为公众参与的一部分。

① 龚维斌等：《当前群体性冲突的特点、原因及建议》，http://www.nsa.gov.cn/web/a/zixunbaogao/20140623/4157.html,2015-03-10.

二、文献综述

（一）公众参与理论梳理

在西方，公众参与是政治现代化的主要特征。学界主要从狭义和广义两个方面对其概念进行了界定。公众参与的狭义解释偏向于保守的参与行为，认为公众参与是指社会成员在选择统治者，直接或间接促成公共政策过程中所分享的那些自愿活动①，而非自愿的活动就不是。诺曼・尼等则认为，公众参与是指平民以影响政府人员的选择及他们采取的行动为直接目的而进行的合法活动②，而非法的活动不属于公众参与。广义的公众参与往往将整个政治过程都视为参与行为，米勒将公众参与定义为参与制定、通过或贯彻公共政策的行动，并认为这一定义适用于从事这类行为的任何人，甚至于是否自愿都不重要。③塞缪尔・亨廷顿等也认为，公众参与应包括影响政府的所有活动，而不考虑这些活动根据政治系统的既定规则是否合法。④一般认为，公众参与是普通公众通过一定的方式影响政治权力体系及公共政治生活的政治行为，它是现代民主制度赖以存在的基础。

在中国，公众参与具有特殊的内涵。在参与特征方面，陶东明、王亚玲等基于现实的分析认为，当代中国公众参与制度的基本特征是执政党领导下的统合型参与，它主要是用来提高政府对人民的控制力⑤，而不是用来提高人民对政府的控制力。⑥在当代中国公众参与中，制度化的公众参与，也即由法律或制度所规定的合法参与方式占据重要位置。⑦在参与的具体方式方面，王丽萍等认为，为一项社会活动组织募捐或者筹集资金、参加与政治有关的各种会议、向上级政府领导表达自己的观点、在互联网有关政治主题的

① ［英］亚当・库柏：《社会科学百科全书》，上海：上海译文出版社，1989 年，第 98 页。

② ［美］格林斯坦・波尔斯比：《政治学手册精选（下卷）》，北京：商务印书馆，1996 年，第 290 页。

③ ［英］戴维・米勒、韦农・波格丹诺：《布莱克维尔政治学百科全书》，邓正来译，北京：中国政法大学出版社，2002 年，第 608～609 页。

④ ［美］塞缪尔・P.亨廷顿、琼・纳尔逊：《难以抉择——发展中国家的政治参与》，北京：华夏出版社，1988 年，第 6 页。

⑤ 陶东明、陈明明：《当代中国政治参与》，杭州：浙江人民出版社，1998 年，第 262 页。

⑥ 王亚玲：《近年来中国公民政治参与状况评述》，《四川行政学院学报》，2006 年第 3 期，第 46～50 页。

⑦ 王丽萍、方然：《参与还是不参与：中国公民政治参与的社会心理分析——基于一项调查的考察与分析》，《政治学研究》，2010 年第 2 期，第 95～108 页。

论坛或者讨论组中发表自己的观点、通过媒体表达自己的观点等，都可以视为公众参与的具体形式。[①]有关公众参与的分类，麻宝斌和马振清、左珂等把中国的公众参与划分为强政治参与和弱政治参与[②]，以及个体制度化参与、个体非制度参与、群体制度化参与和群体非制度化参与等几种具体的类型。在中国，公众参与经常指政府主导的制度化参与，或者就是与公共冲突事件相联系的群体性行为。

（二）公共冲突理论梳理

目前，学界对于公共冲突的研究主要集中在公共冲突的起源、公共冲突的界定，以及公共冲突爆发的原因等几个方面。有关公共冲突的起源，时和兴认为，冲突理论勃兴于20世纪60年代，是在批判结构功能主义的基础上逐渐形成。[③]从学科渊源上看，西方的冲突管理产生于国际关系及组织管理领域。[④]有关公共冲突的界定，常健、李亚等认为：公共冲突常被称为群体性事件、社会运动、社会动乱、社会泄愤事件、无直接利益冲突等。[⑤]具体可以包括：政策制定或公众参与中的冲突、土地纠纷与拆迁纠纷、社区冲突、环境冲突、劳资冲突等。[⑥]有关公共冲突爆发的原因，张春颜、王玉良等认为，公共冲突发生的客观一般原因通常为社会变迁与利益格局变化，而特殊原因则与政治机会结构等因素有关；主观一般原因经常为目标的不相容性，特殊原因则包括参与者与治理者的主观认知差异。[⑦]在当前条件下，由于中国的社会结构不健全，公共冲突的解决不当经常会导致“二阶冲突”。[⑧]

近年来，也有学者分析了我国公共冲突的化解方案，并总结出了公共冲突事件的一些新趋势。有关化解公共冲突的方案，李婷婷、王宏伟等认为，

---

① 左珂、何绍辉：《论新生代农民工政治参与：现实困境与路径选择》，《中国青年研究》，2011年第10期，第29～33页。

② 麻宝斌、马振清：《新时期中国社会的群体性政治参与》，《政治学研究》，2005年第2期，第49～55页。

③ 时和兴：《冲突管理学源流探析——兼论公共冲突管理学的发轫》，《国家行政学院学报》，2013年第5期，第55～60页。

④ Ya Li, Zhichang Zhu. Catherine Cerard. “Learning from Conflict Resolution:An Opportunity to Systems Thinking,” *Systems Research and Behavioral Science*, 2012(29).

⑤ 常健、许尧：《论公共冲突管理的五大机制建设》，《中国行政管理》，2010年第9期，第23～26页。

⑥ 李亚：《中国的公共冲突及其解决：现状、问题与方向》，《中国行政管理》，2012年第2期，第16～21页。

⑦ 张春颜：《公共冲突发生机理问题研究综述》，《行政论坛》，2013年第5期，第72～76页。

⑧ 王玉良：《缺失与建构：公共冲突治理视域下的政府信任探析》，《中国行政管理》，2015年第1期，第11～15页。

公共冲突的解决需要关注冲突的本质、类型、发展规律，通过创建对话与协商平台寻找共识来化解冲突。[①]在现有背景下，公共冲突的化解不但要关注公众基本权利与政权的关系，还要加强对于公共冲突事件的事前预防，源头治理，以及依法治理。[②]在公共冲突事件的新趋势方面，龚维斌、李冰心、王赐江等认为，与以往相比，中国群体性公共冲突出现了一些值得高度关注的新特点和新趋势，主要表现为：一定地域内的“邻避运动”时有发生，重在宣泄不满的“阶层冲突”明显增多，围绕权利展开的“价值追求”初现端倪。[③]尤其是在社会转型时期，政府重视“稳定”与民众过度“维权”相互博弈加剧[④]，政府在区分冲突处置、冲突化解和冲突转化三个层次上认识的不足[⑤]，以及非利益相关者的围观现象明显增多[⑥]，这些都增加了公共冲突的治理难度。

（三）我国公众参与对公共冲突化解的作用

在我国，已有参与机制不健全在很大程度上制约了公众参与的广度和深度。作为转型国家，一方面，公众对于现有参与途径并不特别认同：如北京大学 2008 年的调查研究就发现：作为公众参与的主要形式，我国公众的投票率普遍较低。[⑦]熊易寒 2012 年通过对上海市 L 镇 Z 小区选举观察也发现，在区人大代表选举中，1.2 万人的小区只有 3%的居民进行了选民登记，而真正的投票率则更低。[⑧]长期在中国生活的民众非常清楚何种政治参与更加有效，非制度化参与给政府造成的压力是公众政治参与最有效的形式之一。[⑨]另一方面，国家却想通过扩大参与的方式提升治理效能：这主要表现在政府有意

① 李婷婷、李亚：《调解社区公共冲突：基于 3 个案例的分析》，《北京理工大学学报（社会科学版）》，2015 年第 2 期，第 61～70 页。

② 王宏伟、李家福：《总体国家安全观视角下公共冲突治理创新》，《科学社会主义》，2015 年第 2 期，第 22～28 页。

③ 王赐江：《中国公共冲突演变的新趋势及应对思路——基于典型群体性事件的分析》，《中国行政管理》，2015 年第 1 期，第 6～10 页。

④ 李冰心：《秩序建构视野下的中国公共冲突事件治理路径选》，《行政管理改革》，2015 年第 1 期，第 43～48 页。

⑤ 常健、许尧：《论公共冲突治理的三个层次及其相互关系》，《学习与探索》，2011 年第 2 期，第 83～87 页。

⑥ 原珂、齐亮：《“旁观者”现象：旁观者介入公共冲突的过程分析及破解策略》，《社会主义研究》，2015 年第 1 期，第 93～100 页。

⑦ 沈明明等：《中国公民意识调查数据报告》，北京：社会科学文献出版社，2009 年，第 122 页。

⑧ 熊易寒：《从业主福利到公民权利——一个中产阶层移民社区的政治参与》，《社会学研究》，2012 年第 6 期，第 77～100 页。

⑨ 谢岳：《维稳的政治逻辑》，香港：清华书局，2013 年，第 17 页。

通过鼓励大学生入党、允许企业家入党等“政治吸纳”方式，将更多的精英吸收到体制中去，最具代表性的就是“三个代表”的提出和富人参政的出现。[①]总体来说，在我国，社会公众和政府对于制度化参与的效能和方式存在着认知上的差异，而这种差异和由此而来的行为方式背离则有可能造成双方信任基础的松动，以至于引发冲突。

有关公众参与和公共冲突化解的关系，已有研究主要从政治参与和第三方介入两个维度对公共冲突的产生和化解进行了研究。如常健、廖克勤、王玉良从参与的视角认为：在当前的制度建立、修改、补充过程中，行政机构的意志发挥着过大的主导作用，缺乏不同利益群体的广泛参与使得政府主导建立的制度缺乏公众认同，是引发公共冲突的主要因素。[②]因此，公共冲突的有效管理需要建立不同主张的表达机制、冲突利益的整合机制、争议事项的裁决机制。[③]赵伯艳、徐祖迎、李冰心则从第三方参与的视角认为，在公共冲突的解决中，具有较高公信力的第三方加入，往往可以缓解双方之间的矛盾[④]；且在这一过程中，专业组织的参与，对冲突的解决往往有积极影响。[⑤]因此，对于现阶段频繁出现的公共冲突事件，以开放的视野建立起规避冲突的体系制度，构建政府与社会交往的制度规范，是预防和解决公共冲突的主要方法。[⑥]在已有的研究中，学者往往就公共冲突本身而论公共冲突，这就使得研究的视野局限于冲突的机制转换和冲突的管理之上，较少从深层次探讨为什么大量公共冲突会不断发生，为什么大多数的公共冲突事件又都能够得到有效解决等问题，而这些正是本文要研究的问题。

三、长三角公共冲突中的公众参与

公共冲突事件的产生往往因为政府的前期决策不透明，中期执行不规范，

① 郎友兴：《政治吸纳与先富群体的政治参与——基于浙江省的调查与思考》，《浙江社会科学》，2009年第7期，第108～115页。

② 廖克勤：《中国公共冲突治理的困境与破解》，《经济研究导刊》，2012年第36期，第29～31页。

③ 常健、许尧：《论公共冲突管理的五大机制建设》，《中国行政管理》，2010年第9期，第23～26页。

④ 徐祖迎：《公共冲突管理中的第三方干预》，《理论探索》，2011年第2期，第13～16页。

⑤ 赵伯艳、常健：《论吸纳民间团体参与决策对公共冲突化解的积极作用》，《天津商业大学学报》，2011年第3期，第43～47页。

⑥ 李冰心：《秩序建构视野下的中国公共冲突事件治理路径选》，《行政管理改革》，2015年第1期，第43～48页。

以及缺乏相应的问责机制，而使得公众的参与权得不到保障。当公众感觉自己的利益受到侵害而又无法正常表达时，冲突也就不可避免。作为中国经济最发达的地区之一，本文通过分析发生在长三角地区的三个典型事件，意欲说明，在我国，公众参与不足导致的公共冲突事件，其最终解决仍需回到正常参与的渠道上来。而政府态度和策略的改变在其中发挥了关键作用。

（一）苏州通安征地引发公共冲突[①]

2010 年 7 月 14 日至 21 日，江苏省苏州市高新区通安镇村民因动迁补偿款问题与镇政府发生冲突，冲突紧张时甚至一度封堵了 312 国道。这期间，聚集群众与防暴警察肢体冲突导致公共冲突升级，最终迫使上级政府对相关责任人进行了问责处理。

1. 征地拆迁缺乏透明引发争议

通安镇原属于苏州市相城区，2002 年区划调整之后并入高新区。自 2003 年起，通安镇居民就因各地拆迁补偿标准不一的问题不断上访。2010 年，高新区新一轮征地开始，此次拆迁同等面积的补偿标准超过 2008 年的 3 倍，接着，2010 年 7 月初，与通安镇相邻的浒墅关镇一村民宅基地被拍出 13.12 亿元的高价，由此导致了村民对土地收益分配问题的极大不满。与此同时，坊间还传言，原通安镇副镇长、拆迁办主任由于存在巨额现金来源不明罪被捕，村民更相信自己的拆迁款被基层政府克扣。从 7 月 14 日开始，村民开始陆续前往镇政府交涉补偿问题，由于补偿标准协商不成功，村民一怒之下将镇党委书记围堵在了镇政府。

2. 政府不当行为引发公共冲突

围堵事件发生后，镇党委书记称拆迁款问题是上任领导留下的，应由上一任官员负责，然而该官员当时已经被捕入狱。群众觉得现任官员无心解决他们的问题，于是引来了更多的不满者聚集。这时，通安镇政府为了迅速解决问题，竟然纠集当地闲散人员前去“营救”，此举直接引发了拆迁户的强烈反抗，愤怒的拆迁户砸毁了镇政府的部分办公设备，非利益相关群体也都聚集到镇政府周围。7 月 16 日凌晨，大批全副武装的特警突然抵达镇政府周围，对围堵群众进行暴力驱散，并抓捕了部分围堵群众。16 日白天，公共冲突直

① 案例来源：综合整理网易新闻：《苏州“通安事件”善后》，http://news.163.com/10/0819/04/6EE3R30A00014AED.html, 2014-09-20；《苏州通安征地引发千人聚集 镇长书记被免职》，http://news.163.com/10/0722/02/6C5Q1HP80001124J.html, 2014-09-20。

接升级，几千名愤怒的群众堵占了312国道，要求释放被捕群众并给出相应解释。而政府除了进行多次暴力驱散之外，并未对群众的诉求做出回应。政府的不当行为非但没有消解冲突，反而使得冲突愈演愈烈，聚集的群众也越来越多。

3. 冲突升级迫使上级政府回应

通安的公共冲突事件引发了国内外媒体的广泛关注，也使得苏州市政府承受着巨大的舆论压力。7月21日，苏州市虎丘区政府紧急宣布通安镇暂停动迁，镇党委书记和镇长就地免职。同时，虎丘区政府宣布将组成5个工作组，进驻2008年以前被拆迁的社区，上门了解情况、征求意见，切实解决群众的问题。然而，通安的冲突也引发了虎丘区其他乡镇居民的效仿，当地政府不得不被动与居民协商解决问题。7月28日，苏州市委宣布，报省委同意，苏州高新区党工委书记、虎丘区委书记王竹鸣就地免职，有关群众诉求会着力解决。至此，通安公共冲突在公众的非制度化参与过程中得到解决。

（二）浙江湖州织里税费冲突①

2011年10月26日至29日，浙江省湖州市织里镇因政府随意操控税费征收数额，并实施强制征收措施，引发了安徽外来务工者的集体不满，以至于演变成为群体性公共冲突，在维稳压力之下，政府不得不重新审视正在实施的政策，引入更多的公共参与，由此才化解了冲突。

1. 未经法定程序征收税费

湖州织里镇是全国闻名的童装生产基地，家庭作坊式企业是其主要特色。为了解决家庭作坊订单大、时间紧、难以完成任务的问题，由外来务工者组成的更小的个人作坊便应运而生。随着小作坊的不断增加，2009年起，当地税务部门开始向这些小作坊征税，一台缝纫机征税100多元，这便是所谓的“机头税”；到了2010年，政府开始按工作人数征税，每人征税300余元，5人起征（不满5人按5人征收）；但从2011年10月开始，政府对每人征税额突然涨到了626元；与此同时，坊间还有传言说明年税款将会涨到每人每年1000元，突然的税费增加在当地外来人员中引发了普遍不满。

① 案例来源：《浙江湖州织里镇群众聚集事件》，http://baike.baidu.com/view/ 6940848.htm?fr=aladdin, 2014-09-20,《浙江织里“抗税”事件详细调查》，中国纺织网：http://www.texindex.com.cn/ Articles/2011-12-19/247265.html,2014-09-20.

2. 意外的流血事件激化冲突

在织里，“机头税”的征收主要是由当地村委会派税收协管员采用社会化征收的方式进行。税收协管员在操作中的随意性非常大，民众对其本来就有怨气。2011 年 10 月 26 日上午，在征收“机头税”过程中，由于一名安徽籍小业主对征收数额和协管员的态度多有不满，于是便同协管员发生了肢体冲突，由此引发了安徽籍外来人员的集体不满。26 日下午，受伤的业主纠集百余同乡聚集于镇政府前上访，要求解决上午纠纷问题，但未得到政府回应。当晚，又有上千人同籍业主聚集在镇政府前讨说法，而就在此时，一辆湖州籍的汽车却意外驶入聚集人群，司机惊慌中先后撞伤了十余人，由此引发了安徽籍业主的愤恨。当晚，群众开始用暴力表达多年来对织里政府的不满，并造成了非常大的公私财产损失。

3. 参与解决冲突并实现达鹊

10 月 27 日中午，不满的业主再次在镇政府前聚集，在诉求得不到回应的情况下，部分激动的安徽籍业主拥入镇区，不但对湖州籍车辆进行拦砸，还将一辆负责执勤的警车点燃。由于政策歧视造成的公共冲突直接升级，直到公安部门对滋事者进行了抓捕，事态才趋于稳定。10 月 28 日，织里镇政府发布公告称：税收协管员许某因工作不细，方法简单，经研究已予以解聘。同时，织里镇的社会化征收工作也暂时停止执行。此后，织里镇政府转变工作思路，通过派专员分别同安徽籍业主沟通，在协商一致的基础之上制定了新的税费政策和产业升级方案。织里镇的社会治理实现了由参与到达鹄，由冲突到共赢的转变。

（三）上海业主网络参与解决冲突[①]

面对正常途径参与公共事务的低效率，受过高等教育且对国家政治生态有一定认知的上海 J 镇年轻网民，选择了通过网上业主论坛进行意见的交流和表达，在网络参与的过程中，不但解决了公共冲突的“隐患”，也探索了公共冲突预防的新途径。

1. 温和手段向政府表达诉求

上海 J 镇位于上海市区边缘和郊区卫星城结合地带，一直以来是“公共服务洼地”。面对制度化沟通无效的现状，2008 年初，为解决“出行难”问

① 案例来源：熊易寒：《从业主福利到公民权利——一个中产阶层移民社区的政治参与》，《社会学研究》，2012 年第 6 期，第 77～100 页。

题，J 镇北面多个小区的年轻业主聚集在一起，自发成立了网上“镇北联席会议”，不断向各级政府部门反映问题。2008 年 4 月，“镇北联席会议”的论坛版主和热心业主们联合签名向市政府发了《J 镇居民致人民政府的求助信》，在政府内部引发了一定反响。2008 年秋，“镇北联席会议”版主代表参加了由市长主持的网民代表见面会，再次反映了 J 镇城乡接合部的管理问题，由此开启了 J 镇网上参与之门。

2. 同政府官员达成参与共识

2008 年底，华女士调到 J 镇任副镇长，分管社区事务。上任之初，华镇长整日忙于群众接待工作，虽然事务繁忙，但是成效不大。接着，在与居民深入沟通时，华镇长发现年轻人多在网上以论坛的形式表达自己的意见，这让其对网上参与产生了关注。2009 年，在解决公建配套等问题时，华镇长开始邀请相关的网民、版主参与。刚开始，华镇长与网民的见面是不定期的，也没有固定人员。但渐渐地，经过一年的磨合，华镇长和网民代表的隔阂被打破，并建立了相互信任。在实际操作中，华镇长替居民解决实际问题，而居民则以建设性参与的方式为华镇长积累政绩，居民和官员之间由参与实现了达鹄，相互之间也形成了互惠的关系。

3. 以参与化解潜在公共冲突

至 2010 年，J 镇网民见面会步入正轨，网上讨论也形成固定规则。到 2011 年，镇政府不再被动地听网民讲，而是主动将政府未来的工作计划告知网民。这样，政府与网民的沟通会议基本保持每月一次，华镇长也会邀请相关职能部门现场解决问题。2012 年 5 月，“镇北联席会议”的版主经商议后将联席会议更名为“志愿者联合会”，成立代表性更加广泛的“J 镇志愿者联合会”以吸引更多人参与。自 2008 年至 2012 年的 4 年间，志愿者联合会定期召开政府和网民圆桌会议，所提出的 87 条有效建议和意见中有 63 条得到解决，镇政府与青年网民之间已经形成了一种良性互动关系，公共冲突的隐患也在参与的过程中得到化解。

四、长三角公共冲突事件的特征与未来解决思路

社会治理的核心要义是各个治理主体在相互承认法权基础之上的相互尊重。我国公共冲突事件的起因多是社会各治理主体权责不清，公众的利益受

到损害时又没有正常途径表达诉求，在压力型体制之下，公众不得不通过放大冲突来解决冲突。未来，解决公共冲突需要在赋权的基础之上，保障公众的参与权，以此促成社会治理共识。

（一）经济民生诉求为主要问题，需用法律赋予公众经济参与权

当前，经济领域的利益冲突以及公众经济参与权受到侵害是我国公共冲突产生的主要原因。已有研究表明：在城市地区，公共冲突和公众参与多跟自己的物业产权有关；在城乡接合部，中产阶层的政治参与在很大程度上是由于公共服务的“洼地效应”导致的①；而在农村地区，农民的公众参与多跟集体收益或者土地拆迁有关。发生在长三角的案例也表明，在我国，以冲突为特征的公众参与在很大程度上是由于自身经济利益受到了切实侵害。在上海 J 镇网络参与的案例中，公众关注的不是政府公共服务提供不力背后的治理效能问题，而是如何切实改善自身享有公共服务的问题。明显的民生诉求在苏州通安事件和浙江织里事件中更是表现无遗，贪污腐败和程序非法并不是公众所关注的目标，而当基层政府的行为确实危害到自己的经济收益且经济参与权得不到保障时，民众才奋起反抗。可以说，由于前期参与不足而导致的经济民生利益受损，以及由此引发的公共冲突事件，也给公众通过参与来解决冲突埋下了伏笔。

通过相关法律赋予公众经济参与权应成为解决我国侵权公共冲突事件的主要策略。在中国，改革的出发点是超级国家公司而非完美市场，中国从超级国家公司走来靠的就是界定权利，而权利界定的关键则是对国家行政管理的界定和约束。②在我国，由于权力和权利界定不清楚而导致的政府与公众对于公共问题的认知差异，以及政府忽视公众的经济参与权，已经成为引发公共冲突的主要因素。这主要表现在，一方面，由于改革开放过程中产权改革不彻底，城市公有制企业以及农村公有制土地的所有权与经营权（使用权）仍然处于二元分离的状态，在法律没有明确产权所有人的前提下，政府作为公共利益的代表，在处理这些公共产权时具有天然的优势；另一方面，由于我国行政法治和行政权力清单制度尚不完善，当政府在处置与公众利益相关的公共产权时，政府的诉求往往与公共产权的实际使用人（也即公众）发生

① 熊易寒：《从业主福利到公民权利——一个中产阶层移民社区的政治参与》，《社会学研究》，2012 年第 6 期，第 77～100 页。

② 周其仁：《改革的逻辑》，北京：中信出版社，2014 年，第 68～69 页。

不一致，再加上政府对于公众诉求的回应机制不健全，以及公众的经济参与权常常得不到尊重，在这样的背景下，公众的不满就很容易爆发，以至于形成公共冲突事件。因此，通过建立健全有关政府权力和公众权利的法律法规，确定各自的行为边界，让各个主体在行动中有明确的行为准则，赋予并保障公众的经济参与权，这应成为解决公共冲突的主要策略。

（二）冲突升级倒逼问题解决，需行政权力结构调整落实赋权

公众参与的倒逼机制是解决公共冲突事件的基本方式。“强政策—软措施”，也即在政策制定之时较少考虑客体的诉求，而在政策执行时却对客体实施迁就行为，一直以来是中国公共政策的一个主要特点[①]，因此，非制度化的公共冲突以及冲突升级的潜在威胁，成为公众非制度化参与的主要策略。在中国，制度化的公众参与包括参加县、乡人大代表选举，以及向本级政府信访部门信访等。然而，一方面，人大代表选举在实际运作中的种种问题，使其在公众中的影响力有待提升；另一方面，信访执行过程中“谁的孩子谁抱走”的政策，也使得信访非但解决不了矛盾，反而成了社会矛盾激化的焦点。[②]因此，当社会公众的权益受到侵害时，处于底层的公众不得不频繁地采用非制度化的公共冲突对基层政府施压，以此引发上级政府的注意，并通过中国自上而下的压力型体制来解决问题。在苏州通安和浙江织里的案例中，经过大规模的非制度化公共冲突之后，为防止公共冲突的进一步加剧，当地上级政府不得不走上前台，采取有效措施回应公众诉求。可以说，公众的非制度化参与迫使地方政府理顺正常参与途径，最终促成了公共冲突由冲突对抗到达鹄和解。

通过行政权力结构调整落实法律赋予的公众参与权，理顺政府对于公众利益诉求的回应机制，应成为减少我国公共冲突事件的主要手段。在我国，中央和地方政府机构的设置及其权力配置大多沿袭了权力高度集中的苏联模式，即每个政府部门均集决策权、执行权和监督权于一体，而这种权力的不分则导致了行政权力的部门垄断和异化，行政部门利益法制化，行政监督职能架空或虚置，和行政决策效力递减而执行阻力递增等一系列问题。[③]具体

① 孙志建：《中心工作与边缘性治理：中国城市摊贩监管的政策变迁研究》，《公共行政评论》，2013年第3期，第30～58页。

② 于建嵘：《对信访制度改革争论的反思》，《中国党政干部论坛》，2005年第5期，第27～32页。

③ 杨梓：《论法治视野下行政权运行机制的完善》，《武汉大学学报（哲学社会科学版）》，2012年第4期，第51～55页。

来说，在当前条件下，由于完善的公务员激励体制尚未建立，晋升成为公务员上升的唯一途径，而现实中公务员的晋升又采用了自上而下的“选拔”机制，这就导致行政部门在行动中往往会采取对上负责的策略，而忽视或无视社会公众的诉求，并尽量弱化公众的参与途径。这样，在公众的经济权利受到损害，且制度化参与得不到保障的情况下，通过非制度化的参与来维护自己权益就成了不得已的选择。因此，为减少公共冲突事件的发生，我们应当通过对行政权力结构调整来理顺政府对于公共利益诉求的回应机制，保障公众的制度化参与权利。具体来说就是一方面要改革现有的干部考核体制，在干部选拔中更多地参考公众满意度指标；另一方面也要健全公众参与社会治理的制度化途径，不断完善并向社会开放人民监督员和人民陪审员制度，以此提升政府对公众利益的回应度，保障社会公众的制度化参与权，提升政府治理效能。

（三）以参与解决冲突逐渐程式化，需跨部门协同治理保障赋权

由参与不足引发的冲突往往可以通过参与得以解决，政府在应对公共冲突时的路径也逐渐程式化。在转型时期，由于公众参与导致的不稳定因素和稳定因素并存，在“维稳”的压力之下，面对社会公众的参与诉求，地方行政部门官员更愿意采用“消极策略”来解决问题，也即如果公众不主动采取行动，该部门就不会主动倡议，或者说是推给其他部门负责；如果公众采取了集体行动并且危害到了社会稳定，上一级政府会立即采用运动式治理的方式，通过扩大公众参与来解决问题。并且随着时间推移，地方政府在面对公共冲突时，其应对也逐渐程式化。以苏州通安和湖州织里公共冲突为例，在应对苏州通安和浙江织里事件时，地方政府刚开始采用了激进的措施，但当矛盾进一步激化之时，地方政府立即启动了自身学习系统，软硬兼施地解决了复杂的公共冲突。同样，在上海 J 镇公众网络参与案例中，面对公众的合理诉求，上海的地方政府非但没有采取强硬手段去封杀该组织，反而通过回应公众部分诉求的方式，先是稳定大众的情绪，然后再通过疏导的方式让居民参与进来，在参与的过程中与居民实现达鹄。可以说，在解决公共冲突的过程中，虽然存在动机上的缺失，但为了避免更进一步的公共冲突，政府也渐渐学会并接受了以参与解决冲突，用参与实现达鹄的策略，其应对公共冲突的手段也越来越程式化。

建立跨部门协同治理机制是公众参与赋权得以贯彻的保障，也是预防公共冲突事件爆发的重要手段。跨部门协同治理是指政府在公共政策制定和实施公共管理过程中，引导包括公共机构、私人机构和市民在内的主体，建设性地跨越公共机构和政府层级的界限，从而实现公共问题解决和利益共享的过程。[①]跨部门协同治理分为内部协同和外部协同两个有机组成部分，其中，政府部门之间的内部协同对于政府与社会其他部门之间的外部协同起着引领作用。在我国当前的社会治理中，一方面，由于各个政府部门之间权力和责任划分不明确，在缺乏协同观念的情况下，各个部门对于公众诉求的相互推诿直接导致了社会公众对于政府信任度的降低，为冲突埋下了祸根。而另一方面，由于我国社会力量本身发展不充分，在社会力量参与社会治理的过程中，政府对于社会力量在参与社会治理中地位认知的模糊以及对于社会力量的不信任，又使得政府在很大程度上丧失了提前调处矛盾的机会。因此，预防公共冲突事件的爆发，需要我们在赋权明确各部门权力和责任的基础之上，推进政府内部部门之间的跨部门协同治理，建立起以服务为导向的整体性政府。与此同时，我们也应不断健全和完善政府与社会协同解决社会问题以及公众参与社会治理的常态机制，实现政府与社会的协同治理，这将是预防公共冲突的主要手段。

五、结论

在我国，公共冲突的发生往往由公众参与不足引发，且能在公众的非制度化参与压力下得到解决，这是转型期我国社会治理面临的基本问题之一。具体来说，我国的公共冲突往往因经济民生问题而起，在冲突进一步升级的威胁之下得到解决，且政府也渐渐接受了以公众参与促进公共冲突解决的策略，但这并不能证明以公众参与解决公共冲突，以公共冲突推进体制改革就是一条可行之路。因为公共冲突给社会造成的冲击不但会直接威胁到政治与社会的稳定，也会不断侵蚀善治的社会资本，削弱政府执政合法性。且已有研究也表明，公共冲突的解决既不能只靠强权力的推动，也不能依靠妥协让

① Liliana B. Andonova. “Public-Private Partnerships for the Earth Politics and Patterns of Hybrid Authority in the Multilateral System,” *Global Environmental Politics*,2010 (2).

步而勉强维系，而必须以博弈双方的互信为基础。[①]因此，在实现“四个全面”建设过程中，我们应当通过赋权理顺政府权力与个人权利的关系，加强服务型政府和回应性政府建设，运用法治手段巩固改革发展成果。可以说，只有双方在明确各自权利界限的前提之上，官民互信的基础才能得以重建，人民当家做主和社会的稳定才能有保障，而这些探索不仅有助于解决我国当前面临的公共冲突问题，对于探索具有中国特色的政治现代化道路也具有重要意义。

① 王玉良：《缺失与建构：公共冲突治理视域下的政府信任探析》，《中国行政管理》，2015 年第 1 期，第 11～15 页。

公共冲突化解的机构、机制与方法

中外公共冲突化解机构的比较与启示

常健　杜宁宁

摘　要： 中国与其他国家在公共冲突化解机构在专门性、专业性、机构属性、人员构成、资金来源、协议约束力等方面具有许多共同点，但也存在着一些重要的差异。为了提升公共冲突化解机构的效能，需要进一步加强对公共冲突化解机构的法律和制度支持，细化专业分工，更多吸收专家参与，并建立各类冲突化解机构的统一规范和交流平台。

关键词： 公共冲突；冲突化解；冲突化解机构

市场经济体制所导致的利益多元化，使社会各群体之间的矛盾、纠纷和冲突倍增，从而对国家的公共冲突化解机构建设提出了新的要求。所谓公共冲突化解机构，是与法院、公安机关等具有强制力的国家机关相对的公共组织，它主要通过斡旋、调解、仲裁等方式促使冲突相关各方达成协议，使冲突得以化解。从国内外公共冲突治理的经验来看，仅仅依靠公安机关和法院等具有强制力的国家机关不足以有效和及时治理日益增多的公共冲突，加强公共冲突化解机构的建设是提高公共冲突治理能力的可行路径。

改革开放以来，中国在大力加强公安和司法机构建设的同时，也积极开展公共冲突化解机构的建设，各级信访机构、人民调解委员会和各类专业调

作者简介： 常健，南开大学周恩来政府管理学院教授、博士生导师，南开大学人权研究中心主任，研究方向为公共冲突管理、人权理论。杜宁宁，女，南开大学周恩来政府管理学院博士研究生。

基金项目： 国家社科规划重点项目“公共领域冲突管理体制研究”（13AGL005）。

文章来源： 本文刊载于《上海行政学院学报》2016 年第 3 期。

解组织得到了相应的发展和完善。但相对于处于高发阶段的各种公共冲突来说，中国公共冲突化解机构化解公共冲突的效能和效率还远远无法满足需求，需要在法律依据、组织形式、人员构成、职责与权能、专业化程度等诸多方面进行转变和完善。在这些方面，国外公共冲突化解机构的经验能够为我们提供一定的启示。本文试图通过中外公共冲突化解机构的比较，发现其共同点与不同点，并分析差异产生的原因，进而总结出有助于中国公共冲突化解机构建设的一些启示。

一、中国现有公共冲突化解机构的形式与特点

中国公共冲突化解机构的状况可以从机构的专门性、专业性、机构属性、人员构成、经费来源、工作性质、协议约束力和化解效果等方面来加以描述和概括。

根据机构的工作性质，公共冲突化解机构可以分为专门机构和非专门机构。在中国，专门性的公共冲突化解机构并不发达。法院和政府一般行政机关都承担着一定的公共冲突化解职能，如法院承担着司法调解职能，卫生行政部门承担着医患纠纷的化解工作，国家电力监管委员会及其派出机构承担着电力争议纠纷的化解工作，劳动保障监察机构、人力资源和社会保障部门承担着劳资纠纷的化解工作，但它们不是专门的公共冲突化解机构，冲突化解只是其工作职责中的一个很小的部分。与此同时，中国也建立了一些专门性的冲突化解机构，如各级人民调解委员会、各级政府的信访机关等。截至2012年，全国共有人民调解组织81.1万个，其中村（居）调委会67.8万个，乡镇（街道）调委会4.2万个，企事业单位调解组织6.5万个[①]。

公共冲突化解机构又可以进一步分为一般性机构和专业性机构。一般性的冲突化解机构负责化解各种类型的公共冲突；专业性的冲突化解机构负责化解某一特定类型的公共冲突。在中国，公共冲突化解机构的分工还处于初步阶段，一般性的公共冲突化解机构占据主要位置，其最主要的形式是各级政府的信访机构和基层的人民调解委员会。但在一些冲突高发的领域，也出现了一些专业性的冲突化解机构，如环境纠纷行政调解委员会、医患纠纷人

① 赵阳、曾敏：《全国有人民调解组织81.1万个》，《法制日报》，2012年10月30日。

民调解委员会和仲裁委员会、劳动人事争议仲裁委员会、道路交通调解委员会、物业管理调解委员会、农村土地承包经营纠纷调解委员会和仲裁委员会，土地山林水利权属纠纷调解处理机构等。到2014年，全国共设立行业性、专业性人民调解委员会2.1万余个，其中，医疗纠纷调委会3369个、道路交通调委会3016个、劳动争议调委会3648个、物业管理调委会2551个。[①]

从机构属性来看，专业性的公共冲突化解机构可以分为政府机构、准政府机构和非政府机构。中国专职的公共冲突化解政府机构包括政府的信访部门和行政调解部门，以及专门成立的冲突化解机构，如各地环保局下设的环境纠纷调解委员会，再如广西壮族自治区县级政府建立的土地山林水利权属纠纷调解处理机构，负责土地山林水利权属纠纷调解、处理的组织协调、督促指导工作，并负责人民政府交办的土地山林水利权属纠纷案件调解、处理的具体工作[②]。一些基层政府也成立了专业性的调解和仲裁机构，如砖集镇农村土地承包经营纠纷调解委员会，准旗农村土地承包经营纠纷调解仲裁委员会。人民调解委员会是在村民委员会、居民委员会和企事业单位依法设置的调解民间纠纷的群众性组织，在基层人民政府和基层人民法院指导下进行工作[③]，它在名义上是非政府组织，但实际上属于准政府组织。

从机构的组成人员来看，公共冲突化解的政府机构的组成人员应是政府公务员，但一些仲裁机构会聘请兼职仲裁员。根据《中华人民共和国人民调解法》，人民调解委员会由3～9人组成，人民调解委员会委员每届任期三年，可以连选连任。村民委员会、居民委员会的人民调解委员会委员由村民会议或者村民代表会议、居民会议推选产生；企业事业单位设立的人民调解委员会委员由职工大会、职工代表大会或者工会组织推选产生。[④]人民调解委员会根据调解纠纷的需要，可以指定一名或者数名人民调解员进行调解，也可以由当事人选择一名或者数名人民调解员进行调解。[⑤]人民调解员由人民调解委员会委员和人民调解委员会聘任的人员担任。[⑥] 一些专门类别的人民调

① 周斌：《全国设立行业性专业性人民调解委员会 2.1 万余个》，2014 年 8 月 1 日，法制网：http://www.legaldaily.com.cn/zfzz/content/2014-08/01/content_5699468.htm?node=53450。

②《广西壮族自治区土地山林水利权属纠纷调解处理条例》，2013 年 9 月 26 日，第 3 条。

③《中华人民共和国人民调解法》，2010 年 8 月 28 日颁布，第 5、7 条。

④《中华人民共和国人民调解法》，2010 年 8 月 28 日颁布，第 8 条。

⑤《中华人民共和国人民调解法》，2010 年 8 月 28 日颁布，第 19 条。

⑥《中华人民共和国人民调解法》，2010 年 8 月 28 日颁布，第 13 条。

解委员会的组成人员是由政府推荐产生的，如《天津市医疗纠纷处置条例》没有规定医疗纠纷人民调解委员会组成人员的产生办法，只是规定“市医疗纠纷人民调解委员会的组成人员和人民调解员，应当向司法行政部门备案”[①]。

从机构的经费来源来看，我国目前公共冲突化解的政府机构的经费来自政府财政拨款。根据人民调解法，人民调解委员会开展工作的办公条件和必要的工作经费由设立人民调解委员会的村民委员会、居民委员会和企业事业单位提供。[②]根据《天津市医疗纠纷处置条例》，市医疗纠纷人民调解委员会的工作经费和人民调解员的补贴费用由市财政予以保障。[③]按照司法部和财政部有关文件规定，人民调解经费包括司法行政机关的指导经费、人民调解委员会工作经费和人民调解员补贴经费。各级司法行政机关指导人民调解工作的经费由同级财政予以保障，但事实上，至今未在国家层面明确保障标准。在经济欠发达地区，保障水平低，不能适应工作需要。人民调解委员会基本上没有工作经费。在乡镇（街道）和村（居），经费基本上处于无保障的状况。有的乡镇（街道）每年拿出一定的经费通过奖励的形式补贴给人民调解员，这称之为“以奖代补”机制。由于经费保障不到位，人民调解员的工作积极性受到了很大影响。[④]

从工作性质来看，公共冲突化解机构的工作可分为司法调解、仲裁、行政调解、人民调解、民间调解。在处理程序上，根据人民调解法，人民调解员根据纠纷的不同情况，可以采取多种方式调解民间纠纷，充分听取当事人的陈述，讲解有关法律、法规和国家政策，耐心疏导，在当事人平等协商、互谅互让的基础上提出纠纷解决方案，帮助当事人自愿达成调解协议。[⑤]根据《广西壮族自治区土地山林水利权属纠纷调解处理条例》，土地、山林和水利工程权属纠纷确权处理应当按照下列程序进行：（1）实地调查，核实证据；（2）听取各方当事人意见；（3）组织和解、调解；（4）行政主管部门集体讨论提出确权建议；（5）人民政府集体讨论决定。[⑥]《根据电力争议纠纷调解

① 《天津市医疗纠纷处置条例》，2014 年 11 月 8 日通过，第 8 条。

② 《中华人民共和国人民调解法》，2010 年 8 月 28 日颁布，第 12 条。

③ 《天津市医疗纠纷处置条例》，2014 年 11 月 8 日通过，第 8 条。

④ 殷蛟：《关于人民调解规范化建设的探索与思考》，2014 年 6 月 19 日，四川法制网（理论导刊）：http://www.scfzw.net/flfwmk/bencandy.php?fid=90&id=1590。

⑤ 《中华人民共和国人民调解法》，2010 年 8 月 28 日颁布，第 22 条。

⑥ 《广西壮族自治区土地山林水利权属纠纷调解处理条例》，2013 年 9 月 26 日，第 25 条。

规定》，调解员可以采取下列方式调解电力争议纠纷：（1）根据已掌握的情况向当事人提出争议纠纷解决建议；（2）单独会见一方当事人或者同时会见各方当事人；（3）以书面或者口头方式征求一方当事人或者各方当事人的意见；（4）要求当事人提出争议纠纷解决建议或者方案；（5）经当事人同意，聘请与争议纠纷各方无利害关系的专家或者机构对争议纠纷事项提供咨询建议或者鉴定意见；（6）有利于当事人达成一致的其他方式。①

从冲突化解达成协议的约束力来看，经人民调解委员会调解达成的调解协议，具有法律约束力。根据人民调解法，经人民调解委员会调解达成调解协议后，双方当事人认为人民法院依法确认调解协议有效，一方当事人拒绝履行或者未全部履行的，对方当事人可以向人民法院申请强制执行。②根据《根据电力争议纠纷调解规定》，调解书中有关民事权利义务的内容，具有民事合同的性质，法律另有规定的除外。具有民事权利义务内容的调解书，当事人可以申请有管辖权的人民法院确认其效力。具有给付内容的调解书，当事人可以按照《中华人民共和国公证法》的规定申请公证机关依法赋予强制执行效力。债务人不履行或者不适当履行具有强制执行效力的公证文书的，债权人可以依法向有管辖权的人民法院申请执行。③

从化解冲突的效果来看，不同类型的公共冲突化解机构的共同作用，使得全国人民调解纠纷总数逐年大幅增加。2011 年共调解各类矛盾纠纷 893.5 万件，其中涉及医疗纠纷、道路交通、劳动争议、物业管理等行业性、专业性矛盾纠纷 64.9 万件。④2012 年至 2014 年，全国人民调解组织共开展矛盾排查近 723 万次，预防纠纷 511 万余件，调解纠纷超 2299 万件，调解成功率 97%。⑤由此可见，公共冲突化解机构在冲突预防、纠纷化解中起到了举足轻重的作用。以医疗纠纷调解为例，2013 年，全国共调解医疗纠纷 6.3 万件，调解成功率达 88%。截至 2014 年，全国共建立医疗纠纷人民调解组织 3396 个，人民调解员 2.5 万多人，55%的医疗纠纷人民调解委员会具备政府财政

① 国家电力监管委员会：《根据电力争议纠纷调解规定》，2011 年 9 月 30 日，第 14 条。

②《中华人民共和国人民调解法》，2010 年 8 月 28 日颁布，第 31、33 条。

③ 国家电力监管委员会：《根据电力争议纠纷调解规定》，2011 年 9 月 30 日，第 21、22 条。

④ 赵阳、曾敏：《全国有人民调解组织 81.1 万个》，《法制日报》，2012 年 10 月 30 日。

⑤ 周斌：《全国设立行业性专业性人民调解委员会 2.1 万余个》，2014 年 8 月 1 日，法制网：http://www.legaldaily.com.cn/zfzz/content/2014-08/01/content_5699468.htm?node=53450。

支持。[①]

表 1 对中国公共冲突化解机构的基本状况做出了概括。

表 1　中国公共冲突化解机构的基本状况

化解冲突	化解机构	专门性	机构属性	人员构成	资金来源	工作性质	协议约束力
一般纠纷	各级政府部门	非专门机构	政府机构	国家公务人员	财政预算	行政调解	调解协议具有合同的约束力
	各级司法机构	非专门机构	司法机构	公务员	财政预算	司法调解	调解协议具有法律约束力
	仲裁委员会	专门机构	由政府部门与商会建立，独立于行政机关	专家和有实践经验的专业人士	政府的资助、事业经费拨款、当事人交纳的仲裁费、社会捐助和其他合法收入	仲裁	仲裁书具有法律效力
	村民委员会、居民委员会和企业事业单位设立的人民调解委员会	专门机构	基层群众自治组织，受政府司法行政部门指导	委员由推选产生	政府资助	人民调解	调解协议具有法律约束力
医患纠纷	卫生行政部门	非专门机构	行政机构	公务员	财政预算	行政调解	调解协议具有合同的约束力
	医疗纠纷人民调解委员会	专门机构	第三方组织，受司法行政部门指导	专业调解员、行政人员和兼职专家	政府资助	人民调解	调解协议具有民事合同的约束力
	深圳医患纠纷仲裁院	专门机构	仲裁委员会下设机构，非营利性事业单位法人，司法行政部门登记	专职工作人员与兼职专家	财政预算	仲裁	裁决具有法律效力

① 徐盈雁：《全国共建立医疗纠纷人民调解组织 3396 个》，《检察日报》，2014 年 5 月 6 日。

续表

化解冲突	化解机构	专门性	机构属性	人员构成	资金来源	工作性质	协议约束力
劳资纠纷	劳动保障监察机构	非专门机构	行政机构	公务员	财政预算	行政调解	调解协议具有民事合同的约束力
	劳动人事争议仲裁委员会	专门机构	隶属于劳动保障部门，受人民法院管辖①	劳动行政主管部门、工会组织和用人单位三方代表	财政预算	仲裁	调解书和裁决书具有法律效力
	企业劳动争议调解委员会	专门机构	职工代表大会领导下的群众组织	职工、企业和企业工会三方代表	民间资金	民间调解	调解协议书不具有法律约束力
环境纠纷	环境纠纷行政调解委员会	专门机构	行政机构	相关行政部门负责人	财政预算	行政调解	调解协议具有民事合同的约束力
土地承包经营纠纷	农村土地承包经营纠纷调解委员会	专门机构	政府部门主办的调解机构	政府相关部门负责人	政府资助	人民调解	调解书不具有约束力
	农村土地承包仲裁委员会	专门机构	政府主办的仲裁调解机构②	政府和各方代表及兼职专家	财政预算	仲裁	仲裁结果具有法律效力
道路交通纠纷	道路交通纠纷调解委员会	专门机构	行政机构	公务员	财政预算	行政调解	调解协议具有民事合同的约束力
社区物业纠纷	物业管理纠纷人民调解委员会	专门机构	地区政府主办的组织	公务员和兼职专家	政府资助	人民调解	调解协议具有民事合同的法律约束力
电力纠纷	电力监管机构	非专门机构	行政机构	公务员	财政预算	行政调解	调解书具有民事合同性质，可申请人民法院确认其效力

①《劳动人事争议仲裁组织规则》，2010年1月20日颁布，第2、6条。

②《中华人民共和国农村土地承包经营纠纷调解仲裁法》，2009年6月27日颁布，第13、52条。

二、其他国家冲突化解机构建设的特点和经验

国外公共冲突化解机构的状况也可以从机构的专门性、专业性、机构属性、人员构成、经费来源、工作性质、协议约束力和化解效果等方面来加以描述和概括。

在机构的专门性上，许多国家既具有专门的冲突化解机构，也有非专门的冲突化解机构。在专门性的公共冲突化解机构方面，韩国政府建立了许多专门化解冲突的政府委员会，美国建立了冲突化解中心、联邦劳动关系调停调解局，英国建立了纠纷调解中心，日本建立了公害调解委员会，德国建立了医疗事故调解处，等等。在非专门性的冲突化解机构方面，如日本的医学协会和劳动委员会，美国的环保署，英国的知识产权局，韩国的消费者保护院等，虽然不是专门从事冲突化解的工作，但都具有化解相关公共冲突的功能。

在机构的专业性上，一些国家既有一般性的公共冲突化解机构，也有更多的专门类别的公共冲突化解机构。以韩国为例，它既建立了韩国国民大统合委员会和国民权益委员会这两个一般性的公共冲突化解机构，又建立了一些化解专门类别公共冲突的政府委员会，包括化解土地纠纷的土地收用委员会，化解劳动冲突的劳使政委员会，化解环境冲突的环境纠纷调解委员会，化解行政冲突的行政协议调整委员会，化解政治冲突的疑问死真相查明委员会、民主化运动关联者名誉恢复与补偿委员会和亲日反民族真相委员会，化解社会冲突的女性家庭委员会、岁月号真相委员会等。[①] 再以美国为例，美国既有冲突化解中心这种一般性的冲突化解机构，也建立了一些专门类别的冲突化解机构，如化解社区冲突的社区调解委员会，调解医患纠纷的医疗纠纷改革委员会，化解劳资冲突的联邦劳动关系调停调解局，化解社区冲突的社区关系服务部。再以英国为例，英国既有化解一般性公共冲突的调解中心，又建立了化解家庭纠纷的家庭纠纷调解组织，化解医患纠纷的国民医疗服务诉讼委员会，化解劳资纠纷的咨询、调解、仲裁服务委员会。

在机构的性质上，一些国家的公共冲突化解机构既有政府机构，也有大

① 常健、李志行：《韩国政府委员会在公共冲突治理中的作用及其启示》，《国家行政学院学报》，2016年第1期。

量的非政府机构。美国处理劳动纠纷的机构分为官方机构、民间机构和法院三种类型。官方调解机构包括联邦劳工部下的劳工标准与执行委员会、调停调解局、国家劳动关系委员会、平等就业机会委员会等；民间机构包括美国仲裁协会等。

在机构的组成人员方面，一些国家的公共冲突化解机构特别注意吸收兼职专家。例如，韩国化解公共冲突的政府委员会就包括了相关领域的专家。英国、德国、日本等国医疗纠纷化解机构的成员不仅包括经验丰富的律师还有大批专业医师提供相关技术支持。美国联邦劳动关系调停调解局吸纳了资深劳资问题专家处理劳资纠纷。

在达成协议的约束力上，国外公共冲突化解机构所促进达成的协议通常具有一定的法律约束力。韩国负责化解公共冲突的行政委员会的决策具有法律上的约束力。日本的劳动委员会以其中立性使得裁定具有很高的威信，裁定形成后不能进行更改。美国环保署针对环境纠纷的调解协议具有法律效力，可申请强制执行。

在对冲突的治理效果上，从韩国环境纠纷调解委员会公布的《2014 年环境纠纷处理统计资料》来看，环境纠纷调解委员会自 1991 年 7 月至 2014 年 12 月共收到 3853 件案件，其中 3281 件已得到处理，416 件主动撤回，135 件正在处理中。噪音和振动相关损害最多，共 2802 件（85%），大气污染 191 件（6%），日照 136 件（4%），水质污染 88 件（3%），其他 62 件（2%），均得到妥善解决。① 在美国，有 97%以上的民事案件在审前程序中由当事人达成和解协议而撤诉。②其中，85%的医疗纠纷通过调解的方式得到有效化解。③在劳资纠纷处理方面，2012 年，美国劳动关系委员会共受理案件 24275 件；2013 年，调停调解局共处理 13000 多起集体协商谈判。英国国民医疗服务诉讼委员会在 1995～2006 年间使 43%的纠纷最后实现了庭外和解。④

① 常健、李志行：《韩国政府委员会在公共冲突治理中的作用及其启示》，《国家行政学院学报》，2016 的第 1 期。

② 鄢霹頑：《借鉴国外 ADR 机制完善我国司法调解制度》，《福建政法管理干部学院学报》，2005 年第 4 期，第 51～55 页。

③ 范愉：《ADR 原理与实务》，厦门：厦门大学出版社，2002 年，第 564～565 页。

④ Carole Kaplan, "Reducing Risk in Mental Health Services:the Work of the NHS Litigation Authority," *Mental Health Review Journal*, 2006, vol.11, iss. 1, pp. 34-37.

三、中外公共冲突化解机构的比较

中国与其他国家特别是一些发达国家在公共冲突化解机构建设方面虽然有一些共同点，但也存在着一些深刻的差异，这主要体现在冲突化解的背景、机构的专业化程度和独立性等方面。

从公共冲突化解的背景来看，西方发达国家处理冲突的传统是法律中心主义，其司法系统在处理各种冲突方面的功能相对发达。这些国家对于冲突化解的重视，是由于法律诉讼的高昂成本，因此将冲突化解作为一种法律诉讼之外的非诉讼纠纷解决机制（Alternative Dispute Resolution，简称 ADR），以减轻法律诉讼的压力，提高冲突处置的效率。与此不同，中国处理冲突的传统是调解中心导向，中华人民共和国成立后又是行政中心导向，尽管改革开放以来国家大力加强法律体系和司法体制建设，但在各种冲突的法律诉讼制度和体制方面仍然存在许多有待填补和完善之处。换言之，中国的冲突化解体制虽然有悠久的历史传统，但缺乏完善的法律诉讼体制作为后盾，这在一定程度上会影响冲突化解的效率和执行力。例如，在缺乏对可能的法律诉讼结果的确定预期作为参照的情况下，冲突各方对冲突过程及其结果的收益与成本难以形成理性的计算，从而对调解的选择、调解过程中的报价和讨价还价以及协议的达成形成负面的影响。

从公共冲突化解机构的专门化程度来看，中国与其他国家都建有专门和非专门两类机构。但相对来说，中国各级政府部门都兼有化解公共冲突的职责，然而专门化解公共冲突的政府专门机构并不太多。一些发达国家建立了专门性的公共冲突化解机构，特别是在公共冲突的高发时期。专门化的公共冲突化解机构可以使其他政府机构摆脱各类公共冲突的缠扰，更专心地从事自身的本职工作。

从公共冲突化解机构的专业化程度来看，中国与其他国家都建有一般性和专业性两类冲突化解机构，但相对来说，中国的冲突化解机构更多的是处理一般性冲突的机构，如信访机构和人民调解委员会，专门处理某类公共冲突的机构并不太多，只是一些地方在尝试建立。相比之下，一些发达国家针对一些高发性冲突建立了专门性的冲突化解机构，如化解劳资纠纷的专门机构，化解环境冲突的专门机构，化解社区冲突的专门机构，化解医患纠纷的专门机构，化解行政冲突的专门机构，化解土地纠纷的专门机构等等，这使得冲突化解的专业化程度大大提升。

从公共冲突化解机构的属性来看，中国与其他国家的公共冲突化解机构都包括行政机构、司法机构和民间机构三种类别。但相对来说，中国的公共冲突化解机构以行政机构和准行政机构为主，一些名义上的群众组织实际上都具有政府行政机关的支持背景。在中国长期“行政主导”的制度背景下，这种行政机构和准行政机构在化解公共冲突方面会比没有行政机构背景的冲突化解机构更具权威性和可信性。相比之下，一些发达国家的冲突化解机构除了有专门和非专门的行政机构外，有更多以司法机构支持作为背景的民间机构和具有行业协会背景的民间机构。这与发达国家的司法中心和社会自治的导向有密切联系，在这些国家，司法机构和行业协会支持的民间冲突化解机构具有相当的威信和公信力。

从公共冲突化解机构的人员构成来看，中国与其他国家的公共冲突化解机构的组成人员都包括了国家公务员和行业专家。但相对来说，中国的公共冲突化解机构的组成人员更多的是国家公务员，只有少量的行业专家参与一些专门类别的调解和仲裁。相比之下，一些发达国家更重视吸收专家参与各类公共冲突的化解工作，使公共冲突化解机构更具中立性和专业能力。

从公共冲突化解机构的工作效果来看，中国与其他国家的公共冲突化解机构都在一定程度上实现了冲突化解的目标。但更具体的分析显示，司法背景和机构的专门化、专业化、中立化程度会对机构的冲突化解效能产生重要的影响。由于一些发达国家的冲突化解具有较为完善的司法制度和体制，其冲突化解机构的专门性、专业性和中立性程度要高于中国的同类机构，因此其冲突化解的实际效能也相对高于中国的公共冲突化解机构。

四、几点启示

通过以上的中外比较，可以对我国公共冲突化解机构的建设提供一些有益的启示。

首先，随着中国政府全面推进依法治国，中国的司法体制的建设和完善正在步入快车道。在这种背景下，一方面，应当为公共冲突化解机构的建立和运行提供更充分的法律支持；另一方面，应当使公共冲突化解机构得到司法机关的更多支持；再一方面，应当使公共冲突化解机构所形成的调解协议具有更强的法律约束力。

第二，随着某些领域的公共冲突发生频率和复杂程度的提高，有必要建立更多的专门性和专业性的公共冲突化解机构。目前，中国的公共冲突集中于劳动、医疗、城管、社区物业管理、环境、征地、拆迁、交通等领域，在这些领域建立专门和专业性的冲突化解机构将有助于提高公共冲突化解的效能。

第三，在机构性质上，由于公共冲突会涉及政府行政机关与民众之间的冲突，因此，需要使公共冲突化解机构更具中立性。这要求公共冲突化解机构相对独立于相关的政府行政机关，或是作为相对独立的行政机构，或是以司法机关为背景，或是依托于相应的行业组织，以此提升公共冲突化解机构的公信力。

第四，在人员结构上，应当注意更多地吸收相关领域的专家参与公共冲突化解工作，提高冲突化解的专业水准。

第五，应当加强公共冲突化解的体制和平台建设。目前各地专业性的冲突化解机构还处于尝试阶段，国家应当在此基础上，逐渐建立专业性的冲突化解体制和平台，使专业化的冲突化解机构形成更加统一的规范，以便及时分享经验和教训，提升冲突化解的效能。

论公共冲突中多维度协商机制的构建

刘明

摘 要：随着我国改革的不断深入和社会各个方面的深化转型，公共性的冲突事件也不断增多。同传统公共管理领域中的危机事件相比，公共冲突表现出了更为复杂的形式，有着不同的内涵、发生机理，进而需要不同的应对机制和治理制度。在当前中国这样一个社会多元和治理多元的背景下，公共冲突的内涵与发生机理决定了需要建立一套多维度的公平协商机制来治理公共冲突事件。借助于现代国家治理理念和协商民主理论，能够对公共冲突的解决提供新的渠道。

关键词：公共冲突；发生机理；多维协商机制；公平协商程序

一、公共冲突的内涵和发生机理

公共冲突是指事关公共利益的冲突，其引发事项或者直接就是公共事项，或者不是公共事项，但其发展影响到了公共秩序、公共安全、公共福利等公共利益。[①]公共冲突不同于一般意义上的冲突，首先，公共冲突必然是一个群体性事件，个人与个人之间的冲突、以及家庭内部的这类冲突并不属于公

作者简介：刘明，南开大学周恩来政府管理学院政治学系讲师，博士，主要研究方向为政治学理论、人权理论。

基金项目：教育部人文社科研究基金项目（ 09YJA630078）。

文章来源：本文发表于《南开学报》2016 年第 3 期。

① 常健等：《公共冲突管理》，北京：中国人民大学出版社，2012 年，第 3 页。

共冲突。其次，公共冲突的诱因主要是人为原因和社会原因。在这一点上，公共冲突管理与危机管理是有所不同的，传统意义的公共危机管理将公共危机的诱因扩展至诸如自然灾害、传染病等非人为原因，以及扩展至重大交通事故、生产事故等突发性的人为事件①。在这一方面，公共冲突管理与危机管理的强调点不同，前者主要强调人为性的群体性冲突事件，公共危机管理尽管包括公共冲突管理，但是，公共危机的范围太过于宽泛，而且诱因繁杂，不利于形成明晰的原因分析和制度化分析。

例如，公共危机管理往往包括诸如自然灾害、重大事故等突发性的事件，在当前中国，应对这类事件的主体往往是政府，但是，公共冲突却有着完全不同的产生机理和应对机制。在这种意义上，公共冲突尽管可被认为是公共危机的一个子范畴，但是，将公共冲突管理独立出来进行分析是必要的。

在诱因方面，公共危机包含了大量的突发性事件，有突发性、不可预测性、非持续性、非普遍性等特征。但是，公共冲突的诱因却往往与之有完全不同的特征。公共冲突的诱因主要是人为因素，在当前中国，冲突双方主要表现为以下四个方面：（1）群体与群体之间的冲突。例如，一个村庄的不同种姓群体之间的冲突。（2）群体与社会机构之间的冲突。这里的社会机构主要指公司、企业、新闻媒体、体育娱乐机构等诸如此类的非政府组织。这类冲突一般有两种表现形式，一种是机构内冲突，如公司职工因薪酬问题同公司之间的冲突，另一种表现形式是外部冲突，例如某村庄同附近污染企业之间的冲突。（3）社会机构与社会机构之间的冲突。例如企业和新闻媒体之间的群体性冲突。（4）公众或社会机构与政府机构之间的冲突。例如，各种社会机构如果对某一地方政府的某些政策不满，就会同地方政府产生公共冲突。

公共冲突的产生原因一般是利益冲突，这也是导致当前我国公共冲突产生的最普遍诱因。例如，拆迁、征地、薪酬待遇、环境污染等原因所导致的公共冲突就是利益冲突的最主要表现形式。不过，除了明显的利益冲突之外，在当前中国这样一个多元和转型的社会中，公共冲突的诱因还有其他一些重要的表现形式。首先，中国作为一个多民族和文化多元的国家，文化冲突同样是公共冲突的一个主要诱因，文化、习俗、信念和信仰等方面的差异，往往会导致激烈的公共冲突。最近几年在新疆和西藏发生的暴徒事件和宗教冲

① 张晓明：《公共部门危机管理》，北京：中国人民大学出版社，2006年，第19页。

突事件，极端分子的蓄意破坏尽管是主因，但是，不同信仰群体之间缺乏一个稳定而有效的沟通和冲突消解机制，也是加剧冲突的一个原因。另外，动物保护组织同动物滥杀者以及同性恋群体同相关歧视者之间的冲突，也主要表现为一种信念冲突。其次，公共冲突产生的另一个重要原因是制度不满。这里所指的制度是广义的一般性制度，比如地方性的法规、户籍制度、社会保障制度、教育制度等等，公众会因某些具体的制度或政策而产生不满，严重时甚至爆发激烈的公共冲突。最后，导致公共冲突产生的另一个重要因素是信息不对称。在信息化和网络化的时代，尽管信息几乎可以即时性地传递，但是，虚假信息、恶意信息等不良因素同样泛滥，例如，由于网络谣言而导致的群体性冲突同样不断发生。

通过以上分析可以看出，公共冲突事件是同某些突发性危机事件有所不同的。公共冲突事件往往具备以下几个特征：（1）结构性，即公共冲突往往是潜伏在社会基本结构或文化结构中的。例如，不论是基于习俗或信仰这类文化差异的公共冲突，还是基于制度不满和拆迁这类利益分歧情况下的公共冲突，它们都是存在于社会和文化的基本结构中的。（2）潜伏性和可预见性，公共冲突在爆发之前往往具有很长的潜伏期。例如，由于文化差异或对制度不满而引发的公共冲突，都存在一个较长的潜伏期。由于原因相对明晰，公共冲突同一般的突发性危机事件不同，往往具有较强的可预见性，这也意味着，可以通过稳定而有效的制度设计来消解公共冲突。（3）普遍性，由于公共冲突是广泛存在于社会机构和文化结构中的，它自然具有普遍性，尤其是在中国这样一个文化多元、利益多元和价值多元的转型社会中。（4）持续性。公共冲突由于广泛潜伏在社会和文化结构中，故也具有持续性，不会因为某个冲突性事件的解决而消失。公共冲突的普遍性和持续性特征，决定了建立一套稳定而持续的公共冲突应对机制的必要性。

二、协商机制在公共冲突管理中的主要功能

公共冲突管理指的是对公共冲突的分析、应对和解决方案的制度化。公共冲突管理的一个最主要目标或许就是如同威廉·金特纳和大卫·斯瓦兹在界定危机管理时所指出的那样，“达成一个能为双方所接受的解决方案，而不

诉诸武力”。[①]一般而言，冲突双方解决冲突的方式会有以下几种情况：（1）直接的暴力解决。这种解决方案会严重威胁冲突双方以及人民群众的生命财产安全，威胁社会稳定，是违反法律的行为。（2）冲突双方协调解决，这种解决方式往往有两种情况：第一，由冲突一方所控制的解决方式。公共冲突的双方在很多时候在影响力、资源支配等方面并不是势均力敌的，这种情况下，影响力较强的一方就会根据自身利益而控制冲突的走向。例如在劳资冲突中的农民工群体就往往处在劣势地位。但这种解决方式往往以牺牲一方的合法利益为前提，并不是冲突管理所要实现的目标。第二，冲突双方在尊重双方利益的主张的前提下，通过平等协商和对话来解决，这是平等协商机制的一个基本理念。（3）权威人士或组织的第三方介入。这种解决方式主要依赖某些独立于冲突之外的权威人士或组织来协调解决。这些权威人士或组织是冲突双方都信任的，或者具体地说，冲突双方信任他们的影响力和中立立场。这是通过社会力量解决公共冲突的一个重要方面。（4）政府或法律部门介入。政府一般在两种情况下介入冲突，一是冲突双方无法通过协调方式解决冲突时，往往会诉诸司法或政府部门；二是当公共冲突演变为威胁人民生命财产安全的暴力冲突时，政府或法律部门会强行介入。

公共冲突管理的一个主要目标就是避免暴力解决，而要实现这一点，建立一套平等的协商机制就是必要的。在公共冲突管理中，协商机制的创建不应该仅仅体现在解决某一个特定的冲突过程中，而应该是一种持续的、常态的制度，这是公共冲突管理中协商机制的制度化要求，也是由公共冲突所具有的普遍性、持续性等特征所内在决定。每一公共冲突事件一般分为三个阶段：潜伏阶段、爆发阶段和善后阶段。如果稳定而公平的协商制度足够完善，那么，在每一公共冲突事件的应对和管理中，制度化的协商机制就能够在应对公共冲突的每一个阶段中产生足够的效能。

首先，几乎每一件公共冲突都有一个潜伏期。公共冲突就像火山一样，具有一个较长的潜伏期。如果在表面平静的社会中所潜伏的冲突诱因一直得不到有效的释放，那么，当这些诱因积聚到一定程度，就会爆发群体性的公共冲突。公共冲突虽然是广泛存在的，但是，冲突的表现形式却完全有可能是不同的。一是，公共冲突以分散的、缓和的方式被不断消释在社会运转的

① William R. Kintner & David C. Schwarz. *A Study on Crisis Management*. University of Pennsylvania, 1965, Appendix B, p.21.

过程中，另一种方式则是通过群体性的、激进的对抗方式表现出来。公共冲突管理的一个目标就是将公共冲突控制在第一种表现形式当中。如果社会缺乏一个能够为各方提供沟通和协商的机制，那么，那些埋藏在社会表层之下的诱因和力量就会不断积聚，导致公共冲突以激进的方式爆发出来。

按照公共冲突的基本理论，公共冲突管理的实现目标可以是表层平静和深层稳定两种情况。所谓表层平静，即指为了实现当下的秩序和稳定，而采用强制等“堵”的方式；而所谓深层稳定，则指借助公平的协商和沟通等平台，不断地将冲突的动因进行疏导，进而避免冲突以群体性的激进方式爆发出来。如果公共冲突管理的目标定位为表层冲突的平息，便有可能制造稳定的表面现象，而实质上却在不断积聚冲突能量；如果公共冲突管理的目标定位为深层冲突的化解，就不得不在一定程度上容忍在表层不断出现小规模、低烈度、短时段的冲突，并通过各种冲突化解机制来化解深层矛盾。[①]在这种意义上，稳定而有效的协商机制有利于在公共冲突的潜伏阶段就消释冲突的动因。

其次，如果公共冲突以群体性的相对激进的方式爆发出来，那么，稳定而有效的协商机制能够为冲突的解决提供首要的平台。例如，在企业中，当劳资纠纷以群体性的方式爆发时，如果企业组织内部缺乏一个事先的有效协商和沟通机制，那么，一方面就有可能导致罢工、甚至是暴力等激进的冲突形式；另一方面，冲突的持续时间也会延长，进而增加企业的内耗和成本，更为重要的是，冲突的双方在这一过程中几乎是一种利益的零和博弈。如果事先存在有效而公平的沟通机制和协商程序，那么，在社会内部所发生的很多公共冲突就可以由社会自行解决，而不用诉诸法律和行政手段，这也是当前公共治理的一个基本理念。

最后，当公共冲突以激进的方式爆发之后，如果冲突双方是通过协商的方式解决冲突的，那么，双方就会意识到沟通和协商机制对于解决冲突是必要的手段和措施，进而，双方就有可能建立制度化的协商机制。而另一方面，如果双方是通过暴力或者一方压制一方的方式来解决冲突的，那么，暂时的冲突解决只能实现表层的稳定，公共冲突仍然会在社会表层之下不断积聚，随时有可能以更为大规模和更为激进的方式爆发出来。因此，通过协商来解

① 常健、许尧：《论公共冲突管理的五大机制建设》，《中国行政管理》，2010年第9期。

决公共冲突事件，有利于双方在这一过程中建立和完善沟通和协商机制，促进协商机制的制度化。而且，即便一个公共冲突事件通过协商得到了临时解决，也并不意味着这个冲突事件在随后不会发生溢发性的冲突，因此，持续而稳定的协商机制就是必要的。

三、多维度协商机制的构建

中国的治理模式正处于摸索和转型阶段，但总的趋势是，政府治理和社会治理相互协调、相互促进。在公共服务的提供上，这种治理模式已经几乎达成了共识："以政府为主导，充分调动多元主体的积极性，形成'双向互动'的公共服务供给方式。建设公共服务型政府是政府和社会的共同责任。"[①]公共冲突管理也试图结合政府和社会多元主体的力量，结合社会文化和习俗等因素将公共冲突转化为和平方式。例如，专门从事公共冲突处理的组织"寻求共同基础"就将冲突转化界定为"致力于转变世界应对冲突的方式——摆脱敌对的方式，走向合作解决问题的方式。我们采用多层次的路径，利用媒体倡导，与当地政府和公民社会中的合作伙伴一起工作，寻找适合当地文化的手段来增强社会以建设性方式应对冲突的能力：理解差异，共同行动"。[②]从中可以看出，公共冲突的解决主体不仅仅是政府，还包括公民社会自身，而且，文化力量在公共冲突的处理中所起的作用被突出出来。

在公共冲突的管理中，所谓社会自身的力量指的是冲突双方可以在不借助政府介入的情况下而协商解决冲突。实现方式可以有多种：一是冲突双方经过协商和沟通实现利益的协调和彼此妥协，这是公共冲突管理中比较理想的情况，也是冲突管理的重要方式和目标。二是借助文化和习俗的力量通过平等沟通而实现协调。在某些习俗性较强的社会中，文化力量在冲突的解决中往往起着重要的作用。而同时，文化多元的事实往往也会是导致公共冲突的一个因素，尤其是当冲突双方是因为不同的文化和习俗而产生冲突时，问题就会显得比较复杂。三是，当冲突双方无法通过平等协商和沟通而实现冲突的和平转化和解决时，第三方的介入就成为必要。如果第三方也是来自社会力量当中，那么，就至少应该具备以下几点要求：首先，作为协调方的第

① 朱光磊、于丹：《建设服务性政府是转变政府职能的新阶段》，《政治学研究》，2008 年第 6 期。

② 参见"寻找共同基础"组织网站：http://www.sfcg.org/sfcg/sfcg_home.html。

三方应该在立场和利益等方面上是中立的，而不应该对冲突双方有不正当的偏袒；其次，第三方应该是由冲突双方所协调产生，得到双方的共同承认；最后，第三方应该具有一定的权威性，以便确保冲突在一种可控的范围内获得解决。

当冲突双方无法通过社会力量而解决冲突时，或者当冲突已经威胁社会稳定和人民的生命财产时，国家部门的介入就成为必要，国家部门主要指行政、立法和司法等部门。国家作为公共服务和社会公正的代言人，是解决公共冲突的主要力量和最后保障。除了直接作为第三方解决公共冲突之外，国家还应承担制度供给的职能。尤其是在我国当前的发展阶段，社会的自治力量和自治制度尚不完善，要实现公共冲突在国家和社会层面的协调治理和多中心治理，国家应该提供政策和制度保障，以便鼓励社会自治力量的培育和发展，引导不同阶层、各类组织等社会力量建立平等、持续的协商程序和沟通机制。在公共冲突的管理中，国家同社会力量的协调是多维度协商机制的一个必要前提。

多维度协商机制还体现在公共冲突发生的具体情境中。在当前的中国，由于社会转型和利益分化比较严重，公共冲突一般出现在群体与群体之间、群体与机构之间、机构与机构之间。对不同的情况应该区别对待。其中，群体与群体之间的公共冲突是最为难以处理的，例如，由于利益争端而临时聚合的两方不同群体，或者由于不同习俗和文化而对立的冲突双方，往往由于双方群体都是临时组织的，无论是群体内部，还是双方群体之外都缺乏一个统一的规则来引导和转化冲突，甚至在国家政策和法律层面，国家应该逐渐引导社会建立具体而稳定的协调机制和沟通机制。群体与机构之间的冲突可以说是当前中国最为重要的公共冲突表现形式，例如拆迁、薪酬、企业污染、医患关系等等。在这类冲突中，由于国家对社会机构有比较具体的规章约束，在协商冲突的过程中往往会有章可循。问题是，在这类公共冲突中，群体往往由于其分散性和临时自发性等特点而在双方协商和谈判中缺乏影响力，由于机构和组织在资源、信息和社会影响力等方面往往占据绝对优势，群体成员在谈判中的利益不易于得到合法和公平的保障。因此，应该加强群体的自组织力量，引导工会等部门在谈判中发挥更为积极的作用。最后，机构与机构之间的冲突主要出现在不同的生产部门、服务部分以及彼此之间。例如，企业与企业、企业与媒体等之间的公共冲突，这类冲突的双方的自组织力量和程度一般都比较强，无论是诉诸双方的协商还是诉诸国家部门的协商，冲突双方之间往往具备足够的条件和力量争取各自利益。

四、公平协商程序的构建

鉴于借助公共协商来转化和解决冲突是冲突管理的一个目标，建立一套公平而稳定的协商机制就是应有之义。公共冲突的协商机制可以借助当前协商民主的一些理论和实践获得更为具体化和制度化的说明。通过公共协商解决冲突的过程也可被理解为一个协商民主过程。而民主协商的合法性必然建立在一个公平的协商程序之上。协商民主在英文中即为“deliberative democracy”，基于对“deliberative”一词的不同理解，国内对“deliberative democracy”的翻译也是众说纷纭，这里借助“协商民主”这一国内比较流行的译法。其中，“deliberative”一词有“慎议”“讨论”“明辨”“对话”等意，强调了“参与者的平等地位”“公共讨论”“偏好的反思与转移”“妥协与共识”等特征。据此，公共冲突管理中的民主协商可以被简单地界定为，冲突双方借助公平的程序通过辩论、对话等方式达成彼此之间利益和观念的共识或妥协，实现公共冲突的和平转化和消解。在这一过程中，一套公平的协商程序是必要的前提，借助当前流行的协商民主理论，冲突管理中的协商程序至少应该满足以下几点公平性要求。

（1）参与主体的无限制性。也就是说，在冲突双方中，任何的当事人都应该有机会参与到谈判和协商中来，以便将自己的观点表达出来。它确定了协商参与的包容性原则。按照爱丽丝・扬的理解，所谓协商民主中的“包容性”原则即指，称一项民主决定是合法的，仅当受这一决定所“影响”的人都能够被包括在讨论和决策制定的过程中；为了提高明晰性，扬进一步限制了“受影响”主体的范围，即指其行为选择能够被民主决定和政策所明显“制约”（condition）的那些人。[①]因此，简单地讲，参与主体的无限制性即指，将会受到冲突决策影响的任何人，都应该有机会参与到此决策的公共协商中来。

（2）协商规则的普遍可接受性。即冲突双方即将使用的协商规则必须是

---

① Iris Marion Young. *Inclusion and democracy*, Oxford: Oxford University Press, 2000,p.23.

被冲突双方所共同接受的，而且是双方在一种信息充分、非强制的情况下达成的。协商程序的这一要求可以从哈贝马斯的一个商谈伦理原则中类似地推导出来，哈贝马斯所提出的一个主要商谈原则是："某规范只有得到那些参与商谈、并受此规范影响的所有人的认可时，才可以被称为是有效的规范。"[①]关于冲突解决的协商规则或协商程序本身（或通俗地说，参与协商的那些"游戏规则"），只有得到冲突双方的同意时，才能获得有效性。如果协商程序或协商规则本身没有获得普遍的认可，那么，它就构成了一种"排斥"，进而没有平等地对待其参与者。

具体讲，协商规则所构成的排斥可能是两方面的，一种是"明确的排斥"，如协商规则明确规定某些人或群体不能参与到民主过程中来，由于这明显违背了公共协商的包容性原则，因此，这种排斥是明显不合法的。另一种排斥是"隐性的排斥"，这种排斥虽然没有直接地排斥某人或群体，但是，由于此人（或群体）所具有的某些不可避免的事实，以及由于协商规则对某些实质性条款的限制，此人（或群体）实际上是被不公平对待的。例如，公共冲突的双方如果一方占据人数上的绝对优势，那么诉诸多数决定的原则就是对少数群体一方的隐性排斥。化解这种"隐性排斥"最佳方法就是协商规则本身必须获得普遍的认可，或者，至少如斯坎伦所论证的那样，这些协商规则本身是不能够被任何人所"合理拒绝的"[②]；否则，协商规则的施加就是对某些人的"强制"，这种强制的后果就是导向一种"隐性的排斥"。

（3）协商信息的公开性。简单地讲，所谓协商机制中的"公开性"即指："公民和官员为了证明各种政治行为的正当性而给出的各种理由，和评价这些理由所必需的信息，都应该公之于众。"[③]公开性原则是协商民主的一个基本要求，这一原则也是一个极易被证明和极易被接受的原则。首先，协商信息的公开性至少意味着这样一点，协商规则与协商程序本身必须是被所有参与者所知晓的，通过这一公开性的要求，一方面，参与者能够质疑这些规则与程序的合法性，进而避免"隐性排斥"的存在；另一方面，如果参与者不熟

① Jürgen Habermas. *Moral Consciousness and Communicative Action*, Christian Lenhardt and Shierry Weber Nicholsen(trans.), Cambridge: MIT Press, 1990, p.66.

② T. M. Scanlon. "Contractualism and Utilitarianism," *Utilitarianism and Beyond*, edited by Amartya Sen and Bernard Williams, Cambridge: Cambridge University Press, 1982.

③［美］阿米·古特曼、丹尼斯·汤普森：《民主与分歧》，杨立峰等译，北京：东方出版社，2007 年，第 107 页。

悉协商规则与协商程序，他就可能被那些掌握协商规则的人所支配，在这种情况下，此人的协商参与必然是无效的。其次，协商信息的公开性还至少意味着这样一点，即与协商议题相关的信息也必须是被所有参与者所知晓的，否则，协商参与者同样不能提出有效的质疑，也不能提出有效的主张与理据，而只能被那些熟知相关信息的人所支配。最后，任何反对公开性的主张都可能冒着一种风险，即如边沁所论证的那样，它必须假定公民在能力上不如官员，而且也必须假定官员比公民更值得信任①，而这种假定无疑是值得怀疑的，与之相反的，协商信息的公开性要求则能够从这样一个基本的道德假定中推导出来，即任何人都是民主参与中的自主主体与理性主体，因此，他们应该掌握民主决策与民主协商所需要的相关信息，且由此，协商程序必须确保协商信息的公开性。

（4）表达方式的无限制性。这一条依据公共冲突的产生机理所赖以存在的某些基本的经验性事实而提出，这些事实类似于爱丽丝·扬所提到的那些“民主交往中的差异”，即在社会生活中，存在着由于文化和结构性的社会地位所造成的诸如种族、性别、阶层、群体等方面的差异②，而这些差异往往是导致公共冲突的诱因，并在事实上同样深刻地影响着协商参与的公正性。在公共冲突协商和沟通中，有的参与方可能由于语言或文化水平等方面的差异而处于劣势地位，在这类情况下，应该允许他们使用多种讨论方式，而不仅仅是讲规则和法规，必要时，应该为这些弱势者寻求协商代表或者法律代理人。

最后，协商程序应该避免协商走向被那些具有较大影响力的人或机构所不当的操纵。那些在权力与财富等交往性资源方面占优势的主体，其不当地影响协商走向的方式至少有三种：第一，利用其权力及财富等方面的优势进行明确的“威胁”与“胁迫”；第二，借助于其资源性优势，通过“承诺”或“诱导”的方式而影响协商走向；第三，虽然不存在明确的“威胁”或“诱导”，但是，基于对社会学规律及心理学规律的认识，协商参与者却往往会预期到源自权力与财富的“可能性威胁”或“诱导性利益”，尤其是，应该避免权力

---

① [美] 阿米·古特曼、丹尼斯·汤普森：《民主与分歧》，杨立峰等译，北京：东方出版社，2007 年，第 109 页。

② [美] 爱丽丝·扬：《作为民主交往资源的差异》，詹姆斯·博曼、威廉·雷吉：《协商民主：论理性与政治》，陈家刚等译，北京：中央编译出版社，2006 年，第 284～303 页。

和财富占据优势的一方对协商代表或第三方的威胁或贿赂。

五、结论

在市场经济和利益、价值、文化等方面多元分化的背景下，公共冲突可以说是现代社会的一个常态现象，公共冲突管理的一个主要目标就是将公共冲突控制在和平解决的范围之内。而要实现这一点，一方面，国家力量和各方社会力量的协调治理是必要的，这也是现代国家治理的一个基本理念；另一方面，构建一个多维度的公平协商程序是确保公共冲突得到合理、合法解决的一个必要前提。国家部门在公共冲突治理的过程中，不仅是最后的保障，而且也应该承担制度供给的功能。同样，社会组织应该逐渐构建稳定而有效的协商机制，进而确保公共冲突管理在一种多维度的协商制度中得到系统性的良性解决。

地方电视台调解类节目对冲突化解的示范作用及其局限

——以河南电视台《百姓调解》栏目为例

常健　毛讷讷

摘　要：地方电视台的调解类节目在近些年受到社会广泛关注，出现了众多节目形式，并形成了比较成熟的调解模式。它对于地方和基层的冲突化解具有重要示范作用，同时对冲突化解机制的完善也正在发挥积极的促进作用。河南电视台《百姓调解》栏目就是一个比较典型的冲突化解类节目，目前已经形成比较成熟的调解机制。同时，由于电视节目与现实之间存在着一定差异，因此调解类节目的示范作用也有其局限性。

关键词：地方电视台；调解栏目；冲突化解

调解是冲突化解的一种最重要方式，也是中国传统冲突化解的重要方式之一。但培训调解人员的冲突化解能力，提高冲突化解的质量和效果，却需要付出很高的培训成本，动用大量的人力物力资源。近些年来，各地电视台纷纷推出了调解类的电视节目，它们对地方和基层的冲突化解发挥了重要的示范作用。本文以河南电视台公共频道的《百姓调解》栏目为例，具体分析这类节目在中国地方冲突化解中的作用。

作者简介：常健，南开大学周恩来政府管理学院教授、博士生导师，南开大学人权研究中心主任，研究方向为公共冲突管理、人权理论。毛讷讷，南开大学周恩来管理学院硕士研究生。

基金项目：国家社科规划重点项目“公共领域冲突管理体制研究”（13AGL005）。

文章来源：本文刊载于《学习论坛》2016 年第 12 期。

一、地方电视台调解类节目受到广泛关注

近年来，许多地方电视台推出了调解类栏目。据 CSM 媒体研究公司 2011 年的调查数据显示，我国 71 个城市中，共有 38 个频道播出了调解类节目，平均收视率达 70%以上，市场份额从 2011 年初到年中增长了 30%以上。①

本文对截至 2016 年 7 月的各省级电视广播网站进行统计，发现共有 16 个省级电视台设有 29 个调解类栏目（见表 1）。

表 1　省级电视台调解类节目统计

<table>
<tr><th>省级电视台</th><th>栏目名称</th><th>省级电视台</th><th>栏目名称</th><th>省级电视台</th><th>栏目名称</th></tr>
<tr><td>安徽</td><td>《超级新闻场》</td><td>江西</td><td>《金牌调解》</td><td>上海</td><td>《新老娘舅》</td></tr>
<tr><td>甘肃</td><td>《喧个关帮个忙》</td><td>辽宁</td><td>《有1说1》</td><td>云南</td><td>《真情帮帮帮》</td></tr>
<tr><td>广东</td><td>《和事佬》</td><td>内蒙古</td><td>《百姓热线》</td><td>海南</td><td>《生活帮》</td></tr>
<tr><td>贵州</td><td>《调解现场》
（停播）</td><td>湖北</td><td>《调解面对面》</td><td>河南</td><td>《百姓调解》
《小莉帮忙》</td></tr>
<tr><td>北京</td><td>《第三调解室》
《谁在说》</td><td>浙江</td><td>《钱塘老娘舅》
《和全世界翻脸》</td><td>山东</td><td>《生活帮》
《小溪办事》</td></tr>
<tr><td>山西</td><td>《小郭跑腿》
（停播）</td><td rowspan="2">福建</td><td rowspan="2">《爱心帮帮团》
《热线777》
《公共事线》</td><td rowspan="2">河北</td><td rowspan="2">《非常帮助》
《老三热线》
《民生6号线》
《热心帮助团》</td></tr>
<tr><td>黑龙江</td><td>《帮忙》
《说和》</td></tr>
</table>

在节目内容上，地方电视台调解类栏目主要涉及房产纠纷、夫妻矛盾、老人赡养、邻里冲突等，因为选题贴近生活和观众，真实地聚焦老百姓生活中的冲突和纠纷，引起了观众的广泛共鸣和思考。

在节目形式上，地方电视台的调解类节目可以分为调解和帮忙两种形式，前者侧重于在冲突双方间进行调查、调停、说和等，此类节目包括江西电视台的《金牌调解》、广东电视台的《和事佬》等，共计 20 个，约占全国调解类节目的 69%；后者则侧重于帮助冲突一方进行调查、举证，在帮忙过程中涉及调解行为，此类节目包括福建电视台的《爱心帮帮团》、河南电视台的《小

① 冯波：《调解类节目“收视之道”解析》，北京：索福瑞媒介研究有限公司，2011 年第 7 期，第 8～11 页。

莉帮忙》等，共计 9 个，约占全国调解类节目的 31%。

在调解方式上，这类节目采取的方式可以分为两种：

其一，调解员赴冲突双方家庭、工作场所等处进行调查和调解。如河南电视台的《百姓调解》节目，就是应冲突方或相关方的要求，到冲突方的实际生活中进行情况了解和现场调解。这种方式的优势是有利于全面了解冲突事项，并通过街坊邻里、目击证人、基层组织负责人等多方参与了解情况，更具真实性。但缺点是调解员直接介入冲突事项，可能会使冲突另一方不接受调解，增加了调解启动的难度。

其二，在电视台演播室对冲突双方进行面对面调解。如江西卫视的《金牌调解》节目，就是将冲突双方邀请到演播室，先通过视频回顾和整理冲突事项，再由现场节目主持人主持进行双方陈述和交流意见，由专家进行冲突事项的梳理、法律知识讲解和现场调解。其优点是能够给冲突双方充足的时间和心理准备，接受调解、整理思路和诉求，走进演播室进行冲突事项的辩论、说明和表达，使调解基础更加牢固。但缺点是由于冲突双方的工作、时间安排、对演播室的抗拒等因素，可能会限制可调解冲突的数量，并使调解事项的选取存在较多局限。

二、河南电视台《百姓调解》栏目展现的调解方式

地方电视台开展的调解类节目为数不少，并且得到了一定社会认同，在当地拥有相对稳定的收视群体，在冲突化解方面发挥着重要的示范与教育作用。河南电视台公共频道的《百姓调解》栏目就是一个比较典型的案例。

河南电视台公共频道的《百姓调解》栏目是中原第一档公益调解栏目。调解员由社会爱心人士组成，节目以客观的叙述方式，记录爱心调解员调解事情的整个过程。自 2008 年开播以来，收视率节节攀升，最高点一度达到省内收视网 17.11%，收视份额达到全省第二名。该节目通过海选形式进行百姓调解员的招募和选拔，目前共有百姓调解员 20 余名，他们退休前的职业涉及教师、职工、人大代表等。节目以“小调解，大和谐”为服务宗旨，由百姓调解员走入百姓家中，现场调解矛盾纠纷，通过市井的语言和多样的调解方式，展现矛盾调解的全过程，帮忙与说理相结合、实现了寓教于事。

根据对 2015 年 7 月 27 日到 2016 年 7 月 8 日将近一年的栏目网站可查视

频的统计分析，该栏目共参与化解冲突案件 549 件。化解的冲突事项主要包括：（1）家庭纠纷，如婆媳关系（共 19 件）、家庭暴力（共 7 件）、兄弟关系等的纠纷化解事项，在节目冲突案件中共 228 件，约占 41.5%；（2）婚姻、感情纠纷，主要涉及夫妻双方就离婚事宜、财产分配、子女监护权等事项产生的冲突，在节目冲突案件中共 173 件，约占 31.5%；（3）信访纠纷，主要为节目专栏“百姓信访”所参与调解的事项，节目冲突案件中共 67 件，约占 12.2%；（4）养老纠纷，主要涉及赡养老人事项，在节目冲突案件中共 56 件，约占 10.2%；（5）经济纠纷，如赔偿事宜、房产土地纠纷等事项，在节目冲突案件中共 25 件，约占 4.6%（见图 1）。

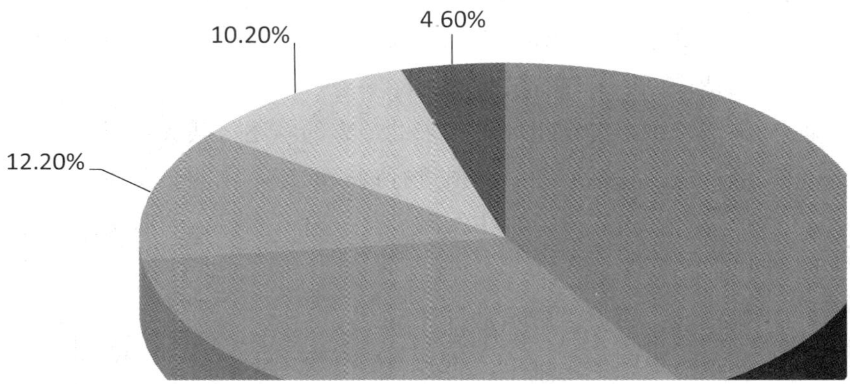

图 1　各类冲突事项在调解节目中的百分比

该栏目开播 8 年来，逐渐形成了一套比较成熟的冲突化解程序模式。以 2015 年 8 月 5 日的节目“赔偿款风波”为例，可以将《百姓调解》节目的冲突化解过程概括为以下六个步骤（如图 2 所示）：

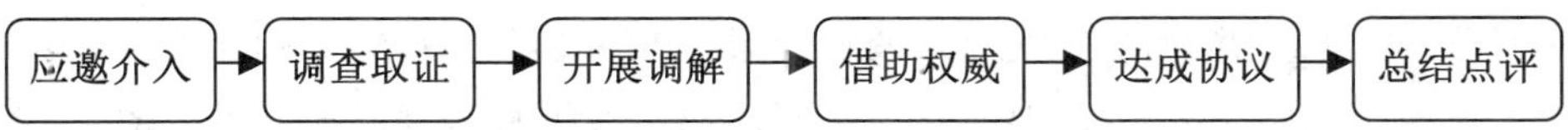

图 2　《百姓调解》节目的通常步骤

第一步：应冲突方或相关方要求参与冲突化解

该栏目介入冲突的途径一般是应冲突一方或双方的要求，也有一些是应热心群众要求介入冲突调解。《百姓调解》设有调解热线，介入冲突化解的过程中不收取费用，在当地有一定的收视率和公信力，百姓调解员拥有长期的调解经验和中立身份，受到当地百姓的认同。由于观众对该栏目的调解方式较为认同，冲突事件的各方在冲突解决中出现阻碍、搁置或者无法调和等情况时，会主动向该栏目寻求帮助，要求栏目的调解人员介入。

例如，在“赔偿款风波”的案例中，《百姓调解》栏目应热心观众的要求，对一位带着儿子在街头拦车乞讨的母亲进行了接触，了解到孩子和父亲遭遇车祸，父亲去世，孩子重伤需要手术，然而因为赔偿款纠纷，孩子的奶奶不同意从法院处支取车祸肇事方的12万元赔偿款，因此孩子的母亲为不耽误孩子治疗而在街头拦车乞讨。

第二步：调查取证

该栏目在接受冲突方的调解要求以后，一般会对事实情况进行了解，开展多方面调查取证，包括听取冲突方的陈述，收集街坊邻里等旁观者的观点与证明，到基层行政部门寻取相关资料，以对冲突双方情况获得比较完整和全面的认知。

在节目中，经常出现最初求助一方的陈述与其实际在冲突中的行为不相符合的情况，这证明在调解前进行调查取证工作的必要性。节目在播出时将调查取证工作过程一并播出，减少公众对调查报告的质疑，提高了调查的公信力。

第三步：百姓调解员进行调解

在调查取证的基础上，百姓调解员对冲突各方展开调解工作。例如，在“赔偿款风波”案例中，百姓调解员在了解冲突事项后，与孩子母亲共同到孩子奶奶家中进行调解，使冲突双方面对面进行沟通交流和意见交换。调解中，百姓调解员了解到孩子奶奶担心把钱交给儿媳后挪作他用或侵占，因此不愿意给儿媳。经过一番调解，孩子母亲做出解释和承诺，孩子的奶奶同意从法院支取赔偿款交给儿媳。然而此时孩子的大伯到达调解现场，就孩子抚养权和赔偿款归属问题，不接受双方调解结果，并引起肢体冲突。孩子大伯和奶奶一方认为夫妻双方在车祸前已经离婚，孩子抚养权经法院判决给父亲，因此与孩子母亲不再有关系，抚养权自动归属于孩子奶奶一方，因此有权支取全部赔偿款。百姓调解员居中劝说，首先阻止双方肢体冲突，之后进行法律知识的现场讲解。就孩子抚养权问题，百姓调解员讲解，孩子的监护权归属于父母，父亲去世后孩子的监护权不会转移到孩子奶奶方，而是在孩子母亲要求承担的情况下归孩子母亲，因此孩子奶奶一方不应剥夺孩子母亲的抚养权。至此，冲突双方就孩子抚养权和监护权基本达成一致，冲突事项集中到赔偿款处置和使用问题上。

第四步：借助基层行政组织的权威和公信力

《百姓调解》栏目在进行冲突化解的过程中，经常会邀请村委会或居委会干部参与调解过程，借助基层行动组织的权威和公信力解决一些由于冲突双方缺乏信任而产生的难题。

例如，在“赔偿款风波”案例中，经百姓调解员调解，冲突双方争议事项集中在赔偿款的处置和使用问题上。由于双方互不信任，百姓调解员提出到当地村委会寻求帮助，由村委会做中间人负责监管使用这笔赔偿款。调解员提出解决方案，完全把费用用于医疗治疗，治疗结束后如果有剩余，则等到孩子 18 周岁以后自由支配。当地村委会接受委托，决定由村委会会计监管使用赔偿款，由双方签订协议确认委托后，次日到法院共同支取赔偿款并对孩子进行手术治疗。

第五步：以书面协议形式确定冲突解决的最终方案

当冲突双方对解决方案达成一致时，调解员会采用书面协议的形式将双方共同接受的解决方案确定下来。在涉及经济事项、抚养赡养费用、赔偿费用等案件时，百姓调解员会根据以往调解经验，提供调解协议，在双方同意的情况下，通过调解协议或调解书确定调解结果，明确双方权利义务，对冲突事项以书面形式确定化解结果，避免后续纠纷问题。在冲突事项比较复杂的情况下，百姓调解员会联系律师、相关司法部门进行法律层面的解释，且最终的调解协议也会经过相关专业人员进行法律效力的鉴定。通过这种方式，使电视调解节目用法律形式固定最终冲突化解的结果，切实保证调解的权威性和公信力。

例如，在“赔偿款风波”案例中，冲突双方共同委托村委会进行赔偿款支取、使用和监督，双方签订了具有法律效力的委托协议，以避免今后就赔偿款使用再出现争议和冲突。

第六步：对案例和调解过程进行点评

2012 年 1 月《百姓调解》节目增加“调解观察员”角色，邀请相关心理、法律专家做客演播室，对当期案例进行点评和导向把控，就冲突处置和化解过程中的问题、原因、对策等做出评论分析，并针对案件所提出的问题呼吁开展相关制度的改革。这一改进使得该栏目的示范效应进一步放大，使观众不仅看到了节目中的案例是如何化解的，而且对冲突案例的发生、处置和化解的深层机理和一般规律有了更深入的了解。

例如，在“赔偿款风波”的案例中，在百姓调解员的现场调解结束后，在演播室由主持人与邀请的百姓观察员对此次冲突事件进行评论，总结和梳理冲突事件中的情与理，为类似冲突事项的解决提供指导。

三、调解类节目的示范作用

地方电视台调解类节目对地方和基层的冲突化解具有很好的示范作用。地方媒体一般在本地区拥有稳定且庞大的观众群体，因此可以通过冲突案例的化解过程，为受众遇到相似冲突事件时提供冲突化解方式的示范和借鉴。这种教育作用突出表现在以下方面。

第一，地方电视台调解类节目显示了社会普通成员作为第三方调解者参与冲突化解的可能性和优势。这些栏目通过聘请仪式、电视宣传使百姓调解员成为节目的固定调解成员，并通过让其多次参与化解工作在观众群体中形成一种稳定的公信力，让受众了解以百姓调解员的身份介入冲突，采取尊重冲突双方的态度和情理兼顾的方式，更容易得到冲突双方的理解和接受，有利于信息的迅速收集和调解的顺利开展。

第二，这些节目展示了调解人员应当具有的基本素质。在《百姓调解》节目中，最初的百姓调解员的选拔较为简单，由热心调解事业、有一定社会经验和沟通技巧的退休人员担任。到后期则采用了比较系统的选拔方式。2016年5月《百姓调解》栏目启动调解员选拔，设立豫东、豫西、豫南、豫北、豫中五个赛区，并播出百姓调解员选拔宣传片，得到全省范围内的广泛关注，报名人数突破3000人，其中包括机关公务员、心理咨询师、律师、教师、医务人员等各界人士[①]。通过报名、海选、调解员风采节目展播等流程，最终确定调解员人选。在海选过程中，有相关领域专家评审点评，待选调解员之间就调解话题进行现场辩论，最终得分较高的选手可以获得调解员资格。经过这样更加严谨的调解员选拔程序，不仅保证了调解员的水平，而且向观众展示了作为一名调解员应有的素质，起到了宣传和教育的作用，有利于公民了解调解知识，提高冲突化解能力。

---

①《2016调解员选拔大赛第二场海选在开封汴京公园拉开帷幕》，http://www.zqnf.com/daan/7706.html，访问时间：2016年7月21日。

第三，这些节目显示了在调解过程中调解者应当采取的中立立场。地方电视台在冲突化解节目中聘用专门的冲突调解员，他们出于公益性目的参与冲突化解工作，保持中立的立场，因此获得较高的公信力。调解员的选拔程序和电视镜头的监督保证了调解员立场的中立。调解员在节目中的表现进一步展现了调解员立场的中立。

第四，调解类节目展示了如何进行调查取证，澄清事实。节目中展示了百姓调解员会如何接触冲突双方，如何采访邻里居民，如何从政府部门获得相关信息，从而对冲突的事项、原因和过程形成比较客观和全面的了解。这会使受众看到在冲突中片面的信息所导致的各种误解，并学会如何倾听多方面的声音，多角度地收集信息。

第五，调解类节目展示了如何在调解中进行有效的沟通和情绪管理。沟通和情绪障碍是冲突化解通常会面临的难题，而掌握沟通和情绪管理的技巧是冲突管理的最基本的技能。在调解类节目中，百姓调解员在最初调查冲突事项时通常会遭遇冲突方的激烈言辞甚至抗拒行动，这时候百姓调解员会首先亮明中立身份和化解矛盾的来意，然后寻找切入点与冲突各方进行沟通，平复各方的情绪，消除相互的误解，重建彼此的基本信任关系，为各方协商建立适当的氛围和必要的条件。受众会从中学到很多实用的沟通技巧和情绪管理方法。

第六，这些节目展示了如何整合冲突各方的利益，形成冲突各方都能够接受的解决方案。在这些节目进行的过程中，调解员会对冲突各方的立场及背后的利益进行细致的分析，剖析各种备选方案的合法性及其优劣利弊，使各方对解决方案形成更符合现实的预期，并采取合理的妥协步骤，使各方对相对最佳的解决方案达成共识。这会开阔受众的视野，使他们了解到相关的法律知识和各种可能的冲突解决方案，从而对成功化解冲突抱有更强的信心。

可见，媒体面对各种社会冲突时，不仅可以扮演“意见表达者”角色，而且可以扮演冲突化解的示范者和教育者的角色。在这一过程中，它们不仅让受众看到冲突，而且展现了如何管理和化解冲突；不仅是在展示冲突化解的技能和方法，而且也是在为化解冲突建立规则。这将有力促进社会冲突在社会中的自我治理，调动各种社会力量与智慧参与到社会冲突管理和化解过程中来，维护社会的良好秩序与和谐。

四、调解类节目的局限

尽管地方电视台调解类节目能够为现实的纠纷调解起到很好的示范作用，但由于电视节目与现实毕竟存在一定的差异，因此，其示范作用具有一定的局限。

首先，调解节目的调解事项和案件具有一定的局限。这类节目中调解的大多数是家庭、婚姻、养老等小范围的冲突，调解难度相对不高。而对于产生背景复杂、涉及主体众多和冲突事项涉及重大利益的社会冲突，就很难被纳入地方电视台的调解类节目。同时，许多冲突当事人会拒绝在电视节目中露面和表达，也使许多冲突无法纳入调解类电视节目中来。

其次，冲突当事人在电视节目中真实意愿的表达会受到一定的限制。许多人考虑到电视节目的播出效应，在节目中的表达方式和表达内容与实际所想所为可能具有一定差异。在一些节目中，冲突当事人可能出于镜头聚焦下的压力以及调解员的强有力的说理，暂时表示做出让步，但实际并没有解开心里的疙瘩，节目后会再次爆发冲突。

再次，调解节目经常会出现过度追求调解结果的倾向，迫使冲突当事人做出不合理的退让。据报道，《百姓调解》节目通过频道搭建的调解平台，在矛盾发生地现场调解矛盾纠纷，调解成功率达到90%以上。[①] 但这种高成功率也会产生一定的问题。例如，在2016年3月21日的节目“有毒的翡翠”中，冲突事项是河南省濮阳市的一名消费者花费3900元购买了劣质翡翠，商家以虚假证书欺骗消费者，不提供收据发票，且不愿意承担退货退款责任，经营行为明显违法且态度强硬。调解过程中，工商部门以“双方调解中分歧较大，无法和解”为理由拒绝介入和管理。而经百姓调解员居中调停，双方达成和解，商家退回消费者2500元，但商家的违法经营行为却未遭到制裁和惩罚。调解员采用双方和解、大事化小的态度进行调解，并无法避免其他消费者的损失。再如节目中涉及的家庭暴力的调解事项共7件，全部由百姓调解员居中说和。节目播出后网上出现质疑声音，认为在部分案例调解中调解员存在纵容家暴的行为，由此引发争议。因此，如何在调解类节目中重视法

---

① 河南电视台发展研究部：《〈百姓调解〉：调出小幸福，促进大和谐》，http://www.wtoutiao.com/a/2091041.html，访问日期：2016年7月21日。

律的约束和界限，以防止弱者在调解中丧失对自身合法权益的主张也是调解类节目下一步需重点关注的。

最后，调解类节目往往只聚焦于冲突案例本身，而较少涉及冲突案例产生的更广泛背景以及政府应当如何通过制度、政策和措施的改善来减少冲突的发生。因此，可以考虑设计一些对社会冲突进行更广泛和深入分析的栏目，作为对调解类节目的必要补充，扩大电视节目的作用空间，为社会冲突的管理和化解发挥更大的作用。

维权与维稳的内在逻辑及相互促进机制

许尧

摘　要：维权与维稳在深层关系上是相互促进的。没有合法权利的切实保障，社会就会充满不满的怨气，基本秩序也就无从谈起；没有社会秩序的稳定，民众权利的保障也就成为无本之木，失去必要条件。现实中出现维权与维稳的对立，主要是由于民众在表达诉求时采取了法律所不允许的形式，政府在应对民众诉求时也存在诸多异化问题。依据诉求是否合理及表达方式是否合法两个维度，可以区分出四种维权行为，其中，诉求合理却采取了不合法的形式去表达是导致当前公共冲突频发和冲突能量无法规范的主导类型。从 2000 年以来 25 起典型案例来看，表达方式的非法化主要包括被迫无奈式、团体失控式、即时反应式、以牙还牙式、应急建构式、同类仿效式、特意泄愤式等七种方式。公共冲突治理的关键是要促进民众正当诉求的合法化表达，这就需要从抗议者的认知、情绪、意志、价值等主观方面综合施力，并对其行为边界加以有效约束。要增进维权与维稳的相互促进关系，需要在四个方面建立和完善机制体系：大力疏通现有制度中的民众表达渠道和落实政府的及时回应机制；针对现有制度的空白和缺陷，构建具有针对性的纠纷化解机制；改革现存不当的政府冲突管理思维和模式，建立合法、有效、科学的冲突截断机制；在不同的冲突管理阶段，完善冲突能量的体制内回

作者简介：许尧，管理学博士，南开大学周恩来政府管理学院、人权研究中心（国家人权教育与培训基地）副研究员，研究方向为公共冲突管理。

基金项目：天津市哲学社会科学项目“维权与维稳的内在逻辑及相互促进机制研究”（TJGL15-009）。

文章来源：本文刊载于《甘肃行政学院学报》2017 年第 3 期。

流机制。

关键词： 维权与维稳；公共冲突管理；群体性事件；危机管理

我国面临着前所未有的社会转型和变革，社会财富持续增加，利益分配格局深刻调整，民众的权利意识增长迅速，社会中的不稳定因素相互交织，民众间冲突、官民间冲突呈现较快的增长态势。在这种形势下，党和政府特别重视处理好“改革、发展、稳定”的关系，将维护社会稳定作为一项根本性的任务，并一再强调“以人为本”的发展思维，重视增进和实现广大人民的福祉，我国在保持社会总体稳定的同时，取得了辉煌的经济社会建设成就。但同时，在一些地方，民众的维权和政府的维稳还处于某种不合理的状态中，为社会的持续发展和民众权利的实现造成了一些障碍。本研究聚焦于维权和维稳，在分析二者内在关联的基础上，试图对未来的改革提出一些建议。

一、概念、问题与案例

（一）概念界定

依照《现代汉语新词语词典》的解释，“维权”的意思是“维护合法权益”。具体用法比如，“提高消费者维权意识”“一手抓发展，一手抓维权”等。在学术研究的多数文献中，维权也在这个意义上使用，指的是采取维护得到法律保护权益的行为。所以，从字面上来看，维权是一个比较清晰的概念。

但是，现实中的情况要复杂很多，其中，最为关键的是，如何界定“合法权益”。存在争议的一些情况比如：前后法律规则的不一致引发的权益界定困难；“中央请客——地方买单”式政策引发的权益争议；一些处于法律和政策之外的“正当权益”等。对于这些争议或盲点，本文中的维权采取广义的定义方法，即公民或社会组织为维护自身合法正当的权益而采取的要求政府或冲突对方承担权益实现责任的诉求表达行为。在这个定义中，我们强调的是：（1）维权的主体是公民或社会组织；（2）目的是要维护自身合法正当的权益，合法可能是合乎当下的法律，也可能是在过去的法律政策框架下是合法的，但其权益由于法律制度变革遭到了明显的侵害，这些行为诉求具有正当性；（3）公民维权指向政府或其冲突对方，要求他们承担实现这些权益的责任；（4）公民或社会组织为了上述目的采取了一定的诉求表达行动，而不仅仅是停留在意愿或主观的层面。

“维稳”是“维持稳定”或“维护稳定”的简称。“维稳”一词这些年来频繁见诸报端，相关表述比如：“打好新形势下维稳主动仗”[①]，20 世纪 90 年代末，由于企业改制破产等问题引发的社会冲突十分突出，中央成立了专门机构“维护稳定工作办公室”来综合处理维持稳定的相关事务，后来，各省、市、县直到乡镇和街道大都逐渐设置了“维稳办”来对接从上到下的任务要求。学术界对维稳的讨论，多数聚焦于当前维稳的效能缺失及其成因分析。[②]如同“维权”一样，维稳在字面上并没有多少争议，其不同理解主要在下一层的概念上，比如，稳定指的是“深层稳定”还是“表面稳定”[③]，维持的手段是“压制的”“化解的”，还是“转化的”[④]等等。关于这些理解，我们在下文论及时再详细讨论。

（二）问题缘由

对于维稳与维权的关系，国家主席习近平明确指出“维权是维稳的基础，维稳的实质是维权”[⑤]，高屋建瓴地指出了维权与维稳在内在逻辑上的同一性和本质上的互促性，深刻揭示了二者的内在关联：只有广大民众的权益都得到保障，一个国家或社会的稳定才会成为可能；脱离合法权益实现的维稳必然是无本之木，而维稳的实质是更好地实现广大民众的合法权益。

但是，我们在现实生活中却看到很多时候是相反的一面，很多地方官员为了维持“稳定”，千方百计地阻碍公民采取“维权”的行为，一些公民为了“维权”采取了多样化的造成尖锐冲突的表达方式，严重地伤害了“稳定”。

这就给我们提出了一系列值得深入探究的问题：维权在什么意义上讲是维稳的基础，维稳又在哪些意义上促进了维权，二者的深层联系在哪些具体机制上可以相互促进？为了找出这些问题的答案，本文尝试对二者的关系进行梳理，通过对 2000 年以来中国社会的 25 起典型案例来加以细化的分析，

---

① 马玉生：《打好新形势下维稳主动仗——深入学习习近平同志关于维护社会大局稳定的重要论述》，《人民日报》，2017 年 1 月 13 日。

② 相关研究如：唐皇凤：《“中国式”维稳：困境与超越》，《武汉大学学报》，2012 年第 5 期；金太军、赵军锋：《基层政府“维稳怪圈”：现状、成因与对策》，《政治学研究》，2012 年第 4 期；容志、陈奇星：《“稳定政治”：中国维稳困境的政治学思考》，《政治学研究》，2011 年第 5 期。

③ 常健、郑玉昕：《冲突管理目标的两个层次：表层平静与深层稳定》，《学习论坛》，2013 年第 12 期。

④ 常健、许尧：《论公共冲突治理的三个层次及其相互关系》，《学习与探索》，2011 年第 2 期。

⑤ 参见：孟建柱：《新形势下政法工作的科学指南——深入学习贯彻习近平在中央政法工作会议上的重要讲话》，《人民日报》，2014 年 1 月 29 日。

并提出一些政策建议。

（三）案例选择

本文采用了多案例研究法，选取了2000年以来受到社会广泛关注的维权事件25起，这些案例或者在主要媒体上有过详细的报道，或者被学者在学术论文中加以详细展现，能够呈现出“维权”与“维稳”的具体过程特征，这些案例及主导的行为模式见表1。[①]

对于案例的选择，本文采取了以下标准：（1）从时间和地域上看，案例发生于2000年以后的中国，时间和空间的确定有助于使案例发生的社会环境要素基本固定，从而避免由于社会、经济、政治等大环境要素的结构性差异而导致案例的可比性下降。（2）案例具有典型性。这些年中国社会发生了数以十万计的群体性事件，各种日常状态下的维权行为更是不计其数，本文选择了其中具有典型意义的事件，所谓的典型性，是指这些事件具有在某一领域或某类事件的代表性，具有从抽象层面提炼理论观点的可能性。（3）案例具有详细而确定的信息要素。由于要对维权与维稳过程进行细化的分析，所以，那些缺乏详细过程的事件不作为研究对象纳入本文，这种过程的展现，可能是某大报大刊的详细报道，也可能是某专家学者在学术论文中进行了详细的过程再现，还可能是笔者亲自调查的案例。需要特别指出的是，本文对案例的处理，借鉴了扎根理论对理论提炼的做法，即在案例中采用归纳的方法来提炼理论观点，直到理论饱和。在此过程中，对理论缺乏贡献的案例不予采用，而只作为参考。所以，本文尽管只选择了25起案例来作为具体的分析对象，而背后则实际阅读分析了近100起案例，由于其他案例对于理论观点抽取不具有典型意义，所以，就未作为本文详细展示的案例。

表1　维权事件的名称与相关信息来源

编号	事件名称	领域	参考文献
1.	深圳“10·6”工人堵路事件	劳资纠纷	朱力、韩勇、乔晓征等：《我国重大突发事件解析》，南京：南京大学出版社，2009年，第142～143页。

① 为避免行文烦琐，本文中在论及具体案例时不再详细注释其来源，相关案例的具体信息来源见表1。

续表

编号	事件名称	领域	参考文献
2.	深圳“11·12”工人堵路事件	劳资纠纷	(1)《深圳工人堵路致交通瘫痪 民警维持秩序受伤》，搜狐网：http://news.sohu.com/20081113/n260602715.shtml，访问时间：2017年4月11日。(2)《企业停产百名工人堵路讨要补偿金》，《深圳晚报》，2008-11-13。
3.	保定依棉集团工人徒步进京旅游事件	劳资纠纷	(1)吕子豪：《河北保定一企业数千人徒步进京“旅游”》，新浪网：http://news.sina.com.cn/c/2009-04-03/201417544705.shtml。(2)Party chief sacked after textile workers' protest march，新华网：http://news.xinhuanet.com/english/2009-04/04/content_11130848.html.
4.	嘉禾拆迁事件	拆迁冲突	(1)《湖南嘉禾拆迁调查：拆迁能够株连九族？》，中华网：http://news.china.com/zh_cn/domestic/945/20040514/11689602_1.html。(2)《湖南省、建设部严肃查处嘉禾违法违规强制拆迁案件》，《人民日报》，2004-06-05。
5.	定州事件	拆迁冲突	(1)陈烁：《转型期土地征用中的政府过程研究——基于定州事件的实证研究》，西南政法大学硕士论文，2009年。(2)韩福东：《河北定州绳油村遇袭真相》，《凤凰周刊》，2005年第19期。
6.	甘肃陇南事件	搬迁冲突	(1)杨欢、温志强：《基于利益冲突的群体性泄愤事件研究——以2008年甘肃陇南事件为例》，《人民论坛》，2012年第35期。(2)《甘肃陇南群体事件始末：市政府酝酿搬迁引发》，《新京报》，2008-11-27。
7.	重庆出租车罢运事件	劳资纠纷	(1)韦长伟：《强化出租车行业的政府监管——基于24起罢运事件的分析》，《理论探索》，2012年第5期。(2)《重庆出租车“罢运”事件72小时》，《领导决策信息》，2008年第44期。
8.	浙江东阳事件	环境抗议	(1)魏汝久：《浙江东阳事件辩护案》，《2005年全国律协环境与资源法专业委员会年会论文集》，第73～79页。(2)蒋莉、刘维平：《农民环境诉求面临的困境与对策探讨——基于厦门PX风波与浙江东阳画水镇环境群体性时间的比较》，《云南行政学院学报》，2012年第1期。(3)Y.Deng and K.J.O'Brien.“Relation repression in China：using social ties to demobilize protesters.” *The China Quarterly*, 2013, No.215.
9.	厦门PX事件	环境抗议	(1)周志家：《环境保护、群体压力还是利益波及：厦门居民PX环境参与行为的动机分析》，《社会》，2011年第1期。
10.	云南孟连事件	经济冲突	(1)伍皓、伍晓阳：《“孟连事件”促干部反省》，《瞭望》，2008-07-28。(2)《干部反思云南孟连事件 胶农诉求无法解决变积怨》，新浪网：http://news.sina.com.cn/c/2008-07-28/134616013714.shtml。(3)王宏伟：《反思2008——挑战中国的重大突发事件》，北京：中央广播电视大学出版社，2009年，第72～75页。(4)尹宏伟：《受伤的孟连傣寨》，《南风窗》，2009年第1期。

续表

编号	事件名称	领域	参考文献
11.	吉首非法集资事件	金融冲突	（1）夏晓柏、彭立国：《湘西70亿非法集资调查》，《21世纪经济报道》，2008-09-09。（2）何忠洲：《吉首非法集资案：被地产商裹挟的官员们》，《南方周末》，2010-02-04。
12.	昆明泛亚有色金属事件	金融冲突	（1）李方：《反向消解：P2P行业群体性事件中政府公信力流失机理——基于昆明泛亚有色金属事件的分析》，《中国社会公共安全研究报告》（第8辑），北京：中央编译出版社，2016年。（2）《泛亚：你贪的是他的利息，他要的是你的本金》，《现代营销》，2015年第11期。
13.	福建南平“6·21”医患冲突事件	医患纠纷	1）孙晨：《南平“6·21医患纠纷事件”追踪》，《中国医院院长》，2009年第16期。（2）《医患江湖，谁是弱者》，搜狐网：http://health.sohu.com/s2009/09yinao/。（3）陈小莉、徐鹤：《透析南平“6·21”医患纠纷事件谈涉警舆情的引导及有效控制》，《公安教育》，2010年第9期。
14.	重庆医改事件	医疗改革	（1）朱正威、刘莹莹：《政策类群体性事件的危机应对与风险治理——基于重庆医改事件的案例分析》，《中国社会公共安全研究报告》（第7辑），北京：中央编译出版社，2015年。（2）龚宏龄：《谁缺席了民生政策形成过程：基于重庆医改事件的分析》，《安徽行政学院学报》，2016年第1期。（3）《重庆医改后患者聚集事件》，健康界：http://www.cn-healthcare.com/article/20150401/content-472131.html。
15.	C村“4·1”堵路抗议事件	“交通+劳资”	《河北J县C村“4·1”事件及其后续抗议》，参见许尧：《中国群体性事件中的冲突升级与应对》附录，南开大学博士论文，2011。
16.	浙江乐清“12·25”钱云会死亡案	“交通+土地”纠纷	（1）《12·25浙江乐清交通肇事案》，百科名片，http://baike.baidu.com/view/4982026.htm?fromenter=%C7%AE%D4%C6%BB%E1%CA%C2%BC%FE&redirected=alading，访问时间：2017年4月11日。（2）许尧：《中国群体性事件中的冲突升级与应对》，南开大学博士论文，2011年。
17.	广东乌坎事件	“选举+土地”纠纷	（1）王赐江：《冲突与治理：中国群体性事件考察分析》，北京：人民出版社，2013年，第130～136页。（2）黎广、甄宏戈：《乌坎事件调查》，《中国新闻周刊》，2012年第1期。（3）姜胜洪：《广东“乌坎事件”深层次分析与对策研究》，《社科纵横》，2012年第5期。（4）张铁：《“乌坎转机”提示我们什么》，《人民日报》，2012-12-22。

续表

编号	事件名称	领域	参考文献
18.	四川大竹事件	非正常死亡事件	（1）尹鸿伟：《四川大竹群体事件背后的官场逻辑》，《南风窗》，2007 年 3 月 5 日。（2）聂敏：《政府干预危机应及时发布信息——对四川大竹群体事件的反思》，《学习月刊》，2007 年第 12 期。
19.	湖北石首事件	非正常死亡事件	（1）谢金林：《情感与网络抗争动员——基于湖北“石首事件”的个案分析》，《公共管理学报》，2012 年第 1 期。（2）欧阳洪亮：《石首的愤怒》，《财经》，2009 年第 14 期。（3）王赐江：《冲突与治理：中国群体性事件考察分析》，北京：人民出版社，2013 年，第 120～123 页。
20.	贵州瓮安事件	非正常死亡事件	刘子富：《新群体性事件观——贵州瓮安“6·28”事件的启示》，北京：新华出版社，2009 年。
21.	G 县企业军转干部上访事件	军转干部维权	肖唐镖、陈达：《民众表达行动的演进及其政策意义——以 G 县企业军转干部为例（2000～2007 年）》，《北京行政学院学报》，2012 年第 5 期。
22.	吉林通钢事件	国企改制	（1）《通钢事件悲剧背后：工人缺乏利益表达渠道》，《瞭望》，2009 年 8 月 10 日。（2）何显明：《群体性事件的发生机理及其应急处置——基于典型案例的分析研究》，上海：学林出版社，2010 年。
23.	河南林钢事件	国企改制	（1）秦亚洲：《林钢事件：“违法博弈”因何而起》，《瞭望》新闻周刊，2009 年第 34 期。（2）何显明：《群体性事件的发生机理及其应急处置——基于典型案例的分析研究》，上海：学林出版社，2010 年。
24.	杭州 A 镇拆迁冲突	拆迁冲突	张丙宣：《对峙与摆平：城郊农民与乡镇政府的博弈机制——以杭州市 A 镇为个案的研究》，《中国农村观察》，2013 年第 2 期。
25.	安徽马鞍山“6·11”事件	街头冲突	马鞍山“6·11”事件，百度百科，http://baike.baidu.com/view/3756500.htm。

上述这些案例分布在 14 个省市，具体见表 2：

表 2 维权案例的地区分布

省市	案例数	省市	案例数	省市	案例数
广东	3	河北	3	湖南	2
福建	2	贵州	1	浙江	3
吉林	1	甘肃	1	云南	2
四川	1	湖北	1	重庆	2
安徽	1	河南	1	其他	1

二、维权与维稳的内在逻辑分析

尽管我们对“维权”“维稳”的基本含义并不存在多大争议，但对其在现实生活中的具体指向却存在不少不同的理解，为此，我们要对维权与维稳的内在逻辑进行分析，就有必要对它们的细化类别进行区分。

（一）四类维权行为的区分

维权行为在现实中有多种表现形态，对维权行为进行一些具体的细分是我们进行分析的基础。

我们首先进行一些重要的前提和逻辑分析。

维权的主体是公民或公民团体，维权的基本逻辑为：（a）特定主体合法享有某项权利；（b）特定权利遭受侵犯或没有实现的条件；（c）行为主体具备主张该权利的意愿和能力，并且采取了相应的行动，表现为各种维权行为。

维权的实施需要当事人明确三个问题：（a）对方主体问题：向哪些主体表达自己的不满，哪些主体应该承担权利遭受侵犯的责任；（b）诉求内容问题：要以哪些诉求作为自己的主要内容，当事人在表达自己诉求标的时，可能会存在策略性考虑[①]；（c）行为方式问题：要采取哪些途径表达自己的诉求或实现自己的利益。

在现实生活中，由于政府具有实现社会正义的义务，所以，在多数维权事件中：（a）最常见的诉求与途径为，通过公共权力系统来纠正某种不公正待遇或在公共权力机构介入下获得某种补偿，表现为民众单独或集体、有组织或无组织、合法或不完全合法地，向政府等公共权力机关表达自己的不满和诉求；（b）当维权主体认为公共权力系统无法实现自己的诉求，而该诉求的实现对自身又特别重要时，便可能通过自力救济来实现自己认为被侵犯的利益，甚至直接通过暴力行为来实现某种主张或发泄愤怒的情绪，而这些手段往往是法律所不允许的。

依据诉求内容或标的是否正当，表达方式或途径是否合法，两个维度来对维权行为进行类型化区分，可以得到四种类型：

行为A：诉求正当，表达方式合法。

① 比如，在有些拆迁事件中，当事人看似要求天价补偿，实际上可能是想通过给政府制造困难，而要求其他方面的利益满足，等等。

行为 B：诉求正当，表达方式违法。

行为 C：诉求不正当，表达方式合法。

行为 D：诉求不正当，表达方式违法。

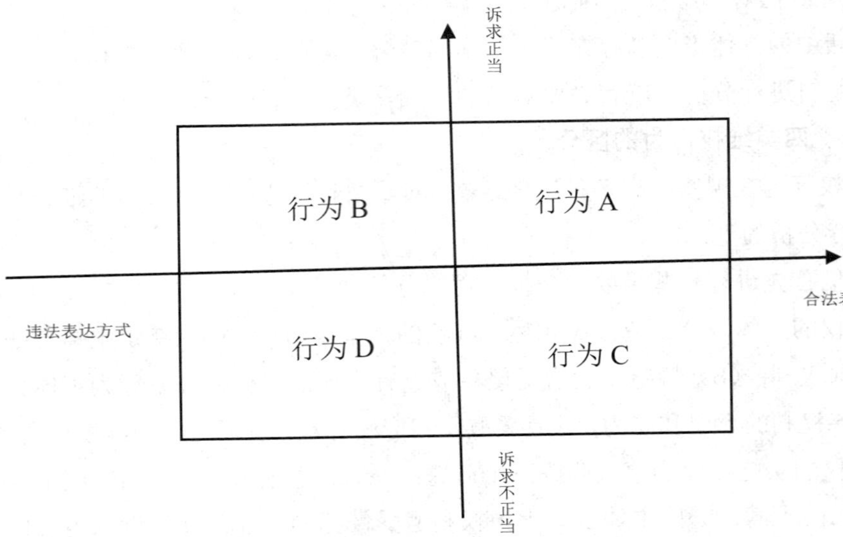

图 1　维权行为的不同类型示意图

有了上述区分，我们再来反观所选取的 25 起案例，就能够发现这些案例中的行为模式的变化轨迹，参见表 3。

表 3　典型案例的行为模式演变及发展过程特点

编号	事件名称	主导行为	过程特点
1.	深圳“10·6”工人堵路事件	A→B→A	有组织地大规模聚集
2.	深圳“11·12”工人堵路事件	A→B→A	焦虑主导下的维权
3.	保定依棉集团工人徒步进京旅游事件	A	集体旅游式表达
4.	嘉禾拆迁事件	A	株连式拆迁
5.	定州事件	A→B→B	官、商、黑勾结暴力强拆
6.	甘肃陇南事件	A→B	团体内部激进化
7.	重庆出租车罢运事件	A→B	引发多起类似罢运事件
8.	浙江东阳事件	A→B	强制导致暴力对抗

续表

编号	事件名称	主导行为	过程特点
9.	厦门 PX 事件	A	集体散步式表达
10.	云南孟连事件	A→B	尖锐暴力对抗
11.	吉首非法集资事件	(B+D)→A	过程反复性
12.	昆明泛亚有色金属事件	A→B	层次多元性
13.	福建南平“6・21”医患冲突事件	B+A	冲突双方均维权
14.	重庆医改事件	A+B	政策性调整引不满
15.	C 村“4・1”堵路抗议事件	D→（A+C）	不合法诉求的长期博弈
16.	浙江乐清“12・25”钱云会死亡案	D→A	谣言引发大规模抗议
17.	广东乌坎事件	A→B→A	通过权利诉求实现利益诉求
18.	四川大竹事件	A→B→A	网络谣言传播
19.	湖北石首事件	B	抢尸对抗
20.	贵州瓮安事件	A→B	大规模群众加入
21.	G 县企业军转干部上访事件	A	组织化的长期上访
22.	吉林通钢事件	A→B	决策过程不透明激发民愤
23.	河南林钢事件	A→B→B→B	多次尖锐对抗
24.	杭州 A 镇拆迁冲突	A+B	农民与基层政府综合博弈
25.	安徽马鞍山“6・11”事件	B	街头冲突引发规模聚集

与维权的主体主要是公民相对，维稳的主体主要是政府。维稳的逻辑为：(a)公民或组织的某种行为造成了或可能造成对既有公共秩序的破坏或威胁；(b)这种破坏需要政府介入来进行强制性规范或引导，从而确保公共秩序、社会正义保持在正常范围之内。

在一般意义上讲，维稳是对维权的回应，维权是二者关系的起点，所以，我们可以先从维权这个点上进行细分，进而推演二者之间的具体关系。

（二）什么样的“维权”伤害“维稳”

在对维权行为依照“诉求是否正当，途径是否合法”两个维度区分出四类维权行为后，我们就可以具体来讨论不同类别的维权行为与维稳具有什么样的具体联系。其中，我们最关心的问题就是，什么样的维权会伤害维稳？

是否会伤害“维稳”的关键区分点是是否会带来“社会不稳定”，而社会稳定也不是一个绝对的概念，因为一切事物都是运动的，由众人构成的社会也时刻处在变动不居过程中，为分析便利，我们可以将“稳定”区分为“表面平静”和“深层稳定”。

“表层平静”指的是社会在表象上呈现出秩序井然的状态，也就是众多社会主体之间没有发生有害于公共秩序的对抗行为，也可以认为是“各种潜在冲突得到有效控制，没有形成公开冲突的状态”①。“这种平静状态的获得可能是由于潜在的冲突没有公开爆发出来，在萌芽状态就得以控制；也可能是由于公开冲突爆发后经强力控制，其规模、范围、烈度被限制在尽可能小的程度，公开的冲突又回到了潜在的状态。”②

“深层稳定”指的是社会主体间的内在关系在结构上处于比较合理的状态，彼此之间没有产生大规模对抗行动的意愿和行动。但这并不意味着社会表象上的“平静”，而且很可能从社会表象上看是充满分歧和对立的，但这种分歧和对立无关乎社会的深层结构。深层稳定的一个重要的标志是，社会成员之间不存在根本对立、你死我活的大裂痕。

有了“四种维权行为”与“两种稳定”的区分，我们就可以对它们之间的联系进行具体的关联分析。参见表4。

表4　四类维权行为与维稳的联系

	与表层平静的关系	与深层稳定的关系
行为A	正相关	正相关
行为B	负相关	正相关
行为C	弱相关	负相关
行为D	负相关	负相关

行为A，诉求正当且行为方式合法，这种行为不仅没有对表层的平静产生伤害，而且会对深层稳定产生促进作用。正当诉求的满足可以增进制度和执政者的权威性和合法性，由此而促进社会结构的良化，防治社会不满的积

① 常健、郑玉昕：《冲突管理目标的两个层次：表层平静与深层稳定》，《学习论坛》，2013年第12期。

② 常健、郑玉昕：《冲突管理目标的两个层次：表层平静与深层稳定》，《学习论坛》，2013年第12期。

累，从而有利于长治久安。

行为B，诉求正当但行为方式不合法，这种行为会破坏社会的表层秩序，不合法的行为会给社会带来不稳定的、秩序缺乏的感觉，因此，会破坏表层的平静。但由于这些诉求具有正当性，也就是说，这些需求应当被满足，否则会造成结构性的社会怨恨，从而威胁社会长治久安，所以，尽管采取了不合法的手段，但从长远看，可能会有助于执政者认识其诉求的合理性，从而加以满足，在这个意义上讲，这种行为会有助于社会的深层稳定。

行为C，诉求不正当但行为方式合法，这种行为由于在合法的渠道内表达，尽管会促进合法冲突表达渠道的拥堵和对合法资源的不当占用，但没有采取违法的手段，因此对表层平静有一点影响，但不显著，可以认为是弱相关。由于诉求的不正当，如果加以满足或妥协，会促进社会的不公正，因此，它与社会的长治久安是负相关的。

行为D，诉求不正当且表达方式不合法，这类行为既伤害表层平静，因为其采取了不合法的表达手段，也会对深层稳定产生伤害，因为其本身诉求就是不正当的，如果得到满足，会促进社会不公正的蔓延。

（三）两种“维稳”策略与“维权”行为

在完成不同维权行为对维稳的影响后，我们还需要来区分政府的维稳策略，以及与维权的关联。

尽管对政府的维稳行为或策略有着林林总总的归纳，但总体来说，控制和化解是政府在面对冲突时的两种基本的策略取向[①]，如果忽略维稳的具体的细节性差异，维稳可以区分为“控制型维稳”和“化解型维稳”。

“控制型维稳”目标定位于“不出事”或出了事也别让上级或社会公众知道，是比较典型的追求“表层平静”的行为，比较典型的做法如拔钉子（打压核心抗议者）、开口子（为特殊的上访者或难缠的钉子户以特殊经济补偿或政策优惠）、摘帽子（惩处相关官员）等，同时，“公关”上级信访机构，使其拒绝给信访民众登记或者从信访记录中“销号”[②]。

这种以控制为主的思维，着力点不在于将冲突本源中的利益结构进行疏

---

① 张春颜、许尧：《公共领域冲突控制与冲突化解耦合模式研究》《上海行政学院学报》，2013 年第 4 期。

② 应星：《超越“维稳的政治学”——分析和缓解社会稳定问题的新思路》，《人民论坛》，2012 年第 7 期。

解，也无意于缓解当事人的敌对心理，而是以自身为中心，以自己的政治利益（职位晋升，以及为获得晋升而必须加以重视的经济发展指标）为核心，以现有的权力资源为依托，采取强力控制的组合方式来获得表象上的、自己任期内的“秩序稳定”。但这种从态度上就处于对立的思维，经常会引起反弹，在广大农村地区，表现为使农民的抗争由利益抗争转变为为了获得人格尊严和底线承认的殊死斗争。[①]

“拔钉子”策略恶化了基层政府在民众心目中的形象，激发抗争者更坚决的对抗意志，一些过激行为还容易给抗争者带来严重的人身、财务损失，也容易在网络上传播，形成强大的舆论场。在一些及时性的、情境性的对抗中，促进了当事人以暴力的手段来对抗，形成对抗尖锐、损失巨大的恶性群体性事件。

“开口子”策略尽管在某些时候可以对核心抗议者或难缠者产生“花钱消灾”的作用，但对于大多数民众，却激发了更广范围的不公平感，激发了“机会主义心理”，强化了“大闹大解决、小闹小解决、不闹不解决”的定向认知框架，造成“老实人吃亏”的舆论心理，从而促进民众更容易采取非法化的途径来表达诉求。

“捂盖子”策略试图将各种冲突事件限制在自己管辖范围内，尽可能不让社会、上级知晓，从而实现“大事化小、小事化了”，这对于秉承在社会管理上“不出事”[②]逻辑的地方官员是一个非常重要的行为倾向。而为了能够成功捂盖子，地方政府不得不再次循环组合施加强力威胁和花钱“封口”的行为。这就更加恶化了地方政府的形象，也为民众寻找地方政府的“软肋”提供了更好的事实基础。

“化解型维稳”目标定位于疏解冲突背后的结构性原因，是比较典型的追求“长期稳定”的行为。比较常见的行为策略包括：通过彼此的平等协商，来共同达致某种利益妥协方案；强调程序的公平和透明；通过中立第三方的调解来为冲突各方的平等协商提供条件和帮助，等等。化解型维稳强调冲突双方深层紧张关系的缓解和合作友好关系的培育，强调减少不必要的误解，避免积累怨恨。

控制型维稳与化解型维稳与维权的关系可见表 5。

---

① 应星：《“气”与中国乡村集体行动的再生产》，《开放时代》，2007 年第 6 期。

② 贺雪峰、刘岳：《基层治理中的“不出事逻辑”》，《学术研究》，2010 年第 6 期。

表 5　控制型维稳与化解型维稳与维权的关系

维稳类型	控制型维稳	化解型维稳
目标重点	表层平静	深层稳定
手段、方式与策略	“拔钉子”（强力打压上访者）； “开口子”（个别特殊优惠）； “捂盖子”（控制消息范围）； 层层加压，指标控制。	沟通，协商； 中立第三方调解； 深层利益的满足，关系良化； 程序公平公开。
与维权的关系	消减抗议者行为意志； 积累结构性紧张和怨恨； 促进冲突主体关系恶化； 促使维权行为消失或激化。	促进内在需求的实质满足； 促进结构性紧张的疏解； 改善冲突主体间的关系状态； 引导维权行为进入制度化轨道。

（四）“维权”与“维稳”的现实关联状态

纵观近年来各类群体性事件的发展过程，可以看出以下非常典型的、常见的特点：

第一，利益格局的大幅度调整，导致大量的公共冲突能量产生。

第二，公民体制内表达不满的途径拥堵、昂贵。

第三，公民采取体制外的表达方式，试图通过将社会事务的政治化，日常事务应急化，来促进政府尽快回应自己的诉求。

第四，公民的应急化、非制度化表达刺激了政府的“不稳定”判断，“控制型维稳” 在压力分解体制下成为主导地方政府行为选择的主要模式，甚至有些地方“政府以违法的形式维稳”成为普遍状况。

第五，控制型维稳有助于迅速恢复表面平静，但无法对根本性的冲突能量进行结构化的疏解，甚至会促进冲突事件的快速升级，成为影响恶劣的高对抗的暴力冲突事件。

在上述行为链中，形成了一种典型的“恶化循环圈”，即体制内冲突疏导乏力、体制外冲突表达盛行、控制型维稳以强制力规范秩序、冲突能量快速积累更加挑战制度性冲突化解能力。这种循环可以归纳为图 2。

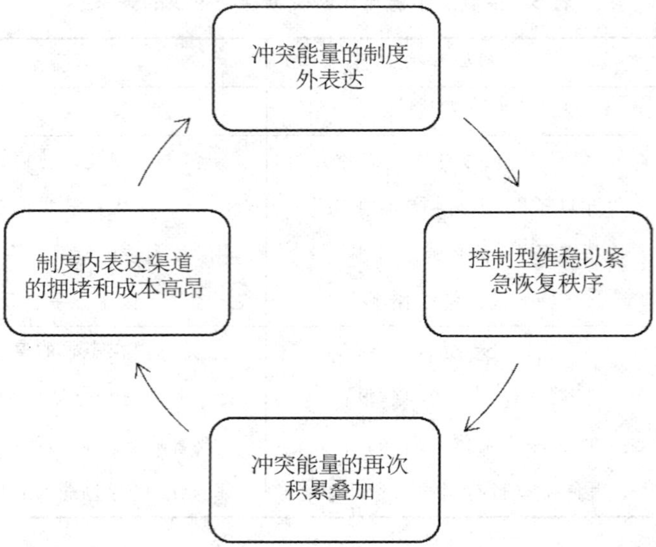

图 2　体制外维权与控制型维稳的恶化循环

（五）“维权”与“维稳”相互促进的目标体系

由上述分析，可以看出：要增进维稳与维权的相互促进，根本性的目标有两个：

第一，防止正当诉求合法表达（行为 A）演变为诉求正当性丧失或行为合法性丧失，即演变为行为 B、C 或 D，从而使维权与维稳始终处于正相关状态，即维权不对社会秩序造成冲击，避免政府控制型维稳模式的启动，尽可能使政府运用化解型的思路来面对和治理社会冲突；

第二，要努力使不正当的诉求或不合法的表达方式转变为正当的诉求和合法的表达方式，即努力将行为 B、C 和 D 转化为行为 A。具体到图 2 所示的关系中，则形成如下具体治理目标：

目标 1：防止行为 A 演变为行为 B，即防止正当诉求的表达受挫后转向非法表达渠道。

目标 2：防止行为 A 演变为行为 C，即防止正当诉求在合法表达过程中演变为不正当的诉求。

目标 3：努力将行为 B 引导规范为行为 A，即通过努力引导行为主体采取合法的渠道来表达正当诉求，而不是通过“闹大”等非法的途径。

目标 4：努力将行为 C 引导规范为行为 A，即通过做工作，使行为主体放弃原本持有的不正当诉求，这可能会导致改变诉求后的行为 A，也可能由此而终止了该行为。

目标 5：对于防治行为 A 演变为行为 D 而言，实际上是目标 1+2 的结合，即防止本来正当诉求的合法表达演变为诉求变得不正当，而表达手段也变得非法，这是最极端的不愿意看到的情况。

目标 6：对于由行为 D 到行为 A 而言，实际上是目标 3+4 的结合，即努力使行为主体非法表达的不正当诉求改变为合法表达的正当诉求，如目标 4 类似，也可能由于这些诉求中没有合法有效诉求，从而终止该行为。

三、维权行为“合法→非法”的演变：基于典型案例的归纳

从理论和逻辑上分析，恶化的情况包括三类，即由行为 A→B，A→C，A→D，但通过我们对 25 起典型案例来看，最主要的演变路径是 A→B，其他两种均不显著。在此基础上，本文重点分析行为 A 如何演变为了行为 B，即为何正当诉求的表达如何由合法途径转变为了非法途径。

对上述案例进行细化的过程分析，能够总结出以下七种表达手段非法化的情形。

（一）被迫无奈式非法化：诉求表达无效后的表达方式恶化

“民不与官斗”是一种普遍的社会心理，现实生活中，由于诉求的正当性可以使当事人产生通过合法渠道能够解决问题的预判，民众的正当诉求很少直接采取非法途径来表达。但是，正当的诉求未必能够得到地方政府及时的回应。或者在正当诉求中也夹杂着一些处于灰色地带的诉求，由于历史与现实交融，若干相关或弱相关的事项交叉，难以理清说明。诉求表达受阻，往往导致民众采取非法表达手段来进行自我救济或直接实现自己诉求。

表 6　被迫无奈式非法化的典型案例情况

案例	事件起因	前期方式	持续时间	前期效果	非法化拐点
浙江东阳事件（案例 8）	化工厂污染严重惹众怒	上访，找领导反映，找媒体曝光	三年	无显著进展	村民在公路旁搭建竹棚检查过往车辆

续表

案例	事件起因	前期方式	持续时间	前期效果	非法化拐点
云南孟连事件（案例7）	橡胶的价格翻了四倍多，胶农的收入却没有增加	多次上访	——	没有结果	私下里偷卖橡胶，破坏与公司的原有协议
深圳“10·6”工人罢工（案例1）	工人工资低于当地政府要求的最低水平	多次向厂方、工会和劳动部门反映	——	没有得到答复	3000 多名工人到主干线聚集堵路
广东乌坎事件（案例17）	民众对村级财务、土地、选举、扶贫助学和污染等事项不满	上访	两年 10 多次上访	没有显著进展	年轻人看到村北有工人开始施工作业，便现场阻止

在表 6 所列的案例中，我们看到民众的诉求具有相当程度的正当性，也经过了长时间的各种和平方式的表达，但始终没有取得效果，当他们对政府失去耐心的时候，便组织起来采取直接肢体对抗的方式来维护自己的利益。

同时，这类冲突往往本身并不是民众与政府直接的冲突，而是民众与企业，或者民众之间的冲突，而长期的政府不作为或乱作为，导致民众的诉求被长期忽视或搁置，当需要紧急面对的事项出现，或民众不再寄希望于政府的时候，非法化的对抗便产生了。

上述案例也显示，政府偏袒当地的企业是导致对民众需求缺乏足够及时回应的重要因素，这可能与保障当地 GDP 的增长或财政收入有关，也可能与政府官员被企业腐化从而形成潜在利益共同体有关。而民众的利益如果受到了结构性的长期剥夺（如孟连事件），或者环境恶化到了人们不能容忍的地步（如东阳事件），或者民众自信是对方违法在先（如深圳福田堵路事件），或民众对通过正常渠道解决问题失去了耐心（如乌坎事件），他们便容易产生靠自己来强力改变格局的心理和行为，这就使得他们不在合法轨道下进行表达，而是铤而走险，暴力对抗。而由于这些利益格局必然涉及很多民众，群体性的非法的诉求表达便成为现实中各类群体性事件。

（二）群体失控式非法化：团体激进化与外部民众的大量加入

维权团体在维权过程中，由于各种因素的交叉融合及环境的变化，可能会脱离初始抗议者原本的诉求目的，团体行为也由于抗议者规模和主体的变化而变得难以预测。在此过程中，有两种失控的方式：一种是团体内部在诉求受阻的情况下由于聚集民众的相互感染和相互壮胆而产生的团体内部激进化；另一种是在抗议过程中，有大量的其他主体加入，新加入成员过多，从而使抗议团体的行为轨迹偏离了原来的方向，将群体行为引向了不可控制的激情对抗。

团体内部的激进化，如甘肃陇南事件（案例 6）。开始时民众聚集只是要求政府给出市政府是否搬迁的明确说法，但政府领导迟迟不予回应，导致聚集的人越来越多，并且各种猜测开始蔓延，最终导致局面失控。这起事件的表达方式由合法变为非法，主要原因在于政府回应的迟滞导致团体内部变化。在民众聚集过程中，政府大院里一直通过高音喇叭劝解大家通过合法途径反映问题，但这种劝解手段并没有阻止群众变得激进化并采取暴力的破坏行为。吉林通钢事件（案例 22）也属于类似的情况。

团体外部人员大规模加入的案例比如贵州瓮安事件（案例 20），群众现场买白布签名到县政府请愿，这时的抗议团体和行为都还是和平的、理性的。但当游行群众经过死者所在学校、七星村时，大量学生，在征地、拆迁中利益受损的民众纷纷加入游行队伍，导致参与游行的人数由几十人发展到了上千人，这种规模的多元化迅速膨胀，以及参与人员夹杂着的情绪、诉求的复杂化，以及政府迟迟缺乏有效回应，最终导致了抗议队伍的彻底失控。

正如柯林斯所言：“大部分时候，冲突本身都只是虚张声势，很少产生实质伤害；真正可以起到决定性作用的是某一方的团结突然被打破，产生数个小团体，这样一来占据数量优势的另一方面就能隔离并暴打落单的一两个人。”①群体性失控式的非法化，无论是内部团体的激进化还是外部人员的大量加入，都可能促进了“暴力情景”的具备，而这其中，一小部分人面对高度对抗的情景，在愤怒、紧张、恐惧等心理的支配下，容易采取具有直接的身体伤害性的暴力行为，而这种行为会促进更多的人卷入到暴力中来。

---

①［美］兰德尔·柯林斯：《暴力——一种微观社会学理论》，刘冉译，北京：北京大学出版社，2016年，第 10 页。

（三）即时对抗式非法化：强制镇压措施引发即时对抗反应

现实中，很少有民众组织起来主动攻击政府或采取严重暴力行动的案例，相反，发生严重暴力的冲突，往往是在冲突对方要采取即时性的强力压制措施时，由于民众对政府行为的强烈不满，或为了保护自己的团体成员，或出于对对手的即时强制行为的直接反应，或为了自我保护不受侵犯，发生紧张、恐惧等情绪主导下的即时性的暴力对抗，也可以说是一种“恐慌进攻”①。这种恐慌进攻可能针对政府的强制镇压行为，也可能针对其他主体的暴力行为。

针对政府暴力镇压的即时回应，比如，孟连事件（案例 7）中，孟连县委县政府调动数百名警察到公信乡、勐马镇进行强力抓捕，遭到 500 多名胶农的围攻；浙江东阳事件（案例 8）中，东阳市委、市政府组织干警、城管队员、公务员、乡镇干部等 3500 余人，携带砍刀、盾牌、催泪弹凌晨抵达画溪镇；在定州事件（案例 5）中，定州市政府勾结商人和黑社会力量，组织全副武装的 300 多名青年男子暴力驱逐村民，导致 6 人死亡，15 人重伤，93 人轻微伤。在这些事件中，民众的暴力对抗或其他非法行为具有即时反应性，也缺乏其他可选项。

即时对抗式非法化也可能是针对非政府的其他冲突主体的即时暴力的反应。比如，四川大竹事件（案例 18）中，当民众不满政府对杨代莉死亡事故原因的调查而聚集在事发酒店后，酒店保安持 3 只高压水龙头喷水驱散人群，一些人也在酒店楼上向下扔啤酒瓶，这些行为激发了民众愤怒，从而使局面失控，出现打砸烧等情况。

即时反应式非法化具有两个显著的特征：一是抗议民众具有被动性，民众之所以采取非法的暴力对抗行为或阻碍行为，是为了避免对方给自己造成伤害；二是即时对抗往往是在现场发生的，而现场的即时性的肢体互动很容易导致人身伤害，并迅速促进冲突升级。

（四）以牙还牙式非法化：以非法的手段改变非法的格局

如果维权主体确认是对方违法在先，而且对自己利益诉求的合法性有足够的自信，那么他们便认为自己采取非法形式来表达便具有正当性和合理性，从而在遭遇不公待遇后，便容易采取非法手段来对诉求进行公开表达。如果

① ［美］兰德尔·柯林斯：《暴力——一种微观社会学理论》，刘冉译，北京：北京大学出版社，2016 年，第 90 页。

首先违法的是政府，那么，民众的抗议就更为尖锐和底气十足。在一些情境下，出现“民众以违法的形式维权，政府以违法的形式维稳”的恶性循环。这些非法的手段可能是相对和平的，也可能是非常暴力的。

在深圳福田堵路事件（案例 1）中，一些大龄工人担心被警察和保安殴打，更倾向于采取忍受的策略，但年轻工人坚持认为工厂违反了深圳市最低工资标准的规定，是厂方违法在先，相信政府一定会主持公道。在这种逻辑下，对方违法在先，成为人们心理中认为自己违法无责的理由。尽管这并不受到法律的保护，但在抗议者的心理中是一个相当合理的判断。

在定州事件（案例 5）中，我们也看到了以非法手段对抗非法手段的长期的螺旋式对抗。这些轨迹可以归结为：村民上访→政府截访→主要成员拘留→村民驻现场→政府多次驱逐→村民有组织抵抗→政府勾结商人和黑社会大规模驱逐→村民大面积伤亡→政府安慰性补偿→民众继续以伤亡事件要求补偿→政府依法逮捕主要带头人→事件逐渐终止。

杭州 A 镇的拆迁冲突（案例 24）则为我们展现出了更具有讽刺性的图景，当地农民花费巨大的成本去学习党和国家的有关政策文件，并全方位搜集镇政府违法的证据，当他们通过综合法律政策学习和证据研判，最后认为乡镇政府或施工单位违法时，便采取集体抵制的方式来阻止继续施工。这些方式包括：数个老太太手拉手躺在挖掘机前方组织施工，提着液化气瓶威胁同归于尽，坚守房屋不搬出等。[①]

（五）应急建构式非法化：过度担心导致的过激维权

在现实生活中，有很多冲突本身并不是政府与民众间的冲突，与维稳也没有直接联系，但是在当前社会背景下，政府实质上在很多事项上承担着无限责任，尤其是为了维护稳定，采取各种“兜底”措施[②]。所以，当当事人认为事件本身与政府关系不大时，便可能通过将社会事务构建为政治事务，将普通事务构建为应急事务，从而通过强制性议题构建，引起政府的即时关注。这种应急建构可以是具有紧急对抗性的“硬建构”，也可能是重在引起重视的和平式“软建构”。

① 张丙宣：《对峙与摆平：城郊农民与乡镇政府的博弈机制——以杭州市 A 镇为个案的研究》，《中国农村观察》，2013 年第 2 期。

② 李婷婷：《“兜底”的调解者——转型期中国冲突管理的迷局与逻辑》，《社会主义研究》，2012 年第 2 期。

“硬建构”比如，在多起纠纷中，由于包工头跑路，工人们找不到付薪主体，转而通过堵路、静坐等行为将经济事务构建转化为威胁稳定的应急事务，胁迫政府必须尽快解决。在深圳“11·12”工人堵路事件（案例 2）中，工厂由于资金链断裂而停产，工人担心自己的补偿金无法落实，在劳动部门介入一个多月，仍然没有得到解决的情况下，100 多名工人将福田区保税局 3 号门堵住，要求政府解决。这是一种由担忧情绪主导的维权行为，同时，认为企业已经无法实现自己的诉求，转而要求政府来“兜底儿”。

在吉首非法集资事件（案例 11）中，参与集资的民众本身知道自身参与的是高风险的金融投资行为，但如果是将责任归结在自己头上，那么意味着他们的前期投入就会打水漂，所以，众多集资者通过上街抗议，并且以政府默许这些公司融资为由，向政府抗议，从而将一起经济纠纷构建为威胁社会稳定的社会事件，胁迫政府介入来实现他们的利益诉求。

相对而言，保定依棉集团工人徒步进京旅游事件（案例 3）则可以视为一种“软建构”，上千工人有组织地合法地徒步到京旅游，他们沿公路右侧人行道缓缓前行，秩序井然，从法律上看，并没有明显的违法行为，但事实上构成了一种建构，这种抓眼球式的和平建构，由于人数众多，同样具有非常显著的建构意义，能够促进政府的加速回应。

民众通过建构式非法化来表达诉求，表明了当前冲突管理制度或机构的结构性缺失，由于对相关问题缺乏制度化的有效渠道，从而使民众采取变异的方式来维权，这一方面增加了抗争维权的风险，增加了社会其他成员的成本，也对政府正常的管理造成了冲击，增加了政府维稳的成本和压力。

（六）同类仿效式非法化：同类事件非法表达的传播效应

一个人或一部分人起来采取抗争的行动来维护权利需要有足够的动机和意志，其中，参考与自身际遇类似的人群的成功做法具有重要的参考意义。也是在这个角度上说，人们采取非法的抗争手段有可能是基于仿效别人的想法。而当这些做法具有了“表演剧目”的性质之后，便很容易成为最常见的抗议形式。

在重庆出租车罢运事件（案例 7）发生后一个月内，甘肃永登、海南三亚、福建莆田、广东汕头等多地先后发生多起出租车罢运事件，他们的抗议方式、诉求内容、组织方式都大同小异，这些反映的问题事实上长期存在，但他们能够串联起来进行集中抗议，明显受到了重庆出租车罢运的启发。

当林钢事件（案例 23）中的民众在为企业改制而焦虑时，通钢事件（案例 22）中工人软禁建龙集团高管陈国君并群殴致死的案件启发了他们，林钢工人打出了“向通钢学习，40 年积累的企业财富不容侵占”等标语，喊出了“向通钢老大哥学习”的口号，林钢工人反对被凤宝钢铁公司兼并的怒火，从通钢事件中找到了发泄的途径，从而发起了类似的抗议和破坏行为。

在近些年发生的多起医患纠纷中，也形成了类似的具有剧目性质的维权形式，包括设灵堂、摆花圈、放哀乐、堵大门等。这些形式由于简单易行、有效，成为“医闹”的固有曲目。

（七）特意泄愤式非法化：悲愤情绪的延续及发泄

泄愤可能在很多群体性事件中发生，但在非法化手段采用初期就属于泄愤的事件并不多见，而且泄愤事件多数是在聚集人数众多，法不责众心态普遍，现场官民互动失败等场景下发生，往往是借助某项特定的引起公愤的事件借机发泄自己在其他事项上的不满，比如瓮安事件中对当地拆迁不满的民众借着李树芬的死亡而泄愤，石首事件中当地民众对毒品泛滥不满的泄愤等。这些事件中的泄愤主要处于民众已经采取暴力对抗的阶段，而不是在由合法维权到非法维权的转变过程阶段，并不属于本文所指的“特意泄愤式非法化”。

本文所指“特意泄愤式非法化”指的是由于民众对某事项处理过程或结果的不满而故意采取的对对方财务、人身安全造成破坏，从而发泄自身不满情绪或达到某种功利性诉求的对抗行为。当事人显然知道这种行为是触犯法律的，但由于他们自认为自己是某事件的受害者，从而“知法犯法”地采用这种行为。

比较典型的特意泄愤式非法化如定州事件（案例 5），事件发生后很长一段时间，村民们的愤怒都无法消除。2006 年 2 月村民马占宗带领四十余人，趁“定州事件”案件的检察官来定州之际，到定州市人民政府门前，用木棍殴打工作人员，占据政府大楼和办公室。2006 年 5 月（事件一周年），村民们纠集五十余人放着哀乐、敲着鼓，乘坐三轮车到定州市人民政府门前，用车堵住门口并放炮，还有情绪激动的村民强行闯入政府大院，在国旗下焚烧冥纸，谩骂、起哄长达三小时。2007 年 8 月，在事件中被打成瘫痪的村民因救治无效死亡，愤怒的 100 多民村民将死者尸体，及从山坟中挖出的另外四名 2005 年遇袭身亡的村民骸骨，抬回绳油村抗议，公安派出的警力在制止村民抗议过程中再次发生暴力冲突。[①]在这些行为背后，有索要更多赔偿款的利益诉求，但同样也具有长期怨恨得不到排解，故意泄愤的成分。

笔者曾将群体性事件中主体的主观因素，区分为认知、情绪、价值、意志，并分析了这些因素在群体性事件冲突升级中的具体作用规律[②]，如果用该分析框架，我们可以将这七类非法化手段的转变情况归纳为表 7。

表 7　七类维权手段非法化事件中的主观因素状态

类型	认知	情绪	价值	意向
被迫无奈式	相信政府转变为不相信政府，只能依靠自己来解决问题；法为恶法	不满情绪积累为愤怒、不安和焦虑	政府是帮凶	依靠自己实现诉求；和一切敌对者硬来
群体失控式	单一诉求由于外部人员加入融合为多元诉求，或原诉求立场迅速激进化；法不责众；政府护短或心虚	由于群体传染而变得焦躁不安和愤怒	政府是帮凶	教训对方
即时对抗式	你若不仁，我便不义；保护自己不受伤害	高度紧张和愤怒	政府是恶魔	打击对手就是保护自己
以牙还牙式	对方违法在先，后违法者责任不重	理智，平和，不满	对手是恶魔，政府是需要依赖的力量	向政府和社会展示自己的不满和力量；用对方的手段对抗对方
应急建构式	只有将本身诉求构建为具有紧急性的应急事件，诉求才能被引起重视和解决	愤怒及夸大的情绪表演	政府是依赖对象	采用适当程度的对抗性、阻碍性手段以引起社会关注
同类仿效式	同样的行动可能会产生类似的效果；别人可以做的我们也可能做	不满及愤怒	政府是依赖对象	别人怎样我怎样
特意泄愤式	自己是受害者，有权利发泄愤怒和提出更多补偿要求	愤怒，悲伤，狂热	政府必须为既有结果负责	让对方知道自己的损失和悲伤；教训对方

① 陈烁：《转型期土地征用中的政府过程研究——基于定州事件的实证研究》，西南政法大学硕士论文，2006 年。

② 许尧：《群体性事件中主观因素对冲突升级的影响分析》，《中国行政管理》，2013 年第 11 期。

上述七种非法化类型，还可以从更宏观的层面归结为三类，即理性非法化、感性非法化、情景非法化，见表 8。其中，理性非法化强调的是当事人通过理性的计算后采取非法化的行为，理性在行为过程中占据着主导地位；感性非法化则是当事人或当时民众的行为被某种主导性情绪所支配，情绪在行为过程中占据着主导地位；情景非法化则强调某种特定的场景、情境促进了不同主体之间的互动方式的对抗性迅速升级，主体间的互动性因素在事件发生、发展过程中占据着支配性的地位。

表 8　七种非法化形式所属的三个大类及其特征

类别	理性非法化	感性非法化	情景非法化
具体非法化形式	被迫无奈式 应急构建式 以牙还牙式 同类效仿式	群体失控式 特意泄愤式	群体失控式 以牙还牙式 即时对抗式
主导诉求	利益诉求	情感诉求	情感+利益 +自我保护
行为边界	相对明确	很难控制	很难控制

四、维权行为“非法→合法”的规制：基于典型案例的归纳

破坏容易重建难。冲突的恶化可能只要具备一种因素，但要使其朝向好的方向发展，却需要很多因素的组合作用。因此，在维权行为由非法转向合法的过程中，会有多种因素的组合，但却无法保证那种因素具备就一定会起到根本性的扭转作用。在本部分，将基于上述 25 起典型案例，试图从中发现有利于冲突良化的因素组合或机制。

（一）抗议者认知的引导机制

由表 7 的分析，我们能够看到维权行为者在合法手段转向非法手段的过程中，有五种典型的认知转变：（1）由相信政府能够维持正义转向不再相信政府能够主持“公道”；（2）诉求的实现要靠自身的强硬行为，即转向“自力救济”，不再向“施害方”妥协；（3）将自身诉求的事务构建为具有紧急性的

政府议题是一种有效的便捷办法；（4）作为受害者有权利做出突破法律界限的报复行为；（5）法不责众，随大流不会有多大的风险，不会受到严格的惩罚。

这些认知的组合能够产生如下作用：（1）对合法渠道表达诉求的彻底失望或放弃；（2）对自身采取直接对抗行为的必要性认识提高；（3）对采取非法行为所导致的法律责任有低估的预期；（4）增强了通过“紧急建构”来达到诉求的决心和预期。这些认知都会促使维权行为脱离合法的和平的轨道，而演变为非法的、暴力的高对抗行为模式。

要对抗议者的认知进行引导需要把握几项重点内容：第一，防止偏离事件真相的谣言传播，防止造成群体恐慌和激发尖锐对抗。比如在浙江乐清钱云会死亡案（案例 16）中，当地民众之所以能够采取众多乡亲聚集堵路及和民警对抗的行为，是因为他们坚信钱云会的死亡是政府故意造成的交通事故，是对钱云会多年来率领民众因土地纠纷上访的报复性行为，这种解释框架由于各种谣言和猜测的广泛传播而引发各种关于政府报复的联想。所以，尽管后来证明这的确是一起交通事故，但在当时民众的心理解释框架中，他们的对抗行为是正当的。在这种情况下，通过有力的信息和逻辑来证明事实情况是最关键的。当最后证明他们的猜测是错误的时候，非法手段的抗议也会随之逐渐消失。

第二，借用具有公信力的主体来调查和发布信息。仍以钱云会案件（案例 16）为例，由于在民众的解释框架中，政府是冲突的一方，所以，无论政府怎么解释，无论这种解释是基于什么样的事实根据，民众都无法相信，因为基于对主体的怀疑和不信任可以覆盖该主体的所有行为。在这种情况下，一些民意领袖组建的公民调查团却能够获得民众和社会的信任。他们的独立调查结果对案件的解决具有关键性的拐点作用。

第三，将民众的认知框架引导到法律政策框架中来。在实际生活中，基层民众不一定对法律政策了解多少，他们认可的是民间社会长期以来形成的习俗或规则，比较典型的如在电影《秋菊打官司》中反映的，村民在进行事件解释和认知时主要使用的是民间的认知框架，而不是法律的认知框架，而这两种框架之间可能存在着巨大裂痕。笔者在访谈中了解到“真正闹事的不多，大家看到的形成无序的现象不多。所谓的闹事——老百姓讲上访——实际上不对，上访是利益群体或个人诉求的反映方式。人多了以后大家可能觉得秩序有点乱，有些问题比较尖锐，情绪比较激动，但多数谈不上是闹事”①。天津市在2014年成立了信访事项人民调解委员会，该委员会在实际运作中，很大的功能是通过和当事人对话，将他们的行为更多地引入到法律认可的解决渠道中来。②

（二）抗议者价值的良化机制

冲突双方在对对方的价值判断方面，具有更为鲜明的主体间性，或相互塑造性。对对方的价值判断产生扭转是冲突恶化升级的关键节点。在将维权行为从非法渠道引向通过合法渠道来表达的过程中，也特别重视抗议者价值判断的塑造和引导。

从上述很多个案例中都可以看出，当事人认为政府已经没有解决问题的诚意，或者依靠政府可能无法使自己的诉求得到满足，才使当事人团结起来，采取不合法的对抗手段来迫使对方或政府让步，或引起政府对某个问题的关注。

在四川大竹事件（案例 20）过后，当地居民认为：“虽然有人批评我们做法过激，但是不过激的话，此事又会不了了之。如果政府早点表现出处理事件的积极态度和诚意，谁会愿意去冒违法犯罪的风险，谁不喜欢平平安安地生活呢？”③在面对各种具体冲突时，政府要表现出解决问题的诚意和担当，这是促进冲突由升级趋势转向化解趋势的关键。在表现诚意和担当方面，道歉、让步、专案组等都在特定环境条件下，具有较显著的作用。

诚恳道歉能够促进价值扭转。政府及相关负责人的道歉具有价值对立软化的作用。在政府的确做了不正确的行为时，政府及其负责人道歉能够缓和双方的价值对立，促进对抗手段的软化和开启和平对话的新模式。在孟连事件（案例10）中，100多名胶农抬着被伤致死的2名胶农尸体要求橡胶公司老板偿命，而省委常委、政法委书记不带警车和警察清晨5点与胶农直接对话，并坦陈过去政府的失误并道歉，从而获得了胶农的理解和掌声。可见，有诚意的对话和承诺能够促进当事人价值判断的转变。

适当让步也能促进价值扭转。当前中国社会的抗议绝大部分是基于利益的抗议，所以，如果政府未经慎重的考虑做出一些不够科学的决策时，可以

① 笔者对Z市某区常务副区长X先生的访谈。2015年7月16日。

② 笔者对T市信访事项人民调解委员会Z女士的访谈。2017年5月15日。

③ 尹鸿伟：《大竹事件背后的官场逻辑》，《南风窗》，2007年第4期。

通过重新界定利益分配的规则来进行冲突化解。比如，在重庆医改事件（案例 14）中，重庆市政府在尿毒症患者聚集抗议的第二天召开紧急会议要求各级医疗机构立即废除新政，恢复为旧的收费标准，从而阻止了该案件的继续恶化，但代价也很明显，就是政策的朝令夕改严重降低了政府的权威性。

专案组成立与价值扭转。专案组的形式能够表达出上级政府对具体事件的高度关注，能够将冲突化解的主体实现转移或权威提升，从而能够促进民众的价值转变。专案组是在各类重大案件中常用的形式，比如，在乌坎事件（案例 17）中，广东省工作者进驻陆丰，采取了回应民众土地诉求、释放被捕村民、依法组织村委会选举等措施，这些柔性举动促进了民众对抗态度的扭转。

改变对立和控制的思维。控制和打压在地方政府的维权策略中还占据着非常关键甚至是主导性的地位，表现为各种“摆平”[①]的策略。在 G 县企业军转干部上访事件（案例 21）中，当地政府面对突如其来的军转干部上访，本能地采取了堵塞、推脱、管制、压制等措施，进行截访、控访，设置防护栅栏、警戒线，进行身份检查等，这些措施总体在压制冲突能量，不仅没有缓解冲突，反而加剧了冲突，促使当事人向更高一级的政府以更大规模的方式去表达诉求。这种情况表明，既有的制度框架或行为惯性对于军转干部的表达而言，已经严重阻塞，很难在既有模式下获得诉求满足。在 2003 年后，政府的态度改变为疏导和服务，建立了多种军转干部上访的政策和制度，这就为疏通原有的表达渠道提供了可能，从而也得到了军转干部的认可，改变了过激维权的方式，而是更多地在制度框架内进行协商。

（三）抗议者情绪的冷却机制

目前中国的各类维权事件，主要目标是在实现某种现实利益上，这在学术界是个基本的判断，但在实现这种目标的过程中：其一，有很强的情绪卷入进来，表现为遭受不公平对待的不服气、愤怒等，也可以归结为中国文化中的常见概念——“气”[②]，“在相当多的情形中，民众持续地卷入集体上访常常与被强加的高压、被压抑的情绪、被伤害的情感、被侮辱的人格有关。”[③]其二，情感的“表演体制要求社会交往的情感表达带有戏剧性，借助

① 郁建兴、黄飚：《地方政府在社会抗争事件中的“摆平”策略》，《政治学研究》，2016 年第 2 期。

② 应星：《“气”与中国乡村集体行动的再生产》，《开放时代》，2007 年第 6 期。

③ 应星：《超越“维稳的政治学”——分析和缓解社会稳定问题的新思路》，《人民论坛》，2012 年第 7 期。

于夸张的表演，或强化特定情境的氛围，或刻意制造出一种（微）景观，以吸引公众的注视”[①]。在通过表达抗议以实现诉求的群体性抗议中，一方面参与者本身具有相当的负面情感积累需要发泄；另一方面，在这种特定情形中，他们的愤怒情感表达实际上有助于更好地表达他们的诉求。

情绪性因素对维权者集聚对抗的意志具有关键作用，在一些特殊场景下，对于采取暴力的行为也具有直接作用。因此，要实现对维权者维权行为的控制，需要构建情绪的冷却机制。

第一，要避免抗议者聚集状态下的长时间等待。日常状态下，人们的行为主要由理性主导的，会考虑事件的后果和责任，具有避免暴力的天然倾向。但是在集体状态下，人们的思维和行为方式会有很大的改变，其中比较明显的是：相互壮胆而增强了自身有理、有利的自信，人多势众滋长法不责众的心理，追求刺激和狂欢的心理也会迅速膨胀。在陇南事件（案例 6）、瓮安事件（案例 20）等多起事件中，由于抗议者的等待时间过长，而造成了规模扩大、情绪恶化、暴力扩散等严重后果。

第二，要避免现场官员“官话”“套话”“狠话”的刺激。政府领导的任何不当态度和言辞，都可能会促进抗议者愤怒情绪的增长，如趾高气扬、回避问题、转移视线、粉饰缺点、推卸责任等。[②]在马鞍山“6·11”（案例 25）中，旅游局长特别强调“我是领导”，随行人员说“我找人到学校整死你们”，这些言论在当前官民关系恶化、官员被广泛恶评的社会心理背景下，很容易激发对立情绪，并产生“教训对方”的心理。与此具有可比性的是，在林钢事件（案例 23）中，之所以将国资委调研员董章印软禁达 90 小时之久，而没有留下其他同行官员，是因为“他太横了，要杀杀他的官气”[③]。相反，一些负责任的言辞会得到群众的正面响应，在案例 25 中，马鞍山市委书记郑为文站在警车上，高举着扩音喇叭说：“我们会全力以赴地保护人民群众的利益，坚决惩治肇事者，你们可以看市委市政府的行动，如果处理得不到位，你们来找我。”三分多钟的现场视频中，围观群众至少爆发出了十余次欢呼。

第三，要慎重使用具有即时伤害性的对抗手段。在定州事件（案例 5）、东阳事件（案例 8）、孟连事件（案例 10）等多起事件中，政府主导的一方都

① 成伯清：《当代情感体制的社会学探析》，《中国社会科学》，2017 年第 5 期。

② 许尧、刘亚丽：《群体性事件中的冲突升级及遏制机制研究》，《国家行政学院学报》，2011 年第 1 期。

③ 陈一方：《林钢事件前前后后》，《新民周刊》，2009-09-07。

采用了具有即时伤害性的对抗性手段，而这些行为无一例外地会促进抗议者激发愤怒的情绪，并迅速转入暴力对抗状态。可以说，在冲突对抗中，一方中的成员，尤其是具有象征性符号意义的成员（比如老年人、妇女、儿童、抗议领袖等）受到伤害，会激起群体性愤怒，并成为人们最终采取高度对抗行为的前奏。

第四，要增强顺势引导的能力。群体情绪如同洪水，只能顺势疏导，无法硬堵硬塞，而情绪的顺势引导更多考验的是领导者的临场处置能力和艺术。其中，尤其要做到两点：一是站位要高，要跳出问题讲问题，避免大家对现状的估计陷入死结；二是态度要诚，要从群众的立场想问题，要从群众的思维出发求解答。

（四）抗议者规模的疏散机制

旁观者按其利益相关性强弱，可以分为“直接利益旁观者”“潜在利益旁观者”和“无直接利益旁观者”[①]，这些不同类型的旁观者会随着时间的推移，发生变化，比如在甘肃陇南事件中，当时下午 3 点左右，上访人数 200 多人，但围观群众却超过 1000 人，到下午 5 点半左右，上访人员和围观群众达到了 2000 多人。在瓮安事件、石首事件等多起造成严重后果的群体性事件中，也有围观者迅速扩大的过程。

规模的迅速增大对冲突管理者造成很艰巨的挑战：其一，抗议者规模的增加会造成议题的扩展和情绪化行为的增加。之前的核心抗议者会有自己的具体诉求，但新增进来的抗议者的诉求不一定和前者一致，甚至在很多时候会将借助别人的冲突来将发泄自己的情绪，瓮安事件就是很典型的一起抗议者的变化导致情绪和行为严重失控的案件。

其二，主体抗议者可能被淹没在人数众多的群体中，使寻找能够代表抗议者进行协商和谈判的主体变得非常困难，比如在甘肃陇南事件中，陇南市委书记要求上访群众选出代表，但上访群众却表示，“我们人人都是代表”，拒绝选出代表，这就为政府或其他冲突管理者将冲突缩小化和聚焦化、诉求明确化造成极大的困难。

① 原珂、齐亮：《“旁观者”现象：旁观者介入公共冲突的过程分析及破解策略》，《社会主义研究》，2015 年第 1 期。

其三，致使冲突升级的临界点变得更为模糊和不可预测[①]。个别抗议者率先使用暴力，集聚起来的人们的情绪的相互感染，相互壮胆和法不责众心理的蔓延等都可能会促使冲突的迅速升级，而在人数众多的情境中，这些变化变得难以控制，难以预测，冲突升级临界点的模糊化和不可控性的迅速提高为冲突的有效管理带来巨大的挑战。团体内部、外部可控性弱化导致采用非法化手段都是这种情况的现实表现。

其四，规模性民众的聚集会减弱政府警力的警示、威胁、控制能力，暴力、控制、进攻能力均势的改变，会促进抗议者的心理转变，因为，一旦一方在控制能力和施暴能力占据绝对优势地位之后，便容易产生进攻性的暴力行为。

鉴于“规模”在群体性维权事件中的独特作用，要避免维权行为的非法化表达就务必十分重视控制抗议者的规模这个核心变量。尤其要注意区分和控制好聚集民众的不同层次，并有针对性地加以有效控制和疏导。

第一，严格控制外在旁观者的加入或围观。在多起恶性的群体性事件中，政府主要将警力布置在政府门口，拉起红线防止抗议者进入，而忽略了从远处而不断涌来的旁观者，而可能恰恰是蜂拥而至的旁观者促进了事件的迅速恶化。所以，在群体性事件处置中，要十分关注对旁观者加入的控制，要在核心区域的外围，再增加防止旁观者加入的控制线。

第二，引导核心抗议者进行小范围对话磋商。平等的谈判很难在人数众多的聚集状态下进行，你一言我一语的状况很难产生实质性的合意。因此，在公共冲突中，选择对方具有影响力的核心代表进行平等沟通、磋商、谈判有助于理性化解冲突。但在很多事件中，我们发现抗议者可能不选代表，声称“人人都是代表”（比如陇南事件），这就为群体规模的疏解造成很大困难。这种情况实质上反映了民众害怕政府事后报复抗议领袖的心理，或者抗议领袖自我保护的心理。在这种僵局下，政府领导要到现场去，深入群众进行沟通，避免只在会议室讨论的被动作为。

第三，安排便衣特警深入群众中，从群众中引导群众。尽管从大局上来讲，当前的群体性事件主要是民众对利益分配的不满，鲜有政治对抗的意味。但并不否认，在一些事件中有故意闹事的不法分子，甚至有些还和国外某些

① 原珂、齐亮：《“旁观者”现象：旁观者介入公共冲突的过程分析及破解策略》，《社会主义研究》，2015年第1期。

敌对势力有一定的关联。一方面，我们不能老是套用“一小撮敌对势力”“不明真相的群众”等解释框架；另一方面，我们也不能对群体性事件群众构成的复杂性掉以轻心。在一些复杂冲突中，可以有针对性地地巧妙安排一些便衣特警深入到抗议者队伍中，了解他们的内在诉求，掌握他们的行为动向，防止对抗行为的恶性失控，为冲突的化解提供基本的秩序保障。

（五）抗议者行为的约束机制

在近年来的不少群体性事件中，地方政府在面对民众的零散暴力时，心态是纠结的。一方面，中央要求慎用警力，地方官员害怕使用暴力过度，承担政治责任；另一方面，又害怕抗议群体的暴力扩散，造成打砸抢烧的严重后果。这两种心态都存在，造成了拿捏不好尺度的困境。

要实现对抗议者行为的约束，需要严格区分暴力使用的层次。依照暴力使用的主动伤害性程度，至少可以区分出暴力潜伏、暴力展示、暴力威慑、暴力阻止和暴力镇压五个层次，在具体情境中，可以有针对性地选择适用。[①]

要发挥好抗议者内部的行为边界约束作用。对于民众的维权行为，能够起到较好约束的是他们中间的权威人物。有组织地维权比缺乏组织性的维权往往更容易约束行为的边界，因为组织化的行动还带有理性，但一旦成为“乌合之众”，便很难预料事情的发展。在乌坎事件（案例 17）的后期，在当地德高望重的灵魂人物——林祖銮的主导下，民众的行为得到了约束，从而使诉求表达变得有序和合法。林祖銮说：“上访之前，我们就跟派出所打了招呼。如果不按照国家的规定行动，办理相关手续，那第一个犯法的就是我。我跟村民说，我不害你们，你们也不要害我，谁不听话我就开除谁。”[②]这种基于抗议者组织内部的控制显然比来自组织外部的控制更具有韧性和力量，也更容易得到当事者发自内心的认可和支持。

五、“维权”与“维稳”相互促进的四种机制体系

“维权”和“维稳”能够相互促进的关键是民众以合法的方式来维护自身的正当权益，而“维权”与“维稳”相互掣肘的表现主要是民众以非法的方式来进行维权，以及政府采取不当的方式来进行强硬压制或面对无理闹大的

---

① 许尧：《中国公共冲突的起因、升级与治理》，天津：南开大学出版社，2013 年。

② 黎广、甄宏戈：《乌坎事件调查》，《中国新闻周刊》，2012 年第 1 期。

行为采取突破底线的妥协。

就当前中国社会而言，促进“维权”与“维稳”的关键主要包括四个方面：第一，要疏通现有冲突管理制度中的臃阻部分，从而保持现有制度对于冲突能量的规范、化解和转化作用，激活、增强和充分发挥现有制度的冲突管理效能；第二，面对一些新生的冲突，如果现有的制度存在结构性的弊病或局限，可以考虑重新开辟新的针对这类冲突的冲突化解机制，即针对某类冲突进行全面系统的机制创新；第三，大力改革目前在多个领域出现的政府习以为常的强力压制与无原则妥协相互交替的机制选择，经过综合系统的改革，建立更加人性化、法治化、科学化的合法行为非法化演变的截断机制；第四，完善非法行为合法化转变的回流机制，旨在将已经处于违法状态的行为，经过各种手段规劝其在法律的框架内表达诉求。这四种工作可以简单归结为：疏通臃阻、创新建构、分层阻断、强化回流。

（一）疏通臃阻：激活、理顺、用好现有冲突管理机制

有效地回应社会成员的矛盾和纠纷是各类法治规范的一个基本的功能，经过多年的探索和实践，我国已经初步建立健全了具有中国特色的社会主义法律体系，在这些法律规范中蕴藏着大量的具体领域冲突如何管理的规定，有大量关于公民如何维权的具体要求。

既有的这些法律规范[①]，主要包括两个层次，见表 9。

表 9　中国当前与“维权、维稳”有关的主要法律规范举例

层次	法律规范举例	冲突管理侧重点
宪法及全国性法律、法规	《中华人民共和国宪法》	规范宏观权利义务框架
	《中华人民共和国戒严法》	规范特定情景冲突解决
	《中华人民共和国集会游行示威法》	规范特定诉求表达途径
	《中华人民共和国工会法》	规范特定领域冲突解决
	《中华人民共和国村民委员会组织法》	规范特定领域冲突解决
	《中华人民共和国劳动法》	规范特定领域冲突解决
	《中华人民共和国职业病防治法》	规范特定领域冲突解决
	《中华人民共和国环境影响评价法》	规范特定领域冲突解决

① 参见：国务院新闻办公室：《中国特色社会主义法律体系》（白皮书），北京：人民出版社，2011 年。国务院法制办公室网站：2017 年 5 月 4 日。

续表

层次	法律规范举例	冲突管理侧重点
	《中华人民共和国物权法》	规范特定领域冲突解决
	《中华人民共和国劳动争议调解仲裁法》	规范特定领域冲突解决
	《城市房屋拆迁管理条例》	规范特定领域冲突解决
	《物业管理条例》	规范特定领域冲突解决
	《中华人民共和国侵权责任法》	规范特定领域冲突解决
	《中华人民共和国民事诉讼法》	规范特定冲突解决途径
	《中华人民共和国刑事诉讼法》	规范特定冲突解决途径
	《中华人民共和国行政诉讼法》	规范特定冲突解决途径
	《中华人民共和国行政强制法》	规范特定冲突解决途径
	《中华人民共和国行政复议法》	规范特定冲突解决途径
	《中华人民共和国信访条例》	规范特定冲突解决途径
	《中华人民共和国治安管理处罚法》	规范特定冲突解决途径
	《中华人民共和国人民调解法》	规范特定冲突解决途径
	《中华人民共和国仲裁法》	规范特定冲突解决途径
	《中华人民共和国突发事件应对法》	规范特定冲突解决途径
	《中华人民共和国国家赔偿法》	规范特定事项政府责任
	《中华人民共和国消费者权益保护法》	规范特定主体权益保障
	《中华人民共和国未成年人保护法》	规范特定主体权益保障
	《中华人民共和国残疾人保障法》	规范特定主体权益保障
	《中华人民共和国老年人权益保障法》	规范特定主体权益保障
地方性法规、规章	《江苏省医疗纠纷预防与处理条例》	规范特定冲突解决途径
	《杭州市法律援助条例》	规范特定冲突解决途径
	《浙江省信访条例》	规范特定冲突解决途径
	《广东省劳动人事争议处理办法》	规范特定冲突解决途径
	《深圳经济特区和谐劳动关系促进条例》	规范特定领域冲突解决
	《云南省违法建筑处置规定》	规范特定领域冲突解决
	《天津市国有土地上房屋征收与补偿规定》	规范特定领域冲突解决
	《天津市医院安全秩序管理条例》	规范特定领域冲突解决

续表

层次	法律规范举例	冲突管理侧重点
	《河北省企业集体协商条例》	规范特定领域冲突解决
	《深圳市网络预约出租汽车经营服务管理暂行办法》	规范特定领域冲突解决
	《福建省征地补偿和被征地农民社会保障办法》	规范特定领域冲突解决
	《甘肃省生产安全事故隐患排查治理办法》	规范特定领域冲突解决
	《广东省林木林地权属争议调解处理条例》	规范特定领域冲突解决
	《珠海市社会保险反欺诈办法》	规范特定领域冲突解决
	《中山市群众自发性聚集活动安全管理规定》	规范特定诉求表达途径
	《邯郸市行政执法过错责任追究实施细则》	规范特定事项政府行为
	《内蒙古自治区法治政府建设考评办法》	规范特定事项政府行为
	《海口市城市管理综合行政执法条例》	规范特定事项政府行为
	《四川省社会稳定风险评估办法》	规范特定事项政府行为
	《四川省重大行政决策责任追究暂行办法》	规范特定事项政府行为
	《天津市妇女权益保障条例》	规范特定主体权益保障

由上表不完全的列举，我们就可以发现，我国已经制定了比较完备的法律体系，基本上在各个领域都做到了“有法可依”，这些法律规范或侧重于特定领域的冲突解决，或侧重于特定冲突解决的途径；或侧重于特定主体，或侧重于特定事项；或侧重于公民的诉求表达，或侧重于政府行为责任。所有这些构成了当前中国生活民众维权与政府维稳的基本法制框架，一方面，公民需要在法律的框架内主张自己的诉求和利益，另一方面，政府也必须在法律的框架内满足公民的合法合理诉求。可以说，这些年中国社会秩序基本稳定，经济社会发展取得了举世瞩目的伟大成就，与中国快速发展的法治建设是分不开的。

同时，我们也必须看到，当前中国的冲突管理制度规范还存在很多不足，其中最严峻的问题是有些制度无法在实践中落地，存在着与实践脱节、程序繁杂、成本高昂等众多问题，这些问题的存在，使得在现实生活中，人们不采取制度中规定的途径和方式来表达不满，或者采取了这些途径，但是却无法在预期成本内完成对诉求的表达和实现，这都导致了既有制度对于冲突引导和管理的局部失效，在本研究的众多案例中，维权民众经历了长期的制度内的诉求表达，但大多没有得到有效的回应，也缺乏对冲突能量的有效规范和疏解，最后导致严重的群体性事件发生并迅速恶化。

总体而言，当前中国的冲突管理制度存在着以下五类臃阻的问题，迫切需要加以疏通。

第一，合法抗议门槛过高，弱化了合法表达诉求的可能性。不可否认的是，这些年来，中国民众的怨恨和不满越来越习惯于在街头上表达，每年数万件的群体性事件就是这种情况的如实反映。与此形成尴尬的是，本来用来规范这种行为的游行集会示威法对于这些行为的规范几乎被人们忽视，现实中鲜有获批准的合法的集会游行示威，大部分集会游行示威行为陷入合宪却违法的境地。[①]合法的集会示威无法获批，并不代表着人们便不再上街，事实上，合法轨道的缺失促进了非法行为的泛滥，而且非法的集会示威对政府来说，更不好预期，更不好控制，更难以找到谈判的对象，也更难以问责，相当于面对一群完全不可控的民众，极大地增加了管理的难度。《世界人权宣言》规定“人人有权享有和平集会和结社的自由”，但由于合法聚会权利难以落实，这些年来人们创造了很多变异的形式来低风险地表达不满，比如保定数千工人的集体旅游、厦门民众的集体散步、上海市民的集体购物、成都市民的集体戴口罩等，这些形式还属于和平的形式，其他具有暴力色彩的就更多了。总体来看，游行集会示威权利的空置，压缩了群体性怨恨和不满的合法发泄渠道，降低了合法处置冲突的制度能力。

第二，正规渠道程序繁杂，降低了民众合法选择的可及性。快速转型的中国社会，涌现出了各类表现不一的冲突，按照一般社会运行的规律来看，这些冲突应该进入该社会的行政或司法途径中，依据法律给予判定。但中国社会的这些冲突体量巨大，而法治的建设在同步完备中，对化解如此规模巨大的冲突有些力不从心。同时，由于法律的固有的滞后性，以及程序的严格性，民众要想得到立等可取的结果显然是不符合现实的。正常渠道的繁杂程序、专业知识、巨大的花费成本等都共同导致了民众除非迫不得已，不去选择司法渠道解决冲突。

第三，维稳相关机构的低整合状态。一般而言，与维稳相关的政府机构

① 朱志玲：《〈中华人民共和国集会游行示威法〉的实施困境及对策探讨》，《湖南警察学院学报》，2014年第4期。

包括：维稳办、综治办、防邪办、安委办、公安局、司法局、信访局等，这些机构均承担与维稳相关的职能，在现实运作中，存在着职能交叉、权力交叉、责任交叉等问题。具体到基层，“往往是几块牌子一套人马，职责不明确，往往是哪里痒就哪里抓，缺乏统筹安排，疲于应付”[①]。这些冲突管理渠道的低整合状态影响了民众的实际选择，降低了冲突规范环节的指向明确性，也为部门间推诿和相互掣肘提供了可能，影响了公共冲突的化解效率。

第四，政府权威公信力低，造成了民众方式选择的非法化。在法律制度中，如果对政府的行为不服，可以申请行政复议，比如对医患纠纷的处置结果不认可，可以申请到当地卫生局进行行政复议。但事实上，“官官相护”等基本判断已经成为民众的主导型认识，很少有人选择这些途径，这些途径虽在法律上存在，且有严谨的制度设计，但人们用“用脚投票”的办法使它们“虚设化”了。在这些年来的众多群体性事件中，不仅民众不愿意相信政府能够在民众间的纠纷中保持中立，而且政府本身就介入了多种冲突，成为冲突一方，或者成为冲突升级的重要原因，产生大量的“二阶冲突”。[②]

第五，为官“不为”现象普遍，错过了很多化解、转化冲突的好时机。现实生活中的地方官员在多数情况下也是一位理性行为人，他们会对特定行为进行成本收益分析，会尽量避免威胁到自己前途发展的行为。笔者在访谈中了解到，县级政府中经常是新提拔的、新晋级县领导班子的年轻人来承担维稳、安全生产等风险系数最大的工作，而显而易见，这种需要经验和运筹帷幄的复杂工作可能更需要领导经验老练的人来承担，而之所以形成这种格局，事实上是领导班子成员之间理性博弈的结果，谁也不希望承担风险系数高的工作；一些县级领导知道发生群体聚集事件后，便关掉手机，“防止”下属向自己汇报，因为一旦自己最先知道群体聚集事件，自己便很可能成为第一责任人，需要到现场进行危机处理；一些维权行为涉及很多历史遗留问题，这些年社会变化巨大，政策也发生了很多变化，所以，一些地方部门负责人以调查研究为名，经常性地将一些矛盾问题往后拖。在既有的高压“维稳”行政环境下，不能说地方领导个人的考虑没有道理，但也导致了制度化化解冲突渠道的堵塞、拥挤，缺乏效率和公信力，也促进了“体制性迟钝”[③]等

① 廖海青：《“维稳办”走上前台》，《南风窗》，2009 年第 8 期。

② 常健、韦长伟：《当代中国社会二阶冲突的特点、原因及应对策略》，《河北学刊》，2011 年第 3 期。

③ 黄豁、朱立毅、肖文峰、林艳兴：《“体制性迟钝”的风险》，《瞭望》，2007 年第 24 期。

问题的普遍化。

上述五类问题综合作用，导致了冲突管理的双重困境：其一，社会冲突能量进入不到合法轨道；其二，进入到合法轨道的冲突能量无法得到有效的疏解。二者的合力促进了冲突表达的非法化。所以，要引导社会冲突更多地采取体制内的方式来表达，当前最关键的工作就是要疏通现有的制度内的表达渠道，压缩回应链条，减少表达成本，重塑政府公信力，如果将社会比作一个病人，冲突管理制度的僵化、堵塞如同人体的血管堵塞，一条血管堵塞，还可能通过改变血液流通路径来解决，如果很多血管堵塞，就会导致生命威胁。也是在这个意义上讲，下边即将讨论的通过重新构建、创新制度来增强合法化化解冲突的渠道在政治秩序和政治结构基本固定的情况下只是促进冲突化解能力的增量提升，不能将结构性化解冲突的使命归结到创新制度途径下。总而言之，去除现有制度中的弊病，重新振兴既有制度化解冲突的能力，是提高维权合法性，促进“维权”与“维稳”良性互动的根本所在。

（二）创新建构：针对新生冲突进行机制协同、整合和建构

中国社会处于快速发展、快速转型的关键时期，各种冲突能量在这种快速变化的环境中相互组合，展现出很多新的形式。

第一，群体性冲突能量不断积累。快速转型会伴随着利益的再分化、再组合，必然会涉及对既有利益格局的全面调整，也会产生很多相对利益缩水的群体，他们的不满必须需要寻找渠道去发泄，他们的诉求需要适当的渠道去满足，比较典型的如国有企业改革导致工人下岗、网络电商模式的兴起导致很多实体店生意冷淡等等。

第二，新生事物对既有规则的冲击导致冲突管理制度创新的紧迫性增加。由于技术的创新周期大大缩短，世界日新月异的速度加快，很多新生事物产生，同时，也带来很多新的矛盾和冲突，这些矛盾和冲突可能在既有的制度框架下，没有对应的法律或制度来解决，从而迫切需要进行政策或制度创新，来规范新生的事物，保证社会的秩序和良性竞争，比较典型的如“网约车”的出现打破了多年形成的出租车市场秩序，共享单车的出现带来一系列迫待规范的法律问题，各地地铁的修建引发一系列由于工程施工导致的房屋受损赔偿问题以及如何化解社区服务与物业冲突问题[①]等。

① 许晓芸：《法律确立与制度回应：城市社区管理的法律规制》，《新疆社会科学》，2013 年第 1 期。

第三，传统一些老问题也可能会呈现出新特点，给既有的社会冲突管理带来新的挑战。比如，随着中国医疗服务市场化的推进和人们权利意识的提高，近年来医患纠纷不断以新的形式展现，医生“白衣天使”的职业声望难以延续，这使医患纠纷不仅大量出现，而且也导致了“医闹”“杀医”等恶性冲突行为的泛滥。这种新的大量的制度外维权现象的产生，表明了既有的制度框架已经无法满足冲突管理的现实需求，需要重新设计新的管理机制。现实中，我们看到在宁波创新了通过设立“医疗纠纷调解委员会”来第三方调解医患纠纷，产生了很好的效果，引起全国范围内的医患纠纷调解的创新尝试，从而增加了医患纠纷化解的新渠道。①

对于这些新问题，老政策、老办法、老机制很难从根本上对冲突给予化解，这就要从框架上加强创新性建构，用新机制来处理新冲突。在创新建构新机制时，需要把握好以下问题。

第一，专业性问题。随着新技术的不断革新，社会发展得越来越专业化，与此相对应的是，冲突中所包含的技术因素也越来越多，比如地铁修建过程中对地上建筑物的影响问题、交通冲突中的责任归属问题、医患纠纷中的医疗责任问题等等。大量的冲突问题不再是传统社会中分清是非曲直就可以解决的，而是涉及一系列的法律问题和具体测算、判断等技术问题，这些问题的解决是化解冲突，达成利益平衡方案的基础。这就要求在进行冲突管理机制建构时必须充分地考虑到专业性的问题。近年来各地出现了很多专业性的调解委员会或仲裁机构，也是当今社会形势的客观反映。

第二，协同性问题。有很多新生矛盾涉及很多具体的领域，一些矛盾的解决也需要多个主体共同参与，形成系统性的综合机制。比如，各地医调委的出现，它本身承担的是化解冲突的职能，但这种职能的充分实现还需要公安机关承担冲突压制功能，卫生机关承担冲突转化功能，保险公司承担风险分散功能，等等。只有这些功能彼此衔接，相互配合，医患纠纷的解决才能走入合法解决的快车道。②同时，政府在其中发挥的作用更为巧妙，不能像传统做法那样，出现问题就成立一个机构，这种思路会导致政府机构的无限膨胀。政府要善于做冲突治理框架的设计者，通过治理框架的精巧设置来使冲突化解顺畅化，同时还要提供足够的法律和资金保障。

---

① 许尧：《当代中国的医患纠纷治理机制：现状、问题及建议》，《中国行政管理》，2016 年第 3 期。

② 许尧：《当代中国的医患纠纷治理机制：现状、问题及建议》，《中国行政管理》，2016 年第 3 期。

第三，社会性问题。随着社会发展的深入，社会主体、社会组织也逐渐发展起来，由于计划经济和我国政府管理的惯性思维，政府实际上在职能转变上还存在不到位、缺位、越位等很多问题。同时，在多年的经济改革过程中，政府与民争利现象比较普遍，其公正性、权威性受到诸多挑战，在这种情况下，我们在建构新的冲突管理机制时，一定要充分考虑到社会的力量，以及如何充分利用社会力量的智慧和优势，给冲突双方的冲突化解提供社会化的渠道、桥梁和平台，让大家坐下来心平气和地谈事，尤其重视“原汤化原食”，而不要使冲突双方想方设法通过“闹大”“找关系、批条子”等方式来增加自己收益获得的可能性。

第四，兜底性问题。在社会变迁过程中将不可避免产生利益受损群体，而这部分受损群体需要有一种机制来保证他们的起码的生活标准不受到影响。比如，为适应产业升级、适应市场的国有企业改革，会产生大量的下岗工人，这些工人若无法维持基本的生活水平，就不单单是市场规则能处理得了了，经济问题也可能会演变或构建为政治问题。所以，在改革过程中，政府在构建冲突化解机制时，要充分考虑到当事人的生活问题。政府在推进这些改革的过程中，要建立起适当的兜底儿机制，让冲突的最终解决有一个最后的防线。

（三）分层阻断：改革合法行为非法化演变的阻止和规劝机制

要防止冲突恶化，防止对抗手段升级和非法化，就需要在冲突发展的不同阶段，有重点地控制其中的主导性因素，建立起由合法表达向非法表达流变的阻断和规劝机制。

从冲突发展的具体过程来看，不同的发展阶段重点阻止的内容和建构的内容都有所不同，这就需要实务工作者在现实中摸索不同阶段的具体规律，有针对性地采取适当的策略和方式来管理冲突。

第一，冲突酝酿期重在引导认知结构。冲突酝酿期，人们会感知到自己的利益或权利将受到侵害，会特别关注相关事态的发展，表现为主动地获取、传播相关信息，各种小团体开始出现，人们会出现一些对未来利益分配格局的紧张。从上述25起案例来看，多数案例经历较长时期的冲突酝酿，在这个时期，各种谣言和猜测非常容易得到传播，由于涉及自身利益，而又缺乏官方的说法，民众很容易从其他社会事项中导入地方政府腐败及地方官员或基层组织管理者（村干部）一定会趁机中饱私囊的价值判断，极容易形成团体，并激发对抗或以极端形式来表达诉求的团体心理。所以，在冲突酝酿期，冲突管理的重中之重是引导当事人的认知判断，防止形成对立的、偏离现实的、极端化的认知结构，如果涉及政府，则政府行为一定要尽可能地做到信息公开、过程民主，同时，加强法制宣传，要和谣言赛跑[①]，牢牢把握信息发布和认知引导的主动权，不要轻易套用“不明真相的群众”“极少数别有用心的人”等老套的民众认可率极低的话语模式，不要试图搪塞或掩盖政府的责任，不要由于信息没有得到最终确认就不敢面对群众，不要对网络上的谣言或猜测听之任之，而是要表现出诚恳、负责的态度，及时和民众沟通最新的进展，善于将现代通信技术为我所用。[②]

第二，冲突初现期重在疏通表达渠道。冲突初现期已经出现了零散的抗议，或者人们已经将集体维权活动提上日程，并开始筹划或运作。在这个时期，一些人已经对自己的利益受损比较确定，并开始动员各种力量来改变这种格局，这也意味着他们从担心自己的利益受损发展为要采取行动来维护自己的权益。在这个时期最需要防范的是，抗议者采取“闹大”的方式来表达诉求。一方面要继续引导当事人的认知结构，同时，要畅通合法表达渠道，并把已经出现的这些小规模的冲突能量引导到合法的冲突管理轨道当中来。此时，体制内的冲突表达渠道和化解渠道是否畅通和有效，就成为是否能够有效阻止冲突恶化升级的关键。

第三，冲突升级期重在遏制规模膨胀。当抗议者认知结构固化，并且采取集体行动或极端的个人行动来维护自身利益时，在各种环境要素的促动下，冲突很可能进入快速升级的时期。在这个阶段，导致冲突恶化及可控性降低、风险性几何级增长的关键因素是抗议者规模的增长。在民众与政府的冲突中，在理性状态下，政府会占据优势地位，作为相对弱势的一方，民众会想方设法吸引外界的关注和集中外界的道义资源，从而改变冲突的均势，通过自身诉求合理性及被伤害程度的夸大表达获得外部支援力量。这些年很多案例表明，抗议者规模的迅速扩大，甚至旁观者规模的扩大，都会从根本上改变冲突的场景，加大冲突处置和化解的难度。从瓮安事件、陇南事件等多起重大冲突事件中，我们都能看到由于大规模人群聚集而引发的团体失控，并导致

① 常健、金瑞：《论公共冲突过程中谣言的作用、传播与防控》，《天津社会科学》，2010 年第 6 期。

② 许尧、刘亚丽：《群体性事件中的冲突升级及遏制机制研究》，《国家行政学院学报》，2011 年第 1 期。

大规模的尖锐暴力对立。所以，在冲突升级期，要采取有力举措去控制规模的增长，尤其是区分出其中的核心层、附和层和围观层，慎重但又巧妙地使用暴力，有选择地使用暴力潜伏、展示、威慑、阻止、镇压等功能[①]，遏制冲突规模的扩张。

第四，冲突僵持期重在改变对立价值。当冲突升级到彼此毫不让步的对峙，就出现僵局，在这种情况下，冲突双方会有一条明确的界线，即各方的诉求或态度都很难改变。如果在僵局时期，冲突管理者能够采取适当的策略来软化彼此的对立，则冲突能量不至于积蓄为导致严重后果的暴力；如果在僵持阶段中，彼此缺乏足够的智慧，则或一方由于僵持成本超过其支付能力而主动退让，或在僵持状态下，民众紧张、愤怒、恐惧的心理杂糅，产生攻击行为。在这种对立状态下，改变对方对自己的价值判断尤其重要。对于政府介入其中的维权行为而言，政府要在僵持状态下，特别重视通过承诺、道歉、现场对话等方式来使民众认为政府会负责任地秉公办事，而不能由于回避个人责任而使聚集起来的民众相互感染和壮胆，产生失控的暴力行为。

第五，冲突后续期重在转变冲突结构。当冲突高峰期过去，并不代表着冲突的最终化解。在定州事件（案例 5）、C 村“4·1”堵路抗议事件（案例 15）、G 县企业军转干部上访事件（案例 21）等多起事件中，冲突都表现出了长期的曲折发展和反复的特点。在冲突的后续期，要特别重视转变冲突之所以存在的内在的结构性因素，这些因素可能表现为某种政策或制度、某种格局、某种固化的心理等，只有将冲突之所以存在的内在结构进行调整，冲突的根源才会消除。以医患纠纷为例，单个纠纷的化解并不能减少医院管理的误差、不能增强以患者为中心的安全系数，必须要通过对纠纷发生的内在的管理性、制度性的、技术性的、关系性的原因进行系统的总结和反思，才可能从根本上改善导致医患纠纷发生的土壤。[②]

上述不同阶段的阻断内容重点，也可以从另外一方面理解为需要引导和建构的重点。这些不同可以参见表 10。

（四）强化回流：促进体制外行为的规范化转化

不容置疑的是，当前很多抗议行为已经采取了体制外的表达途径，由于

① 许尧：《中国公共冲突的起因、升级与治理》，天津：南开大学出版社，2013 年。

② 许尧：《医患纠纷治理中的冲突转化及其途径》，《公共冲突管理评论（2015）》，天津：南开大学出版社，2016 年。

各种因素，在未来也有很多行为可能直接从对抗性较高的体制外途径切入，对于这些行为，要强化表达行为方式的“回流”，即从体制外的高对抗方式转变为体制内的和平表达方式。

表 10 基于不同冲突发展阶段的分层阻断重点

冲突发展过程	阻断型内容重点	建构型内容重点
冲突酝酿期	认知偏激化； 误解与谣言传播	信息公开化； 引导合法表达诉求
冲突初现期	闹大式表达扩散； 抗议团体形成	疏通表达渠道， 引导表达行为
冲突升级期	规模阻断； 情绪冷却	将冲突范围缩小， 诉求主体和内容具体化
冲突僵局期	价值扭转； 情绪冷却	理性对话
冲突后续期	仇恨积累； 对抗心理板结	冲突的结构性转化

第一，设置更多导流降级机制。我们更多地关注了冲突是如何升级的，或者有个潜在的假设，就是研究了升级，就“自然而然”地知道了如何让冲突“降级”，但这可能是一个错误的认识。正如同，我们可能懂得了如何爬上高山，但未必就能轻松地下山一样，因为，它们所需要的力的角度、大小、需要克服的困难都是不同的。防止冲突升级，核心是要控制若干变量的恶化；促进降级，却要在冲突发展的每一个阶段，都预留疏导和化解冲突能量的足够渠道，并尽可能地将冲突能量引导进来。也就是说，不仅要劝说人们不要升级，而且要为他们不通过升级就化解冲突提供足够的替代选择，让通过升级冲突来表达当事人诉求的行为成为成本更高、效果不好的劣质选择。

在林钢事件（案例 23）中，工人们在 3 个月内，分别将林州至安阳的高速公路阻断，数百名工人到濮阳市委、市政府上访，将 106 国道阻断，将林钢董事长的办公室打砸破坏等，可以说连续实施了多次高对抗性的冲突表达，但由于缺乏有效的冲突导流与化解机制，冲突的能量并没有得到疏散，最后导致了最为严重的对抗事件。

冲突导流降级机制不仅表现为设置多层次的体制内的冲突化解途径，也要为无法在本渠道内解决的冲突提供引导，防止冲突能量转向体制外途径。以医患纠纷为例，很多地方规定了高于某个额度（比如 1 万元）的医患纠纷必须通过医调委解决，这就是一种引流机制，就是说发生医患纠纷后，当事人想要通过医院来直接赔付该额度以上金额就是非法的，这就为医患纠纷不在医院内部停滞和扩散提供了制度基础。同时，在医调委不能化解的纠纷，还要通过衔接机制，使这种冲突能量转移到人民法院来通过司法渠道解决，而不能重新回到街头。

信访办也可以视为一种冲突能量引导机制。绝大多数上访事项到达信访办后，信访办还要依据事项特点转给相关职能部门去处理。从冲突管理的视角来看，信访办就相当于是社会这个大医院的接诊台，它告诉到那个科室更合理，但却无法直接来处理冲突事项。为促进信访事项能够以人民调解形式得到部分化解，天津市于 2015 年成立了信访事项人民调解委员会，将当事人愿意调解的事项通过信访办导入访调委，访调委通过人民调解、心理抚慰、法律咨询、情绪疏导等方式，通过平等协商的方式化解冲突，起到了很好的冲突分流和化解的效果。

第二，增进基层政府化解冲突的能力。尽管基层政府的行为模式、人员素质等的确存在不少问题，但基层政府很多时候需要扮演利益实际调整者的角色，且地方政府缺乏足够的资源配置能力，加之媒体对基层政府的妖魔化等，都弱化了地方政府尤其是基层政府化解冲突的能力。处于冲突管理末梢，无法再将压力向下分解的困境，也使得基层公务员不得不采取多元、灵活的手段来处置各类冲突。

要增进基层政府化解冲突的能力，促进一般性冲突能够在基层或较低层级政府层面得到解决，改变大量抗争行为采用体制外途径的困境，就迫切需要改进基层政府的形象，改变“中央是恩人，省里是亲人，县里是好人，乡里是恶人，村里（干部）是仇人”[①]，“仁慈中央与邪恶地方”[②]，“闪着神奇光辉的中央+损公肥私的多数地方贪官+为民做主的少数清官”[③]等固化、僵化的价值判断。为提高执政合法性，保持中央的亲民形象是必要的[④]，尤其是这种权责配置保持和增进了民众对中央的认可和拥护，为公共冲突的解决

① 张厚安、蒙桂兰：《完善村民委员会的民主选举制度推进农村政治稳定与发展——湖北省广水市村民委员会换届选举调查》，《社会主义研究》，1993 年第 4 期。

② Guo Xiaolin. “Land Expropriation and Rural Conflicts in China,” *China Quarterly*, 2001,p.166.

③ 应星：《大河移民上访的故事：从“讨个说法”到“摆平理顺”》，北京：生活·读书·新知三联书店，2001 年。

④ 曹正汉：《中国上下分治的治理体制及其稳定机制》，《社会学研究》，2011 年第 1 期。

保留了比较安全的回旋余地。但是，由媒体、学者不断的讨论而导致的对地方政府的“污名化”对公共冲突的化解和社会稳定也产生了很多负面的效果：比如，提高了民众跨层级夸大表达维权诉求的行为预期，很多民众认为必须将事件“捅”到“上边”，他们的诉求才可能得到满足，导致地方政府冲突压力与冲突化解能力长期处于不均衡的状态等。所以，防止妖魔化地方政府的形象同样非常必要，要处理好转型期发生的各类冲突，归根结底需要地方政府将所属区域内的利益纠葛摆平理顺，中央层面只能作为例外事件的干预者。

第三，尽可能为民众诉求降低后的冲突化解预留合法途径。在现有的制度架构中，考虑到了冲突升级的途径更替情况，比如人民调解是较低层级的防线，行政复议是中间层级的防线，司法诉讼是较高层级的防线等。这种制度设计实际上表达的是比较一维的思路。现实生活中，有很多案例，当事人起初不满足当时给出的赔偿，在社会氛围强调“闹大”的倾向下，不断从低级政府向高级政府转化，不断从和平性的表达，向阻碍性、暴力性的抗争方式转化，但走一圈后，发现其诉求难以在既有制度框架中得到解决，可能会改变诉求，这时的纠纷已经变得容易解决，只要有个合适的平台，当事人合理解决问题的意愿已经具备。笔者在对天津市访调委的调研中，发现这也是一个非常值得关注的问题。

上述四种机制体系是一个有机的整体，也是一项系统工程。其中，“疏通壅阻”与“创新建构”共同承担着疏解冲突能量的功能，具有畅通、拓宽冲突管理渠道的作用，能够为冲突能量的表达、化解提供机制基础，确保合法化表达诉求的畅通性、便捷性和有效性；“分层阻断”和“强化回流”共同承担着对冲突能量进行定向的功能，“分层阻断”旨在防治冲突能量涌入非法轨道，“强化回流”则重在将已经出现非法表现的冲突表达行为再次规范到合法的渠道中。“疏通壅阻和创新建构”共同为“分层阻断和强化回流”提供能量转向的基础，避免冲突能量合法化表达的渠道不畅和冲突化解能力不足；“分层阻断和强化回流”则通过对冲突能量流转的定向，进一步巩固“疏通壅阻和创新建构”的权威地位，有助于其合法功能的正常履行。

基于权利共识的社会冲突化解

黄爱教

摘　要：当前，基于资源的冲突化解、基于利益的冲突化解以及基于认同的冲突化解是我国社会化解冲突的主要方式。随着依法治国方略确立以及全面推进依法治国的展开，我国社会走向权利的时代，现有的冲突化解方式面临诸多挑战。为了弥补现有冲突化解方式的局限，化解以权利展开的社会冲突新形态，冲突化解方式必须关切与聚集于权利，为此，基于权利共识的冲突化解方式成为现代社会治理的内在需求和必然选择。但是，基于权利共识的冲突化解方式也面临很多阻碍因素，诸如传统义务本位观念、权利贫困、身份等差、等级制以及特权；只有消除影响权利共识的诸因素，才能使基于权利共识的社会冲突化解方式获得实效。

关键词：权利共识；社会冲突；冲突化解

由于社会冲突的发生原因迥异，社会冲突化解的着力点选择也有所不同，而资源、利益和认同为现代社会的化解社会冲突主要着力点，并形成基于资源、利益以及认同的冲突化解方式。随着我国社会走向权利的时代，社会公众权利意识高涨，形成以“权利”展开的社会冲突，使基于资源、利益和认同为着力点的冲突化解方式面临新的挑战。党的十八届三中全会提出“运用法治思维和法治方式化解社会矛盾”，为社会冲突化解提供新的着力点——权

作者简介：黄爱教，天津工业大学马克思主义学院讲师，哲学博士，政治学博士后，南开大学人权研究中心兼职研究员，研究方向为人权理论、冲突理论。

利共识，因为法治思维和法治方式是法治社会化解社会冲突的原则和方法，法治社会是以权利为本位的社会，权利共识应当是法治思维和法治方式的应有之义。因此，基于走向权利的时代以及“推进国家治理体系和治理能力现代化”“全面推进依法治国”的背景，应当从权利角度去思考社会冲突的化解方式，以权利共识为新的着力点化解社会冲突。

一、诸种社会冲突化解方式的反思

基于资源的冲突化解、基于利益的冲突化解以及基于认同的冲突化解是现代社会冲突化解的主要方式，经常被运用于化解社会冲突过程中，并取得较好的效果。随着我国走向权利时代，社会公众权利意识高涨，这些社会冲突化解方式面临诸多挑战。

1. 社会冲突化解的几种方式

根据社会冲突治理论以及我国冲突化解现实来看，社会冲突化解方式根据着力点不同，主要可以归结为三种方式：基于资源的冲突化解方式、基于利益的冲突化解方式和基于认同的冲突化解方式。

第一，基于资源的冲突化解方式。这种冲突化解方式注重冲突的资源性原因，正如科塞认为冲突是“为价值和稀有的地位、权力与资源的要求而进行的争斗，对立方的目的是要中立化、伤害或消灭对手”[①]。这种冲突化解方式的本质，是通过冲突双方的分配性博弈，在明确双方的共同点之后的妥协。所以，妥协与让步是这种冲突化解方式的核心。在我国社会冲突化解过程中，这种方式比较注重强调利用物质消除冲突双方的矛盾，在了解和明确双方的真实目标和底线之后，达成双方的妥协方案，从而化解冲突；在此过程中，冲突方希望有政府和社会组织的介入，形成相互影响态势。但是，这种冲突化解方式会导致短期行为的危险，也无法解决社会冲突产生深层原因。因为社会冲突的深层或者根本原因可归结为利益，所以社会冲突化解方式也要向利益的着力点过渡。

第二，基于利益的冲突化解方式。这种冲突化解方式由罗杰·费舍尔（Roger Fisher）和威廉·尤里（William Ury）在 1981 年提出的，他们区分

① 常健等：《公共冲突管理》，北京：中国人民大学出版社，2012 年，第 109 页。

了什么是冲突各方所追寻的与什么是这种追寻的背后动机。前者被称为立场，它包括对立的冲突定义和想要达到的结果；后者被称为利益，它包括各方的需求、关切、希望和恐惧。[①]基于利益的冲突化解方式的本质，不是通过相互让步达到妥协，而是通过方案的创新使各方的利益都能够得到满足，或是使各方都能够专注于共同的目标。由此可知，利益是这种冲突化解的着力点、关切点和链接点，利益整合是冲突化解的路径。在我国社会冲突化解过程中，这种方式强调完善社会利益分配机制与创新利益分配方案；强调国家和政府关注和解决人民群众最关心、最直接、最现实的利益问题，真正让经济增长的成果由广大人民群众共享，从而最终解决社会利益矛盾，化解社会冲突，维持社会的稳定。值得注意的是，社会冲突的原因可能是复合性的，过度地关注利益并不能完全化解冲突，亟待新的冲突化解方式来弥补。

第三，基于认同的冲突化解方式。这种冲突化解方式面对的是旷日持久的社会冲突。根据罗斯曼和奥尔森的解释，当冲突变得深刻和持久时，它经常涉及个人认同和集体认同的表达和对抗。[②]这种冲突化解方式可能会诉诸资源，也可能诉诸利益的确定和分配来协商，从而获得认同，使个体与集体同一；从根本上来说，它涉及冲突方的意识沟通、利益承认、价值认同以及需求满足。所以，在我国社会冲突化解过程中，这种方式注重强化社会成员的心理认同和社会认同，使地位彼此不同的社会成员相互接近，产生信任，减少社会摩擦和冲突；强调形成共同的理想和精神支柱，倡导社会公平、社会互助和社会和谐，建立合作型的人际关系，缓解和消除公众之间因利益纠纷、矛盾和隔阂引起的离散和不稳定现象，增强社会凝聚力、向心力和整合力，从而促使社会冲突的化解，形成人与人之间的和谐状态。

2. 社会冲突化解方式的局限

诚然，以上三种冲突化解方式并没有能够穷尽社会冲突化解方法[③]。随着我国社会走向权利的时代，这些社会冲突化解方法的局限在化解社会冲突过程中越来越明显，迫使我们去创新社会冲突化解方式，建构符合权利时代

① 常健等：《公共冲突管理》，北京：中国人民大学出版社，2012 年，第 109 页。

② 常健等：《公共冲突管理》，北京：中国人民大学出版社，2012 年，第 110 页。

③ 有学者梳理西方冲突化解方式，认为西方冲突化解方法根据其要解决的主要问题可以分为六大类：旨在促进相互理解的冲突化解方法，旨在辨析利益的冲突化解方法，旨在改善关系的冲突化解方法，旨在转化结构的冲突化解方法，旨在破除话语霸权的冲突化解方法，以及旨在破解复杂性的冲突化解方法。（常健、原珂：《西方冲突化解方法的主要方法及其发展脉络》，《国家行政学院学报》，2015 年第 1 期。）

的特征的冲突化解方式。

第一，忽视社会公众的权利诉求。以上三种常用的社会冲突化解方式虽然不同程度地化解社会冲突，获得明显的效果，但是它们忽视走向权利时代的核心要素——权利，忽视社会公众的权利诉求。如果社会冲突化解专注于物质利益来解决，而忽视个体权利，或者说忽视社会公众的人权，则可能会因为过度注重利益，使政府和社会耗费巨大财富，而没有取得预期的化解社会冲突的效果。从现代社会诸多冲突的诱因考察看，诸多冲突基于“侵权—维权”框架而产生，它的潜在条件在于社会公众的权利意识不断增长，权利观念深入人心，权利话语成为社会主导话语。所以，如果社会冲突化解方式忽视权利因素，忽视社会公众的权利诉求，可能会导致社会冲突扩散和升级，不利于社会冲突的化解。

第二，过度地依赖政府的力量和作用。政府是社会冲突化解的重要主体，它在化解社会冲突中扮演着多重角色，诸如可能是冲突相关方、评估者、促进者，也可能是管理者、缓冲者和惩罚者等，可以说社会冲突从发生、扩散和升级过程，以及冲突处置、化解和转化的不同层次，都可能与政府相关联。[①]从社会冲突化解的现实来看，社会公众一方面期待政府的介入化解社会冲突，使社会冲突能够获得化解，满足自己的心理预期和利益，对政府过度依赖；另一方面却又担心政府介入社会冲突化解过程中可能会侵害自己的权利，对政府缺乏信任，对政府权力保持高度的警惕性；所以，政府无论采取基于何种着力点化解社会冲突，都被社会公众潜在“政府权力侵害权利”的意识排斥，政府的化解可能陷入“出力不讨好”的情况。

第三，缺乏制度保障。以上三种社会冲突化解方式在化解社会冲突过程中，最重要的局限在于缺乏制度性保障。这些冲突化解方式是灵活运用于社会冲突化解过程中，他们没有固定的框架，导致社会冲突治理过度注重应急性管理，缺乏长期性的有效性的常规管理，因为社会冲突的常规管理需要一

① 有学者认为，我国社会冲突的类型主要有以下几种类型：一是从冲突或冲突解决的主体来看，至少有某一级政府或政府部门是冲突的一方或是冲突解决的决策者，这主要指公共管理与政策制定涉及的冲突；二是从冲突或冲突解决涉及的对象看，涉及公共或集体资源，典型的如社区冲突、环境冲突等；三是从冲突解决的过程看，政府虽不是冲突的一方或决策者，但需要政府施加某种干预，典型的如群体性的劳资冲突，尽管很多劳资冲突发生在私营部门，但由于涉及群体和社会稳定，政府需要加以干预。从这里可以发现，政府在社会冲突中扮演者多重角色。（李亚：《中国的公共冲突及其解决：现状、问题与方向》，《中国行政管理》，2012 年第 2 期。）

系列的制度保障。社会冲突化解方式的制度保障的意义在于能够防止更多的冲突升级为大规模的暴力，有利于社会冲突各方能够根据化解制度有效地算计利益预期、规划行动准备以及接受化解冲突的可行性方案。但是，无论是基于资源的冲突化解方式，还是基于利益的冲突化解方式以及基于认同的冲突化解方式，都缺乏制度保障，如冲突化解的程序性制度，这是他们的作用发挥受到制约的重要因素。

3. 社会冲突化解方式的新挑战

随着社会发展，社会冲突不断涌现，以资源、利益以及认同为着力点的冲突化解方式在化解社会冲突过程中面临着新的挑战，迫使社会冲突化解方式的着力点的创新。

第一，权利意识、观念。“我们的时代是一个权利的时代。准确地讲，是一个权利最受关注和尊重的时代，一个权利发展显著的时代。”①20 世纪 70 年代末，社会公众的权利意识增强，权利观念深入人心，权利发展也进入崭新的时期；到了 2011 年我国社会主义法律体系基本建立，标志我国权利体系基本建立起来，权利已经并且即将继续深刻影响社会公众的经济、政治和社会生活。尤其重要的是社会公众的权利意识、观念发展导致两种最重要的观念：一是为权利而斗争；二是认真对待权利。为权利而斗争的观念直接导致产生以权利展开的社会冲突；认真对待权利观念直接影响社会冲突的化解问题。从我国社会公众的权利意识、意志和观念发展来看，社会公众已经完成对权利的认知，并不断地主张自己的权利，导致出现社会冲突的新形态，对社会冲突的化解方式也将会产生深刻影响。

第二，社会冲突发展的新趋势。走向权利的时代，社会公众的个体权利张扬，权利冲突加剧，尤其应当注意的是社会公众为权利而斗争，导致源于权利的社会冲突出现，成为社会冲突发展的新趋势。这种新的社会冲突可以表达为基于价值追求的公共冲突，此类事件参与者的行动目标，既不是为了维护和实现自身的经济利益，也不是重在发泄不满情绪，而主要是为了追求某种具有意识形态色彩的“价值”。这里所说的“价值”指的是权利和自由。从我国社会发生的诸多冲突事件来看，其都与权利相关，诸如 2002 年浙江省永康市古山镇前黄村的“选举风波”，2007 年的厦门 PX 事件、2011 年的大

① 夏勇：《走向权利的时代——中国公民权利发展研究》，北京：社会科学文献出版社，2007 年，第 7 页。

连事件，2013 年的广东省“南周事件”。值得注意的是基于权利展开的社会冲突，它的冲突化解方式应当有别于基于资源、利益以及其他因素而产生社会冲突，这给冲突化解方式的变革提出了新要求。

第三，社会冲突化解的难题。在走向权利的时代，社会公众权利意识高涨，导致社会个体与社会、政府之间关系紧张，使源于“权利”展开的社会冲突不断发生。与此同时，政府承担维持社会稳定发展的职责，同样也履行尊重社会公众权利的义务；基于权利的本性，即权利制约权力的有力手段，政府权力在社会冲突治理方面左右为难。特别是社会公众不断主张自己的权利，强调自身权利以及行为的正当性，使社会冲突越来越难以化解，形成社会冲突化解的难题。社会冲突化解的难题意义在于为社会冲突化解的变革提供动力，为了化解走向权利时代的社会冲突，必须深入思考和挖掘社会冲突化解新的着力点，明确社会冲突化解的方向和着力点，促进化解社会冲突，维护社会的稳定和发展。

二、基于权利共识的冲突化解方式及其适用情境

为了弥补现有社会冲突化解方式的不足，必须创新社会冲突化解方式，基于权利共识的社会冲突化解方式就成为必然选择。这是因为在权利的时代或者走向权利的时代，必须建基于权利共识才能真正化解社会冲突。

1. 基于权利共识的冲突化解方式的内涵与特点

冲突化解（conflict transformation）指从破坏性关系向合作性关系的转变，产生冲突的制度或结构发生了改变。①科多拉·莱曼（Cordula Reimann）认为冲突化解是以过程为导向的，目标定位在于消除双方的误解，促进双方合作、共同探寻共赢解决方案。它的主要功能是消解深层的紧张关系，促进冲突各方的合作，它是公共冲突治理的一个更为重要的环节。重要的问题在于基于社会冲突发生的原因不同，冲突化解的着力点也不同，形成了不同的社会冲突化解方式。如果以权利共识为着力点，则建构的是基于权利共识的社会冲突化解方式。基于权利共识的冲突化解方式既是反思现代社会冲突化解方式局限的结果，也是走向权利的时代的内在需求和必然趋势。那么，何为

① [美] 卡洛尔·兰克：《冲突化解的理论与实践》，马约生译，《学海》，2004 年第 3 期。

基于权利共识的社会冲突化解方式呢？它是运用权利理念、方法、手段和机制化解源于以权利展开的社会冲突化解方式。权利共识作为一种冲突化解方式，强调以权利为载体，重视冲突双方的权利诉求，注重权利共识形成过程，并诉诸沟通、协商与对话等形式，以法律制度作为依据，以正当性程序作为保障，共同寻找实现双赢的解决方案，促进社会公众的权利实现，从而化解社会冲突。

基于权利共识的冲突化解方式，它具有以下特点：首先，以权利思维来化解社会冲突。这要求社会冲突化解过程中，应当尊重和保障冲突各方的权利；以权利共识为基础，进行沟通、协商和对话，促进冲突各方从对抗到合作。其次，以权利保障为手段化解社会冲突。这种冲突化解方式以保障权利为机制与手段，即冲突化解不能以侵害社会公众的权利为代价，而是以保障社会公众的权利为基础和目的。这种冲突化解方式以社会公众的权利实现为最终的落脚点。再次，以权利正义为价值基础化解社会冲突。基于权利共识的冲突化解，它以正义为价值基础，也就是冲突最终的化解，依赖于正义价值获得。如果社会冲突化解没有体现程序正义和实质正义，它就不会获得真正的化解。最后，以法治作为保障化解社会冲突。这就要求基于权利共识的冲突化解必须符合法治的原则，始终把冲突事件导向法律框架下进行协商解决，并通过正义的法律程序，为冲突化解提供制度保障，使冲突双方在法律框架下能够充分地对话，促进冲突的化解。

2. 基于权利共识的冲突化解方式适用情境

基于权利共识的冲突化解方式适用于以权利展开的社会冲突新形态，这种新的社会冲突源于社会公众权利意识的逐渐增长，他们不断地为权利而斗争，诉诸“侵权—维权”的行动逻辑。

第一，权利不平等导致的社会冲突。现代社会有些冲突源于权利的不平等，权利不平等表现为法律规定的不平等和权利实现的不平等。具体来说，法律规定的不平等，是指国家和政府的法律制度根据身份将某些权利赋予部分人而不是全体社会公民，从而社会公民之间的权利不平等；权利实现的不平等，是指权利实现需要能力的支撑，某些社会公民不具备实现权利的能力，导致这部分公民没有真正享有法律规定的权利。由此，源于权利不平等的社会冲突就存在两种情况：一是，如果法律规定得不平等，而社会公众权利意识高涨，一些民众就会为了争取这些权利，进行社会斗争，要求国家和政府平等赋权，导致与政府关系紧张，发生社会冲突。二是，如果权利实现得不平等，且政府未对权利实现能力匮乏者落实帮扶义务，而社会公众要求政府履行政府职责和义务，这就会导致社会公众与政府之间产生冲突。所以，这两种社会冲突只有基于权利共识的框架才能化解。

第二，不同社会主体产生的权利冲突。现代社会基于权利展开的社会冲突，很多情况下是因为不同的社会主体主张各自的权利，导致权利之间冲突，引发社会冲突。换句话说，不同社会主体之间的权利冲突是社会冲突的重要诱因。那么，什么是权利冲突呢？权利冲突指两个或两个以上具有同样法律上之依据的权利之间，因法律未对它们之间的关系做出明确的界定导致权利边界存在不确定性、模糊性，而引起它们之间的不和谐状态、矛盾状态。[①]这种冲突表现为两种情况：一是权利归属问题，由于法律规定不明确，不同主体认为自己是权利唯一主体，就会出现不同主体之间的冲突。这种情况在物权领域尤为突出，典型案例为林权纠纷导致的村落之间的冲突。二是两个权利在同一个领域内产生对立与矛盾，诸如环境权与发展权之间的冲突，典型案例为2007年厦门的PX事件。所以，以上的诸种情况，要谋求从对抗到合作，直到冲突和矛盾的消解，化解方案必须建基于权利共识。

第三，权利与权力之间产生的冲突。政府权力是社会冲突化解的重要力量，但是，政府权力与社会公民权利之间存在着紧张关系，导致社会冲突的发生、扩散与升级。公民权利与政府权力之间产生的冲突表现为两种情况：一是从社会冲突发生来看，政府权力侵害公民权利，社会公众基于“侵权—维权”行动逻辑，导致政府与社会公众之间的冲突。诸如政府在征地拆迁过程中，侵害公民的财产权，导致政府与社会公众之间的矛盾与对立。二是从社会冲突化解过程来看，政府运用权力化解社会冲突，由于权利与权力之间的不均衡，政府有时会在社会冲突化解过程中再度侵害公民权利，导致社会冲突的升级。那么，这两种社会冲突都是因为侵权诱发的，只能通过达成权利共识进行化解，它一方面要求政府在行使权力过程中认真对待社会公众的权利，另一方面社会公众可以通过权利对政府权力进行制约，如对于政府的违法行为诉诸司法救济。

① 王克金：《权利冲突论》，《法制与社会发展》，2004年第2期。

3. 基于权利共识的冲突化解方式的意义

与其他社会冲突化解方式相比，基于权利共识的冲突化解方式将冲突化解的着力点聚焦于权利，符合现代社会的现实要求，也显示了这种冲突化解方式的优势。

第一，形成冲突化解的价值共识。基于权利共识的社会冲突化解方式形成的背景为权利意识成为社会的主流意识、权利成为社会公众的生活方式；与其他冲突化解方式相比，这种冲突化解方式最大的优势就是能够紧跟社会发展变迁的要求。当前，权利已经成为社会公众的价值共识，权利话语已经成为社会的日常话语。如果社会公共冲突的化解离开权利，将是不完整的和不彻底的；相反，如果以权利化解社会冲突，将是非常有效的。所以，基于权利共识的冲突化解意义在于为冲突化解提供价值基础，并形成冲突化解的价值共识。这是因为：从道德维度看，它不仅要求伸张正义，而且要求协议符合社会公众的权利诉求；从法律维度来看，基于权利共识的冲突化解无论是从实质还是程序上必须符合法律要求。

第二，促进社会冲突的深层化解。诸多冲突化解方式过于注重物质利益，注重应急性管理，进行冲突处置，没有真正能够化解社会冲突，获得社会的长期稳定。基于权利共识的冲突化解“将注意力集中于长期的解决方案，针对的是冲突的源，探索持续的民主稳定”。这是因为权利保障是这种冲突化解的基础和目的，所以这种冲突化解方式能够促进社会冲突的深层化解。诸如暴力冲突一般会导致侵犯人权，但侵犯人权也会导致暴力冲突。由于将侵犯人权视为冲突的根源之一，因此讨论的时间焦点也从危机时期扩展到危机前和危机后时期；在冲突干预方式上更加强调冲突化解而非冲突处置；实现的目标从早期的消极和平转向更强调积极和平。①社会冲突积极和平的实现，必然是建立在以权利共识化解的基础之上的。

第三，增强社会公众对政府的信任。我国社会现有的冲突化解方式过度依赖政府，但是政府权力从某种程度上会对公民权利有所侵害，导致社会公众对政府产生不信任感。基于权利共识的冲突化解，强调政府尊重和保障公民权利，那么，在社会冲突化解过程中，无论是冲突相关方还是政府就都应该在法律框架下，通过平等协商与对话，使双方从冲突走向合作，这样才有

① 常健：《人权保障与公共冲突化解》，《人权》，2014 年第 1 期。

利于社会冲突的化解，有利于建立起双方的信任感。更为重要的是社会公众在公共冲突以后，心理上具有依赖政府和对抗政府的双重矛盾，如果政府尊重社会公众权利，将有利于增强社会公众对政府解决社会公共冲突的信心。

第四，推进社会冲突治理的法治化。现代文明社会是法治社会，应当运用法治的思维和方法化解社会矛盾，也就是说社会冲突治理应当法治化。如果以权利共识作为化解社会冲突的方式，实际上就是运用法治的思维和方法去化解社会冲突。因为法治社会强调国家权力和社会关系按照明确的法律秩序运行，按照严格公正的司法程序协调和解决社会纠纷；强调法律至上的精神理念，公民应养成自觉通过法律解决纠纷的习惯和意识。如果运用权利共识化解社会冲突，有利于形成运用法律解决纠纷的习惯和意识，进而推进社会冲突治理的法治化，促进社会的稳定与发展。

三、基于权利共识的冲突化解的影响因素及其实现

权利共识是现代社会化解社会冲突的必然选择的着力点，但这种冲突化解方式的运用过程中也受到诸多因素的影响，从某种程度上影响着其冲突的化解。

1. 基于权利共识的冲突化解的影响因素

我国现代社会诸多因素影响着权利共识的达成，阻碍了社会冲突的化解，主要表现在以下几个方面：

第一，传统义务本位观念。基于权利共识的冲突化解方式着力点是权利共识，它处理的是以权利展开的社会冲突，因此它的核心观念要素是权利。但是，我国社会正处于社会转型时期，虽然我国社会公众的权利意识高涨，人们不断地为权利而斗争，但是社会公众深受传统伦理道德的影响，仍然强调义务本位。那么，如果以义务本位为观念，势必强调服从和顺从，势必是少数人拥有特权而多数人没有权利，势必把法律当作统治的工具和镇压人民反抗的工具。所以，传统义务本位观念势必会影响基于权利共识的冲突化解方式的运用，成为形成权利共识的阻却因素。与此同时，传统义务本位的观念与现代的权利本位的观念相碰撞，可能会导致社会冲突，所以传统义务本位观念还可能成为现代社会冲突的诱因，成为社会冲突发生的重要观念性根源。

第二，权利贫困。基于权利共识的冲突化解方式核心要素是权利，如果社会公众没有权利，以及他们的权利没有得到保障，就无法形成权利共识，无法化解社会冲突。因此，权利贫困是影响基于权利共识的冲突化解方式的重要因素。所谓权利贫困，是指一国公民由于受到社会法律、制度、政策等排斥，在本国不能享有正常公民权利或基本权利得不到体制保障。[①]权利贫困源于社会剥夺与排斥理论、能力理论等，表现为主导群体在社会意识和政策法规等不同层面上对边缘化的贫弱群体的有意排斥，使部分群体没有平等地享有权利，社会公众享有权利供应不足；与此同时，部分群体没有足够的能力实现某种权利。所以，权利贫困影响基于权利共识的冲突化解方式的运用以及效果，表现为：如果冲突方某项权利缺乏，难以形成共识的基础；而且基于社会排斥的观念，不同社会群体之间形成意识的对立，强势意识群体与弱势意识群体无法形成妥协。

第三，等级制与特权。等级制是国家对主体地位高低的划分与相应的制度安排，特权是被法律所规定或认可的人们依其社会地位的优越而享有的特殊权利。等级制与特权，都与现代社会平等享有权利、权利应当得到平等尊重和保障观念相违背，成为造成社会经济、权利贫富悬殊的重要根源，阻碍了社会公众基于权利共识化解社会冲突的可能，从而进一步影响了权利时代社会冲突的化解。

第四，"强国家弱社会"结构。基于权利共识的冲突化解强调平权主体通过沟通、协商与对话的方式，基于权利载体形成共识，以促成社会冲突的化解。但是，重要的问题在于我国的"强国家弱社会"结构影响基于权利共识的冲突化解方式的运用。在"强国家弱社会"结构影响下，社会冲突化解注重强调政府职责，忽视社会作用。过度注重政府职责可能会导致政府权力的无限扩大而没有节制，政府也可能以保护社会公众的权利和利益为幌子，侵害社会公众的权利和利益，最终导致社会冲突的扩散和升级。同时，社会权利与强大的政府权力博弈，权利依然处于弱势地位，导致政府与社会公众之间无法达成权利的共识，难以促进社会冲突的化解。

2. 基于权利共识的社会冲突的化解实现

如何消除影响以权利共识化解社会冲突的诸种因素，根据权利时代的本

① 余少祥：《弱者的权利》，北京：社会科学文献出版社，2008 年，第 9 页。

性及其要求，可以从以下几个方面着力推进。

第一，树立权利本位的观念。权利本位观念是与义务本位观念相对的，也是超越传统义务本位影响的有效路径，为权利共识的冲突化解方式提供观念基础。权利本位意味着：社会成员皆为权利主体，没有人因为性别、种族、语言、宗教、信仰等特殊情况而被剥夺权利主体的资格，或在基本权利的分配上受歧视，都应当平等享有权利。在权利和义务的关系中，权利是目的，义务是手段，法律设定义务的目的在于保障权利的实现；权利是第一性的因素，义务是第二性的因素，权利是义务存在的依据和意义。权利主体在行使权利时，秉承法律至上的观念，只受法律所规定的限制，这种限制的唯一目的在于保证对他人的权利给予应有的承认、尊重和保护。所以，树立权利本位的观念对于冲突化解的意义在于将社会冲突的解决置于法律框架之下，基于平权观念促进社会冲突的化解。

第二，实施赋权战略。权利是基于权利共识的冲突化解方式的基本载体，而权利供应不足是影响这一冲突化解方式运用和实现的重要因素，因此，加强权利立法，实施有效的权利供给，是以权利共识化解冲突的前提基础。具体来说，国家法律应该全面涵盖社会的政治、经济、文化以及其他诸方面，如果某些方面没有赋予社会公民以权利，应当积极立法，使法律制度能够满足社会公众日常的生活需要。所以，国家应当制定长期的赋权规划，积极进行权利立法，使社会公众的权利真正富裕起来，为社会冲突的化解提供必要的权利基础和制度基础。更为重要的是应当设计制度保障社会公众在冲突化解过程中的权利，如诉讼制度与非诉讼制度，赋予社会公众诉权以及诸种请求权，促使权利共识能够最终达成。

第三，实行良法之治。权利不平等是我国现代法律制度存在的重要问题，身份等差、等级化与特权是其具体的表现形态，影响着基于权利共识的冲突化解方式的运用和效果。那么，消除这些影响因素的积极途径是实施良法之治。良法是指善良的法律，它是法律制度正当性的评价，其要求法律面前人人平等，消除权利的不平等；要求内在统一和谐，消除法律冲突以及权利冲突。为此，针对我国现存的影响权利共识的诸因素，国家应当通过立、改、废等立法活动，使公共冲突治理制度形成宪法统摄下，以法律、法规和其他规范性文件形成的统一、和谐治理制度体系，形成良法，获得社会公众的普遍认同与信仰。与此同时，应当以“良法”为导向，为了制定出符合社会公众权利需求的法律制度，应当通过一系列有利于吸纳社会公众参加到立法环节的措施，畅通社会公众的参与、表达、互动渠道，保障社会公众的政治参与权、自由权，以保障解决公共冲突的制度能够从根本上和最广泛意义上获得社会公众的接受和遵守，确保从制度框架下化解社会冲突，维护社会稳定。

第四，认真对待权利。“强国家弱社会”结构强调政府的职责，本身并没有太大的问题，因为社会公众希望拥有强大的国家政府来保障自身的权利，期望政府介入化解社会冲突。但是，重要的问题在于政府应当认真对待社会公众的权利，不能任意侵害社会公众的权利，应当尊重和保障社会公众的权利，应当积极引导冲突相关方进行权利对话，促进政府与冲突相关方的合作。这表现为以下几种情况：一是通过听证会、恳谈会等形式，通过平等协商促进政府与冲突另一方的合作，促成冲突的化解。二是通过积极提供协商的平台，使冲突各方的意见得以表达，对立观点得以交流，冲突情绪得以缓冲，合作意向得以达成，权利得以实现。三是坚持公平正义原则，提供符合双方权利的具有约束力的方案，促进社会冲突的化解，维护社会稳定发展。

第五，培育社会组织，促进公民社会建立建构。消除“强国家弱社会”结构对基于权利共识的冲突化解方式的影响，最有效的办法就是积极培育社会组织。社会组织在公共冲突治理过程中承担的功能和角色越来越重要，它积极参与社会冲突化解，对政府职能形成有益的补充。一方面，社会组织的发展对于公民社会的建立具有非常重要的意义，公民社会在本质上不过是对民间组织发展及其所带来的一系列社会变化的另外一种诠释。[①]也就是说可以通过强有力的社会权利有效地制约政府权力，促进政府权力在法律框架下合理地使用，有效保障社会公众的权利，防范与化解社会冲突。另一方面，社会组织能够有效地组织社会公众进行多渠道的沟通、对话、协商和博弈，也会促使国家和政府等公共部门形成更加民主、高效的问责能力，形成富有和谐性、包容性、多样性和承受力强的社会，促进社会冲突的深层化解。

四、结语

基于权利共识的冲突化解方式是现代冲突化解方式之一，它适用于以权

① 王名：《中国民间组织 30 年——走向公民社会（1978～2008）》，北京：社会科学文献出版社，2008 年版，第 9 页。

利展开的社会冲突，是权利时代以及走向权利时代化解社会冲突的内在要求和必然趋势。但是，这种冲突化解方式仅仅着力于以权利展开的社会冲突，并不能适用于基于其他原因发生的社会冲突。与此同时，我国社会权利的现实发展遭遇诸多难题，影响了以权利共识化解社会冲突的效果。所以，为了能够使基于权利共识的冲突化解方式取得实效，推进社会冲突的深层化解，有效的措施是：全面推进依法治国，培育和树立社会公民的权利本位观念，尊重和保障社会公民的权利，实施良法善治，建构公民权利社会。

公共冲突管理研究的回顾与展望

社会冲突研究中的概念、分类与量化

张振华

摘　要：随着社会冲突现象的增多，越来越多的学者将他们的精力投入到社会冲突研究中，形成了很多非常有价值的成果，但研究在基础性议题上尚缺乏共识。本文通过盘点西方社会冲突研究中的概念、分类与量化，指出我国相关研究在概念使用、现象分类与量化研究中所存在的不足及其后果，在此基础上，提出用制度化指数替代群体性事件数量作为度量我国社会稳定形势的主要指标。

关键词：冲突；社会冲突；制度化；群体性事件

改革开放以来，冲突逐渐成为中国社会政治的常态，并因此成为学术研究的热点之一。这些研究在取得丰硕成果的同时，也表现出非常明显的局限性。一是我们在用"群体性事件"这样一个总括性的概念来表述非常不同的冲突现象（环境抗争、劳动纠纷、医患矛盾、官民冲突、事故维权等），且缺乏有意义的分类，因此，这一概念遮蔽掉的信息可能要远比透露给我们的信息多。与之相关的第二个表现是，直至今日，我们对于社会冲突的"量化"仍停留在对群体性事件的单一计数，有的研究甚至直接将劳动仲裁、行政诉讼和信访等的数据作为社会冲突的表征。这些局限的背后体现的是一个理论

作者简介：张振华，华东师范大学政治学系副教授，法学（政治学）博士，研究方向：比较政治经济学、政治社会学。

基金项目：国家社会科学基金项目"利益冲突的整合协调机制研究"（11CZZ013）。

文章来源：本文刊载于《人文杂志》2016年第12期。

的“基础设施”不足，研究者对于社会冲突的基础性议题尚未达成共识，这在一定程度上误导了我们对于当前中国社会冲突现象的理解。本文尝试梳理西方社会冲突研究中的概念、分类与量化，希望以此来弥补我国相关研究在概念使用、现象分类与量化研究中所存在的不足，澄清我们对于社会冲突现象的一些误解，最终为我国的冲突治理提供“新思维”。

要提及的一点是，从语义的角度看，社会冲突应该是冲突的一种特殊类型，即冲突的当事方是个体的某种集合（诸如集团、组织、共同体和群体），而非单个个人①，但要准确识别社会冲突与冲突的确切界限，这样的努力多半是徒劳的，因为冲突是一个动态过程，在实践中，冲突的当事方能够相对轻易地由个体转化为群体。从冲突中区分出社会冲突，尽管在逻辑上是可能的，却没有太多的分析价值，因此在多数理论家那里，冲突与社会冲突是混用的，基于此，本文也不区分这两个概念。

一、“冲突”的社会冲突概念

西方学者用两种方法来定义冲突，一是尝试抽象出不同冲突现象间的共性与本质，由于对冲突表现形式的认识差异，形成了冲突的广义和狭义界定。与之不同的是冲突的过程/阶段定义，它把概念化的重心放在了对冲突演变过程的梳理与剖析上。从概念学的角度看，前者是一种规范性的哲学思辨的定义方法，要求学者能够敏锐探测冲突的本质，捕捉到隐藏在不同冲突现象背后的共性。后者则是一种具有社会科学属性的定义方法，它把冲突看作一个动态现象，对冲突的发展演变过程进行了切分，从而为阐明冲突不同阶段间的关联奠定了基础。

（一）冲突的广义与狭义界定

在西方的社会冲突研究中，冲突概念有狭义和广义之分。这两种定义方式在如下两个主要议题上存在分歧。

一是冲突是否包括最终没有演变为公开对抗的敌对情绪或局面。广义冲突理论认为，冲突应该是动机导向（motive-centered）或认知视角的。只要存在对抗关系和意愿，不管这种关系和意愿是否表现为对抗行为，都应算作

① Anthony Oberschall. “Theories of Social Conflict,” *Annual Review of Sociology*, vol. 4, 1978, p.291.

冲突。例如芬克（Fink）提出："社会冲突是一种情景或过程，在其中，两个或更多的社会主体通过最起码一种形式的对抗心理关系或者最起码的一种对抗互动过程联系起来。"对抗（antagonism）是所有冲突共同的因素，存在众多不同类型的心理对抗（不兼容的目标、相互排斥的利益、情绪上的敌对、事实或价值的不同等）以及很多不同类型的对抗行为（从最为直接的暴力和不受规范的争斗，到最微妙、间接和高度受到规范的互动关系）。因此"冲突理论等同于对抗性社会关系"①。狭义冲突理论则认为，冲突应该是行为导向的（action-centered），如果某种对抗关系或意愿没能表现为公开斗争，那么这种关系或意愿就不是冲突，充其量只能算作潜在冲突（latent conflict）。因此，"冲突是某种行为类型，它发生在处于相互对立或纷争的两方或多方间，这种对立或纷争来源于一种被感知到的相对剥夺"②。以类似的方式，科塞区分了敌对的情绪与这种情绪的实际宣泄："特权和权力的不平等分配可能导致敌对情绪，但却不一定导致冲突。冲突和敌对感情之间的区别是根本性的。与敌对态度或感情不同，冲突总是发生在两人或多人的互动中，敌对态度是从事冲突行为的一种倾向性，相反，冲突则总是一种行动。"③

表 1 （社会）冲突的几种定义

作者	定义	关键词
Coser 1956	社会冲突是对立方间对价值以及稀缺地位、权力和资源的争斗。	斗争、对立方、稀缺
Schelling 1960	冲突实质上是当一方实现其目的的能力依赖于另一方的选择和决定时的一种讨价还价的策略。	策略、讨价还价、依赖
Deutsch 1973	冲突存在于不兼容行为发生时，一方干扰、打乱、阻碍或者通过其他方式使另一方行为效果不佳。	不兼容、干扰、效力
Wall 1985	冲突是一个过程，在其中两方或多方试图阻挠他人实现目标。构成冲突的因素包括三方面：独立性、目标差异和观念不同。	目标、独立性、感知
Pruitt and Rubin 1986	冲突意味着感知到的利益差异，或者认为当事方目前的愿望不能同时得到满足。	利益、愿望

① Clinton F. Fink. "Some Conceptual Difficulties in the Theory of Social Conflict," *Conflict Resolution*, vol. XII, no. 4, 1968, pp.412-460.

② Joseph A. Litterer. "Conflict in Organization: A Re-Examination," *The Academy of Management Journal*, vol. 9, no. 3, 1966, pp. 178-186.

③［美］L. 科塞：《社会冲突的功能》，孙立平等译，北京：华夏出版社，1989 年，第 21～22 页。

续表

作者	定义	关键词
Conrad 1990	冲突是独立的以及感知到他们利益是不兼容、不一致或者处于紧张状态中的人们间的一种交互行为。	独立、紧张、交互
Tjosvold and Van De Vliert 1994	冲突——不兼容的行为——发生在合作和竞争性的场景中，冲突各方能够取得合作或竞争性目标。	不兼容、合作、竞争
Folger, Poole and Stutman, 1997	冲突是感知到他们目标不兼容以及在实现这些目标时互相干扰的独立主体间的互动。	互动、独立性、不兼容

资料来源：http://oregonstate.edu/instruct/comm440-540/scholars.htm。

二是竞争与冲突的关系。麦克（Mack）和斯奈德（Snyder）明确主张，尽管竞争是产生冲突的一个重要来源，但竞争不是冲突。“竞争涉及根据既有规则争夺稀缺物（通常由第三方‘授予’的奖金或者资源）。规则严格限制着竞争者在争夺过程中能够对彼此所做的事情；竞争的首要目标是稀缺物，而非伤害或者破坏对手。一场根据规则进行的足球赛是竞争，直到一位或多位球员开始以规则禁止的方式攻击对方，这时它就变成了冲突。”[①]学者们提出的区分冲突和竞争的标准主要包括：（1）竞争是受规则约束的斗争（competition as regulated struggle），而冲突是对规则的违背；（2）竞争是间接的斗争（competition as indirect struggle），而冲突是当事方的直接斗争；（3）竞争是以目标为中心的斗争（competition as object-centered struggle），而冲突以对手为中心（opposition-centered struggle），其目标是伤害、削弱对手；（4）竞争的来源是稀缺性，而冲突的来源是不兼容。前者是“我想要你想要的”（What I want you want），而后者是“我喜欢你所仇恨的”（what I love you hate）等。[②]上述观点出自众多理论家，并非所有试图在竞争和冲突间进行区分的学者都赞同这些说法。宽泛意义上的社会冲突界定方法倾向于认为，竞争是冲突的一种特殊表现形式。比如达伦道夫提出：“我用‘冲突’这个概念来描述社会力量间的竞赛、竞争、纷争和紧张以及明显的冲撞。在这个意义上，涉及不兼容目标的——最为一般的形式是，双方竞争只能为一方所得或部分

① Raymond W. Mack & Richard C. Snyder. “The Analysis of Social Conflict—Toward an Overview and Synthesis,” *Conflict Revolution*, vol. 1, no. 2, 1957, pp.212-248.

② Clinton F. Fink. “Some Conceptual Difficulties in the Theory of Social Conflict,” *Conflict Resolution*, vol. XII, no. 4, 1968, pp.412-460.

所得的愿望——个人或其组合的所有关系都是社会冲突关系。”[①]

（二）冲突的阶段/过程界定

动机导向还是行为导向、竞争和冲突的关系是隶属还是并列，这些只是社会冲突文献存在的概念分歧的一部分。更多学者依据其研究主题（如国际关系领域的冲突、工业领域的冲突、种族冲突、宗教冲突、意识形态冲突）和方法等提出了不同的冲突概念以及相应的分析范式（参见表1和表2）。“分门别类”的研究减轻了要给不同冲突现象下一个统一定义的必要性，但也使得社会冲突研究呈现出“碎片化”态势，缺乏必要的整合。有的学者另辟蹊径，不再专注于抽象不同社会冲突现象间的本质与共性，而是将概念化的重心放在对冲突发生演变过程的梳理与剖析上。

表2　冲突分析的三种方法

	社会心理学	社会学	语义学
冲突的基础/起点	人际间的紧张关系，这种关系根源于挫折的累积，只能通过攻击性的方法得以释放；本质上是非理性的。	对立方（个人或集团）间目标、目的或价值的不兼容；经常是理性的。	对立方间口头或概念上的误解；非理性；不存在目标或价值的不兼容
对“对手”的定位	偏见、敌视、仇恨	仇恨和敌视，但并不必然表现出来。	表现出来的仇恨与敌视
行动或解决方法	寻找替罪羊、攻击、打架、争吵、暴力、努力改变人们的态度和动机。	分离、分裂、内战、形成派系、抵抗运动、革命、改革运动、战略性考虑。	中断交流；努力在语义上划清界限

资料来源：Bernard, Jessie, “The sociological study of conflict, in international sociological association,” *The Natural of Conflict*, Paris UNESCO, 1957。

庞蒂（Louis R. Pondy）在评述西方的社会冲突文献时指出，“社会冲突”概念实际上被用以描述冲突的各个阶段：（1）冲突行为的前提条件（资源的稀缺性、利益的不兼容）。（2）当事人的情感状态（压力、紧张、敌视、焦虑等）。（3）当事人的认知（对于冲突局面的感知或意识）。（4）冲突行为，这既包括消极的抵制（比如不合作），也包括公然的侵犯。[②]在很大程度上，概

① Dahrendorf, Ralf. *Class and Class Conflict in Industrial Society*, California: Stanford University Press, 1959, p.135.

② Louis R. Pondy. “Organizational Conflict: Concepts and Models,” *Administrative Science Quarterly*, vol.12, no. 2, 1967, p.298.

念上的差异源于作者对于社会冲突不同阶段重要性的认识和强调。在这种视角看来，社会冲突概念界定的关键不是区分“条件”“情感”“认知”“行为”何者是冲突的第一性特征，而是阐明这些阶段间的关系。从过程视角看，每一阶段都是前一阶段的后果，并构成后一阶段的前提，然而它们间的转化并非总是“水到渠成”的，前一阶段向后一阶段的转变是有条件的，研究这些阶段间转变的条件成为社会科学理论家的主要工作之一。在某种意义上，相对剥夺感理论①、资源动员理论②等都是在诠释这些阶段间进行转化的条件或原因。

冲突很少是静态的，冲突行为在发生过程中时常会出现如下情形：冲突规模扩大，诉求增加，新的力量加入，更加敌视对方，更倾向于使用威胁、强制和暴力等手段。当出现上述现象时，我们就称之为冲突升级（conflict escalation）或策略升级（tactical escalation）。当相反情形出现时，通常称为冲突消减（conflict de-escalation）。后来的学者将之发展成为社会运动的“生命周期理论”。社会运动被分为四个阶段，即出现（emergence）、聚集（coalesce）、官僚化（bureaucratization）和衰落（decline）。③在第一阶段，社会运动是非常初级的，没有组织。潜在的运动参与者可能对于一些政策或社会状况不满，但他们没有采取任何行动来缓解这种不满，或者只采取个别而非集体行动。在很多情况下，社会怨恨或者不满没有经过任何组织或深入动员就过去了，然而有些运动能够进入聚集阶段。在这个阶段，参加者开始意识到有着共同际遇和不满的其他人的存在。领袖也开始出现，运动战略与计划得到更加细致的设计，群众示威作为展示运动力量和运动参与者决心的手段得以采用。社会运动并非一朝一夕就能取得胜利，参与者的热情和兴奋在旷日持久的运动中消磨殆尽。社会运动想要长期维系，必须将运动的组织基

① 格尔将相对剥夺（relative deprivation）作为解释冲突现象的核心概念。相对剥夺由人们认为他们有权占有的和他们实际得到的之间的落差造成。当相对剥夺增加时，挫折和愤怒随之而来，这样的心理状态产生攻击性。攻击性行为和倾向的累积将诱发社会冲突，参见 Gurr, T. R. *Why Men Rebel,* Princeton, N. J.: Princeton University Press, 1970.

② 尽管处在第二次世界大战后的黄金发展期内，美国的社会运动却风起云涌，既有的以相对剥夺为基础的社会心理学的解读范式出现了解释困难，麦卡锡和扎尔德主张，社会运动的关键并非参加者是否存在怨恨和不满及其强度，而在于社会运动可以动用资源的多寡，这标志着社会冲突研究由社会心理学向社会学路径的转折。参见 John D. McCarthy & Mayer N. Zald. “Resource Mobilization and Social Movement: A Partial Theory,” *American Journal of Sociology*, vol.82, no.6, 1977, pp.1212-1241.

③ Christiansen, Jonathan. “Four stages of social movements,” *Research Starters: Academic Topic Overviews*, EBSCO, Ipswich, 2009, pp.14-25.

础从群众转向职员或官僚。在官僚化阶段，社会运动组织将更多依赖有着专门知识和技能的职员来打理，不再只是依靠群众集会或魅力领袖来推动组织目标。社会运动可能基于镇压、吸纳（组织领袖）、成功（运动的诉求得到满足）、（组织）失败（组织内部的派系冲突导致组织分裂或低效、领袖日益偏离成员利益使组织失去凝聚力）、运动目标得到主流社会认可而衰落或结束。

冲突概念上的分歧直到第二版的冲突管理手册出版时，仍没有得到解决："在文献中仍没有被普遍接受的冲突定义"[①]。直至今日，冲突理论家依然沿用上述两种方法，并都找到了各自的理论阵地。冲突的思辨方法构成了冲突量化研究的基础。尽管冲突的过程 / 阶段定义受到广泛指责，批评者认为它混淆了冲突与导致冲突出现的前提和后果[②]，但它作为一个分析工具是有意义的，成为冲突管理理论的核心。在冲突过程定义看来，冲突行为仅仅是冲突的一部分，而非全部，甚至不是最为重要的部分。它将冲突研究的视野上溯到冲突行为发生前的结构条件、当事方对冲突局面的认知与策略选择（冲突抑或忍耐）等。这其中的每个环节都包含着阻断、弱化、转变冲突行为的节点，冲突管理不再只是冲突发生后的管控，还可以是冲突发生前的防范。它引导人们关注到了管控冲突的更多着力点，极大地丰富了冲突管理理论。

（三）描述中国社会冲突现象的概念

我国学者很少对冲突概念进行专门讨论，研究在很大程度上是建立在一系列未被充分阐明的对于冲突现象认知基础上的。大体来说，冲突被理解为行为导向的、公开的、非制度化的，因而有危害后果的一系列负面社会现象，没有行为表现的心理对抗、发生在组织内部的争斗与消极的抗争都没有被看作冲突。这样，中国的社会冲突在很大程度上被当作一个新现象，是由于现阶段"经济社会发展不协调"，社会结构，尤其是阶层结构滞后于工业化发展[③]，是由于改革开放以来的社会不平等现象加剧[④]等造成的。很少有学者将计划经济时期，发生在单位内部的利益与资源争夺[⑤]，集体无为（collective

① Kenneth W. Thomas. "Conflict and Conflict management: Reflections and update," *Journal of Organizational Behavior*, vol. 13, 1992, pp.265-274.

② Stuart M. Schmidt & Thomas A. Kochan. "Conflict: Toward Conceptual Clarity," *Administrative Science Quarterly*, vol. 17, no.3, 1972, pp.359-370.

③ 陆学艺主编：《当代中国社会结构》 北京：社会科学文献出版社，2010 年，第 3 页。

④ 朱力：《中国社会风险解析——群体性事件的社会冲突性质》，《学海》，2009 年第 1 期。

⑤ 李路路、李汉林：《单位组织中的资源获取与行动方式》，《东南学术》，2000 年第 2 期。

inaction）[①]以及人民公社中的“偷盗”[②]等现象解读为社会冲突的表现形式。在我们看来，冲突的形式与其所嵌套的制度情景密切相关。改革开放以来社会冲突现象的增多在很大程度上是由于之前以隐秘方式发起的抗争开始以更加显性的方式表达出来的结果。

研究对象的限定自然会影响到概念的选择。我国学者在描述当代中国的社会冲突现象时，最常用的概念是群体性事件。依据冯仕政的论述，它最初只是公安部门用以描述其工作任务的治安概念，后才逐渐发展成为一个政治概念[③]。群体性事件被定义为“由人民内部矛盾引发、群众认为自身权益受到侵害，通过非法聚集、围堵等方式，向有关机关或单位表达意愿、提出要求等事件及其酝酿、形成过程中的串联、聚集等活动”[④]。这一概念突出了社会冲突的集体属性，但正如前文在说明混用冲突与社会冲突的理由中提及的，这可能并非社会冲突最为重要的特性。出于对社会冲突的议题、属性和对立方等因素的关注，学者们还提出了其他概念。有的学者倾向于使用“公共冲突”，即“那些事关公共利益的冲突。它既包括直接围绕公共事项产生的冲突，也包括围绕私人事项产生，但发展影响到公共利益的冲突”[⑤]。我国存在全能型政府遗产，故与国家—社会实现了制度性分离的体制相比，社会冲突的政治化程度较高，“官民冲突”盛行。比如，在劳动争议的处理过程中，“劳资矛盾”经常转变为“劳政矛盾”，企业与社会的矛盾演变为政府与社会的矛盾[⑥]。“官民冲突”的另一情形是，民众将他们困顿的处境归咎于干部的腐败、渎职、侵占等行为，采取行动，要求官员为此承担责任。

利益冲突是基于对我国社会冲突属性的判断而形成的一个概念。尽管这

---

① 集体无为可能的表现形式有：缺乏参与国家发起的政治运动的热情，单位中的旷工或磨洋工，逃避公共责任等，其共同特征是：它们以个人为基础，采取了逃避国家控制的形式而非公开对抗。参见 Xueguang Zhou. “Unorganized Interests and Collective Action in Communist China,” *American Sociological Review*, vol. 58, no.1, 1993, pp. 54-73; Ching Kwan Lee. “The Labor Politics of Market Socialism: Collective Inaction and Class Experiences among State Workers in Guangzhou,” *Modern China*, vol. 24, no. 1, 1998, pp.3-33.

② 斯科特将“偷懒、装糊涂、开小差、假装顺从、偷盗、装傻卖呆、诽谤、纵火、暗中破坏”等行为“上纲上线”，将其解读为处在不利地位的农民日常形式的阶级抗争，参见［美］斯科特：《弱者的武器》，郑广怀等译，南京：凤凰出版传媒集团、译林出版社，2008 年。

③ 冯仕政：《社会冲突、国家治理与“群体性事件”概念的演生》，《社会学研究》，2015 年第 5 期。

④ 转引自肖唐镖：《当代中国的“群体性事件”：概念、类型与性质辨析》，《人文杂志》，2012 年第 4 期。

⑤ 常健、许尧：《论公共冲突管理的五大机制建设》，《中国行政管理》，2010 年第 9 期。

⑥ 汝信等：《2012 年中国社会形势分析与预测》，北京：社会科学文献出版社，2012 年，第 10 页。

一概念日益回归到西方理论的本意，被越来越多地作为一个特定的“廉政概念”[①]。但它仍时常用以表明不同社会主体间基于彼此间的经济利益对立和矛盾而产生的对抗。目前的一个基本共识是：“社会冲突的性质以经济领域的利益性冲突为主。社会冲突在总体上较少涉及社会的核心价值观念或者信仰体系，也较少涉及政治原则或者意识形态”。[②]群体性事件“归根到底都是一些利益关系问题，是我国现阶段各阶层、各群体之间的利益矛盾在社会问题上的突出表现”[③]。欧博文和李连江的研究也表明，抗争者的诉求主要是要求进入政策执行领域。他们很少要求更为广泛的结社、表达和未经授权的参与等公民和政治权利；他们也不常质疑既有法律和政策的合法性[④]。

上述定义切入社会冲突现象的角度不同，但彼此间能够“兼容”，突出了我国当前社会冲突的三方面特征：一是社会冲突是一种集体行为，参与者必须达到一定规模。二是社会冲突是一种制度外行为，表现为它通过国家未承认或者禁止的途径和方式来进行动员与诉求表达，或者尝试追求实际上尚未被赋予的权利，因而它是对既有利益格局的一种干扰、破坏，乃至挑战。三是在政治定性上，社会冲突是“人民内部矛盾”，既不同于“敌我矛盾”，也不同于“后物质主义”。概念的选用暗示了我国冲突管理的基本思路。一是社会冲突是有害的，需要积极防范与限制。二是社会冲突是由“人民内部矛盾”引起的，需要一种不同于“敌我矛盾”的处置方法[⑤]。三是既然冲突的议题是经济性的，物质补偿看起来就应该是化解社会冲突的主导思路。

过于狭隘的冲突理解不只会误导我们对于社会冲突现象的认识，而且会限制可用的冲突管理策略。由于把物质补偿看作冲突管理的基本思路，“用人民币解决人民内部矛盾”的做法屡见不鲜。发展经济被当作解决社会矛盾的不二法门，冲突管理似乎只是为了避免在经济发展到足以化解所有重大冲突前的权宜之计，或是为了避免当下的冲突危及经济大局的辅助性措施。发达国家社会冲突现象的持续存在警示我们：社会冲突并非一种阶段性的现象，

① 庄德水：《利益冲突：一个廉政问题的分析框架》，《上海行政学院学报》，2010 年第 5 期。

② 朱力：《中国社会风险解析——群体性事件的社会冲突性质》，《学海》，2009 年第 1 期。

③ 何卓文：《正确认识和处理我国现阶段的利益关系矛盾》，《科学社会主义》，2005 年第 2 期。

④ Kevin J. O' Brien & Lianjiang Li. *Rightful Resistance in Rural China*, Cambridge: Cambridge University Press, 2006, p.122.

⑤ 关于人民内部矛盾与敌我矛盾的内涵及其后果可参见冯仕政：《人民政治逻辑与社会冲突治理：两类矛盾学说的历史实践》，《学海》，2014 年第 3 期；张振华：《上访还是上诉：中国冲突管理制度建构的二元逻辑》，《武汉大学学报（哲学社会科学版）》，2015 年第 6 期。

也并非一个纯粹的经济问题，而是一种相对持续存在的“顽疾”，对这样的问题，要做好打“持久战”的准备。完全依赖经济手段化解冲突也并非一种现实与可行的方法，事实恰好相反，经济增长本身可能是一种推动社会趋向不稳的因素。正如亨廷顿所言，经济增长能够以某种速度促进物质福利的提高，但却以另一种更快的速度造成社会的怨愤，因为初始需求的满足会扩展为更大的需求，“结果，便在渴望和指望之间，需要的形成和需要的满足之间，或者说在渴望程度和生活水平之间造成了差距。这一差距就造成社会颓废和不满”①。

二、社会冲突的分类

（一）冲突的一般分类

冲突是一种外延非常广泛的社会现象，栖身在不同领域中的冲突很少有足够的共性以至于我们能够在逻辑上将之看作一个统一的研究对象，正因为如此，社会冲突理论要比那些研究对象同质性程度较高的理论更需要有意义的分类。西方的社会冲突理论是从各个领域和层面的专门冲突研究开始的。最初的“分类”是对冲突发生情形的列举。1951 年蔡斯（Chase）对冲突做了这样的“分类”：个人争吵（丈夫对妻子，主人对仆人等）、家庭对家庭、族仇、共同体争斗、地域冲突、工人反对雇主、政党竞争、种族冲突、宗教冲突、反犹太主义、意识形态冲突、职业冲突、行业内部的竞争、行业间的竞争、国家间争斗、文化冲突、冷战、东方对西方。②这一“分类”显然过于烦琐，难以适应学术研究的需要。

后来的学者提出了更多的分类标准，其共同目的是，分类要具有更大的概括性。一些研究将冲突的形式作为主要分类标准之一。社会冲突作为一种群体行为，按照组织性和目标被分为集体行动、社会运动、革命等。赵鼎新认为，集体行动就是有许多个体参加的、具有很大自发性的制度外行为；社会运动是有许多个体参加的、高度组织化的、寻求或反对特定社会变革的制

① ［美］塞缪尔·P.亨廷顿：《变化社会中的政治秩序》，王冠华等译，北京：生活·读书·新知三联书店，1989 年，第 50 页。

② Chase, Stuart. *Road to Agreement: Successful methods in the science of human relations*, New York: Harper, 1951.

度外行为；革命是有大规模人群参与的、高度组织化的、旨在夺取政权并按照某种意识形态对社会进行根本改造的制度外行为[①]。有学者依据参与者的特性（正式群体、非正式群体、准群体）进一步在集体行动中区分出集群行为（collective behavior)。与集体行动相比，集群行为的目的性、组织性、理性程度更弱。[②]西方社会的一个共同发展趋势是，社会冲突越来越多地以社会运动为载体。蒂利将之归咎于政体的民主化，"民主化实际上限制了可行的与有效的民众集体行动范畴。民主制度通常会抑制暴力型的民众反叛。通过竞选性的选举和其他形式的协商，加上对诸如结社和集会等公民自由的保护会将民众的诉求导向社会运动的形式"[③]。现代福利国家同样会改变阶级冲突的特征[④]，"不是在生产场所展开或者采取无组织的社会骚乱的形式，现代福利国家中的阶级冲突在议会政治内得以制度化，通过各种不同的再分配与平等化政策得以和平解决"[⑤]。组织也被视为是一个重要的影响因素，"由于组织在社会运动的微观动员中起到关键作用，具有高度发达和高度多样化的中层组织的社会往往更容易形成社会运动"[⑥]。

还有的研究将冲突的目标/对象作为分类标准，区分了分配性冲突和价值性冲突："冲突发端于存在互相排斥或互不兼容的利益。在社会生活的特定环境下，个人和集团发现他们同时追求相同的稀缺性目标或者资源，或者他们持有不同的价值观。因而有两种类型的社会冲突:第一种与稀缺资源的分配相关。我们可以称之为稀缺性或者分配性冲突。第二种类型是一般意义上的价值冲突。持有不同利益的集团试图确保自己的价值能够在社会中占据主导"[⑦]。还有的研究区分了现实冲突和非现实冲突(realistic and non-realistic conflict)、真实的冲突和诱导的冲突（real and induced conflict)、作为手段的冲突和作为目的的冲突[⑧]。这些区分大体都有一致含义：前者将冲突视为获取某种价值

---

① 赵鼎新：《社会与政治运动讲义》，北京：社会科学文献出版社，2006 年，第 2～3 页。

② 朱力：《中国社会风险解析——群体性事件的社会冲突性质》，《学海》，2009 年第 1 期。

③ Charles Tilly. *Social Movement, 1768-2004*, Paradigm Publishers, 2005, p.13.

④ Korpi, Walter. *The Democratic Class Struggle*, London, UK: Routledge and Kegan Paul, 1983.

⑤ Jonas Edlund & Arvid Lindh. "The democratic class struggle revisited: The welfare state, social cohesion and political conflict," *Acta Sociologica*, 2015, vol. 58, no.4, pp.311-328.

⑥ 赵鼎新：《社会与政治运动讲义》，北京：社会科学文献出版社，2006 年，第 95 页。

⑦ DeKadt, E. J. "Conflict and Power in Society," *International Social Science Journal*, vol.17, no.3, 1965, pp. 454-471.

⑧ Raymond W. Mack & Richard C. Snyder. "The Analysis of Social Conflict—Toward an Overview and Synthesis," *Conflict Revolution*, vol. 1, no. 2, 1957, pp.212-248.

或利益的手段，而后者将冲突本身作为目的。这一分类暗示着冲突目标会影响乃至决定冲突管理的策略与难度。例如，西方学者通常将20世纪60年代以来出现的以种族、性别、文化等为认同基础的社会运动称作新社会运动，而将之前以劳工运动为主线的社会运动称作旧社会运动。在学者们看来，由于新社会运动并非分配斗争（distributional struggles），其主张不能透过政党来传递（channeled）或者通过物质补偿（福利体制）来缓解，因而如哈贝马斯所断言的，新社会运动的出现可能会推动发达资本主义社会出现更大的合法性危机。[①]

还有一些分类我们可以称为无效/低效分类，即这种分类只能在逻辑上实现，在现实中，不同子类别间经常相互交叉、融合与转化，以至于我们根本没有办法识别出一个完整的子类。比如有的学者依据国家—社会二分的理论传统，区分了政治冲突与社会冲突[②]或者政治冲突、经济冲突、文化冲突[③]等。这种分类的缺陷植根于二分法本身以及政治、经济、社会这类概念的多意与含糊。二分法是在相对意义上来定义的事物的：政治冲突是非社会冲突，社会冲突是非政治冲突，但发端于社会领域的争议经常需要通过政治机制来解决，政治内部的争斗也时常会“外溢”到社会领域，成为社会冲突的根源。另外，政治/社会都属于“大概念”，它的确切含义是需要进一步说明和澄清的。依据当事方的身份对冲突进行分类，也需要格外谨慎。杜鲁门在评价使用农业集团、商业集团、劳工集团等概念对利益集团进行分类表述时，指出它们存在的众多不足，如“可能先验地将一种利益归于某个集团”，“也可能将冒牌集团当作真实集团”等[④]。杜鲁门所指出的这些问题在种族冲突、劳资冲突、阶级冲突等依据冲突者身份进行的分类中也不同程度地存在，在应用这些概念与分类时，要尽量避免将冲突方的身份与冲突者的偏好自然等同起来。

（二）我国的社会冲突现象分类

如前所述，群体性事件是一个总括性的概念，我们用它来指称非常不同

---

① ［德］哈贝马斯：《合法化危机》，刘北成等译，上海：上海人民出版社，2009年版。

② Jonas Edlund & Arvid Lindh. “The democratic class struggle revisited: The welfare state, social cohesion and political conflict,” *Acta Sociologica*, 2015, vol. 58, no.4, pp.311-328.

③ 申阳：《试论社会冲突的类型及其影响》，《学术交流》，2000年第2期。

④ ［美］杜鲁门：《政治过程——政治利益与公共舆论》，陈尧译，天津：天津人民出版社，2005年，第69～71页。

的现象。衡量一个概念是否恰当，除了看它是否准确地概括出现象的本质外，还要看它能否为后续研究预留空间。随着社会冲突研究的深入，我国学者在群体性事件这一概念基础上发明了很多新概念。比如，无直接利益的群体性事件、群体性突发事件、治安型群体性事件等。这些事件没有具体目标、明确的组织者，也不再将问题解决作为主要目的，很多情况下演变为一种纯粹的发泄，即将冲突本身作为目标，而非解决问题的手段；这类事件的参与者往往具有更强的异质性和匿名性，包括任何能够为情绪所感染或打动，产生共鸣的围观者，冲突也因而具有更强的社会破坏性和不可预测性。[①]还有的研究关注特定领域和主体间的冲突，形成了环境群体性事件、劳动者群体性事件等概念。

规模被视为度量群体性事件"能量"的一个重要指标，因此也成为区分我国社会冲突现象的一个重要维度，存在一般规模、大规模、特大规模的群体性事件。《2014 年中国法治发展报告》收集了从 2000 年 1 月至 2013 年 9 月 30 日发生在中国境内、规模在百人以上的群体性事件，共计有 871 起。2010～2012 年是大规模群体性事件的高发期[②]。规模也是制定冲突管理预案的主要考量因素。在预案中，群体性事件依据规模通常被分为四个等级：一般（参与人数在 5 人以上 15 人以下）、较大（15 人以上 50 人以下）、重大（50 人以上 150 人以下）和特别重大（150 人以上），分别由不同级别的领导和部门指挥处置。[③]还有的研究同时采取两个以上的分类标准，比如于建嵘依据目的、特征和行动指向，将中国的群体性事件分为维权行为、泄愤事件、社会骚乱、社会纠纷和有组织犯罪五种类型。[④]

在这些分类中哪一种分类更有意义，取决于分类的目的与研究的议题。从本文的主题看，冲突分类应该达到两个目标：一是它有助于度量我国社会稳定的形势及其走向，二是它能够为冲突治理提供有益启示。基于这两方面的考虑，我们主张把冲突分为制度化的冲突与非制度化的冲突。所谓制度化的冲突是指当事方通过国家建立或承认的渠道、程序和方式（如信访、调解、诉讼、"私了"等）来解决他们间的争议。非制度化的冲突是指当事方不通过

① 张振华：《中国的社会冲突缘何未能制度化：基于冲突管理的视角》，《社会科学》，2015 年第 7 期。

② 田禾主编：《中国法治发展报告（2014）》，北京：社会科学文献出版社，2014 年。

③《金平区集体上访和群体性事件预防处置和责任追究办法》，2008-12-4，http://www.gdjinping.gov.cn/zwgk/showinfo.aspx?id=1024。

④ 于建嵘：《当前我国群体性事件的主要类型及其基本特征》，《中国政法大学学报》，2009 年第 6 期。

这样的渠道、程序和方式来解决问题，而是选择国家不承认或禁止的渠道来解决他们间的矛盾。这或者是由于制度化的解决机制，从冲突发起方的角度看，相对于非制度化的解决机制，是低效的、高成本的、不公正的、缺失的，或者是由于制度化的解决机制不能与当事方的偏好相匹配。当前，我们真正需要警惕的并非中国社会滋生出了数量惊人的冲突，而是数量惊人的冲突不愿意/不能通过既有的冲突管理渠道得以解决。[①]这一分类还隐含着冲突管理的“新思维”，冲突管理不是一味压制冲突的发生，而是要为冲突解决建构各种有效的制度平台，引导制度外的冲突在这些平台上解决，我们将这一过程称为冲突的制度化。

三、社会冲突的量化

对于社会冲突现象进行量化，不仅有助于我们更为客观地发现一个国家不同历史时期冲突的发展演变趋势，同时也能够为比较现代化不同阶段和不同政治属性国家间的冲突奠定基础，而这反过来又进一步有利于我们识别影响冲突的制度因素，找出管理冲突的有效体制机制。量化不仅取决于概念化冲突的角度，也取决于对冲突现象所做的分类。目前学术界有两种量化冲突的方法。一种可以叫作“主观感知法”，建立在广义定义基础上，要求受试者回答他们自己所感知到的冲突现象。另一种可以叫作“客观加权法”，通常建立在狭义定义基础上，因为包含在广义定义中的竞争、潜在冲突、心理对抗等根本没有办法被识别、计数与加权。本节将首先评述这两种量化方法的优缺点，之后主张用制度化冲突指数替代群体性事件数量作为度量我国社会稳定形势的主要指标。

（一）主观感知法

我们首先来看“主观感知法”度量冲突的思路。国际社会调查项目（International Social Survey Program，ISSP）是一个大型的跨国调查项目，内容涵盖了政府作用、社会网络、社会不平等、国家认同、公民权、宗教等众多的社会科学议题。[②]ISSP 分别在 1987 年、1992 年、1999 年、2009 年做过四次社会不平等调查。调查的一个目的是测度人们对于冲突的感知。受访者

① 张振华：《中国的社会冲突缘何未能制度化：基于冲突管理的视角》，《社会科学》，2015 年第 7 期。

② 国际社会调查项目网址，http://www.issp.org/page.php?pageId=4。

被要求回答这样的问题：在所有国家中，不同社会团体间存在差异或者甚至是冲突。在你看来，在穷人/富人、工人阶级/中产阶级、失业者/在业者、管理方/工人、农民/城市居民、年轻人/年长者间有多大程度的冲突？依据问卷设计者的解释，"在所有国家中，存在……"的表述，体现出这样的一种假设，冲突是正常的，因而鼓励受访者报告即便是潜在的冲突。"差异或者甚至冲突"的措辞进一步强调潜在的对立，即便当它们尚未导致公开斗争时。这些条款对于主要社会团体间感知到的（潜在的或者显示出来的）利益差异和矛盾提供了很好的度量①。对于上述问题给出的选项有五个：非常强的冲突、强的冲突、不很强的冲突、没有冲突、不选择。调查结果显示，极端的选项"非常强的冲突"与"没有冲突"只为少数人选择，近80%的受访者选择"强的冲突"或"不是很强的冲突"。如果受访者选择的是"非常强的冲突"，将被记100分，"强的冲突"记67分，不是很强的冲突记33分，没有冲突记0分。ISSP前两次的调查结果显示，在富人—穷人、管理者—工人冲突的感知上，平均分是52分。工人阶级与中产阶级间冲突的感知平均分仅是35分。②

中国社科院发表的年度《中国社会形势分析与预测》也采取了类似的方法。在《关于社会群体利益冲突的认知分布》《城乡居民对社会群体间差异和冲突可能性的判断》等调查中，受试者被要求回答他们所感知到的穷人和富人、干部和群众、城里人和乡下人、体力劳动者和脑力劳动者、高学历者和低学历者、雇主和雇员、管理者和被管理者间的差异以及发生冲突的可能性③。香港科技大学和中国人民大学从2003年开始进行的中国社会综合调查（China General Social Survey）也采取了这样的方法。④主观感知法的优点在于，它使得处在不同文化背景和现代化不同阶段的国家间有了比较的基础，但也弱化了其用作特定国家专门研究工具的效力。另外，人们对于客观事实的感知可能是扭曲的：由于人们倾向于参照家庭、朋友和同事的社会经济地位来确定自己在社会经济等级结构中的位置，多数人会因此认为他们是中间

① Jonathan Kelley & M. D. R. Evans. "Class and Class Conflict in Six Western Nations," *American Sociological Review*, vol.60, no.2, 1995, pp.157-178.

② Kelley J. & Evans M.D. "Public Perceptions of class conflict in 21 nations," In Tos N. Mohler P. & Malnar B.（eds.）, *Modern Society and Values*, Ljubljana, Slovennia: University of Ljubljana, 1999, pp.43-71.

③ 汝信等主编：《2009年中国社会形势分析与预测》，北京：社会科学文献出版社，2008年，第26～27页。

④ 参见中国综合社会调查网站, http://www.chinagss.org/。

阶级，这削弱了客观阶级与主观感知到的阶级和阶级冲突间的关联性，推动了人们从非冲突的视角来认识阶级关系[①]。蔡永顺的研究也发现，那些没有遭遇过官民矛盾的受访者中有 11.8%说他们如果与官方发生冲突，会选择忍耐（No Action），但那些真正与官方发生过冲突的受访者中有 26.0%的人选择了忍耐。在农村，那些曾经遭遇过官民矛盾的受访者选择忍耐的比重高达 39.5%。[②]人们在冲突过程中客观行为与主观意图间存在的巨大差距使得主观感知法很难准确度量出一个社会实际发生冲突行为的概率。

（二）客观加权法

客观加权法力图尽可能准确度量特定时期内所发生的冲突行为的强度。冲突形式被看作冲突强度的最直接体现。纽约州立大学所做的跨国时间序列数据库（The Cross-National Time-Series Data Archive）精心地将国内冲突事件区分为暗杀、大罢工、游击战、重大政府危机、清洗、骚乱、革命、反政府示威等。[③]德国海德堡大学国际冲突研究中心在年度的冲突晴雨表（conflict barometer）中将冲突所造成的后果（人员伤亡、经济损失、难民人数等）、冲突的手段（是否存在暴力）、持续时间的长短、冲突的范围（局部冲突抑或全局性冲突）和层级（全国性的冲突抑或地方性冲突）等与冲突形式结合起来，共同作为度量冲突强度的指标。[④]我国学者也普遍采取了这种度量冲突的思路与方法。一组广泛被引用的数据是，1993～2005 年间，我国群体性事件数量由 8700 起激增到 87000 起，2006 年超过 9 万起，并一直保持上升势头。[⑤]这组数据刻画出一个社会稳定形势越来越严重的局面。其不足在于，它没能将集体行动的规模、属性、抗争策略等综合起来加以考虑。事实上，群体性事件的数据只揭示出问题的一个方面，“对于关注中国内部稳定的任何研究来说，社会抗争数据在重要性上要远逊于抗争规模、组织层次、要求的严重性或者暴力程度”[⑥]。

朱庆芳在编制“社会和谐度综合指数”中把“社会稳定指数”作为一个

① Jonathan Kelley & M. D. R. Evans. “Class and Class Conflict in Six Western Nations,” *American Sociological Review*, vol.60, no.2, 1995, pp.157-178.

② Yongshun Cai, “Social Conflicts and Modes of Action in China,” *The China Journal*, 2008(59), pp.89-109.

③ 数据库网址：http://www.databanksinternational.com/32.html。

④ 参见 2013 年度冲突晴雨表，http://www.hiik.de/en/konfliktbarometer/pdf/ConflictBarometer_2013.pdf。

⑤ 赵鹏等：《典型群体性事件的警号》，《瞭望》，2008 年第 36 期。

⑥Murray Scot Tanner. “China Rethinks Unrest,” *The Washington Quarterly*, vol.27, no.3, 2004, pp.137-156.

重要维度，它由通货膨胀率、城镇实际失业率、社会保障覆盖面、贫困人口比重、贫富差距、城乡收入差距构成。按照其给出的数据，1979 年到 2005 年间社会稳定指数年均下降 1.1%，1991 到 2005 年间年均下降 3.0%[①]。社会稳定指数成为各地政府普遍采用的量化评价指标，但在具体应用过程中，指数的构成、权重和测度方法均做了较大调整。宁波市江东区将社会稳定指数的统计监测指标体系扩展为 3 大类 21 个指标，经济方面包括恩格尔系数、最低工资标准增长率、居民收入增长率、通胀率、失业率、收入分配不公平程度；社会方面包括刑事案件破案率、治安案件总数、违法违规上访批次、民事诉讼案件总数、群体性事件同比变化率、行政案件胜诉率、被媒体炒作的责任事件、安全事故发生率；民生保障方面包括城镇居民最低生活保障标准、城镇社会保险综合覆盖率、科教文卫体支出比重、人均居住面积、每万人拥有公交车辆、食品药品抽验合格率、每万人拥有医生数[②]。唐山则只包括了 8 个评价指标，即刑事案件、治安案件、违法违规上访行为、民事诉讼案件、群体性事件、安全责任事故、行政诉讼和复议案件、被媒体炒作的责任事件[③]。在本文看来，这些量化存在两个基本问题：一是将经济因素看作预警社会稳定形势的最佳指标。然而，对于 1990～2010 年间中国经济数据（经济增长率、收入不平等、通胀率）和群体性事件数据的统计表明，中国群体性事件增速最快的时期并非中国经济最糟的时期，中国经济最好的时期也并未出现群体性事件的显著下降。[④]二是没有区分制度化的冲突与非制度化的冲突，群体性事件与诉讼案件等被并列起来共同当作社会冲突的量度指标。

（三）冲突制度化指数

社会稳定是两方面因素共同作用的结果，一是特定时期内一个国家所发生的冲突量级与强度，二是这个国家治理冲突的能力。冲突治理的本质是冲突的制度化，即引导冲突当事方选择国家所认可的冲突解决程序、方式和渠道来解决他们间的争议与矛盾。经常被当作冲突增多证据的调解、诉讼等的

---

① 朱庆芳：《经济社会和谐发展指标体系综合评价》，汝信等主编：《2007 年中国社会形势分析与预测》，北京：社会科学文献出版社，2006 年，第 321～339 页。

② 俞成勇、邱红霞、许文飞：《社会稳定指数量化社会稳定：建立社会稳定“气象报告”的构想》，《公安学刊——浙江警察学院学报》，2013 年第 5 期，第 19～24 页。

③ 周远：《唐山构建社会稳定指数评价体系》，《河北日报》，2011-04-19.

④ Murray Scot Tanner. “China Rethinks Unrest,” *The Washington Quarterly*, vol.27, no.3, 2004, pp.137-156.

数据，在本文看来，更适合被解读为国家治理冲突的能力在提高的表征。群体性事件的危害性并不在于它是一种冲突，而在于它是一种尚未被制度化的冲突。基于这种认识，我们主张，冲突制度化指数是一个更为恰当的度量社会稳定形势的指标，它用制度化冲突的变化率/非制度化冲突的变化率来计算。如果指数大于 1，表明冲突治理能力的提高速度快于非制度化冲突的增长速度，社会稳定状况向好；如果指数小于 1，表明非制度化冲突的增长速度快于冲突治理能力的扩容速度，社会稳定状况变糟。

表 3　中国的制度化冲突与非制度化冲突（1993～2008 年） 单位：万件

年份	群体性事件数量	人民调解解决的纠纷数量	法院一审民事案件受理数	法院一审行政案件受理数
1993	0.87	622.3	298.4	2.8
1998	2.5	526.7	483.0	9.8
2003	5.8	449.2	441.0	8.8
2008	12.7	498.1	541.3	10.8

数据来源：群体性事件数据来自历年《中国社会形势分析与预测》，其他数据来自历年《中国法律年鉴》。

表 4　中国制度化冲突指数

年份	非制度化冲突变化率（%）	制度化冲突变化率（%）	制度化冲突指数
1998	187	10.4	0.06
2003	132	-11.8	-0.09
2008	119	16.8	0.14

在我国，非制度化冲突的主要形式是群体性事件，而制度化冲突的形式包括调解和诉讼等。基于几方面的考虑，我们在制度化冲突的计算中没有包括信访。一是信访是一种多用途的国家治理工具，而不是一种纯粹的冲突化解趋向的制度，因此信访活动涵盖了极为广泛的议题，包含但不限于冲突性事务。二是相当数量的群体性事件是对信访制度的“破坏性”运用，因此，不管是把它算在制度化冲突中还是算在非制度化冲突中都有相当大的问题。刑事诉讼也被排斥在制度化冲突外，因为它是一种更多体现“敌我矛盾”属性的冲突。另外，我们还忽视了那些同时采取两种以上冲突解决方式的情形。

表 3 和表 4 的数据表明，1993～2008 年间，我国制度化冲突的能力总体上仅实现了有限程度的提高，在 1998～2003 年间甚至还出现了不小程度的下

降。与此同时，非制度化冲突却始终以惊人的速度扩散，最终的制度化冲突指数远远低于 1 的临界点。如何进一步优化既有的冲突管理体制机制，不断适应社会的变化新建或者重建更为有效的冲突管理渠道，引导制度外的冲突逐渐得以在制度化的平台上解决，是我们能否最终实现冲突治理现代化的关键。